Zu diesem Buch Der Sammelband zum 65. Geburtstag des früheren Frankfurter Kulturdezernenten Hilmar Hoffmann vereinigt 16 Aufsätze und Vorträge, die in den letzten Jahren aus unterschiedlichen Anlässen entstanden sind. Die Texte gliedern sich in drei Themenschwerpunkte: Kultur und Gesellschaft, Aufgaben und Aussichten der Kulturpolitik und Praxis der Kulturpolitik. Die Palette der einzelnen Themen ist so vielfältig wie die Interessen des Autors an theoretischen und praktischen Aspekten der Kulturpolitik; sie reicht von einem historischen Überblick über das Kulturleben in der Bundesrepublik bis zu Überlegungen zum Frankfurter Museumsufer. Spezielle Themen wie »Leseförderung« sind ebenso zu finden wie länderübergreifende Themen, etwa der Aufsatz zur europäischen Kultur. Stets ist der gedankliche Ansatz zugleich originell und praxisbezogen. Nie verliert sich Hoffmann in theoretisierende und abgehoben utopische Betrachtungen, sondern skizziert sein Thema mit kräftigen Strichen, die seine jahrzehntelange Praxis als Kulturpolitiker spüren lassen. Der Band ist mehr als eine beliebige Sammlung von Aufsätzen, er ist gleichsam die Summe eines Lebens für die Kulturpolitik.

Der Autor Hilmar Hoffmann, geboren 1925 in Bremen. Gründungsdirektor der Volkshochschule Oberhausen. Fünf Jahre Kulturdezernent in Oberhausen und zwanzig Jahre in Frankfurt am Main. Lehraufträge an den Universitäten Bochum, Frankfurt und Tel Aviv. Ab 1990: Honorarprofessor an der Universität Marburg und an der Musikhochschule in Frankfurt am Main; Gastprofessor an der Universität Jerusalem. Bevollmächtigter der Kulturstiftung Lesen. – Veröffentlichungen im Fischer Taschenbuch Verlag: ›Kultur für alle‹ (Nr. 3036), ›Kultur für morgen‹ (Nr. 3082), ›Und die Fahne führt uns in die Ewigkeit‹; ›Propaganda im NS-Film‹ (Bd. 1) (Nr. 4404).

Hilmar Hoffmann

Kultur als Lebensform

Aufsätze zur Kulturpolitik

Fischer
Taschenbuch
Verlag

Originalausgabe
Veröffentlicht im Fischer Taschenbuch Verlag GmbH,
Frankfurt am Main, September 1990

© 1990 Fischer Taschenbuch Verlag GmbH, Frankfurt am Main
Alle Rechte vorbehalten
Lektorat Willi Köhler
Umschlaggestaltung: Buchholz/Hinsch/Hensinger
Umschlagfoto: © Lutz Kleinhans, Frankfurt am Main
Gesamtherstellung Clausen & Bosse, Leck
Printed in Germany
ISBN 3-596-10161-1

Inhalt

Vorwort

Dieses Buch erscheint als dritter Teil meiner kulturpolitischen Trilogie, nach »Kultur für alle« (1979) und »Kultur für morgen« (1985) – und nach meinem Abschied aus zwanzigjähriger Tätigkeit als Kulturdezernent in Frankfurt am Main. Ich werde mich künftig auf jene kulturfördernde Tätigkeit konzentrieren, die in den letzten beiden Aufsätzen des vorliegenden Sammelbandes anklingt: auf Leseförderung in der »Kulturstiftung Lesen« in Mainz.

Trotz dieser Zäsur zögere ich, dieses Buch als »Bilanz« zu bezeichnen, denn die Aufsätze und Vorträge, die hier in überarbeiteter und aktualisierter Form erscheinen, sind – wie die Originalbeiträge – aus der unmittelbaren Arbeit heraus entstanden. »Kultur als Lebensform« ist insofern als Fortsetzung meiner beiden anderen Bücher zu verstehen. Dieser Band ist vor dem Hintergrund 25jähriger Erfahrungen entstanden, wobei ich die fünf Jahre als Oberhausener Kulturdezernent mit verrechnet habe. Vieles in diesem Buch ist als Versuch produktiver Verarbeitung der Wandlungen und Prozesse jener Jahre zu verstehen.

Kommunale Kulturpolitik war der zentrale Inhalt meiner Frankfurter Arbeit, und dies in einer Zeit, in der dieses bis dahin vernachlässigte Politikfeld sich erst als ein eigenständiger Bereich zu entwickeln begann. Nicht selten war ich (zusammen mit anderen Beteiligten) in diesen Jahren »Opfer« und »Täter« zugleich. Auch wenn Kulturverantwortliche nicht besonders begeistert von meiner Behauptung sein werden, bleibt festzuhalten: Wesentliche Triebkräfte für die Kulturentwicklung in unseren Kommunen (und darüber hinaus) stammen aus anderen, kulturfremden Bereichen. Haushaltskonjunkturen, Standortkonkurrenz, wirtschaftliche Haupt- und Nebeninteressen in der Kulturindustrie spielen eine Rolle, ebenso Faktoren der Umwegrentabilität sowie direkte und indirekte Marketing-Interessen. In den Gremien von Magistrat und Stadtverordnetenversammlung ist ein Dezernent immer wieder mit diesen und Interessen der anderen Ressorts und Gruppen konfrontiert. Insofern ist Kultur, sind die Kulturpolitiker *Opfer* von Prozessen, die anderswo gesteuert werden.

Aber gleichzeitig sind sie auch *Täter*. Denn auf der anderen Seite – und das ist manchmal den Wirtschaftsleuten und Politikern nicht recht – wirken die kulturellen Impulse auch erheblich in die übrigen Bereiche hinein –: als bohrende Fragen, als insistierende Kritik, als Impuls des Wertwandels oder als satirische und zynische Entlarvung. Vor allem aber stellt Kultur die Frage nach dem Sinn des Ganzen.

Gerade die Ereignisse des letzten Jahres haben gezeigt, daß Gesellschaften besser zurechtkommen, wenn sie dieses selbständige Potential von Künsten und Kultur besitzen und fördern. Es entsteht damit ein »Frühwarnsystem«, ein Innovationspotential, das Krisen zu vermeiden hilft oder sie zumindest entschärft. Für Kunst und Kultur Freiräume herzustellen und zu verteidigen, hielt ich, als »Täter«, 20 Jahre lang für meine Hauptaufgabe in der Kulturpolitik. Die Kommunalpolitik hat, unbeschadet mancher Trendwechsel, im großen und ganzen dieses Prinzip des Ermöglichens auch toleriert. Die meisten Veränderungsimpulse kamen weniger von der Politik selbst als vielmehr von der gesellschaftlichen Entwicklung im weiteren Sinne.

Kulturelle Prozesse lassen sich mit den Mitteln der Kulturpolitik nicht in jeder Situation initiieren oder fördern: Sie wollen wachsen, sie brauchen ihr Korrelat in einem interessierten Publikum, das sie trägt. Dieses Publikum aber hat sich in den letzten 20 Jahren verändert.

Im Sog der gesellschaftlichen Entwicklung hat sich auch der Stellenwert der Kultur geändert; damit ist vielleicht der wichtigste Unterschied zwischen 1970 und 1990 gekennzeichnet. Als ich in Frankfurt begann, ging es zuerst darum, der Kultur im politischen Raum Geltung zu verschaffen, und wir erreichten dies nicht zuletzt mit dem dafür notwendigen »Wirbel«, und nicht nur in Frankfurt: Es war die Zeit der großen Kultur-Ereignisse, der spektakulären Open-Air-Veranstaltungen, der wandernden Großausstellungen in den deutschen Städten. Kultur machte durch Attraktivität von sich reden.

»Kultur selber machen« war dann eine Reaktion auf allzusehr zum spektakulären Angebot verkommene Künste. In Frankfurt entwickelte sich im Schatten einer Angebotskultur, die im Zuge der gesamtgesellschaftlichen »Wende« zunehmend repräsentative Züge erhielt, auch eine selbständige »freie Kulturszene«; sie wurde freilich erst Ende der 80er Jahre ein bedeutender Faktor des Kulturlebens, jetzt aber schon im Sog der kulturellen Ausdrucksbedürfnisse neuer, tonangebender »postmoderner« und »postindustrieller« Interessengruppen.

Kulturpolitik war seit den 70er Jahren zwar in hohem Maße von volkspädagogischem Missionarismus geprägt; sie vermittelte aber gleichzeitig – und das war das Neue – auch eine Ahnung davon, wie im Ablauf politischer Produktion ein pluraler gesellschaftlicher Kulturprozeß sich entwickeln kann. Für diesen Prozeß ist die Politik nicht Kontrolle und Vorgabe, sondern Instrument kollektiver Organisation und Produktion. Wenn die immer noch ziemlich plurale Frankfurter Kulturpolitik sich bisher nicht dazu hergegeben hat, nur die Interessen der zeitgenössischen

Prosperitäts-Lebensstile zu bedienen, dann dürfte ihr das als positive Leistung anzurechnen sein. Das freilich bedeutet nicht, daß Kulturpolitik keine Konsequenzen aus dem Werte- und Kulturwandel zu ziehen hätte. Kulturpolitik in Frankfurt hat – trotz mancher Zugeständnisse – auch nicht kapituliert vor den Verwertungsansprüchen einer wirtschaftsnahen Imageproduktion mit Hilfe von Kultur; sie hat vielmehr immer wieder programmatisch den »Eigensinn« von Kultur und Künsten betont sowie auf deren Recht beharrt, als eigenständige Kraft auch kritisierend mitzureden über Lebenssinn- und Zukunftsperspektive.

Zu den interessantesten Trendwechseln, die meine Arbeit begleiteten, gehörte jene doppelsinnige Einsicht, daß man ohne Kultur mit Geld nicht umgehen kann. Das ist ja nicht einfach eine Formel, die nur den gegenwärtigen Boom der Vermählung von Kultur und Wirtschaft in Mäzenatentum, Sponsoring und neuen Formen des Marketing affirmativ absichert, sondern ist sehr viel mehr: nämlich die Erkenntnis, daß Wachstum und Fortschritt ohne humane Inhalte ihren Sinn verlieren.

Dies verbindet sich heute mit einer einzigartigen neuen historischen Situation in Europa: Wir sind befreit von dem Druck eines aberwitzigen Rüstungswettlaufs. Zum erstenmal in der Weltgeschichte ist eine bipolare Supermacht-Konzentration nicht durch Gewalt gebrochen worden, sondern dadurch, daß Rüstung ins Leere läuft. In dieser Situation haben die Industriestaaten die Chance, die Eckdaten für einen ökologischen Umbau zu setzen, für Pfade dauerhafter Entwicklung. Das es dazu kommen konnte, dazu haben kulturelle Entwicklungen, künstlerische und intellektuelle Kräfte mit beigetragen. Wie die Chancen genutzt werden können, das wird gewiß auch zum Thema der kulturellen Öffentlichkeiten der kommenden Jahre gehören.

Mir bleibt zum Schluß dieses Vorwortes nur noch Dank abzustatten an alle, die mir durch ihren Rat, ihre freundschaftliche Kritik, durch Stichworte oder redaktionelle Vorschläge bei diesem Buch geholfen haben: Dieter Kramer, Joachim Gaertner, Felix Semmelroth, Hanspeter Schwarz, Renate Michel sowie meinem langjährigen Lektor Willi Köhler. Ich danke Gudrun Hasselbacher, Edeltraud Kunze, Brigitte Gaebe und Elke Ringel für die Reinschrift der Texte.

H. H.   Frankfurt am Main
                                                                   Im Juni 1990

I. Kultur und Gesellschaft

1. Die Aktualität der Kultur

1. Damit hatte kaum jemand gerechnet

Als ich 1979 meinem Buch »Kultur für alle« die Gewißheit voranstellte, »Kultur hat Konjunktur«, da hatte sich längst die historisch wohl einmalige Bedeutungssteigerung der Kultur angedeutet. Aber wie jeder Boom, so rechtfertigt auch dieser keine Euphorie. Auf dem Hintergrund der aktuellen Entwicklung werden wir Vor- und Nachteile dieses kulturellen Hochs abzuwägen haben, die es beide gleichzeitig zu analysieren gilt.

Kultur hat etwa seit Mitte der siebziger Jahre eine politisch-gesellschaftliche Umwertung erfahren. Dies ist mit einer solchen Intensität geschehen, daß jüngst sogar Günter Grass, vielleicht aufgrund seiner Indien-Erlebnisse, kritisch die Proportionen einklagte: Ob denn guten Gewissens soviel für Künste und Kultur ausgegeben werden dürfe, solange so viele andere Probleme ungelöst blieben.

Analoge Argumentationen waren lange Zeit verdrängt worden, weil in dem Konsens aller gesellschaftlich relevanten Gruppierungen Kulturausgaben fraglos legitimiert worden waren: als notwendige Ausstattung des Lebens, als Nahrung für die »neue kulturelle Begehrlichkeit« und als Zukunftsinvestition für Kreativität und Innovationsfähigkeit. Wenn heute einer vom Range Günter Grass', der einst eher das »Ende der Bescheidenheit« proklamierte, solche kritischen Fragen aufwirft, dann hat sich dies ein vorzüglich auf Repräsentation und Dekoration zugeschnittener Teil des Kulturbetriebes selbst zuzuschreiben: Wenn für folgenlose, bezugslose Feuerwerke im wörtlichen und im übertragenen Sinne riesige Summen verpulvert werden, andere Bereiche inner- und außerhalb der Kultur aber aus angeblichen Sparsamkeitszwängen den »Gürtel enger schnallen« müssen, dann bleiben Fragen wie diese nicht aus. Sie richten sich nicht gegen die Ausgaben für Kultur allgemein, sondern gegen Denaturierungen des Kulturbetriebes durch disproportionale Förderung.

2. Der erweiterte Kulturbegriff

Ich rekurriere gern auf ein Zitat meines Freundes Fred Sinowatz aus dem Jahre 1983, das an Aktualität nichts verloren hat. »Kulturpolitik ist eigentlich ein Oberbegriff, und ich sage das, wohl wissend, daß es in der

Realität nicht so ist. Als Oberbegriff für die Gesamtheit des politischen Wirkens meint Kultur nicht nur die Umschreibung für Kunstförderung und Subventionspolitik; sie ist nicht bloß die Entscheidung zwischen der klassischen Oper und der avantgardistischen Kellerbühne; Kulturpolitik zielt auf die Gesamtheit der Lebensbezüge, Ideen und Fakten in diesem Leben, der Vorstellungen und Tatbestände, auf Lebensstandard und Lebensqualität, Wohlfahrt und Wohlbefinden.«[1]

Wir werden uns kaum wundern, ähnlich fortschrittliche Gedanken auch bei Richard von Weizsäcker wiederzufinden, wenn er formuliert (1987): »Denn Kultur ist das eigentliche Leben. Sie liegt der Politik und Wirtschaft, dem Lokalen und dem Feuilleton zugrunde und verbindet sie. Kultur ist kein Vorbehaltsgut für Eingeweihte, sie ist vielmehr unser aller Lebensweise. Sie ist folglich auch die Substanz, um die es in der Politik geht.«[2]

Ich denke, Übereinstimmungen wie diese aus unterschiedlichen politischen Lagern und geographischen Regionen sind nicht zufällig. Immer mehr Verantwortung tragende Kräfte unserer Wachstumsgesellschaft haben ein sicheres Gespür dafür entwickelt, daß ohne eine stärkere kulturelle Abfederung diese Gesellschaft ihre Zukunftsfähigkeit verlieren könnte.

Damit ist freilich nicht die dekorative Ausstattung jener »goldenen Käfige« gemeint, in die uns die behaupteten Sachzwänge treiben möchten – der erweiterte Kulturbegriff umfaßt vielmehr Werte und Orientierungen alles dessen, was wir mit dem Desiderat vom »anständigen Leben« verbinden – : mit realistischen Zukunftschancen auch für unsere Enkel.

3. Kultur als Subjekt, nicht Objekt

Kultur darf auf Veränderungen nicht bloß passiv reagieren und sie nicht nur notdürftig kompensieren helfen, auf Veränderungen, die von außen, von anderen Kräften bewirkt werden. Kultur ist selbst *Subjekt*! Als autonomer Faktor wird sie selber Perspektiven und Inhalte des gesellschaftlichen Prozesses formulieren müssen. Die Existenzfrage, also die Frage, *wie* wir leben wollen, darf heute und in Zukunft nicht allein dem Diktat kulturfremder Interessen unterworfen bleiben und als abhängig von der Dynamik des Marktes beantwortet werden, sondern muß vorzüglich von den Interessen der Menschen selbst geprägt sein. Die Menschen selber müssen sich artikulieren können in Willensbildungsprozessen, die unabhängig von Werbung, Prestigekonkurrenz, Leistungszwang ablaufen.

Angesichts der historisch wohl einmaligen Bedeutungssteigerung der Kultur ist es legitim, nach den aktuellen Ursachen dieser Hoch-Konjunktur zu fragen. Wer bei der Suche nach Antworten fündig werden möchte, wird die Politik-Entwicklung und den Wandel der Gesellschaft nicht unbefragt lassen. Bei der Komplexität des Gegenstandes wird das Fragen kaum ertragreich sein ohne konkreten Bezug auch auf die Wissenschaft. Dieser Bezug wird sich nicht beschränken dürfen auf die stereotype Wiederholung jenes Appells, der schon seit Jahren eine gegenwartsnahe, problembezogene kulturwissenschaftliche Forschung reklamiert. Ich halte die Öffentlichkeit in der Einschätzung dessen für einig, was Kulturpolitik als systematische Reflexion ihrer Tätigkeitsfelder braucht, um aus der notwendigen Remedur neue und wissenschaftlich fundierte Impulse für Zukunftsperspektiven zu gewinnen.

Sie braucht darüber hinaus aber noch eine hochqualifizierte Personalkultur, um Nachdenken erfolgreich in die tägliche Praxis überführen zu können. Dabei geht es nicht nur um die Optimierung der Mittel und um die Systematik der verschiedenen Gegenstandsbereiche; es geht vor allem darum, wie die kulturpolitische Praxis mit der gesellschaftlichen Entwicklung insgesamt korrespondiert.

Wissenschaft ist in diesem Zusammenhang nicht nur als Hilfsmittel der Kulturpolitik gefragt, sondern viel stärker noch in ihrer genuinen Rolle: Erforschung der sozialpsychologischen Grundstrukturen kulturellen Handelns und Erweiterung unseres Wissens um die historische Entwicklung. Daraus ergibt sich die weiterführende Frage, in welchem Verhältnis denn die Wissenschaft als eigenständiger Faktor zum kulturellen Lebensprozeß der Gesellschaft steht.

4. Wissenschaft und Kultur als autonome Kräfte

Unser Grundgesetz ebenso wie alle Verfassungen moderner demokratischer Staaten verneinen ausdrücklich jede staatliche Lenkung von Kunst. Der Kunstvorbehalt muß im Sinne des Verfassungsethos immer *in dubio pro arte* ausgelegt werden.

Gleichzeitig aber betreiben Staat und Städte – direkt oder auf den nachgeordneten Ebenen – eifrig Kulturpolitik; ja sie intensivieren die öffentliche Kulturtätigkeit aus nicht selten vordergründigen Motiven, auf die noch einzugehen sein wird.

Bezüglich der Rolle des Staates, wie sie seine Verweser in der Kulturpolitik unserer Republik spielen, spricht die Geschichte eine eindeutige Sprache: In der Weimarer Republik definierte sich der Staat anspruchsvoll als »Kulturstaat«; dessen höchste Zwecksetzung galt der Kultur seiner Bürger. Kultur definierte sich dabei ganz im Sinne der Entfaltung ihrer Wesenskräfte und der Entwicklung der jedem einzelnen innewohnenden

Möglichkeiten. Die ehedem mit Wilhelminischer Selbstverständlichkeit den »kulturellen Kräften« oder dem Repräsentationsbedürfnis vordemokratischer Herrschaftsformen unterworfenen Rahmenbedingungen der Kultur wurden nach 1945 endlich als originäre Gestaltungsaufgabe des demokratischen Staates bestimmt; sie sollten gleichzeitig als Garanten für die Freiheit der Künste dienen.

Die radikale Aufhebung der Autonomie aller künstlerischen Produktion und die Ausmerzung mißliebiger nichtkonformer Künstler war die Voraussetzung der Nationalsozialisten für ihre »erfolgreiche« Propaganda. Kultur wurde ab 1933 uneingeschränkt dominiert durch ihren eindimensionalen Propagandaauftrag und ihren ideologischen Rigorismus. Statt *Mitwirkung* des Staates herrschte die notfalls mit Zwang und Terror legalisierte *Vormundschaft* des Staates; sie fand in der ideologischen verblendeten Zustimmung der Staatskünstler schließlich ihre geistwidrige, pervertierte Legitimation.

Aus der vom Hitler-Staat erzwungenen Abdankung des freien Geistes erklärt sich die relative Zurückhaltung der Kulturpolitik im Nachkriegsdeutschland. Darin liegt auch der dezidierte Föderalismus für die Kulturpolitik begründet. Die Kulturhoheit liegt bei den Ländern, die sie wiederum weitgehend an die Kommunen delegieren. Zusammen mit den Stadtstaaten *Hamburg, Bremen, Berlin* bestreiten sie heute fast zwei Drittel aller öffentlichen Kulturausgaben.[3]

Aus historischer Erfahrung ist nicht nur für die Künstler selbst, sondern auch für bedeutende Teile der Bevölkerung die Freiheit der Künste ein viel zu hohes Gut, als daß sie leichtfertig aufs Spiel gesetzt würde. Auch konservative Politik ist ja heute nicht so einfach bereit, sich das Odium der Zensur oder des Eingriffs in die Freiheit der Künste zuzuziehen.

Im übrigen sind mit der Staatsfreiheit der Künste zahllose juristische Probleme verbunden, auf die ich hier wohlweislich nicht eingehen möchte. Wenn von »Staat« die Rede ist, dann meine ich damit den Staat *und* die nachgeordneten Gebietskörperschaften, also auch Bundesländer und Kommunen – und in der Bundesrepublik sind, wenn *Kultur* und Staat gemeint sind, wiederum die Kommunen gemeint, wo schließlich die Mehrheit der Bevölkerung lebt.

5. Kultur und Verwaltung

Zur Diskussion um die Dialektik von Kultur und Verwaltung, von Künsten und Staatstätigkeit darf ich mich auf einen Repräsentanten der »Frankfurter Schule« berufen. In Anlehnung an Thesen aus der »*Dialektik der Aufklärung*« hat sich Adorno dazu 1960 in anregender Weise geäußert. Es ließe sich wohl kaum eine honorigere Rechtfertigung für die Kulturpolitik finden als jene in Adornos Aufsatz über »*Kultur und Verwaltung*« von 1960.[4]

All jene, die mit intellektuellem Pathos nichts als die Strukturen der »verwalteten Welt« in der Kulturpolitik wiederzufinden glaubten, mußten sich von Adorno auf die Dialektik der realen Wechselbeziehungen zwischen beiden hinweisen lassen. »Wer Kultur sagt, sagt auch Verwaltung, ob er will oder nicht«, lautet der Tenor dieses Aufsatzes.

Deutsche Denktraditionen verführen allzuleicht dazu, beide Faktoren als einander feindliche anzusehen. Weil sich mit der akklamationsträchtigen Formel von der zu Tode geförderten oder verwalteten Kultur billig Sympathien gewinnen lassen, mag auch Adorno sich damit nicht begnügen; er entfaltet schließlich die Paradoxie der Beziehungen beider zueinander und fordert von einer aufgeklärten Kulturpolitik, dieser Spannung nicht auszuweichen. »Diese Paradoxie muß sich entfalten: daß sie (die Kultur) Schaden nehme, wenn sie geplant und verwaltet wird; daß sie nicht nur die Möglichkeit der Wirkung, sondern die Existenz zu verlieren droht.«[5]

Verwaltung als Bürokratie verstanden, ist mit Max Weber zunächst einfach ein optimierter Organisationstypus mit hohem Effizienzgrad bei entsprechend komplexen Aufgaben. Der Faschismus freilich hat gezeigt, wie ein »formaler« Rationalitätsbegriff, beschränkt auf die Zweck-Mittel-Relation, »das Urteil über die Rationalität der Zwecke selbst behindert«.

Schon in der vorfaschistischen Welt, aber erst recht im Nationalsozialismus selbst, erzeugte das Anwachsen der »Quantität von Verwaltungsapparaten« eine neue Qualität. Die bürokratische Apparatur drohte »den Bereichen der Freiheit«[6] gegenüber das Übergewicht zu bekommen. Dies werten wir heute als eine Argumentationsfigur, die ihren Erfindern in den Rücken fällt: Vornehmlich gegen die *öffentliche* Administration gerichtet (und wo besser als bei den großen Wasserköpfen europäischer Verwaltungen ließe sie sich publikumswirksam verwenden?), verdrängt sie nämlich, daß ja auch die Spitzen der »freien« wirtschaftlichen Initiative aus sich heraus geradezu unheimlich effiziente Verwaltungen entwickkeln: Sie werfen dann irgendwann Ballast ab, sobald er ihrem weiteren Aufstieg hinderlich wird. Aber der fast alle Mittel heiligende Zweck heißt heute nicht europäische Vorherrschaft, wie ehedem bei den Nazis, sondern schlicht *Profit*. Ulrich Beck beschreibt überzeugend, wie in solchen Zusammenhängen über unsere Zukunft weniger von Wählern und Politikern entschieden wird, als vielmehr vornehmlich von Verwertungsinteressen und von Verwaltungsdenken.[7]

Wir finden unsere eigene Erfahrung bei Adorno theoretisch vorweggenommen, wie historisch und aktuell reich der Kulturprozeß an Paradoxien ist. Aus eigener Anschauung können wir nachvollziehen, daß den Künstlern Verwaltung immer hineinredet, daß sie sich aber immer auch als der quasi-verkörperte Widerspruch zur herrschenden Praxis verstehen. Nicht zuletzt durch die »Emanzipation von den realen Lebensprozessen« hat Kultur »in weitem Maße sich neutralisiert«. Ja, vielleicht wird gerade in der Fixierung auf das scheinbar Unnütze, Zwecklose jene Schranke errichtet, mit der sich die »Nützlichkeit« den kritischen Einspruch der Kultur vom Leibe hält.

Die paradoxen Entwicklungen hält Adorno für unumgänglich, denn sie seien weniger an Personen als an Strukturen gebunden. Die Paradoxie gilt es auszuhalten; es gilt auch den Gegensatz offenzuhalten und die Spannung als produktives Lebenselement zu begreifen.[8]

6. Freiräume schaffen und Spannungen aushalten

Der Appell an Kulturschaffende, sie möchten doch »dem Prozeß der Verwaltung sich entziehen und draußen sich halten«, klingt nach Adorno »hohl«.[9] Nicht nur der produktive Kontakt zwischen Werk und Gesellschaft sei herzustellen, auch die existenzerhaltende materielle Basis der Künste sei zu sichern, um möglichst wenig geistige Produktionskräfte sinnlos zu vergeuden. Selbst die Avantgarde kann ohne den auch materiell abgesicherten Kontakt zur Tradition nicht produktiv agieren. So bleibt also festzustellen, daß gerade in der Negation des Unterschieds Gefahren lauern: Denn was Adorno den Spannungsausgleich zwischen den Kulturen und ihren objektiven Bedingungen nennt, bedroht die Kultur mit dem »geistigen Kältetod«.

Statt zur subjektiven Revolte oder zum langwierigen Zuwarten auf mögliche »Veränderung des Ganzen« rät uns Adorno, die Widersprüche durchzustehen. Die Antinomie von Planung und Kulturellem zünde den dialektischen Gedanken, »das Nichtgeplante, Spontane selber in die Planung aufzunehmen, ihm Raum zu schaffen, seine Möglichkeiten zu verstärken. Es enträt nicht des gesellschaftlichen Rechtgrundes.«[10]

Natürlich ist sich Adorno der Problematik auch dieses Satzes und Ansatzes bewußt: Der Begriff der »repressiven Toleranz« läßt sich leicht auf die Künste anwenden, die sich je nachdem zur Dekoration oder zu Hofnarren funktionalisieren ließen.

Das, was sich treffend als »immanente Expansions- und Verselbständigungstendenz von Verwaltung als bloßer Herrschaftsform«[11] beschreiben läßt, genügt füglich nicht zur Beschreibung des Verhältnisses von Kunst und Administration. In der Polemik gegen Kulturverwalter und Konsorten ist dies vielmehr nur die eine Seite einer Interpretation, der die in der Dialektik angekoppelte Gegenseite fehlt. Adorno selbst hat somit auch für unsere gegenwärtigen Verhältnisse deutlich gemacht, wo überall jene Denkfigur von der »verwalteten Welt« an ihre Grenzen stößt. Als bequeme Formel, mit der leicht Zustimmung zu ernten ist, ist sie wenig hilfreich für die reale Praxis.

Als Konsequenz aus der Summe aller Paradoxien wird als zu reflektierender Faktor die Kulturpolitik noch lange auf der Tagesordnung bleiben. Sie wird uns noch lange als zentrale Aufgabe beschäftigen, wenn es darum geht, das potentielle öffentliche Handeln auch in die Lage zu versetzen, Freiräume und fruchtbare Umfelder für die Entfaltung und die Kultivierung menschlicher Bewußtseinskräfte zu verteidigen oder sie endlich dort zu schaffen, wo sie fehlen.

Es sind diese identitätsvermittelnden Freiräume, auf die es bei der Realisierung demokratischer Kulturpolitik entscheidend ankäme: Daher gilt es jene dialektische Spannung produktiv zu machen, die Adorno als eine beschreibt, die zwischen Verwaltung als Lebensvoraussetzung auch für Kultur und Künste einerseits und dem ausdrücklich Nicht-Verwaltbaren, Nicht-Reglementierbaren, also dem letztlich in sich Autonomen andererseits, immer bestehen bleiben wird. Gegen den Leerlauf bürokratischer Apparate erfüllt diese Dialektik ihre Funktion in der ständigen Herausforderung, in der sich Politik, zumal Kulturpolitik, über den Tag hinaus zu bewähren hat. Die negative Utopie der »verwalteten Welt« relativiert sich überall dort, wo Verwaltung und Politik sich als Förderer und Gewährleister von Freiräumen für kulturelle Prozesse verstehen.

7. Kultur in der Gesellschaft

Solche Prozesse entfalten freilich nur dann ihren Sinn, wenn sie auf die Gesellschaft auch zurückwirken können, was das genaue Gegenteil einer Reduzierung des Menschen auf die Gesellschaft meint. Aber die Rückbindung von Kultur auf die Gesellschaft wird gleichzeitig immer wichtiger und immer schwieriger.

Wir verstehen also unter Kultur jenen umfassenden Bereich menschlichen Handelns, innerhalb dessen die Künste nur ein Teil sind, wenn auch ein besonders wichtiger. Entfremdung, deren Ursache sich hinter allzu formal organisierten Kommunikationsformen verbirgt, kann z. B. durch die Kultur der sozialen Beziehung und der vitalen Kommunikation aufgehoben werden; zur Kultur gehört auch jene des Umgangs mit uns selbst und mit unseren Mitmenschen, mit Natur und Geschichte.

In diesem Kontext auf wertbesetzte Optionen für jene »Kultivierung«

hinzuweisen, die für die Prozesse kultureller Kommunikation angesagt sind, halte ich für selbstverständlich. Dieter Sauberzweig hat 1988 über »Kultur in der Stadt der Zukunft« gesagt, erst die Kultur mache die Ansammlung von Menschen und Gebäuden zur Stadt. »Die kulturellen Fähigkeiten einer Gesellschaft werden mehr denn je für die Lösung ihrer zukünftigen Probleme bestimmend sein.«[12]

Inzwischen lassen sich beide Aussagen nicht mehr bruchlos auf die gleiche Form von Kultur beziehen. Einmal wollen wir zunächst davon absehen, daß Sauberzweigs erster Gedanke in seiner Umkehrung natürlich nicht zu dem Fehlschluß verleiten darf, Kultur sei ausschließlich in der Stadt, nicht jedoch in der Provinz möglich. Welchen Intensitätsgrad Kultur und Künste in Stadt und Land jeweils haben, das hängt von anderen Faktoren ab: zum Beispiel von der Vitalität der diversen kulturellen Gemeinschaften ebenso wie von der kulturellen Bildung jedes einzelnen Menschen; erst in der Summe aller schöpferischen Kräfte definiert eine Gemeinde ihre kulturelle Größe, nicht (allein) in der Anzahl der Museen, Theater, Bibliotheken, Konzerte.

Ich möchte darüber hinaus aber gern den Blick lenken auf die Tatsache, daß es heute zu differenzieren gilt zwischen jener Kultur, die in einer Stadt urbanes Ambiente schaffen soll, und jener Kultur, mit deren Hilfe die heutigen Herausforderungen für die Menschheit bewältigt werden sollen. Zwischen beiden besteht inzwischen keine völlige Deckungsgleichheit mehr. Diese These möchte ich im folgenden zu explizieren versuchen.

8. Kultur als Rohstoff

Es sind nicht nur jene von der Frankfurter Schule herausgearbeiteten Widersprüche zwischen gleichzeitiger Erstarrung und Entfaltung im Rahmen von »verwalteter Welt«, es sind viel stärker noch nun auch jene, in denen die Kultur instrumentalisiert wird. Diese Widersprüche gründen in der Erfahrung, daß Kultur zunehmend als beliebig verwertbarer Rohstoff gehandelt wird. Wie gesagt: Kultur hat Konjunktur – aber nicht nur beim Publikum, sondern auch in Politik und Wirtschaft.

Kultur befindet sich also im Hoch und neuerdings auch im Wettstreit der Länder wie der Gemeinden, und zwar um Standortvorteile oder um Städtekonkurrenz und Länderprestige. Unter dem Vorwand ihrer Förderung und unter den bisher angewandten beliebigen Förderungspraktiken droht ihre Autonomie immer mehr eingeschränkt zu werden; ja, ihre Potenz als eigenständiger Faktor wird *de facto* immer tiefer ausgehöhlt.

Ich ziele mit meinen kritischen Bemerkungen primär auf die wachsende

Ökonomisierung der Künste, wie sie sich derzeit unter verschiedenen Aspekten vollzieht – mal verschleiert, öfter unverhüllt.

Um Mißverständnissen vorzubeugen: Wie jede Leistung ihren Preis hat, so akzeptieren wir auch im Bereich der Künste eine Fülle von Zusammenhängen, in denen Marktmechanismen eine durchaus tragende und die Künstler begünstigende Rolle spielen (können). Aber jene grassierende Tendenz, sich unreflektiert und unbedingt den Mechanismen des Marktes zu unterwerfen, bedeutet letztlich die Entwertung der künstlerischen Kreativität und die Geringschätzung der ästhetischen Kontemplation.

Schöpferische Erkenntnisleistungen werden immer häufiger nur noch in dem Maße gewürdigt, wie sie Erfolge am Markt versprechen. Auch wenn Adorno und Horkheimer dies vernachlässigt haben, so ist es eine höchst *dialektische* Beziehung, für deren Interpretation weder die Vorstellung totaler Manipulierbarkeit noch jene der »Konsumentensouveränität« ausreichen; aber es handelt sich doch *auch* um eine Wechselbeziehung jener Instrumentalisierung, deren Folgen wir angesichts der Probleme von expandierender Marktmacht und deren unkontrollierter Verselbständigung nicht unterschätzen sollten.

Kultur wird inzwischen auch von seriösen Politikern als positiver Wirtschaftsfaktor gehandelt; ja, viele wittern darin gar eine willkommene Chance, die Finanzierung der Kultur auf Dauer zu sichern. Der Öffentlichkeit wurden 1989 die Ergebnisse einer Studie des Münchener IFO-Institutes für Wirtschaftsforschung vorgelegt, worin über »Die volkswirtschaftliche Bedeutung von Kunst und Kultur« statistisch spekuliert wird.[13] Danach verdienen immerhin 680 000 Personen ihren Lebensunterhalt im weitesten Sinne mit der Herstellung, Verbreitung und Bewahrung von Kunst und Kultur. Der Kunst- und Kulturbereich schlägt zur Entstehung von Einkommen in der Bundesrepublik mit einem Betrag von 40 Milliarden DM zu Buche. Die Anlagen-Investitionen dieses Sektors summieren sich auf nicht weniger als 5 Milliarden DM.

Verglichen mit sämtlichen wirtschaftlichen Leistungen aller Wirtschaftsbereiche heißt das: Allein der Kunst- und Kultursektor bestreitet 2,3 % der gesamtwirtschaftlichen Bruttowertschöpfung. Sein Anteil an allen Erwerbstätigen liegt bei 2,7 %; sein Beitrag zu den gesamtwirtschaftlichen Investitionen beträgt 1,4 %.[14]

In diesem spröden Prozent-Bild spiegelt sich nicht nur die insgesamt starke Gewichtung von Kunst und Kultur als Wirtschaftsfaktor wider. Darin wird auch die überproportionale Geltung für den Arbeitsmarkt erkennbar: Wegen der sonst gern beklagten hohen Personalintensität ist ihre Bedeutung dort deutlich größer als der Anteil an den Investitionen und an der Bruttowertschöpfung.

Gleichwohl bleibt angesichts dieser euphorischen Statistik zu warnen vor allzu eilfertigen Rückschlüssen: Weil sich positive Beschäftigungseffekte mit Hilfe öffentlicher Ausgaben leicht auch in anderen Bereichen nachweisen ließen, dürfen ökonomische Argumente bezüglich der Kultur zu nicht mehr taugen als allenfalls zur Ersatzargumentation, um so zusätzliche Geldmittel für die Kultur locker zu machen – sonst würde Kultur allzuleicht substituierbar werden, z. B. durch Sport, gepflegte Parks, luxuriöses Shopping oder extravagante Unterhaltung. Positive Einkommens- und Beschäftigungseffekte durch öffentliche Ausgaben lassen sich leicht auch in anderen Bereichen nachweisen (genau wie private Kaufkraftströme auch lokal und regional wirkungsvoll sind, wenn sie für anderes als für Kultur ausgegeben werden).

9. Mehr als ein Wirtschaftsfaktor

Ökonomische Argumente für die Kultur können also nur »Zusatz- oder Hilfsargumente im Streiten für mehr Kulturausgaben« sein – sonst verkäme Kultur leicht zur austauschbaren Ware. Dieser noch kaum problematisierte Prozeß der Wandlung von Kultur zum Wirtschaftsfaktor enthält auch diverse innere Widersprüche. Eine gehörige Portion gesunder Skepsis sollte sich bewahren, wer die ökonomische Argumentation immanent betrachtet. Darauf macht uns der Ökonom Klaus Conrad aufmerksam. Wie für viele andere, ist auch für Conrad Kunst nicht nur wichtig als Wirtschaftszweig mit erheblichen direkten Wertschöpfungen und mit unmittelbaren Beschäftigungseffekten. Sie ist auch deshalb interessant, weil »ihre breit gefächerte Aktivität auf industriellen Betätigungsfeldern unerläßliche Wachstumsimpulse gibt, wie etwa Mode, Design, Marketing«.[15] Kunst ist Mittel zur Dekoration von »Lebensstilen« und zur Kultivierung alles dessen, was wir mit Pierre Bourdieu als die »feinen Unterschiede« zu ironisieren gelernt haben.

Obwohl selber Wachstumsbranche, werden die Künste subventioniert, einmal weil sie als »Städtereklame« in Anspruch genommen werden, zum anderen aber auch wegen ihrer hochgerechneten Wirkung als »Folgeumsatz«, und von Privaten wird Kunst gesponsert wegen ihres besonderen Werbe-Effekts oder als erhoffter Prestigezuwachs.

In solchen außerästhetischen Fällen sind Künste also Mittel *für etwas anderes*; sie werden direkt oder indirekt wirtschaftlichen Zwecken untergeordnet und sind damit entsprechenden Auswahlprinzipien unterworfen. Folgten die Kulturmanager allein ökonomischen Gesichtspunkten, würden sie die Künste in einer populistischen Qualität feilbieten, um den Umsatz zu maximieren: Im Musiktheater *»Czardasfürstin«*, im Schauspiel *»Charlys Tante«*, im Ballett *»Schwanensee«* wären jeden Abend ausverkauft.

10. Marktversagen und Politikversagen

Schon der Ökonom weiß, daß eine solche Konzentration auf Marktgängiges (»etablierte« Kunst) »eine Art Marktversagen« dastellte, weil gleichzeitig potentielle Anbieter und anspruchsvolle Produkte verhindert werden.

Marktversagen kann sich unter bestimmten Umständen auch »asymmetrischer Information« verdanken, weil der Konsument bzw. der Nutzer sich nur mit Mühe über Qualität informieren konnte; da Neues meist nur schwer Zugang zum Markt findet, muß es öffentlich subventioniert werden – Staat oder Städte korrigieren dann das Marktversagen (siehe Kunstmessen, Musikfestivals usw.).

Wer von Marktversagen spricht, der muß auch von »Politik-Versagen« reden: Jedoch, auch falls die öffentliche Hand möglicherweise nur das ihr Genehme subventionieren sollte, so bleibt hier gleichwohl die Möglichkeit der Kontrolle und Korrektur, auch und gerade auf politischer Ebene. Die Logik des Marktes dagegen besteht darin, daß er sich allein über Marktmechanismen kontrolliert.

Wer diese Erscheinung genauer betrachtet, dem können Adorno und Horkheimer mit ihrer »Dialektik der Aufklärung« plötzlich das Gefühl einer ganz neuen Aktualität vermitteln. 1944 bereits wurde von ihnen vorausgesagt, es bahne sich eine Modifizierung des Warencharakters der Kunst selbst an. Nicht der Warencharakter sei das eigentlich Neue, sondern daß er sich inzwischen geflissentlich »einbekennt«; die empirische Konstante, der zufolge »Kunst ihrer eigenen Autonomie abschwört«, indem sie sich stolz unter die Konsumgüter mischt, bestimme den Reiz der Neuheit.[16]

Das scheint wie eine Vorwegnahme jener Diensteifrigkeit, mit der die Künste sich heute als »Rohstoff Kultur« einer vergnügungssüchtigen Gesellschaft anbiedern, um deren postmodernen Lebensstil zu garnieren. »Man läßt zwar, in absichtlich aufrechterhaltenem Gegensatz zum *streamlining*, Kultur in einer Art von Zigeunerwagen noch herumfahren; die Zigeunerwagen rollen aber insgeheim in einer monströsen Halle herum und merken es selber nicht.«[17]

Überraschend ist eigentlich nicht so sehr jene Rigidität, mit der heute nicht nur die Kulturindustrie als eigener ökonomischer Verwertungszusammenhang aufgebaut wird; neu ist vielmehr, daß auch die übrigen, also auch die »ernsthaften« Künste, solch utilitaristischen Zwecken unterworfen werden.

Dem Kulturpolitiker fällt es freilich schwer, sich mit dem Gedanken anzufreunden, Kultur und Künste als beliebig verwertbaren *Rohstoff* zu behandeln, wie das leider die tägliche Praxis von ihm fordert (»Rohstoff

Kultur« heißt ein Ausstellungsprojekt); schließlich wollen sie als Fertigprodukt in ihrem »Eigensinn« ernst genommen werden.

Das ist die eine, die gleichsam kulturimmanente Argumentationslinie, über deren Legitimation sich gewiß auch diskutieren ließe. Problematisieren ließe sich z. B. jene Fiktion vom hohen Wert künstlerischen Sachverstandes, ja, der Expertenkompetenz schlechthin – eine Fiktion, die vielleicht erst dadurch eine gewisse Legitimation erhält, daß dieser Sachverstand im Zusammenwirken mit anderem Sachverstand entwertet wird: Es ist letztlich doch der *Prozeß* künstlerischer wie wissenschaftlicher Produktion, der die Resultate interessant macht, nicht das einzelne fix und fertige Ergebnis.

Letztendlich entfaltet erst der Kommunikationsprozeß Kunst jene Qualitäten, auf die es entscheidend ankommt: Denn »nirgendwo steht geschrieben und keine Wissenschaft hat bewiesen, daß Künstler oder auch Intellektuelle bessere oder gar tolerantere Menschen sind als andere Bürger«, wie Günter Grass uns 1973 zu bedenken gab.[18] Aber damit werde der Wert des Ästhetischen insgesamt nicht aufgegeben, tröstet uns der Meister.

11. Der Spezialfall Sponsoring

Kultur wird nicht nur indirekt wirtschaftlichen Maximen unterworfen, etwa als Image-Komponente oder als Standortfaktor, nein, in Spezialfällen etwa des Sponsoring werden Künste und Kultur auch sehr direkt fremden Zwecken untergeordnet. Sponsoring und Mäzenatentum haben sich in der Bundesrepublik längst zu einflußstarken Faktoren besonders in jenen Bereichen der Kulturpolitik gemausert, wo der Kämmerer »alle Schotten dicht« gemacht und der Kulturdezernent sein Recht verloren hat. Da mit der Häufigkeit auch Mißbrauch und Unklarheiten zugenommen haben, welche die privaten selbstlosen Mäzene klassischer Schule diskreditieren, ist Wachsamkeit geraten. Um so mehr gilt es, einmal genauer zu beschreiben, was legitimerweise als Sponsoring bzw. Mäzenatentum noch gelten darf, und was schon nicht mehr, da die Auswüchse den Altruismus bereits übertreffen.

Die qualitative Scheidung vorzunehmen ist um so dringlicher, als ja »steuerliche Verschonungssubventionen«[19] eine indirekte öffentliche Finanzierung bedeuten könnten, schließlich handelt es sich dabei um nichts weniger als um vorenthaltene Steuern. Allein schon aus Gründen der Steuergerechtigkeit wäre es daher geboten, sich auf eine Art Verhaltenskodex für Mäzene und Sponsoren zu einigen. Nur so ließe sich vermeiden, daß ein prinzipiell tolerierbares Instrument nichtöffentlicher Kulturpolitik in ein schiefes Licht gerät.

Das extremste Beispiel ist das eines Hamburger Mäzens, der für den Fall eine Million stiften wollte, daß der damalige unbequeme Opernchef vorzeitig seinen Hut nehmen würde.

Schon mehrfach habe ich eine Art mäzenatische »Magna Charta« vorgeschlagen, um damit auf freiwilliger und breit akzeptierbarer Ebene zu organisieren, was akzeptabel für die Gesetzgebung und hieb- und stichfest auch im Sinne des Steuer-Rechts sein müßte. Auch wenn dies mancher potentielle Sponsor als Einschränkung seines autonomen Stifterwillens empfinden mag, so hilft es aber insgesamt, die an sich segensreiche Praxis der Alimentation zu sichern; die einschlägige Diskussion um sogenannte »sponsoringhemmende Faktoren« im Sinne gesellschaftspolitischer Kritik an der Sponsoring-Praxis hält an.[20]

12. Die aktuelle Bedeutung der Autonomie der kulturellen Kräfte

Zuweilen haben wir es mit Prozessen zu tun, in denen die Autonomie der kulturellen Bereiche unerheblich und uninteressant ist, ja, gelegentlich sogar eher hinderlich wird. Die ohnehin gefährdete Autonomie wird dadurch um so stärker bedroht, als die einzelnen Bereiche, z. B. die Künste, zu ihrer Alimentation auf höhere Zuschüsse angewiesen sind, auf Mittel aus eben jenen Sphären, die ihrer Autonomie eher gleichgültig gegenüberstehen.

Nur wenn die eigene freie Entscheidung des Künstlers über Ziele, Inhalte und Formen des gesellschaftlichen Engagements und ästhetischen Ausdrucks als ein hohes moralisches Gut gewertet wird, sind die Künstler entsprechenden Gefährdungen weniger ausgesetzt. Diese Entscheidung nach immanenten Kriterien ist deshalb so wichtig, weil die Autonomie der Kunst ja niemals mit einem Verbot des ethischen, politischen, moralischen Engagements gekoppelt sein kann. Freilich *wofür*, nicht allein *wovon* – das bleibt auch hier die Frage.

Den Gefährdungen der Kultur-Autonomie steht der verstärkte gesellschaftliche Bedarf gegenüber. Es geht schließlich um nichts Geringeres als um die Sinn-Orientierungen in unserem Leben, um das Niveau der gesellschaftlichen Perspektive; dies schließt die Frage ein, nach welchen Kriterien und *durch wen* darüber entschieden wird, wie wir in Zukunft unser Leben gestalten wollen.

Je schärfer angesichts eines in die Irre laufenden Wachstums nach dessen Zweck und Sinn gefragt wird, je mehr die Dynamik von Fortschritt und Wirtschaftsexpansion auch ihre Schattenseiten offenbart, desto mehr wächst das Bedürfnis, den ökonomischen Kräften einen menschlichen

Sinn zu geben. Zu den autonomen kulturellen Kräften, zu denen das Grundgesetz nicht nur die *Kunst, Wissenschaft, Forschung* und *Lehre* zählt, sondern auch *Pressefreiheit, Glaubens-* und *Bekenntnisfreiheit,* werden vor allem diejenigen Kräfte gerechnet, die neben der Dynamik von Wirtschaft, Industrie und Handel Inhalt und Richtung der gesellschaftlichen Entwicklung bestimmen können.

Versagen sie aber oder besitzen sie nur geringe Kapazitäten einer »kulturellen Öffentlichkeit«, dann wird es um so schwieriger werden, einer entfesselten strukturellen Gewalt gegenzusteuern. Wenn Bewußtsein und Handeln den Menschen prägen und ihm helfen, darüber zu entscheiden, was ihm wichtig und lebenswert ist, und wenn die Politik ihre Entscheidungen wiederum an den in der Kultur entwickelten Wertesystemen messen lassen soll, dann müssen sich auch Kultur und Künste an der Entwicklung von Zukunftsperspektiven stärker offensiv beteiligen als bisher. Weder hektische Betriebsamkeit noch kultureller Aktionismus sind vonnöten, sondern perspektivische Phantasie.

13. Leistung – aber wofür?

Kultur wird sich der Aufgabe nicht verweigern dürfen, Prozesse für zukunftsgerechte Entwürfe einzuleiten, zu begleiten und auch materiell zu fördern. Neue Sinnhorizonte zu eröffnen, dazu sind die traditionellen Institute der Weltanschauungen und Religionen heute nicht mehr in weitreichender Weise imstande. Um so weniger darf die Gestaltung der Zukunft den starken anonymen Interessen von Markt und Wirtschaft mit ihren »Sachzwängen« oder der stark expandierenden Freizeit-Industrie überlassen werden.

Der Kultur geht es bei diesem Disput vor allem um die Bestimmung der »menschlichen Zwecke« des Produzierens[21] und damit um die Verantwortung für eine menschenwürdige, brüderliche Gesellschaft.

Gern lassen wir unsere Gesellschaft als Leistungsgesellschaft bezeichnen; und nicht ohne Hintersinn werden uns ja die Steuerreform und manche anderen Maßnahmen schmackhaft gemacht als Voraussetzung dafür, daß Leistung sich wieder lohnen solle.

Nun läßt sich mit guten Gründen wie mit gutem Gewissen voraussagen, daß es die größte *Leistung* der Menschheit insgesamt in den nächsten Jahrzehnten sein dürfte, wenn sie es fertigbrächte, sich selbst am Leben zu erhalten und die Zukunft unserer Gattung zu sichern. Ferner verdiente es eine großartige Leistung vieler Völker und Staaten genannt zu werden, wenn sie allen ihren Mitgliedern ein anständiges Leben ohne Hunger, Armut und Not verschafft – so wie es im Sinne der meisten Individuen auch bei uns wäre, ein als anständig, glücklich und befriedigend empfundenes Leben führen zu können. Mit *Leistung* in genau diesem Sinne hat jedoch das, was die euphemistische Formel von der »Leistungsgesellschaft« bisher versprach, nicht viel gemein. Die Menschen, die aus der Leistungsgesellschaft »herausfallen«, entweder aus psychischer Indikation oder weil ihre Sozialisation sie nicht chancengleich in den beruflichen Wettkampf entließ, bilden inzwischen als von ständigen Existenzängsten geplagte Personen eine große Problemgruppe. Ihre Ängste »wirken als Katalysatoren eines Gefühls der Überforderung« (Habermas), die zu kompensieren auch die Kulturpolitik überfordert ist; sie ist nicht die Therapeutin für den klinischen Zustand der Zivilisation. »Menschen bringen große Leistungen immer erst, wenn ihnen keine andere Wahl bleibt«, erklärte Edzard Reuter von Daimler Benz.[22] Während üblicherweise dafür die Tarifpolitik sorgt, besorgt dies heute die neue Armut, das inzwischen unübersehbare alltägliche Elend.

Wer aber garantiert, daß die für den Fortbestand der Gattung notwendigen Leistungen, zu denen jedes einzelne Individuum beitragen muß, tatsächlich auch erbracht werden? Es ist diese Ebene, auf der es die gesellschaftliche Rolle der Kultur zu definieren gilt, und zwar als eine Rolle, die in vielen Argumentationen bisher vollkommen ausgeblendet wurde.

So wird aus der Kompensation, die von der Kultur erwartet wird, leicht eine Kollision: Kultur läßt sich eben nicht vorschreiben, wofür sie eintreten will; Kultur ist gewissermaßen Bremssignal in einem verselbständigten Wachstumsprozeß.

14. Künste und Kultur

Beim Nachdenken über Kultur und Künste wurde bisher zuweilen noch zwischen beiden unterschieden. Wir sollten uns aber darauf einigen, daß wir mit Kultur den *gesamten* Bereich meinen; innerhalb dieses Bereichs machen die Künste nur einen, wenn auch sehr wichtigen Teil aus. Daneben existierte die Kultur der sozialen Beziehungen, der Kommunikation, des Umgangs mit uns selbst, unserem Körper, unseren Mitmenschen, aber auch mit der Natur und der Geschichte und so weiter.

In all den Fällen, in denen wertbesetzte Optionen anstehen für die Richtung dessen, was als »Kultivierung« ohne pejorativen Klang zu bezeichnen wäre, sind Prozesse kultureller Kommunikation gefordert. Schließlich konkurrieren in (fast) allen Fällen immer auch ökonomische Interessen mit um die Gestaltung dieser Bereiche.

Eine nicht unwesentliche Problematik gesellschaftlicher Auseinandersetzung ist die Autonomie der Künste und der Kulturindustrie. Dabei geht es weniger um die Autonomie der *klassischen* Künste, die sich dank großzügiger Förderung relativ sicher fühlen dürfen. Die Demontage der Künste wird vielmehr in den Medien praktiziert. Für die gesteuerten Vorstöße, die öffentlich-rechtlichen Anstalten – und mit ihnen einen bedeutenden Hort des freien Journalismus – zu zerschlagen, lassen sich vor allem zwei Gründe benennen: Erstens geht es dabei um Verwertungszusammenhänge, also um die Beherrschung der Werbemärkte und der Medienbörsen, zweitens um die Unterwerfung des Mediums selbst.

Hier spielen aber weniger die Absichten des Staates hinein, sondern vielmehr handfeste Interessen der Kapitalverwertung; beide fühlen sich durch eine Renaissance der Marktmechanismen legitimiert.

Gescheitert sind alle Ansätze, jene »Teilautonomie der Wirtschaft gegenüber der Politik« einzuschränken; sie ist vielfach ja schon wesentlich größer geworden. Wir sind auf dem besten Wege zu einer tendenziellen *Dominanz* über die Politik aufgrund des »Mangel(s) an politischem Regulierungsvermögen«.[23]

15. Modernisierung als Selbstzweck?

Markt und freie Wirtschaft meinen versichern zu können, alle »Probleme zu lösen«. Der ungesunde Zustand eines schwachen Fundaments bei sehr hohen Kosten (für andere) läßt leicht übersehen, daß alle Regionen außerhalb der kapitalistischen Zentren, die Dritte Welt ebenso wie die Sozialistische Welt, sichtbar an Problemen leiden, während sie in der kapitalistischen Welt selbst verdeckt bzw. verschoben sind, entweder nach außen oder in eine ungewisse, freilich nicht allzuferne Zukunft.[24]

Kultur wird und wurde dabei vielfach als Mittel zur Akzeptanzherstellung benutzt. Sie war besonders wichtig für die eigendynamischen Prozesse des technischen Wandels und wurde abgekoppelt vom kulturellen Prozeß, der eigentlich ein Prozeß der souveränen Aneignung sein müßte, des selbstbestimmten Umgangs mit den Produkten des Wandels.

Weil »über die Zukunft heute viel eher die Forschungslabors und Entwicklungsabteilungen großer Unternehmen entscheiden, als die Politik«[25], bleiben gesellschaftliche Zukunftsperspektiven Bankgeheimnis bzw. Herrschaftswissen höhergearteten Managements. In diesem Zusammenhang sprechen wir heute schon vom allmählichen Schwinden dessen, was Hermann Lübbe »Zukunftsgewißheit« genannt hat: »Nie habe eine Zivilisation von ihrer Zukunft weniger gewußt als die unsere.« Dieses Defizit sieht Lübbe nicht nur in der »progressiven Innovationsverdichtung«, er erkennt die Gefahren auch in der fehlenden Kontrolle über Innovationsprozesse.

Dies Unbehagen erklärt übrigens, warum die Entscheidungshoheit bei Investitionsvorhaben und das Monopol des Technologieeinsatzes so hartnäckig verteidigt werden. Die Demokratie endet nicht nur, wie einst vorausgesagt wurde, an den Fabriktoren; sie hat bezüglich der Zukunftsgestaltung auch nicht allzuviel zu vermelden. Das Sachzwangkartell der Leistungsgesellschaft usurpiert immer mehr alles Handeln.[26]

Folgten wir den Denkfiguren technokratischer Modernisten vom Range Daniel Bells, dann wären es die Intellektuellen, die mit ihrem lästigen Hang zur Problematisierung die übrige Bevölkerung am Fortschritt zweifeln ließen und so die Akzeptanz hinfällig machten. Was früher einmal als Bildung und Wissen geschätzt wurde, ist heute die Fähigkeit, Ideen für den Wertewandel zu produzieren, die die Struktur-Konservativen fürchten wie der Teufel das Weihwasser.

16. Akzeptanzproduktion oder kulturelle Öffentlichkeit?

Aber in Wirklichkeit ist Akzeptanz weniger eine Frage der *Methode* als eine Antwort auf die *Inhalte*.[27] Die nachträgliche soziale Gestaltung von einmal eingeführten Rationalisierungstechniken scheint kaum mehr möglich, zumal die großen Techniklinien in dem Bestreben konzipiert werden, Qualifikationen und Personaleinsatz zu minimieren.

Wertewandel ebenso wie Veränderungen der politischen Kultur resultieren nicht aus strukturellen Eigendynamiken der Realität, sondern meist aus den akzeptierten Ideen von Intellektuellen und Künstlern.

Dabei kann es nicht um kulturelle Steuerungsinstrumente gehen oder gar um »administrative Wertepflege« zur Herstellung einer Art übergeordneter Akzeptanz. Autonome Kultur ist keine große Anpassungsmaschine, die dann beliebig zu mißbrauchen wäre. Statt dessen ist eine Kultur gefragt, die in der Lage wäre, jener »Machtsteuerung des technisch-sozialen Wandels« eigene Korrekturpotentiale entgegenzustellen. Ähnlich argumentieren jedenfalls Wissenschaftler des angesehenen Schweizer Gottlieb-Duttweiler-Institutes, die sich mit Manager-Fortbildung befassen.[28]

Die rhetorische Frage sei erlaubt, ob Kultur denn überhaupt in der Lage wäre, solche »Korrekturpotentiale« zu liefern? Wenn ja, könnte sie der Akzeleration des wissenschaftlich-technischen Wandels überhaupt folgen?

»Ernüchternd« nennen die Schweizer Wissenschaftler die Tatsache, daß im Gegensatz zu wissenschaftlich-technischen Kenntnissen das soziale Wissen nur mit »geradezu beängstigender Langsamkeit wächst«. Vielleicht verliert das Wachstum des technischen Wissens, das sich heute zum größten Teil im differenzierten System der Rüstungsforschung vollzieht, für manchen dadurch an Wert, daß die eigentlichen Weisheiten sich als uralte erweisen und nur immer wieder umgedacht und neu angeeignet werden müssen.

Gleichwohl spielt Kultur eine gewisse Rolle bei der Vorstellung, »*machtgesteuerten* technischen Wandel durch *konsensgesteuerten* bzw. *diskursgesteuerten* Wandel zu substituieren« – zumal Macht als das »ungeeignetste technologiepolitische Steuerungsregulativ« identifiziert wird. Kämen entsprechende Diskurse allerdings *nicht* zustande, dann führte dies unweigerlich zur »Entropie«, also zum allmählichen Absterben von Gesellschaften.[29] So paradox es auch klingt, diese negativen Perspektiven verdanken wir auch und gerade den Erfolgen unserer marktwirtschaftlichen Ordnung, die ohne notwendige Modifikationen ihre eigenen Grundlagen zu zerstören droht.

Worum es geht, das ist die »Rückverlagerung von Kompetenz in die Gesellschaft«[30] – letztlich mit Hilfe der Kultur und nicht mit sozialtechnologischen Entwürfen. Welche Forderungen bleiben aus dieser Erkenntnis zu ziehen? Mehr Beteiligungskompetenz, höhere Qualität des Wissens samt der Fähigkeit, Interessen zu artikulieren – das summarische Schlagwort ist bekannt: »Kulturelle Öffentlichkeit«.

Zur Entwicklung einer »neue(n) aufklärerische(n) Verantwortungs-Ethik« bedarf es eines breit gestreuten gesellschaftlichen Diskurses, fordert Oskar Lafontaine.[31] Aber dieser Diskurs will organisiert sein. Falls er sich orientiert an praktischen gesellschaftlichen Mängeln oder an Risiken, die als solche erkannt werden, dann könnte er neue, zukunftsfähige ethische Standards mit sich bringen.

17. Kultur für die »Freizeitgesellschaft«

Nur mit einem Verständnis von Kultur bezogen auf die gesamte soziale und politische Lebenstätigkeit kann ihr eine Rolle auch in der sogenannten »Freizeitgesellschaft« zufallen. Nur wenn Kultur diese Funktion übernehmen kann, ist sie mehr als »Brot und Spiele«, mehr als ein schönes Mittel zum Zeittotschlagen.

»Mit leichtem Gepäck nach vorn« möchten uns manche als Motto für die Zukunft verschreiben: Sie versprechen sich davon weniger Ballast durch lästige Problematisierungen und eine geringere Belastung durch moralische Ansprüche einer als retardierend empfundenen Technik- und Fortschrittskritik.

Aber sich »vorn« dünkend, wer weiß sich in solcher Illusion noch sicher? Bestimmt sich die Qualität des Fortschritts, des Vorn-Seins, nur nach dem, was machbar ist, oder diktieren uns dies die sogenannten »Sachzwänge«?

Im Kontext dessen, was als »Totale Freizeitgesellschaft« zum Alptraum wurde, verwenden wir gern die schlichte Formel von der Schaffung einer notwendigen kulturellen Infrastruktur für das Jahr 2000. Nach neuesten Hochrechnungen verfügt an der Schwelle zum nächsten Jahrtausend jeder zweite Bundesbürger ganztags über von Erwerbsarbeit freigestellte Zeit, ein Drittel der Bevölkerung wird dann über 65 Jahre alt sein.

Gleichwohl sollten wir mit überzogenen Hoffnungen auf mehr freie Zeit vorsichtig umgehen. Denn nicht jede Arbeitszeitverkürzung bedeutet automatisch mehr freie Zeit, geschweige denn mehr Muße-Zeit. So relativieren Experten wie Christiane Müller-Wichmann[32] die Freizeit mit dem Argument, daß diese nicht zwangsläufig identisch sei mit jenen »Lücken, die (rein) rechnerisch übrigbleiben«.

Mit anderen Worten: In aller Regel wird der Begriff »Arbeit« immer noch zu eng interpretiert, denn unser gesamtgesellschaftliches Arbeitsvolumen zerfällt in *bezahlte* Arbeit und in *unbezahlte* Arbeit (Müller-Wichmann). Unbezahlte Arbeit wird auch als Eigenbedarfstätigkeit bezeichnet, als Schattenarbeit, als »informeller Sektor« oder als Dualwirtschaft.

18. Privatsache Reproduktion und Qualifikation

Als »private Alltagsarbeit« ist sie deshalb aber keinesfalls ein beliebiger Zeit-Faktor. Sie ist vielmehr notwendiger Bestandteil der gesellschaftlichen Gesamtleistung, auch wenn sie als nicht-entlohnte Tätigkeit in der Kalkulation unseres Bruttosozialproduktes *nicht* verrechnet wird. Um zu gewährleisten, daß unsere Wirtschaftsordnung und unser Sozialsystem nicht rasten und rosten, gehört sie gleichwohl zu dessen »notwendigen Vor- und Nachleistungen«.

Ulrich Beck und andere haben uns darauf aufmerksam gemacht, daß seit Beginn der Industrialisierung die Tendenz immer mehr dahin zielt, die genannten Aufgaben stärker zu privatisieren und ins kaum mehr Meßbare zu erweitern. Früher hatte die Mehrzahl der Menschen nebenbei lediglich »bescheidenste häusliche Arbeit« für sich und die Familie zu erledigen. Die erst später ständig wachsenden Ansprüche der Menschen an Hygiene, Ernährung, Erziehung, Gesundheit, Wohnung, Kleidung, Bildung, Freizeit usw. haben beträchtliche Verschiebungen im privaten Zeitbudget bewirkt. Mit der deutlichen Verlängerung der Lebenserwartung haben sich diese Ansprüche noch zusätzlich erhöht. Wir erleben es alle deutlich an uns selbst, wie sehr »Technisierung, Bürokratisierung,

Verwissenschaftlichung, Verrechtlichung und Demokratisierung (!) unseres Lebens« nicht nur unser tägliches Arbeitspensum steigern.[33]

Zusätzliche Anforderungen erhöhen auch den Wunsch nach Qualifikationen, was sich eklatant im Zeitbudget fürs lebenslange Lernen niederschlägt und immer mehr Arbeitsbereiche umfaßt. Schließlich bedeutet die Zunahme von Einpersonen-Haushalten außer einer geringeren Nutzung der Ressourcen auch »absolut und relativ mehr Zeitaufwand«.

Es bleibt außerdem zu fragen, *wie* denn die Arbeitszeit geändert werden soll, zumal vorauszusehen ist, daß eine »*generelle* Verkürzung der Normal-Wochenarbeitszeit« eine wohl nur marginale Bedeutung haben dürfte. Die Kontinuität gegenwärtiger Trends einmal unterstellt, würden mögliche Arbeitszeitverkürzungen vermutlich ohne viel Aufhebens in Vorruhestandsregelungen, Arbeitslosigkeit und Teilzeit abgedrängt. Diese auch kulturpolitisch eher fragwürdige Tendenz sollte schon deshalb politisch konterkariert werden, weil Arbeitslose schließlich gar keine *Freizeit* haben – sie haben nur *leere* Zeit. Bis die meisten Arbeitslosen gelernt hätten, wie sie ihre leere Zeit in Konzerten oder Museen verbringen können, dürfte noch viel Sozialarbeit zu leisten sein. Ähnliches gilt für die Frührentner mit durchschnittlichem Bildungsstandard, das heißt für Senioren ohne musische Vorbildung und ohne eine ästhetische Erziehung im Sinne von Schillers ästhetischen Briefen.

Zu berücksichtigen ist ferner die Erfahrung, daß gleichlange Zeitspannen meist ungleichen sozialen Nutzungsphasen korrespondieren. Das heißt negativ formuliert: Freie Zeit »zur *falschen Zeit*« ist in aller Regel subjektiv wie objektiv *wertlos* für den einzelnen. Genaugenommen kann nur derjenige über seine Zeit ökonomisch verfügen, der auch den Zeitpunkt bestimmen kann, zu dem er über seine Zeit disponieren möchte. Ohne gesellschaftspolitische Gegensteuerung bedeuten die gegenwärtigen Trends, daß Kultur und Künste zunehmend nur die exklusiven Bedürfnisse eines kleinen Teils der Gesellschaft in begünstigten Städten und Regionen befriedigen werden.

Das zeigt sich schon in äußerst unterschiedlichen Chancen der Bürger in den Städten der Bundesrepublik, in Sachen Kultur entweder überhäuft oder unterversorgt zu werden. Die Kluft zwischen den kulturellen Angeboten in den prosperierenden Städten und denen in Krisenregionen vergrößert sich zusehends.[34]

Unter diesen Prämissen kann Kultur aber weder ihrem demokratischen Auftrag im Rahmen eines »Kulturstaates« gerecht werden, noch kann sie gesellschaftlich relevante Prozesse in Gang setzen.

19. Freizeit und Arbeit bilden eine Einheit

Es sind noch ganz andere Denkansätze für die Zukunftsplanung möglich: Im Zusammenhang mit den Wandlungen der Produktion steht vielleicht nicht unbedingt die Hinwendung zur »Freizeitgesellschaft« ganz oben auf der Tagesordnung, wohl aber die Abkehr von Gesellschaftsmodellen, für die allein die entlohnte Erwerbsarbeit Bedeutung hat. Nur in der täglich erfahrenen Balance von Arbeit *und* Freizeit können die Menschen durch Tätigsein zu sich selbst finden und zu einem Bewußtsein ihrer selbst gelangen.

In seiner umstrittenen »Freiheitswissenschaft« proklamierte Joseph Beuys mit dem Slogan »Jeder Mensch ein Künstler«, daß alle Menschen das Recht haben sollten, »bei sich selbst zu sein« und auf jenem »Souverän« zu insistieren, der nach seiner Meinung »in jedem Menschen steckt«. Denn »Selbstverwirklichung«, jene berühmte Forderung von 1968, hat ähnlich wie jene der »Emanzipation« schließlich sehr viel mehr mit menschlicher Sinn-Konstitution zu tun als mit Ideologie.

Sinnorientierung ist nicht loslösbar von menschlichem Handeln, und dieses Handeln drückt sich ebenso in bezahlter Erwerbstätigkeit aus, wie es sich in nicht bezahlter Tätigkeit vollziehen kann. Selbstverständlich setzt eine solche ideale Vorstellung vom anständigen Leben dessen materielle Sicherung voraus, die für alle Menschen gewährleistet sein muß; sie setzt aber auch die Einsicht voraus, daß die Bedeutung des finanziellen oder das Gewicht des materiellen Prestigekonsums in den Wertvorstellungen der Menschen jeweils relativiert werden. Das heißt, es müssen wichtigere Dinge an die Stelle jener scheinbaren Werte treten, die allein aufgrund günstiger materieller Lage zu erwerben sind; der Kanon der Sinn-Diskussion müßte um diesen Aspekt erweitert werden.

Mit der relativen Dominanz menschlicher »Tätigkeit« dürfen Genußfähigkeit, Muße und Vergnügung künftig nicht minder bewertet werden. Ganz im Gegenteil: Der Kulturpolitik stellt sich als vorrangige Aufgabe, Vorstellungen vom lebenswerten Leben in der alltäglichen Lebenspraxis wirksam werden zu lassen.

Die Konstituierung von »Lebenssinn« ist auf die über-individuelle *und* die individuelle Ebene verwiesen; denn »sinnhaft« ist, so Thomas Metscher, ein Tun nur dann ‚»wenn ich in diesem mich selbst... verwirkliche, mich ›einbringen‹ kann; aber die individuelle Ebene wird brüchig, wenn ihr nicht auch eine gesellschaftliche Ebene korrespondiert«.[35] Was nützte uns eine individuelle Idylle, wenn rings um uns her alles in Zerstörung und Auflösung begriffen wäre.

20. Wertewandel und »Neue Langsamkeit«

Was ist aus dem Gesagten zu schlußfolgern? Vor allem doch dies: Daß Kultur (jedenfalls in diesem Zusammenhang) nicht als Beschäftigungstherapie marginalisiert werden darf, sondern als Sinn-Ressource zu einem zentralen Begriff der Politik werden muß, und zwar verbunden mit allen qualitativen Ansprüchen, mit jedem möglichen Bezug zur gesellschaftlichen Realität.

Diesen Ansprüchen sieht sich auch die kulturelle Auseinandersetzung mit den Veränderungen unserer Arbeitswelt konfrontiert. Jener Negativ-Katalog mit sinkender »Arbeitsmoral«, mit nachlassender »subjektiver Bedeutung der erwerbszentrierten Arbeit«[36] oder mit der »Entmythologisierung der Berufsarbeit« (R. Vollmer) bildete für eine Gesellschaft mit enorm gesteigerter Produktivität eigentlich *die* Chance für die Lösung schwierigster »Problempotentiale«! Wir hätten uns dann zu befassen mit dem, was charakterisiert werden kann als eine »kluge Antizipation der zukünftigen Bedingungen der sozialen Wirklichkeit«, anstatt uns immer nur mit Krisensymptomen zu beschäftigen. Wer auf solche Einsichten wiederum nur mit neuen Leistungsanreizen etwa im Wettlauf um positionelle Güter antwortete, würde uns genau die falsche Richtung aufzwingen. Ich glaube, wir liefen Gefahr, es jenen Tendenzen und Praktiken allein zu überlassen, weiterhin die »feinen Unterschiede«, deren prägende Kraft Bourdieu anschaulich untersucht hat, zu kultivieren oder die sublimierten Bedürfnisse einer »Lebensstil«-Gesellschaft mit öffentlichen Mitteln zu bedienen; beides wäre jedoch kontraproduktiv für die Zukunftsfähigkeit unserer Gesellschaft.

Es gibt eine Ebene, auf der eine neue Zeitmoral auch gesellschaftspolitisch interessant zu werden verspricht: zum Beispiel die Ebene kulturell abgefederter Bedürfnisse nach Gemächlichkeit, nach Abkehr von der sogenannten »Tempokratie«, oder eines Programms der »neuen Langsamkeit«, eines Versuchs, uns zu »entschleunigen«. Hier können wir von Sten Nadolnys »Entdeckung der Langsamkeit« lernen. Wären diese mehr oder weniger utopischen Topoi konsensfähig, dann könnte dies auf ein »humanes Projekt der Muße-Kultur« hinauslaufen.[37]

Alle diese Bedürfnisse verdanken sich einem einzigen Impuls, nämlich dem Wunsch, die »zeitökonomische Intensivierung« mit ihren pathologischen Elementen zu bremsen. Es sind diese Elemente, mit denen die Grenzen zeitlicher Belastbarkeit immer neu austariert und die durch seelenloses Zeit-Management perpetuiert werden.

Jene freundlichen Modifikationen, die »Zeitwohlstand« und »Zeitsouveränität« anstelle von permanenter Zeitnot propagieren, könnten vielleicht auch ein Hilfsmittel gegen die Krisen der Arbeitsgesellschaft sein.

Freilich werden sie dazu nicht im Selbstlauf, sondern erst als Produkte einer politikfähigen Bewegung, die Gegenkräfte zu mobilisieren imstande wäre.

Die Künste, etwa die Literatur, haben uns schon lange sensibilisiert für diese inneren Widersprüche und zerstörerischen Tendenzen, die unserer zivilisatorischen Organisation von Zeit innewohnen. In diesem Sinne fortzufahren können wir sie nur ermutigen.

Politik, Kultur, Wissenschaft und Philosophie ergeben erst einen Sinnzusammenhang, wenn wir sie als Interdependenzen verstehen. Nur im Zusammenwirken aller humanen Einflußfaktoren gelangen die Menschen zu einer Lebensweise, in der sie zu sich selbst kommen und ganz bei sich sein können.

Gerade die aus politischen Diskursen weithin ausgeklammerte Philosophie als »der methodische und beharrliche Versuch, Vernunft in die Welt zu bringen«[38] (oder doch wenigstens subjektiven *Sinn*), könnte der Kulturpolitik auf die Sprünge helfen, sofern sie sich als bloß pragmatisches Reagieren auf Sinndefizite zu keinerlei utopischen Entwürfen mehr fähig zeigt. Aus Kultur, Wissenschaft, Philosophie ließen sich für Politik Perspektiven gewinnen, die den Menschen helfen, auch bei der Arbeit und im Alltag so zu leben, daß sie sich als Glieder eines Kulturstaates fühlen können, zu dessen Lebensformen sie sich bekennen. Als individuelle Lebenswelt sollte sie angelegt sein auf Identifizierung mit sich selber – als wahrnehmendem, urteilsfähigem Menschen. Eine solche Lebensweise wäre voll Würde und Verantwortung, wäre ein Leben, in dessen Verlauf der Mensch Herr seiner Sinne, seiner Zeit, seiner Mittel ist, statt Sklave von Streß, Ehrgeiz, Ämtern oder Besitz zu sein. Diese Lebensweise würde dazu beitragen, so zu handeln, daß wir alle uns den Fragen unserer Kinder und Enkelkinder mit Antworten stellen können, deren wir uns nicht zu schämen brauchen: Ja, wir würden unser möglichstes getan haben, um ihnen eine lebenswerte Welt zu hinterlassen.

21. Und das bleibt der Kulturpolitik zu tun

Aus den geschilderten Antinomien, Paradoxien und Brüchen des aktuellen Kulturbooms wachsen der Kulturpolitik neue Aufgaben zu. Inhaltlich kaum anders als einst, als es um die Sicherung von Autonomie und Handlungsspielraum für die kulturellen Kräfte ging, wäre den Aufgaben jetzt in neuen Rahmenbedingungen Geltung zu verschaffen.

Kulturpolitik bleibt somit, auch wenn sie nicht unmittelbar eingreift und von »staatlicher Lenkung« nicht einmal ansatzweise die Rede sein kann, eine Aufgabe der politischen Gestaltung, der politischen Produktion.

Von der Qualität ihrer Lösung hängt es z. B. ab, in welchem Maße die einzelnen Bereiche ihrer eigenen Dynamik, ihren eigenen Prioritäten folgen können oder wie stark sie sich anderen Kräften prostituieren müssen usw.

Betrachten wir die aktuelle Situation kulturkritisch, so steht eine Reihe von Aufgaben an, die nur durch Veränderung oder Neubewertung zu erfüllen sind, z. B. die Wiederentdeckung der *Vielfalt* kultureller Ausdrucksformen. Wenn bildende Künstler sich schon im Habitus als Dekorateure der postmodernen Lebensstil-Gesellschaft anbiedern oder wenn andere »Macher« nur noch in »ART« oder »Ambiente« abgelichtet werden möchten, dann denken und wirken sie auf einem anderen Niveau als beispielsweise Künstler, die mit Lehrlingen ein Wandmalprojekt gestalten oder die einen Stammheim-Zyklus malen – um zwei konträre Pole zu nennen.

Dazwischen liegt ein riesiges Feld unterschiedlicher ästhetischer Bewußtseinsinhalte, verschiedener künstlerischer Arbeitsformen und Vermittlungsmethoden. Dieses Feld der unbegrenzten Möglichkeiten stärker kulturpolitisch zu besetzen, wäre sinnvoll.

Weiter ist zu bedenken: Wenn lokale Künstler sich beschweren, daß bei der üblichen Kunstförderungspolitik für sie nur Brosamen vom Tisch städtischer Auftraggeber abfielen, so liegt darin bei aller Vordergründigkeit ein Kern an Wahrheit. Auch in der Musikförderung z. B. liegt das Mittelfeld ziemlich brach, aber es ist ein Feld, mit dem der Pejorativ »Mittelmäßigkeit« nicht assoziiert werden sollte. Unterschiedliche ästhetische Praktiken lassen sich nicht mit dem gleichen Maßstab messen.

Autonomie schließt natürlich auch die Gefahr oder Chance von Anstößigkeit mit ein. Wir erleben unverhältnismäßig viel Akklamation, nur wenig Anstößiges und noch weniger Anstöße. Es würde zur Optimierung des kulturellen Klimas wesentlich beitragen, ließe sich Kulturpolitik immer auch zur konsequenten Verteidigerin der Freiheit des Kulturellen aufrufen – nicht nur bei der Bildenden Kunst, sondern auch in den Museen, den Medien, den Bibliotheken usw.

Kultur und Künste können helfen, die Utopie einer humanen Zukunft zu entwerfen, die auf ethischen Grundlagen errichtet ist. Diese Utopie liegt nicht an einem anderen Ort und in einer fernen Zeit. Die Zeit der Utopie ist jetzt – und ihr Ort ist hier.

2. Das kulturelle Leben in der Bundesrepublik
   1949 bis 1989

1. Gibt es eine Einheit in der Vielfalt?

40 Jahre Bundesrepublik Deutschland – ein Thema, mit dem das Jahr 1989, in dem sich gleichzeitig Hitlers Überfall auf Polen und damit der Beginn des Zweiten Weltkrieges zum 50. Mal jährt, zu einem Jahr der Reflexion über ein Staatsgebilde wurde, das in seiner Widersprüchlichkeit durch kaum etwas so genau getroffen wurde wie durch den Zusammenfall der beiden genannten Jubliläen.

Von der Feierstunde im Bundestag bis zur Podiumsdiskussion in der Kleinstadt, vom ersten »Tag der offenen Tür« im Bonner Regierungsviertel überhaupt bis zum Fernsehmagazin »40 Jahre Sport in der Bundesrepublik« – das Angebot war wie stets bei solchen Anlässen inflationär und nur selten dazu geeignet, hinter dem beliebigen Bilderbogen perspektivisches Denken hervorscheinen zu lassen: von den Trümmerfrauen und Adenauers Begegnung mit de Gaulle über den Bau der Berliner Mauer, Anti-Schah-Demonstrationen und Willy Brandts Kniefall am Mahnmal des Warschauer Gettos bis hin zur »Schlacht am Bauzaun« in Wackersdorf und dem »Tanz auf der Berliner Mauer« im November 1989.

Ergebnis solcher Bemühungen ist selten mehr als nostalgische Wehmut und ein gewisses Maß an Stolz darüber, irgendwie beteiligt gewesen zu sein am Aufbau eines der reichsten Länder der Erde und des – wie es dann immer heißt – »freiheitlichsten Staates, den es jemals auf deutschem Boden gab«, wobei nicht nur der alte Topos des »deutschen Bodens« des historischen Nachdenkens wert wäre.

Ein Thema eignet sich kaum zur Repräsentation des neuen deutschen Selbstbewußtseins anläßlich der großen Jubiläumsshow. Denn es mag angehen, von einer »Politik der Bundesrepublik«, vom Sport oder der Wirtschaft der Bundesrepublik zu sprechen, aber selbstverständlich kann es eines nicht geben: eine »Kultur *der* Bundesrepublik Deutschland« (so etwa der Titel eines Buches von Jost Hermand). Denn das Widerspiel von Kultur und wechselnden geographisch-politischen Verhältnissen hat sich im deutschen Kulturraum ausgewirkt und Identitätskrisen ausgelöst wie sonst kaum in Europa. Eine Beschränkung kultureller Interaktion auf das künstliche Nachkriegsgebilde Bundesrepublik würde den kulturellen Realitäten Hohn sprechen.

Wenn also versucht werden soll, zu 40 Jahren Kultur *in* der Bundesrepublik Deutschland Anmerkungen zu machen, dann kann es nicht darum gehen, das gesamte Panorama oder auch nur die Höhepunkte dieser Geschichte vor unseren Augen ablaufen zu lassen – dies ist an anderer Stelle in den letzten Jahren mehrfach versucht worden, in Untersuchungen, die naturgemäß Gefahr liefen, hinter der Fülle des angesammelten Materials die Analyse zu kurz kommen zu lassen.[1] Wenn so renommierte Autoren wie etwa der Kunstwissenschaftler Jost Hermand als Strukturierung seiner auf 650 Seiten ausgebreiteten Materialfülle lediglich die (nicht sehr inspirierende) Opposition »systemstabilisierend« vs. »systemkritisch« anzubieten hat oder Karla Fohrbeck und Andreas Johannes Wiesand erst gar nicht versuchen, die – zugegeben – phänomenale Datenmenge auf historische Zusammenhänge und Entwicklungen hin zu analysieren oder zu interpretieren, dann wird die grundsätzliche Schwierigkeit eines solchen Unterfangens deutlich. Vor diesem Hintergrund wird auch klar, daß es in einem Text wie dem vorliegenden nicht darum gehen kann, den Enzyklopädisten Konkurrenz zu machen, sondern darum, jene häufig vernachlässigten Schwerpunkte zu setzen, (subjektiv) Strukturen zu erhellen, Perspektiven aufzuzeigen.

»Wir sind schon durch ein Dutzend Fürstentümer, durch ein halbes Dutzend Großherzogtümer und durch ein paar Königreiche gelaufen, und das in der größten Übereilung in einem halben Tag . . . das ist ein Land wie eine Zwiebel, nichts als Schalen.« Nichts charakterisiert die Kleinstaatlichkeit Deutschlands im frühen 19. Jahrhundert besser als dieser Satz Valerios aus Georg Büchners »Leonce und Lena«. Auch als ein 1871 erstmals wieder einigermaßen zusammengefaßtes nationales Territorium mit zahlreichen Ausgrenzungen verweigert sich Deutschland in der kulturellen Vielfalt jeglicher Zentralität: Nirgends ist ein Zentrum entstanden wie Paris, Rom oder London. Auch in seinen stabilsten Zeiten ist Berlin nicht in der Lage, die Unterzentren München, Dresden, Breslau usw. in die Marginalität abzudrängen. Letztlich haben natürlich auch der deutsche Größenwahnsinn und der Rassismus des Hitlerfaschismus, der sich auf die Legende vom »Dolchstoß« am deutschen Volk berief, mit einem schizophrenen Verhältnis zur eigenen (kulturellen) Identität zu tun.

Als nach 1945 Berlin weitgehend als kulturelle Avantgarde ausfällt und Bonn als zunächst provisorische Bundeshauptstadt noch als tiefste Provinz gehandelt wird, aber auch nach der Betonierung als Mini-Hauptstadt im wesentlichen Ort der Ministerialbürokratie oder der Lobbyisten bleibt, da kann von Zentralität und identitätsstiftender Einheitlichkeit keine Rede sein. Kulturell blickt die Bundesrepublik auf Hamburg, München, Frankfurt, Köln, West-Berlin, dann vielleicht noch auf Düsseldorf, Stuttgart, Nürnberg, zu »documenta«-Zeiten auch auf Kassel – und während des Festspielkalenders auch nach Bayreuth, Recklinghausen (Ruhrfestspiele), Mannheim, Oberhausen, Hof (Filmtage) oder auch nach Ansbach und Donaueschingen der klassischen Musik wegen. Statt »Kultur als Spektakel« (Eco) sind an diesen Orten ernsthafte Auseinandersetzungen mit dem jeweiligen Medium die Praxis. Aber nirgends in der deutschen Provinz ist ein Zentrum entstanden wie Paris oder London. Jede der deutschen Großstädte beruft sich auf *ihre* Tradition, entwickelt *ihre* kulturelle Physiognomie, *ihren* partikulären Ehrgeiz.

Darin liegt jedoch auch eine Chance der Relikte deutscher Kleinstaatlichkeit: die gegenseitige Durchdringung und Befruchtung regionaler Tradition und internationaler Avantgarde, die Auseinandersetzung um die kulturelle (deutsche) Identität über die Grenzen hinweg.

Wie (lebens-)notwendig ein solches Verständnis von Grenzen ist, zeigt die gegenwärtige Debatte um den Umbau Europas – nicht nur um »Europa 1992«, sondern viel weiter gefaßt um eine neue Ordnung Gesamteuropas. Die (noch) bestehende Ordnung von Jalta, die Konfrontation der Machtblöcke im Herzen Europas, in Deutschland, in Berlin, ist mit den revolutionären Veränderungen in der Sowjetunion, Polen und Ungarn und vor allem mit dem Abbruch der Berliner Mauer anachronistisch geworden. Tödlich wäre es nun freilich für Europa als Ganzes (nicht nur politisch, sondern auch und vor allem kulturell), die osteuropäischen Staaten durch eine wirtschaftliche Umarmung praktisch »einzukassieren«, sie als eine Konkursmasse, als eine Art neuer Kolonie dem kapitalistischen Westen einzuverleiben oder sie von ihm abhängig zu machen.

Ein solcher Kurzschluß ist schon deswegen so gefährlich, weil er die Wirkmächtigkeit von Grenzen ignoriert – und die Grenzen in Europa, die Grenzen zwischen Ost und West sind ja nicht verschwunden, sondern haben sich nur in ihrer Bedeutung verändert. In einem historischen Moment, in dem erstmals nach dem Zweiten Weltkrieg die Chance besteht, den nationalen, politischen und kulturellen Schnittstellen dauerhaft den Charakter von Verständigungsbrücken zu verleihen, die Begegnung und Kommunikation nicht verhindern, sondern ermöglichen – schon ist die Vision eines Berlins als Drehscheibe des Dialogs zwischen Ost und West im Gespräch –, in einem solchen Moment lohnt sich ein Rekurs auf die dialektische Beziehung von kultureller Kommunikation und Grenzen in der Geschichte der Bundesrepublik Deutschland.

Denn die 40 Jahre ihres Bestehens waren wie in keinem anderen Land Europas von dieser Grenze bestimmt, von der militärischen Konfrontation, dem Kalten Krieg und den zaghaften Versuchen, sie zu überwinden. Solche Bestrebungen hatten freilich, wollten sie erfolgversprechend sein, immer eine Anerkennung der Grenze zumindest als transitorische politische Realität, als Trennung historisch gewachsener politischer, sozialer, kultureller Unterschiede zur Voraussetzung.

Von dieser Ambivalenz der Grenze und den Versuchen, über die Grenze hinweg Verbindungen zwischen Verschiedenem zu schaffen, ist die Kultur in der Bundesrepublik Deutschland seit ihrer Gründung wie von kaum etwas anderem geprägt – und es geht dabei eben nicht nur um die Grenzen der Bundesrepublik, sondern auch um jene über den deutschen Sprachraum heraus.

Exemplarisch läßt sich dies an der Literatur – kulturelle Kommunikation ist ja immer auf die Sprache angewiesen, arbeitet sich an der Sprache ab – nachweisen (»Sprache ist mehr als Blut«, so beschrieb der Judaist Franz Rosenzweig die Wurzeln von Kultur), und zwar sowohl an der Rolle, die die Literatur Österreichs und der Schweiz innerhalb der deutschsprachigen Literatur spielt, als auch an der Demarkationslinie zwischen der Literatur – oder den »Literaturen« (darauf werden wir noch zurückkommen) – der beiden deutschen Staaten.

»Ich bin Schweizer und begehre nichts anderes zu sein, mein Engagement als Schriftsteller aber gilt nicht der Schweiz« – dieser Ausspruch von Max Frisch in seiner Büchner-Preis-Rede 1958 klingt allen noch im Ohr, die in den 50er Jahren die literarisch-politischen Diskussionen verfolgt haben. Den heftigen, verleumderischen Angriffen gegen seine Stellungnahmen zur internationalen Atomrüstung und zur deutschen Wiederbewaffnung und dem Vorwurf, er mische sich in fremde Angelegenheiten ein, begegnete Frisch mit dem Satz: »Auch Kafka ist niemals ein Käfer gewesen und hat selbst nicht die › Verwandlung‹ durchgemacht.«

Um wieviel ärmer wäre die geistige Landschaft in der Bundesrepublik, wenn sich nicht immer auch Schriftsteller wie Max Frisch oder Friedrich Dürrenmatt, Adolf Muschg, Ingeborg Bachmann oder Thomas Bernhard literarisch *und* politisch Gehör verschafft hätten, dabei stets ihre Position an den – kulturell besonders bedeutsamen – Rändern des deutschen Sprachraums, ihre immer auch von einem sich zentralisierenden Buchhandel und den Massenmedien bedrohte regionale Verankerung betonend und reflektierend.

Legitimierte sich diese Dialektik von staatlichen Grenzen und kultureller Grenzüberschreitung, die »Einmischung in eigene Angelegenheiten« bei den genannten Autoren immer auch aus der gemeinsam erlebten und erlittenen Vergangenheit, so ist die Verkettung durch gemeinsame Geschichte in der Literatur der beiden deutschen Staaten ganz offensichtlich.

Aufgeteilt in unterschiedliche Machtblöcke, Ideologien, Wirtschaftssysteme, funktionierte in der ersten Hälfte dieser 40 Jahre Bundesrepublik und DDR weder die politische noch die kulturelle Kommunikation: Kalter Krieg und Antikommunismus marginalisierten die DDR lange Zeit zu einem kulturell uninteressanten Gebiet, das manchem Politiker anscheinend nur als Objekt zur baldigen Befreiung wichtig schien.

Spätestens 1969, als Christa Wolfs nicht nur für die DDR entscheidend wichtiger Roman »Nachdenken über Christa T.« auch im Westen erschien, konnten Verlage, Feuilletons und schließlich auch das Publikum in der Bundesrepublik entdecken, daß in der DDR-Literatur nicht nur positiv genormte sozialistische Arbeiterhelden private Probleme hintanstellen und in der nicht-entfremdeten Fließbandarbeit im VEB die Erfüllung all ihrer Wünsche finden.

Im Gegenteil: In den letzten zehn bis 15 Jahren drängt sich der Eindruck auf, als hätten DDR-Schriftsteller häufig auch auf Fragen und Probleme der Menschen in der Bundesrepublik eher Antworten bereit als die Kollegen im Westen, die allzu häufig auf eine bloße Selbstbezogenheit oder die Repetition erprobter Muster zurückfallen. So ist es sicher kein Zufall, daß heute der meistgespielte zeitgenössische Autor deutscher Sprache auf bundesdeutschen Bühnen Heiner Müller ist.

Freilich erreichte die Ost-West-Bewegung mit der Ausweisung Wolf Biermanns 1976 und darauf einer ganzen Reihe weiterer maßgeblicher Autoren aus der DDR in einem anderen Sinne einen Höhe- bzw. Tiefpunkt. Das konnte auf Dauer jedoch nicht verhindern, daß die Schriftsteller in der DDR von einer meinungsbildenden Position nicht mehr zu verdrängen waren, was etwa auf dem X. Kongreß des Schriftstellerverbandes im November 1987 dazu führte, daß Autoren wie Günter de Bruyn oder Christoph Hein in aufsehenerregenden Reden und Diskussionsbeiträgen die Abschaffung der Zensur und eine Demokratisierung der Gesellschaft forderten und Christa Wolf einen Dialog mit den ausgewiesenen DDR-Schriftstellern anmahnte. Es waren also Schriftsteller, die die überfällige DDR-Perestroika um zwei Jahre vorwegnahmen.

Schließlich sind uns noch allen die bewegenden Bilder aus Ost-Berlin und Leipzig vor Augen, wo Schriftsteller wie Stefan Heym, Stefan Hermlin oder Christa Wolf vor Hunderttausenden von Demonstranten auftraten und in ihrer Meinungsführerschaft wesentlichen Anteil am »Sieg des Volkes« (»DER SPIEGEL«) hatten.

Im Kontext der Friedensbewegung waren es außer der Evangelischen Kirche schließlich die Schriftsteller, die in gemeinsamen West-Ost-Gesprächen erkannten, daß sie nicht nur eine gemeinsame Sprache verbindet, sondern aus der gemeinsamen Geschichte auch eine gemeinsame Verantwortung, die trotz aller fundamentalen Unterschiede beider Systeme solidarisches Handeln notwendig werden ließ.

So wird exemplarisch deutlich, wie die Kulturschaffenden sich über ihren beharrlichen Dialog mit der Zeit aus dem Primat der Politik lösen können und damit historisch vorgegebene Grenzen durchlässiger werden lassen.

Daran kann auch das vor allem von DDR-Offiziellen lange Zeit vorgebrachte Postulat von den »zwei deutschen Literaturen«, ja, sogar »zwei deutschen Sprachen« nichts ändern. Letzteres mag für Begriffe wie »Sättigungsbeilage« in HO-Gaststätten, »Auslaufventil« (Wasserhahn) oder »Betriebskampfgruppen« oder für ideologisch vorbelastete Themenbereiche wie »Kapital«, »Fortschritt«, »Arbeit« etc. augenscheinlich sein. Letztlich jedoch – und die Schriftsteller in Ost und West arbeiten sich an der gemeinsamen deutschen Sprache ab, machen sie mehr und mehr zu ihrem eigentlichen Thema – gilt weiterhin Marx' Bestimmung der Sprache als »Materie des menschlichen Denkens«. Und diese Materie ist jenseits tagespolitischer Diskussionen und systemspezifischer Probleme immer noch die gleiche. Das Interesse des Publikums an der Literatur des jeweils anderen deutschen Staates beweist es eindrucksvoll.

2. Die Autonomie der kulturellen Kräfte

Der Start war für die Deutschen nach 1945 nicht gerade einfach. In seinem Roman »Doktor Faustus«, jener großartigen Gestaltung deutscher Verführbarkeit, läßt Thomas Mann unter dem unmittelbaren Eindruck seinen Chronisten Serenus Zeitblom formulieren: »Der dickwandige Folterkeller, zu dem eine nichtswürdige, von Anbeginn dem Nichts verschworene Herrschaft Deutschland gemacht hatte, ist aufgebrochen, und offen liegt unsere Schmach vor den Augen der Welt, der fremden Kommissionen, denen diese unglaubwürdigen Bilder nun allerorts vorgeführt werden, und die zu Hause berichten: was sie gesehen, übertreffe an Scheußlichkeit alles, was menschliche Vorstellungskraft sich ausmalen könne. Ich sage: unsere Schmach. Denn ist es bloße Hypochondrie, sich zu sagen, daß alles Deutschtum, auch der deutsche Geist, der deutsche Gedanke, das deutsche Wort von dieser entehrenden Bloßstellung mitbetroffen und in tiefe Fragwürdigkeit gestürzt worden ist? Ist es krankhafte Zerknirschung, die Frage sich vorzulegen, wie überhaupt in Zukunft ›Deutschland‹ in irgendeiner seiner Entscheidungen es sich soll herausnehmen dürfen, in menschlichen Angelegenheiten den Mund aufzutun?«[2]

Daß Deutschland aber eine Zukunft hatte, daran glaubte auch Thomas Mann schon im September 1945, in bewußter Abkehr von denen, die im 8. Mai 1945 nicht die Befreiung Deutschlands sahen, sondern seinen Untergang: »Man höre doch auf, vom Ende der deutschen Geschichte zu reden! Deutschland ist nicht identisch mit der kurzen und finsteren geschichtlichen Episode, die Hitlers Namen trägt. Es ist auch nicht identisch mit der selbst nur kurzen Bismarckschen Ära des Preußisch-Deutschen Reiches. Es ist im Begriffe, eine neue Gestalt anzunehmen, in einen neuen Lebenszustand überzugehen, der vielleicht nach den ersten Schmerzen der Wandlung und des Übergangs mehr Glück und echte Würde verspricht, den eigensten Anlagen und Bedürfnissen der Nation günstiger sein mag als der alte.«[3]

Die Zukunft begann nicht mit einer Stunde Null. Schließlich wurde ja mitnichten die ganze Bevölkerung ausgewechselt, selbst die Eliten blieben eine Zeitlang verhältnismäßig stabil, wie die Soziologen später feststellten. Aber die Menschen hatten sich verändert, und so wie nach Schiller der Mensch nur existiert, indem er sich verändert, so hält sich auch die Gesellschaft nur in der Veränderung lebendig. So konnte der Weg in die Demokratie immerhin mit vielen guten Vorsätzen beginnen, gewonnen aus den bösen historischen Erfahrungen.

Die radikale Ausschaltung der Autonomie aller künstlerischen Produktion war den Nationalsozialisten Voraussetzung für ihre erfolgreiche Propaganda. Kultur wurde exzessiv dominiert durch stromlinienförmige Propaganda und ideologischen Rigorismus. Statt der *Mitwirkung* des Staates herrschte die nötigenfalls mit Zwang und Terror durchgesetzte *Vormundschaft* des Staates, die in der ideologischen Verblendung der Staatskünstler eine kunstlose Dekoration des Dritten Reiches zur Folge hatte. In der Zustimmung der Massen zum Blut- und Bodennaturalismus fand eine heteronome NS-Kunst ihre pervertierte Legitimation.

Aus der vom Hitler-Staat erzwungenen Abdankung des freien Geistes erklärt sich die relative Zurückhaltung der Kulturpolitik im Nachkriegsdeutschland. Darin liegt auch der dezidierte Föderalismus für die Kulturpolitik begründet. Die Kulturhoheit obliegt den Ländern, die sie wiederum weitgehend an die Kommunen delegieren. Zusammen mit den Stadtstaaten Berlin, Hamburg und Bremen bestreiten sie heute fast zwei Drittel aller öffentlichen Kulturausgaben.

Aus den Erfahrungen des Nationalsozialismus resultiert gleichzeitig die ausgesprochen hohe Würdigung der Autonomie aller kreativen Kräfte und kulturellen Institutionen, nachdem niemals zuvor die Künste so rücksichtslos ihrer Autonomie beraubt worden waren wie während des Dritten Reiches. Aufgrund solcher geistwidrigen Erfahrungen garantiert Art. 5.3 des Grundgesetzes daher der Kunst einen extensiven Freiheitsspielraum, der noch über demjenigen der Meinungsäußerung (und dem des Eigentums ohnehin) rangiert: »Kunst und Wissenschaft, Forschung und Lehre sind frei«, heißt es lapidar; allein die Lehre wird zusätzlich an die Treue zur Verfassung gebunden.

Den Wert dieser Freiheit der Künste beginnen wir heute wieder als besonders hilfreich zu begreifen, da sie auch in der Bundesrepublik immer wieder gefährdet war; ja, die Geschichte der Kultur in der Bundesrepublik ließe sich über weite Strecken schreiben als eine der Auseinandersetzung um diese Autonomie, um die Freiheit der Künste. Beschimpfungen der Intellektuellen als Pinscher, Ratten, Schmeißfliegen und ähnliche Invektiven auch durch hochrangige Politiker sind nur die Spitze des Eisberges; Zensurversuche auf den verschiedensten Ebenen gehörten (fast) zum Alltag. Immer wieder berichten Betroffene über heftige Kontroversen um inhaltliche Eingriffe in den elektronischen und Print-Medien.

Andererseits gehört es zu den positiven Aspekten unseres vitalen kulturellen Lebens, daß entsprechende Eingriffsversuche nicht überall widerspruchslos hingenommen werden. Nicht nur für die Künstler selbst, sondern auch für bedeutende Teile der Bevölkerung ist die Freiheit der Künste ein viel zu hohes Gut, als daß sie leichtfertig aufs Spiel gesetzt werden dürfte. Nicht von ungefähr ist die Bedeutung der Kultur im Laufe der Jahre gewachsen. Je häufiger angesichts eines ins Leere laufenden Wachstums nach dem Sinn gefragt wird, je mehr die Dynamik von Wiederaufbau und Wirtschaftsexpansion auch ihre Schatten wirft, desto mehr wächst das Bedürfnis, den ökonomischen Kräften auch einen menschlichen Sinn zu verleihen. Die autonomen kulturellen Kräfte, zu denen das Grundgesetz Kunst, Wissenschaft, Forschung, Lehre, aber auch Presse-, Glaubens- und Bekenntnisfreiheit zählt, entwickeln Energien, die neben der Eigendynamik von Wirtschaft und damit einhergehender Macht Inhalt und Richtung gsellschaftlicher Entwicklungen bestimmen wollen. Versagen sie und stellen sie keine »kulturelle Öffentlichkeit« her, dann wird es kaum mehr eine Gegensteuerung gegen entfesselte Macht geben.

3. Die »Pflege« der Kultur

Aus der vom Hitler-Staat erzwungenen Abdankung des freien Geistes erklärt sich die relative Zurückhaltung der Kulturpolitik nach 1945. Auch der dezidierte Föderalismus in der Kulturpolitik liegt in dieser Erfahrung begründet. Die Kulturhoheit obliegt den Ländern, die sie wiederum weitgehend an die Kommunen delegieren.

Die Städte waren es auch, die sich in ihrer Trümmersituation als erste demonstrativ zu ihrem kulturellen Auftrag bekannten. In den »Stuttgarter Richtlinien« von 1952 heißt es entsprechend eindeutig: »Die deutschen Städte, in ihrem Willen, für die Wohlfahrt ihrer Bürger zu wirken, in langer Geschichte Hüter und Pfleger deutscher Kultur, fühlen sich verpflichtet, trotz und gerade wegen der materiellen Nöte unserer Zeit ihrer Kulturaufgabe treu zu bleiben. Sie sind dazu um so mehr berufen, als durch die Veränderung der sozialen Verhältnisse bisher kulturtragende Kräfte in den Hintergrund getreten oder untergegangen sind.«[4]

Die mäzenatische Kulturförderung durch Staat und Gemeinde versteht sich als Nachfolge jener privaten (fürstlichen bzw. großbürgerlichen) Kunstpflege, der sich zu einem guten Teil unser kulturelles Erbe verdankt. Sie bezieht sich im wesentlichen auf jene Bereiche, die sich weitgehend mit den Interessen des traditionellen Publikums decken; ein neues Publikum bleibt dabei zunächst ohne Chance der Teilhabe und ohne Einfluß auf die Entwicklung des gesamten Bereiches. Eine Studie über die Düsseldorfer Kulturpolitik in den Jahren 1945 bis 1960 macht schonungslos klar, wie traditionalistisch und ohne übergreifende und vorausschauende Konzeption Kulturpolitik in den Jahren des Neuaufbaus praktiziert wurde: als Kumulation des Zufälligen. Kulturpolitik »war während der Nachkriegszeit... weniger ein zielgerichteter Prozeß als eine mehr lose und pragmatisch orientierte Vermittlung von Ansätzen verschiedener Kulturträger, auf die die finanziell und organisatorisch dominierende Stadtverwaltung reagierte. Kulturpolitische Abläufe erwiesen sich zudem als integrierte Bestandteile wirtschaftlicher und politischer Konstellationen auf überregionaler Ebene.«[5]

Die Beschreibung der Defizite am Rhein dürfte auf andere Städte in modifizierter Form übertragbar sein. Auch die Aufarbeitung des geistwidrigen kulturellen NS-Erbes blieb vielfach in Ansätzen stecken. Kein Wunder zum Beispiel, daß in Düsseldorf der Intendant Wolfgang Langhoff scheiterte, als er sich als Antifaschist bewußt mit dem »traurigen Erbe« von 1945 an seiner Bühne durchsetzen wollte: Bereits nach der ersten Spielzeit verließ er Düsseldorf; ihm folgte Gustaf Gründgens, dessen problematischer Werdegang während der Nazi-Zeit Klaus Mann in seinem bitterbösen Schlüssel-Roman »Mephisto« reflektiert hatte, jene in der Bundesrepublik formell immer verbotene Satire auf kulturelle Anpassung, die freilich über den Einzelfall Gründgens hinaus allgemein den Typus des »aasigen Schleimers« im faschistischen Karriererausch brandmarkt.

4. Nachholbedarf

Die Entwicklungen in den einzelnen Kunst-Sparten nachzuzeichnen, ist auf wenigen Seiten unmöglich. Einige stichwortartige Beispiele mögen genügen:
Es ist heute kaum mehr nachvollziehbar, welch elektrisierende Wirkung vor allem für junge Leute die ersten internationalen Ausstellungen, die Aufführungen zeitgenössischer Dramatiker aus anderen Ländern hatte. Swing und Jazz mochten sie unter Lebensgefahr über »Feindsender« schon einmal gehört haben, aber was sich in den 30er und frühen 40er

Jahren in der internationalen Kunst-, Film-, Musik- und Literaturszene getan hatte, davon hatten sie nicht die Spur einer Ahnung. Namen wie Francis Bacon, Jean Dubuffet, Henry Moore, Henri Michaux oder Wols waren für sie weitgehend unbekannt. Selbst die Kunstrevolution des Expressionismus und die Formexperimente der zwanziger Jahre kannten sie höchstens als »entartet«.

Wie nachhaltig das Erwachen aus der traumatischen kulturellen Abgeschlossenheit des Faschismus vor allem auf die unter 30jährigen wirkte, belegt der Bericht eines Besuchers über das von der Galeristin Hanna Bekker vom Rath 1947 aus geretteten Beständen eröffnete »Kunstkabinett« in Frankfurt am Main:

»Die erste Ausstellung im Frankfurter Kunstkabinett war Käthe Kollwitz gewidmet. Eine Offenbarung für uns! Endlich konnten wir die Kunst, die wir nur aus vor 1933 gedruckten Büchern und aus Kunstzeitschriften kannten, im Original sehen. Wir erfuhren bald, daß wir dieses Kunstkabinett einer engagierten Dame, die selbst Malerin war und ihre Künstlerfreunde während der Nazizeit heimlich ausgestellt und unterstützt hatte, zu verdanken hatten. Es konnte vor der Währungsreform keinerlei finanzielle Aspekte bei dieser Galeriegründung gegeben haben, es war der reinste und schönste Idealismus und die Liebe zu der Kunst, die von den Nazis als entartet hingestellt und genauso verfolgt worden war, wie wir junge ›Edelweißpiraten‹... Eine Ausstellung nach der anderen schärfte unser künstlerisches Bewußtsein und förderte unsere eigene künstlerische Arbeit. Der deutsche Expressionismus lag ausgebreitet in Originalen vor uns, und wir frühreifen Bomben- und Hungerkinder, kulturell der Zeit entsprechend karg aufgewachsen, fanden in diesen Kunstwerken unsere schönste und beste Nahrung.«[6]

Der Hunger nach bildender Kunst verlangte dann rasch nach ausländischen, vor allem US-amerikanischen und französischen Vorbildern, und kaum eine Gattung war in den folgenden Jahren bis heute so international wie die Bildende Kunst. Es ist müßig, auch nur die Schwerpunkte der seit 1955 regelmäßig alle vier Jahre stattfindenden Kasseler »documenta« zu benennen, die immer noch weltweit als Seismograph für die Entwicklung der Bildenden Kunst gilt, ganz zu schweigen von den großen, internationale Einflüsse transportierenden Ausstellungen wie »Westkunst«, »Zeitgeist«, »Prospect« usw.

Der theatralische Nachholbedarf war mit dem Wiederaufbau der zerbombten Bühnen besonders evident. Die während des »Tausendjährigen Reiches« verbotenen Stücke der Franzosen, Amerikaner, Briten lockten nicht nur ein junges Publikum ins Parkett: Giraudoux, Anouilh, Sartre, Ionesco, Beckett, Osborne, O'Neill, Williams beherrschten die Spielpläne. Bis 1957/58 können unsere Bühnen ihre Besucherzahlen kontinuierlich steigern; von einer Kapazitätsauslastung von über 99% auch im Schauspiel können die Bühnen in den 70er und 80er Jahren dann nur noch träumen.

Der Kritiker Ernst Schumacher resümiert 1956:

»Dem westdeutschen ›Wirtschaftswunder‹ ging ein ›Theaterwunder‹ voraus. Thalia, die Muse der Schauspielkunst, hatte kein Dach über dem Kopf, kein Gewand zum Anziehen, keinen Karren, aber sie agierte. Wenn je, dann wurde in jenen Jahren der materiellen Not und der verstörten Seelen das Theater zu einer moralischen Anstalt und zu einer Stätte des höheren künstlerischen Vergnügens... Eine neue deutsche Dramatik, die diese Erwartungen erfüllen konnte, war nicht vorhanden. Der humanitäre und humanistische Geist, nach dem das Publikum verlangte, war nur in der Dramatik zu finden, die vor der Nazizeit entstanden war, oder aber in jener, die unter Hitler ›verboten und verbrannt‹ worden war. Aber auch diese war nicht ohne weiteres zu haben. Als Quelle der moralischen Erneuerungen bot sich als Nächstliegendes die ausländische Dramatik, sozusagen die ›Dramatik der Sieger‹.«[7]

So wurden in den elf Spielzeiten von 1945/46 bis 1955/56 am »Landestheater Darmstadt... 44 moderne Ausländer, 12 ältere deutsche Autoren, 17 (beziehungsweise 21 unter Hinzuziehung deutschsprachiger Autoren wie Dürrenmatt, Hochwälder, Frisch) lebende deutschsprachige Autoren und 43 Klassiker gespielt. In den Münchner Kammerspielen wurden 45 Stücke ausländischer Autoren, 25 Stücke älterer deutscher Autoren, 10 (beziehungsweise 21 unter Hinzuziehung der deutschsprachigen Autoren aus der Schweiz und Österreich) Stücke moderner lebender deutschsprachiger Autoren und 16 Klassiker zur Aufführung gebracht. Im Schauspielhaus Bochum, einer alten Theaterstätte unter Leitung von Intendant Hans Schalla, halten sich im selben Zeitraum die Stücke der Klassiker, der Autoren aus Amerika, Frankreich und England und der deutschen Autoren unseres Jahrhunderts die Waage, in den Hamburger Kammerspielen, die von Ida Ehre geleitet werden, liegen die westlichen modernen Autoren mit 58 Stücken vor den lebenden deutschen Autoren mit 38 Stücken weit an der Spitze.«[8]

5. Selbstfindung der jungen Republik

Gegen Ende der 50er Jahre verebbt die Vorherrschaft der übersetzten Dramatiker. Neben die kanonisierten Klassiker treten jüngere deutschsprachige Autoren; das Publikum braucht ein schlechtes Gewissen nicht mehr durch Gestalten wie Zuckmayers »Teufels General« beschwichtigen zu lassen. Hochhuths »Stellvertreter«, Frischs »Andorra« und »Biedermann und die Brandstifter«, Dürrenmatts »Physiker« dramatisieren einschlägige Themen zur Reflexion der Vergangenheit.

Und Bertolt Brecht. Seine Theaterwirkung ist bundesrepublikanische Kulturgeschichte in ihrer ganzen Widersprüchlichkeit. Harry Buckwitz hat in Frankfurt am Main die als marxistische Konterbande diffamierten Lehrstücke Brechts gegen große Widerstände im Westen durchgesetzt. Die Boykott-Versuche sind Legion, sie reichen vom damaligen Außenminister von Brentano bis zum Versuch, den Bau der »Mauer« 1961 durch Brecht-Entzug zu vergelten.

Ein Mann wie Peter Weiss beginnt in den 60ern für Furore zu sorgen. Seine dokumentarischen Stücke begleiten die großen Kontroversen der Nachkriegszeit – vom Auschwitz-Prozeß bis zum Vietnam-Krieg. Im Geschehen um die Aufführung seines Trotzki-Stückes im Zusammenhang mit der Einweihung des Düsseldorfer Schauspielhauses am 19./20. Januar 1970 liegen Studentenbewegung, Kultur-Establishment und Engagement des Schriftstellers in heftigstem Konflikt miteinander.

Peter Weiss muß dabei die Institution Theater als das ihm wichtige Handwerkszeug verteidigen gegen jene, mit denen er von den Inhalten her eher sympathisiert, die aber mit der gewaltsamen Verhinderung der Generalprobe in vordergründig-kulturrevolutionärer Manier die freien Künste selbst auf das empfindlichste treffen: »...vom Theater, das zeigte sich jetzt, wußten die jungen Umstürzler so gut wie nichts; manche waren am Vorabend überhaupt zum ersten Mal im Theater gewesen... Das Theater als Einrichtung interessierte sie nur als Schauplatz eines politischen Zusammenstoßes, hier waren die gleichen Voraussetzungen zum Konflikt gegeben, wie in einem Gerichtsgebäude, einer Ausstellungshalle, einem Vorlesungssaal.«[9]

Peter Weiss war die Diskussion mit den Störern Anlaß genug, über seine eigene Rolle als Schriftsteller in der Gesellschaft zu reflektieren: »Zugegeben, daß die tatsächlichen politischen Aktionen nicht im Theater, sondern an den Frontlinien der Außenwelt stattfinden... so kann dieses Medium doch Anregungen vermitteln, bestimmte soziale Situationen zusammenfassen, erklären, mit Gleichnissen, historischen Perspektiven auf die Gegenwart hinweisen.«[10]

Ende der 60er Jahre begann auch die Karriere des bis heute bedeutendsten Regisseurs im deutschen Nachkriegstheater, Peter Stein. Seine legendäre Tasso-Inszenierung von 1968 hat ebenso wie seine Arbeit an der »Schaubühne am Halleschen Ufer« in Berlin Theatergeschichte gemacht.

Die Kommunen ließen sich 1988 ihre Theater insgesamt 1,4 Milliarden Mark kosten. Mit Konflikten wie den genannten, wie schmerzhaft und tragisch sie für die Betroffenen auch sein mochten, bestätigt sich die Bedeutung der Autonomie des Kulturellen. Auch in der Literatur verweisen Skandale und Kontroversen immer wieder darauf, wie sehr die Autoren die Autonomie ihrer Feder zu nutzen wissen, um auch unangenehme Wahrheiten ins allgemeine Bewußtsein zu streuen.

In diesem mühsamen, von vielen Rückschlägen, Niederschlägen und Opfern begleiteten Prozeß manifestiert sich langsam auch das, was vielen 1945 noch als unerreichbare Vision erschienen war: eine, wenngleich immer gefährdete, demokratische Kultur.

Als eine zentrale Figur in diesem Prozeß kann Heinrich Böll gelten, auch und gerade was die Anfeindungen und Diskriminierungsversuche gegen seine kompromißlose Wahrheitssuche betrifft. In seinen Werken gestaltet er das Schicksal der Kriegs- und Nachkriegsgeneration, und bis zu seinem Tod 1985 begleitete er mit kritischen Sinnen die Entwicklung der Republik. Beispielhaft fokussiert sein Roman »Die verlorene Ehre der Katharina Blum« den Niedergang der Medien, die Auseinandersetzung mit Polizei-Staat-Tendenzen und Terrorismus zu einem Gesellschaftspanorama.

Wie Bölls Roman provozierte auch dessen traktathafte Verfilmung durch Volker Schlöndorff Widerspruch. Dieser Film selbst markiert die temporäre Blüte des »neuen deutschen Films«, der mit dem »Oberhausener Manifest« 1962 »Papas Kino« für tot erklärte – und sich als Alternative zur anachronistischen Ufa-Ästhetik gesetzt hat. Die materielle Folge der Kino-Opposition war das 1967 verabschiedete Filmförderungsgesetz. Alexander Kluge, Edgar Reitz, Peter und Ulrich Schamoni, Volker Schlöndorff, Werner Herzog und, ab 1968, Rainer Werner Fassbinder heißen die Exponenten eines neuen (Autoren-)Films, die von Mitte der sechziger bis Mitte der siebziger Jahre auch internationale Anerkennung fanden und viele Preise erhielten.

Mit Verspätung findet die Musik in der jungen Republik Anschluß an die internationale Avantgarde. Erst in den 60er Jahren reüssieren die auch szenisch attraktiven Formen des neuen Musiktheaters. Nachdem die Werke von Richard Strauss/Hugo von Hofmannsthal auf Geheiß der NS-Kulturbürokratie bis 1945 als damals modernstes Opernschaffen jedes Stadttheater-Repertoire schmückten, beherrschte mit Werken von Zimmermann (Soldaten, 1965), Hans Werner Henze (Floß der Medusa, 1968) oder Mauricio Kagel und seinem »instrumentellen« Musiktheater (»Staatstheater«, 1971) die Wende zur neuen Musik die Opernbühne. Mit Inszenierungen, die Partitur, Libretto und Szene als gleichrangig konstitutive Elemente eines modernen Gesamtkunstwerks behaupten, haben Wieland Wagner und später Patrice Chéreau Bayreuth vom Ruch faschistischen Mißbrauchs befreit und weiterwirkende Maßstäbe gesetzt.

Hans Neuenfels und Ruth Berghaus haben an der Oper Frankfurt in den Siebzigern mit Verdis »Aida« bzw. Wagners »Ring« das traditionelle Opernpathos in den opulenten Fundus der Operngeschichte verwiesen, indem sie Exempel dessen lieferten, was als Symbiose zwischen inhaltlicher Vermittlung und reflexiver Emotionalität Brechts Anspruch, die »Dialektik zum Genuß« zu machen, mit neuen, aktuellen Bildereindrücken einzulösen bedeuten kann.

Insgesamt zeigt das Beispiel Musik, daß auch relativ publikumsferne Gattungen ihre Dynamik, ihre prozeßhafte Bewegung haben. Es führten die Unsicherheit des Jahres 1945 und der allgemeine Nachholbedarf zunächst zu einer Anknüpfung an das bewährte Moderne, zum Beispiel an Paul Hindemith. Die »Darmstädter Ferienkurse« waren ab 1948 Stätte der Begegnung mit Schönberg und der Zwölftontechnik, aus der die 1952 bis 1958 dominierende »serielle Musik« und die damit verbundenen Versuche einer »Neuformulierung der musiktheoretischen Grundlagen« hervorgingen. »Entwicklungsmöglichkeiten nur in einer Richtung zu sehen, alles auf eine Karte zu setzen, das lag gewissermaßen im Wesen der seriellen Musik.«[11]

Zwei Folgen zeitigte dieser Rigorismus: Einmal blieb diese Musik weitgehend exklusiv: »...von außen wirkte das forsche Auftreten dieser Avantgardisten-Minorität gerade wegen der Einhelligkeit, ihre überspannte, unverständliche Musik durch ein noch unverständlicheres Vokabular anzupreisen, aufreizend und ärgerlich. Niemand nahm hinter diesem Eindruck von versammelter Arroganz auch wahr, daß sich... die aktive Gruppe der Komponierenden untereinander zu differenzieren begonnen hatte...«[12]

Die zweite Folge war die Konkurrenz völlig anderer Strömungen gegen das mit naturwissenschaftlicher Stringenz gefügte Gebäude der seriellen Musik, die in Henze ihren Widerpart hatte: Der Amerikaner John Cage irritierte seit 1954 durch seinen spielerischen Umgang mit dem musikalischen Material, die »Aleatorik« und Stockhausens Raum-Klang-Kompositionen rissen neue Horizonte auf, die mit dem Verlegenheitsbegriff »postseriell« bezeichnet wurden.

Der Deutsch-Argentinier Mauricio Kagel mit seinem besonderen Faible für die Mehrdimensionalität der Musik bereichert seit 1957 die Szene, die er mit Humor, Ulk und Spott durchpulst. In seinen neo-dadaistischen »works in progress«, die schließlich dazu übergehen, Musik »sichtbar« zu machen (»Tremans«, 1963–65, »Phonophone«), erweist sich Kagel als Grenzgänger zwischen den Künsten durch spielerischen Umgang mit dem Material und durch bewußte Vieldeutigkeit.

Das Medium Musik macht uns freilich auch auf etwas anderes noch aufmerksam: Für bedeutende Teile der Bevölkerung spielen sich in der Musik die wichtigsten Entwicklungen auf anderen Sektoren ab: Jazz (der zusammen mit »Swing« heimlich schon während der Nazizeit rezipiert wurde), dann Rock 'n' Roll, schließlich seit den Beatles die Pop-Musik in allen Varianten. Diese Musik lebt in einem engen Rückkoppelungskreis von Kulturindustrie, Jugendkultur, Zeitströmung und Moden. Die Interferenzen lassen sich nicht einfach mit dem Hinweis auf Verwertungsinteresse und Manipulation gering schätzen.

Was in der Bildenden Kunst als Pop Art längst anerkannt ist, wird nun auch in der populären Musikkultur zunehmend als originärer Ausdruck von Lebensgefühl und Kreativität anerkannt. Es ist Teil des Wirkens der autonomen kulturellen Kräfte, wenn auf diese Weise Teile der Bevölkerung jene Formen entwickeln, die *ihren* Bedürfnissen gerecht werden. Daß auch der Markt kräftig Einfluß zu nehmen versucht, steht auf einem anderen Blatt. Aber alle neuen großen »Sounds« der sogenannten U-Musik greifen zurück auf das, was *vor* der Kulturindustrie in irgendwelchen, oft marginalisierten Subkulturen kreativ entstanden ist.

6. Die Wende

Das Jahr 1968, die »Studentenrevolte«, markiert im Rückblick einen tiefen Bruch im Kontinuum der Kulturgeschichte der Bundesrepublik, eine produktive Zäsur, mit der die Republik ihren ersten Generationskonflikt erlebte. Sie ließ damit ihre Pubertätsphase hinter sich und begann, erwachsen zu werden.

Kulturpolitisches Thema Nr. 1 des Aufbruchs nach 1968 war *Künste und Politik*, war das gesellschaftsbildende Kraftfeld der Kultur als soziale Bewegung, ihr Beitrag zur politischen Bewußtwerdung. Nach allem, was vorausgegangen war, war Kultur nicht mehr als absoluter Wert zu würdigen. Die Künste sollten nicht mehr bloß an ihren eigenen Ansprüchen oder an der sublimierenden Entwicklung ihres »Materials« gemessen werden. Die jüngere deutsche Geschichte schien ganz andere Grundlagen für Kunst und Kultur zu fordern: Ein Gespräch über Bäume war nach Brechts Worten ein Verbrechen, weil es das Schweigen über so viele Untaten bedeute, und mit einem Wort Adornos konnten nach Auschwitz keine Gedichte mehr geschrieben werden. Angesichts solcher Herausforderungen konnten die Künste nur noch mit Verweisen auf ihre Bedeutung in den aktuellen gesellschaftlichen Entwicklungen reagieren, auf Prozesse, die sie selber bewirkt oder deren Teil sie geworden waren.

Die Bildungsorientierung der Kulturpolitik war Thema Nr. 2. Nachdem Georg Picht in den sechziger Jahren die »Bildungskatastrophe« ausgerufen hatte, war die Bildungsreform zum dominanten Elan dieser Jahre geworden. Schon wegen der damals noch angespannten Arbeitsmarktlage wurden die letzten Qualifikationsreserven mobilisiert. In den 80er Jahren wird versucht, den dann wieder hohen Arbeitslosenstand zur anthropologischen Konstante zu deklarieren, indem den davon betroffenen Menschen alles das als stabiles Wesen zugeschrieben wird, was manche von ihnen durch mangelnde Bildung und Dauerarbeitslosigkeit erst erworben haben – nämlich »kein Bock auf Arbeit« und keine Fähigkeit zur gesellschaftlichen Integration. Die »Vollbeschäftigung« hatte den meisten von ihnen immerhin die Chance gegeben, die ihnen später wieder verweigert wird: das zu entwickeln, was an natürlicher Begabung in ihnen steckt, damit »der Mensch sich selbst nicht versäume« (Schiller).

Die Kulturpolitik stand vor der schwierigen Aufgabe, jene Erkenntnisse in die Praxis zu überführen, wonach sich Kultur nur in dem Maße verwirkliche, wie Gebrauch von ihr gemacht wird. Das kulturelle Erbe in bewußter Distanz zu gesellschaftlichen Prozessen wird entmündigt; in ihrer Exklusivität besiegelt Kultur jene längst als anachronistisch erkannte »Trennung von Produzent und Rezipient«. Es galt, das neue Hauptwort der Kulturpolitik, die Vermittlung, praktisch einzulösen und Barrieren zu schleifen, den Zugang zu den Künsten zu ermöglichen und die Teilhabe aller an dem zu garantieren, was Kultur für das Überleben der Gesellschaft bedeutet.

Konsequent heißt ein weiteres Stichwort Demokratisierung. Das heute unter den Parteien konsensfähige Programm der »Kultur für alle« spielt eine Rolle sowohl auf einer formalen Ebene als auch auf einer inhaltlichen. Die formale Demokratisierung mit der Öffnung des Zugangs und der Beseitigung von Schwellenängsten war zugleich eine Einladung an die Phantasie der Künstler und Macher, mit dem Ergebnis wirkungsvoller, wenn auch nicht immer tiefschürfender kultureller Initiativen.

Viele Museen haben zur Popularisierung ihres kostbaren Besitzes offensiv beigetragen. Um die Distanz zwischen Publikum und Kunst abzukürzen und um der arbeitenden Bevölkerung den Besuch zu erleichtern, wurden bei freiem Eintritt die Öffnungszeiten bis in den Feierabend hinein verlängert. Um auch den geistigen Einstieg möglichst vielen zu ermöglichen, wurden Museumspädagogen engagiert. Sie sollten effiziente Vermittlungsarbeit vor den Objekten leisten, das heißt frei von störenden Bildungsreminiszenzen dem nicht vorgebildeten Besucher Kunst zum Erlebnis machen.

Die Theater wetteiferten in immer phantasievolleren Anstrengungen, ein größeres Publikum anzusprechen. Nulltarif, Fußballchampions als Premierengäste oder Erbsensuppe als Pauseninszenierung, Kostümversteigerungen, Werbesketche in U-Bahn-Ebenen und anderes mehr sollten die Bühnenkünste als schöne Konterbande unters Volk schmuggeln. Freilich: In diesen populistischen Reklamegags widersprach Theater oft genug seinem Wesen.

7. Kultur in den Städten

Der demokratisierten Kulturpolitik ab Ende der Sechziger ging es allerdings weniger um Massenbesuch oder darum, die hohen Etats von Theater, Konzert, Bibliotheken oder Museen durch Kassenrenner zu legitimieren, als vielmehr um die Entwicklung von kritischem Bewußtsein. Ein Publikum sollte heranwachsen, das andere Erwartungen und Ansprüche an Spielplan, Ausstellungsplanung oder Konzertprogramm stellt als jenes, das bis dato für Konventionen und Anpassungen als statistisches Alibi diente.

»Die Utopie eines herrschaftsfreien Dialogs aller mit allen hatte dann auch konzeptionelle Ansätze zur inhaltlichen Demokratisierung der Kulturarbeit zur Folge, so wie es nach einem Blochschen Wort demokratisch ist, bewußt zu machen, daß in der mondbeglänzten Zaubernacht des Mittelalters außer Ritterburgen auch Bauernheere standen. Indem versucht wurde, die Menschen wieder als Subjekte aus der Geschichte hervorscheinen zu lassen, wurden Geschichte und Kulturgeschichte gegen den Strich gebürstet; Kriege und Staatsaktionen wurden am Ertrag für den kleinen Mann gemessen; mit Brechts ›lesendem Arbeiter‹ wurde nach dem Beitrag der Unterschichten an den historisch bedeutenden Ereignissen gefragt. Kultur und Alltag wurden im kritischen Kontext gewürdigt: Kultur ist, wie der ganze Mensch lebt und arbeitet, lautete eine gängige Kurzformel für den neuen demokratischen Anspruch. Mit Brecht'scher List sollte schließlich ›alle Kunst zur größten aller Künste beitragen, der Lebenskunst‹.«[13]

Mit Beginn der siebziger Jahre wurde die sogenannte Alternative Kultur als Programm entdeckt. Aber sie war nicht, wie ihre Gegner hofften, bloß eine Kategorie des Vorläufigen, gebunden an eine bestimmte Generation und (Bildungs-)Schicht. Zusammen mit der »etablierten« Kultur erst wurden die Valenzen aus beiden zu jener Spannung, die Konstante zukünftiger Kulturplanung wurde.
Das letzte Stichwort zur Begründung eines erweiterten Kulturbegriffs basiert auf leidvoller Erfahrung und konnte deshalb als besonders stichhaltiges Argument dienen: Kultur ist alles, was zur *Humanisierung der Städte* beiträgt. Dieses Postulat durchzieht wie ein roter Faden alle Verlautbarungen und Diskussionen des Deutschen Städtetages seit 1973:

»Die Stadt muß als Ort begriffen und konzipiert werden, der Sozialisation, Kommunikation und Kreativität ermöglicht. Kultur in der Stadt bedeutet daher
– die Kommunikation zu fördern und damit der Vereinzelung entgegenzuwirken;
– Spielräume zu schaffen und damit ein Gegengewicht gegen die Zwänge
des heutigen Lebens zu setzen;
– die Reflexion herauszufordern und damit bloße Anpassung und oberflächliche Ablenkung zu überwinden.«[14]

Heute, zu Beginn der 90er Jahre, dient die Lebensqualität nicht mehr
allein als Maßstab aller Dinge; als mindestens gleichrangig wird die Ausstrahlung einer Stadt gewürdigt, ihr kulturelles Flair, ihr geistiges Klima,
ihr ästhetisches Ambiente, worin ihre Bürger sich beheimaten. Inzwischen hat freilich auch erneut eine »Wende« stattgefunden.

8. Der Übergang zur »Postmoderne«

Der Bruch in den 80er Jahren ist nicht so ausgeprägt und weniger eindeutig lokalisierbar wie der von 1968, aber nicht minder tiefgreifend. Er prägt
das Bild unserer gegenwärtigen Erfahrung. Erst aus der größeren Perspektive erscheint die Zäsur deutlicher.
Jürgen Habermas hat in einem Interview mit Rainer Erd versucht, die
Nachkriegsgeschichte der Bundesrepublik zu gliedern: zunächst die
Jahre bis 1948, als »die Stimmen einer bald zerbrechenden antifaschisti-
schen Koalition noch gedeckt (wurden) durch mißtrauische Alliierte.
Dann unter Adenauer die von einem ins Private gekehrten aggressiven
Aufbauwillen geprägte lange, sehr lang anhaltende Latenzperiode – mit
der Arbeitsteilung zwischen ›Keine Experimente‹ und der Opposition der
Literaten; dann die Inkubationszeit, die ersten Beunruhigungen, die
Wirtschaftskrise von 1967 und die Revolte; schließlich die beiden sehr
konträren Herzschläge der 13 Jahre sozialliberaler Koalition, die, unter
der Decke von Institutionen und Strukturen, im weichen Fleisch der Motive und der Mentalitäten mehr verändert haben als im zähen bürokratischen Gestein. Und heute das zweideutige Juste-Milieu der munteren
Yuppies auf dem hohen Sockel der (noch) schweigenden Arbeitslosen.«[15]
Es ist gerade dieser letzte Bruch, der am intensivsten das Bild unserer
Gegenwart prägt. Irgendwann im Verlauf der Phase ereignete sich, ohne
genaues Datum, der Übergang von der egalitären Wiederaufbau- und
Fortschrittsgesellschaft zur fragmentierten Leistungsgesellschaft. Andere Werte waren jetzt gefragt. Horst-Eberhard Richter hat die Unter-

schiede auf den Punkt gebracht. Danach galt für die Siebziger: »Unter dem Stichwort Humanisierung strebte man in der Arbeitswelt, im Bildungswesen, in der Medizin Strukturveränderungen an, um gleichzeitig mit dem sozialen das psychische Wohlbefinden der Menschen zu verbessern.«[16] Es gilt auch: »Was man heute als alternative Kultur bezeichnet, ist ja nicht unwesentlich mitgeprägt worden durch neue Ansätze im psychosozialen Bereich. Anfang der siebziger Jahre entstanden die therapeutischen Gemeinschaften in der sozialen Psychiatrie. Initiativgruppen in der Gemeinwesenarbeit, Kinderläden, therapeutische Selbsthilfegruppen, Frauenhäuser, therapeutische Wohngemeinschaften. PSAGs, selbstverwaltete Jugendzentren, neuartige Kinderschutz-Initiativen sind nur einige weitere aus der großen Zahl von spontan entstandenen Modellen, die sich im Kontrast zu herkömmlichen Formen psychosozialer Versorgung entwickelt haben. Kennzeichnende Elemente sind Selbsthilfe, Solidarisierung mit sozial Schwächeren oder Diskriminierten, basisdemokratische Strukturierungen, ganzheitliche psychosoziale Konzepte, politische Sensibilität und Engagiertheit.«[17]

All dies änderte sich mit der politischen Klimaveränderung der »Wende«, mit der die Leitidee allmählich ihre Energie verlor: Besorgt hat dies »...die neokonservative Wendeströmung mit ihren Wertsetzungen: Schluß mit der These vom sozialen Wohlbefinden als Grundlage psychischen Wohlbefindens! Der einzelne, nicht seine soziale Situation sei primär verantwortlich, was er aus sich mache, ob er sich durchsetze oder scheitere.«[18] Das Lernziel Solidarität wird abgelöst durch das Lernziel Rivalität.

Der neue Zeitgeist gibt sich schon an der Oberfläche zu erkennen an seiner ausgeprägten *Fixierung* auf repräsentative öffentliche Kultur. Im lärmenden Wettstreit der Städte um das besser verkaufbare Flair für die Ansiedlung von steuerkräftigen Wirtschaftsunternehmen und zur Optimierung einer nachfragekräftigen ökonomischen Infrastruktur erhielten Kultur und Künste mancherorts einen zweckentfremdenden, perversen Stellenwert: *Kultur als Werbung und als Code.* Die Städte, die es sich leisten können, installieren ein kulturelles Reizklima, das zum Kulturkonsum anregt. Die Künste konnten, sofern sie sich darauf einließen, darüber hinaus ihren wirtschaftlichen Nutzen durch die »Umwegrentabilität« unmittelbar nachweisen. Auf ähnliche Weise haben die Künste heute ihren Nutzen als Image-Faktor dort unter Beweis zu stellen, wo sie sich zum vordergründigen Objekt von großzügigen Sponsoren aus der Wirtschaft heranziehen lassen.

So ist die Blüte des kulturellen Lebens heute in der Bundesrepublik eine Folgeerscheinung des Siegeszugs der Instrumentalisierung. Der Anspruch der Künste, aktiver Bestandteil eines Prozesses von Emanzipation, von dauerhafter Entwicklung und von Humanität zu sein, steht in Konkurrenz zum dekorativen Verbrauch von Künsten. Die Autonomie der kulturellen Kräfte hat sich nicht mehr in erster Linie zu behaupten gegen Zensur und Eingriffe, sondern zunehmend gegen übermäßige Entfremdung und Unverbindlichkeit.

Grenzen und ihre Überschreitung – dies ist eine der Grundlagen von Michel Foucaults »Philosophie der Grenze« – bedingen einander.

»Die Überschreitung ist eine Geste, die es mit der Grenze zu tun hat; an dieser schmalen Linie leuchtet der Blitz ihres Übergangs auf, aber vielleicht auch ihre ganze Flugbahn und ihr Ursprung... Die Überschreitung verhält sich also zur Grenze nicht wie das Schwarze zum Weißen, das Verbotene zum Erlaubten, das Äußere zum Inneren, das Ausgeschlossene zum geschützten Heim. Sie ist in sie eingebohrt und kann nicht einfach abgelöst werden... Nichts in der Überschreitung ist negativ. Sie bejaht das begrenzte Sein, sie bejaht jenes Unbegrenzte, in welches sie ausbricht.«[19]

Die Entwicklung von Kultur und Politik vom Kalten Krieg hin zur Ostpolitik Willy Brandts und Walter Scheels und zu den Auswirkungen von Glasnost und Perestroika Michail Gorbatschows auf beide deutsche Staaten liest sich wie eine Bestätigung der Thesen Foucaults bis in die Tagespolitik hinein: Erst wo die Grenzen anerkannt, also von einer grundsätzlichen Gleichberechtigung der Partner, die gleichwohl in ihren historisch gewachsenen politischen, ideologischen und kulturellen Unterschieden, Gegensätzen, Antipathien verschieden sind, ausgegangen wird, erst da wird wirklicher Austausch über die Grenzen hinweg möglich. Kulturelle Befruchtung und Auseinandersetzung brauchen immer ein autonomes Gegenüber. Die bloße Revision von Grenzen oder ihr Ignorieren wirken sich letztlich stabilisierend für die Grenze aus.

Aber die Kultur in der Bundesrepublik Deutschland im Verlauf ihrer 40jährigen Geschichte und im geographisch-politischen Zusammenhang mit den europäischen Nachbarländern stellt sich im – an dieser Stelle notgedrungen stichwortartigen – Überblick dar als ein entscheidendes Ferment, als Antriebskraft im Bemühen, Grenzen zu überwinden, nicht nur staatliche und nationale – in der Aufnahme internationaler künstlerischer Standards in den letzten Jahrzehnten, verstärkt durch ein enormes Anwachsen des weltweiten Kunst-Transfers. Das gilt nicht nur für die Grenze zwischen den beiden deutschen Staaten und den anderen deutschsprachigen Ländern; zu ergänzen wären natürlich noch die Grenzen zu Frankreich, Italien, den Beneluxländern und den anderen Staaten der europäischen Gemeinschaft. Aber diese kulturelle Kommunikation ist uns heute zum Glück schon so selbstverständlich, daß wir sie kaum eigens erwähnen müssen. Vielmehr ist es kulturellen Kräften auch immer wieder gelungen, soziale Grenzen zu relativieren, etwa in der Demokratisierung des Zugangs zu Kunst und Kultur, in den inhaltlichen Auseinandersetzungen um die entscheidenden Problemfelder in der Geschichte unserer noch jungen Republik, schließlich im beharrlichen Anspruch auf einer Autonomie von Kunst und Kultur.

Damit hat die Kultur im Aufbau eines freiheitlichen und demokratischen Staates eine hervorragende Rolle gespielt. Doch die Herausforderungen haben gewechselt: Kultur und Kulturpolitik stehen heute vor der Bedrohung durch einen – längst nicht mehr auf die Grenzen eines Staates zu reduzierenden – *Kulturimperialismus*, der im Gewande der Unterstützung von Kunst daherkommt, der aber die Ressourcen, aus denen sich eine lebendige und an den großen Problemen der Zeit orientierten Kultur speist, von innen her auszuhöhlen droht.

Diese Herausforderung anzunehmen und im Sinne einer Autonomie der Kunst und für die Menschen in einer sich entwickelnden »totalen Freizeitgesellschaft« zu lösen, ist die Aufgabe einer Kulturpolitik der Zukunft, die den »Markt der Möglichkeiten« nicht den Elektronik-, Zigaretten- und Automobilkonzernen überlassen darf, sondern strukturell, planerisch und auch finanziell eigene Maßstäbe und Perspektiven zu entwickeln hat. Denn: Die gesteigerte Aufmerksamkeit für die Künste ist gleichzeitig ihre bedeutende Chance. Kunst als Faktor der »Wirklichkeitserzeugung« (Benn) wie als ein Mittel zur Aneignung von Wirklichkeit ist auch eine Chance für die Menschen, sich in der Welt besser zurechtzufinden und sich mit ihren Erscheinungsformen kritisch, also wirklichkeitsmächtig auseinanderzusetzen.[20]

3. »Kultur für alle«
Soziale Bedingungen demokratischer Kultur

1. Erste Voraussetzung: ein erweiterter Kulturbegriff

Die Forderung »Kultur für alle« wird von manchen noch mildfreundlich belächelt: eine schöne, ehrenwerte Utopie, sagen sie, die sich aber weder in der Praxis noch statistisch umsetzen läßt. Einige politisch Konservative wittern dahinter gar ein Programm der qualitätsmindernden Gleichmacherei, eines der erziehungsdidaktischen Manipulation oder der Züchtung von gesellschaftsverändernder Unzufriedenheit; sie wird auch als »Hinterfragungskultur« (Lübbe) madig gemacht. In ihrem neurotischen Verhältnis zur Masse sehen sie am Horizont als Folge einer »Kultur für alle« regelrechte Schauervisionen von hoffnungslos überfüllten Museen und Kulturveranstaltungen heraufziehen, durch die nicht nur die Qualität des Kunsterlebnisses, sondern sogar die materielle Substanz des künstlerischen Erbes gefährdet sei. Kunst und Kultur bedeutet für sie, daß sie den einfachen Leuten offensichtlich entweder nicht vermittelbar oder als Repräsentationskunst nur Mittel zum Zweck der Selbstdarstellung und der Machtdemonstration ist.

Die grassierenden – zum Teil sicherlich absichtlichen – Mißverständnisse ignorieren, daß ein Programm »Kultur für alle« für den Bereich der Kulturpolitik etwas realisiert, was die Künste in den 50er und 60er Jahren in ihrer Avantgardefunktion längst durchgesetzt hatten – wenn auch gegen massive Widerstände: Wenn sich die Pop-Art mit den populären Mythen auseinandersetzte, wenn die Happenings auf die Straße gingen und sich provokant in die Mechanismen politischer Macht einmischten, so hatten sie gerade durch die massiven Gegenreaktionen kleinbürgerlicher Ordnungsfetischisten, die bis zur Forderung nach Lynchjustiz gingen, eine Popularisierung und eine Auflösung des alten bourgeoisen Ideals einer hehren Kunst bewirkt.

»Kultur für alle« hieß also, daß mit Kultur fortan nicht mehr nur die mechanische Addition der verschiedenen Künste und Medien gemeint sein konnte. Vielmehr ging es um einen neuen umfassenden Begriff von Kultur, der in der Tradition der neueren kulturpolitischen und kulturtheoretischen Diskussion die verschiedensten menschlichen Lebensbezüge einschließt, und zwar von den Künsten über die alltäglichen Lebensformen bis zu der Kultur des Umganges miteinander. Denn Kultur ist, wie der

Mensch lebt und sich zu seinesgleichen verhält. Kulturpolitik meint folglich mehr als nur Kunst- und Künstlerförderung.

Zunehmend verstehen auch die Politiker unter Kultur jenen dauerhaften Prozeß der Entfaltung des Menschen: In diesem nie abgeschlossenen Menschwerdungsprozeß werden die Beziehungen der Menschen zu ihrem eigenen Wesen, zu ihresgleichen, zur umgebenden Natur und zur eigenen Gesellschaftlichkeit und damit zur eigenen Geschichte entwikkelt. Das historisch-gesellschaftliche Ergebnis dieses Prozesses läßt sich am Beziehungsreichtum und an den Glücksmöglichkeiten der gesellschaftlichen Individuen messen.

Ein so definierter Kulturbegriff meint, auch wenn kommunale Kulturpolitik traditionellerweise durch Ressortabgrenzung und irreversible »haushaltsstatistische« Usancen weitgehend auf die verschiedenen Sparten der Künste und Medien eingeschworen ist, keineswegs nur die Förderung der Künste nach solchen tradierten Prinzipien, wie sie deren anachronistische Entwicklung vorzuschreiben scheint; denn auch bei ihrer »inneren Entwicklung« haben gesellschaftliche Faktoren allemal mitgewirkt.

Öffentliche Kulturpolitik auch in der herkömmlichen Ressortierung bezieht sich statt dessen darauf, den spezifischen Beitrag der Künste zum Prozeß der gesellschaftlichen Kulturentwicklung wirksam werden zu lassen. Eine Politik der »Kultur für alle« hält sich somit für jene Voraussetzungen materieller und struktureller Art offen, die außerberufliche und außerhalb formalisierter Bildungs- und Ausbildungsgänge stattfindende Lernprozesse möglich machen und Entfaltungsprofile entwickeln helfen.

Bei dem Programm »Kultur für alle« handelt es sich somit im Kern nicht um ein solches der Kunstvermittlung oder der Kunstpopularisierung; vielmehr soll damit der Anspruch auf eine kulturelle Entwicklung für alle im oben skizzierten Sinne eingelöst werden. Es ist ein Programm, das unser Grundrecht auf menschenwürdiges Leben so ernst nimmt, wie der Gesetzgeber es zum Maßstab der Menschenwürde erklärt hat. Auch wenn ihre Gegner das Gegenteil behaupten, Kultur für alle ist alles andere als ein Programm der Nivellierung: Vielmehr ist es darauf angelegt, durch eine Intensivierung der kulturellen Auseinandersetzung auch das Potential für die sogenannte Hochkultur zu verbreitern: Wenn es etwa gelänge, durch breitgestreute Anreize zu einer intensiven Musikausbildung viele junge Menschen dazu zu bewegen, ein Instrument zu spielen, so hat dies zwar noch nicht automatisch zur Folge, daß die Konzertpodien für Spitzengeiger nicht mehr ausreichen. Die Voraussetzungen dafür, daß dann gezielte Meisterkurse aus einem größeren Reservoir schöpfen können, sind damit jedoch geschaffen. Als erfreulicher »Neben«effekt bleibt eine Hebung des allgemeinen Interesses an und der Kenntnis von Musik.

2. Geschichtliche Voraussetzung: Zwangsbeglückung oder neuer Reichtum?

»Kultur für alle« meint selbstverständlich auch kein Programm der Zwangsbeglückung oder der Ableistung einer Pflichtaufgabe Kultur, wie sie in vielen traditionellen kulturpädagogischen Programmatiken als hehrer Auftrag des Bewahrens auftaucht. Moderne Kulturpolitik ist also keine graue Theorie, sondern bewußtes intentionales Handeln, und nicht nur Realisierung der jeweils eigenen kulturellen Interessen der Handelnden, also der zum politischen Handeln autorisierten Kräfte. Die Erkenntnis, die »Kultur für alle« damit umsetzt, ist Ergebnis der letzten hundert Jahre: Im Zuge der sozialen Auseinandersetzungen, wie sie uns die Industrialisierung und die Emanzipation zur bürgerlichen Gesellschaft beschert hat, wurde die Vermittlung kultureller, zunächst in erster Linie ästhetischer Werte und Inhalte als Instrument zur Herstellung gesellschaftlicher Integration verstanden, als Mittel zur sozialen Befriedung.
Ähnliche Interpretationen finden wir auch in allen volkspädagogischen Theater-, Kunst- und Bibliotheksprogrammen der Vergangenheit: Ein wesentlicher, diese neuen Formen der Kulturpolitik konstituierender Faktor (auf den sie dann zurückwirkte) war die Entstehung einer eigenständigen Arbeiterbewegung. Deren politische Sprengkraft zu integrieren, wurde unter anderem zum Anlaß für kulturpädagogische Programme. Von daher definierte sich Kulturpolitik als nicht nur auf die Befriedigung eigener kultureller Bedürfnisse gerichtete Kulturförderung. Kulturpolitik war nun nicht mehr höher geartete mäzenatische Kunstförderung, sondern produktives Substrat der Gesellschaftspolitik – in diesem Fall einer zunächst von politischer Entmündigung zu politischer Integration gewandelten Politik. Heute mehren sich die Tendenzen, sie im demokratischen Sinne als Teil der Sozialpolitik oder der gesellschaftlichen Überlebenssicherung zu betrachten; deswegen brauchen aber weder die eigenständige ästhetische Funktion der Künste noch ihr Genußcharakter und Erlebniswert verlorenzugehen. Solange unsere Gesellschaften gravierende Probleme haben, wird Kulturpolitik wohl immer auch instrumentale Funktionen besitzen – wie Ernesto Cardenal dies kürzlich am Beispiel Nicaraguas anschaulich gemacht hat. Die Arbeiterbewegung selbst hat sich von Anfang an primär als Kulturbewegung verstanden: Ihre kulturpolitische Programmatik hat sich in Auseinandersetzung mit den bürgerlichen kulturpädagogischen Programmen entwickelt. In dem üppig verzweigten Baume der Theorie der Arbeiterbewegung lassen sich auf Kultur bezogen zwei Hauptlinien bestimmen.
Eine dieser Linien sieht in der Kultur eine Pflichtaufgabe, die das Publikum gewissermaßen einer »Zwangsbeglückung« unterzieht, während

eine andere das Recht auf Genuß und Entfaltung für alle zum Programm erheben möchte. Beide Hauptlinien lassen sich auch mit jenem »Kälte- und Wärmestrom«-Begriff im Marxismus in Verbindung bringen, von dem Ernst Bloch gesprochen hat. Das österreichische Verständnis von kultureller Förderung in der Arbeiterbewegung galt dem »Emporbilden zum Menschsein«[1]. Wörtlich heißt es bei Dieter Langewiesche: »Man sah sich in einem Zweifrontenkampf gegen die kulturelle Unterschichten-Tradition, die die sozialistischen Kulturpolitiker begriffen, von der sich die Arbeiter gänzlich lösen sollten, und gegen die populären Kunstformen der industriekapitalistischen Gegenwart, die als neue Barrieren gegen den kulturellen Emanzipationsprozeß gedeutet wurden.« Die auf dieser Ebene vorgebrachte Kritik an der »Kleinbürgerkultur« ist stark von elitären kulturpädagogischen Wertungen durchdrungen. In solchem Kontext denaturiert Kultur zur Pflicht, zur »Pflichtaufgabe Kultur«. So erklärte Nationalrat Karl Volkert in einem »Mahnruf« von 1925/26: »Immer deutlicher wird dies in den Köpfen der arbeitenden Menschen, und die Erkenntnis, daß auch der Arbeiter das Recht auf eine höhere Kultur hat, wird immer größer. Aber auch in der Richtung steigt die Erkenntnis, daß dem einzelnen aus diesem Recht heraus die Pflicht erwächst, an sich selbst Kulturarbeit zu verrichten.«[2]

Noch deutlicher formuliert dies 1926 Th. Hartwig: »Der Achtstundentag des Arbeiters beinhaltet nicht nur ein Recht, sondern auch eine Pflicht. Von einem Arbeiter, der 14 und 16 Stunden am Tag roboten mußte, konnte man nicht verlangen, daß er für Kulturbedürfnisse etwas übrig hatte. Einem Arbeiter, der nur acht Stunden arbeitet, darf man Kulturpflichten auferlegen. Pflichten gegen sich und gegen die Allgemeinheit.«[3]

Die andere Traditionslinie in der Arbeiterbewegung, heute von vielen Linken, auch zur eigenen Identität, wiederentdeckt, sieht in der Kultur stärker das Moment genußreicher Entfaltung: Für die Repräsentanten der frühen Arbeiterbewegung des 19. Jahrhunderts war immer selbstverständlich, daß Kultur viel zu tun habe mit der Verfügung über gesellschaftlichen Reichtum.

Aus der Erfahrung, wonach Genießen von den Besitzenden als ihr Vorrecht reklamiert wird, leiteten sich die revolutionären Forderungen der frühen Arbeiterbewegung der Jahre um 1830 ab. Schon Wilhelm Weitling entwickelte in seinen »Ideen zur Reorganisation der Menschheit« ein umfängliches Programm »für die Verfeinerung der sinnlichen Genüsse«[4], und Lassalle beklagte die »verdammte Bedürfnislosigkeit« der Arbeiter[5]. Auch Karl Marx und Friedrich Engels ließen kaum Zweifel darüber aufkommen, daß Ziel und Zweck der Produktion von Gütern die allseitige Entfaltung der Individuen sein müsse, deren intregrale Bestandteile Wissenschaft und Kunst sind:

»Wenn die borniette bürgerliche Form abgestreift wird, was ist der Reichtum anders als die im universellen Austausch erzeugte Universalität der Bedürfnisse, Fähigkeiten, Genüsse, Produktionskräfte usw. der Individuen? Die volle Entwicklung der menschlichen Herrschaft über die Naturkräfte, die der sogenannten Natur sowohl wie seiner eigenen Natur? Das absolute Herausarbeiten seiner schöpferischen Anlagen, ohne andere Voraussetzung als die vorhergegangene historische Entwicklung, die diese Totalität der Entwicklung, d. h. der Entwicklung aller menschlichen Kräfte als solcher, nicht gemessen an einem vorhergegebenen Maßstab, zum Selbstzweck macht.«[6]

Diese theoretische Linie aus dem Aufbruch der Arbeiterbewegung gewinnt heute wieder unser Interesse, weil darin nicht mehr wie weiland an der »Kleinbürgerkultur« nur die engstirnigen Formen kritisiert werden, sondern weil auch danach gefragt wird, auf welche Weise denn diese Bedürfnisse zustande gekommen und aufgrund welcher vorenthaltener Anteile am gesellschaftlichen Leben keine weiterreichenden, differenzierteren kulturellen Lebensformen entstanden sind.

Hängt z. B. das kritisierte Bedürfnis nach Abschalten nicht auch mit der Art der Arbeit zusammen? Spielen Drogen, Alkohol oder Phonstärken der Motorräder und der Musik nicht auch deswegen eine so große Rolle bei Jugendlichen, weil sie so wenig andere Möglichkeiten zur Persönlichkeitsbestätigung haben und so wenig echte Impulse und Chancen für andere Formen der Entfaltung? Wir brauchen uns über das Niveau vieler Formen der Unterhaltung nicht zu wundern, solange dieser Sektor fast völlig der kommerziellen Freizeitnutzung und schwachsinnigen TV-Familienserien überlassen wird.

Das in der sozialen und demokratischen Bewegung in den letzten Jahren entstandene gelockerte, entkrampfte Verhältnis zu den Formen der populären Unterhaltung und populären Kunst ist für diese Bewegung und für die Kulturentwicklung insgesamt ein bedeutender Gewinn, weil es endlich die Möglichkeit schafft, am realen kulturellen Leben der Bevölkerung, z. B. den Vereinen, der kulturellen Freizeitgestaltung, dem Entertainment, dem Sport anzuknüpfen und aus diesen Bereichen heraus neue Formen zu entwickeln.

3. Erste Ansätze: Schranken fallen

Wir haben gesehen, was Kulturpolitik alles nicht ist. Wir werten dies als Fingerzeig, in welcher Richtung ihre spezifischen Aufgaben zu vermuten sind. Wir können nun mit Fred Sinowatz Kulturpolitik zwar als den »Oberbegriff über die Gesamtheit des politischen Wirkens«[7] verstehen.

Aber in der Praxis des kommunalen Kulturalltages in der Bundesrepublik wie in Österreich wird die Verantwortung auf verschiedene Ressorts delegiert, in denen sich ein weiter Kulturbegriff nur mangelhaft realisieren läßt. Es scheint dabei geraten, uns zunächst auf jene Handlungsfelder der kommunalen Kulturpolitik zu beschränken, wie sie sich in der aktuellen Kulturpolitik herausgebildet haben. Erst von der kommunalen Kulturpolitik aus – denn Kulturpolitik ist in der Bundesrepublik im wesentlichen kommunal organisiert – läßt sich nach ihren Inhalten und Funktionen in der Demokratie fragen.

Die jüngste Phase der Entwicklung von Kulturpolitik datiert vom Ende der sechziger Jahre, wo im Schnittpunkt von Studentenbewegung, Krise der Städte und Reformpolitik der Großen Koalition der Boden für neue fruchtbare Ansätze bereitet wurde. Die seit dieser Zeit in fast allen Städten der Bundesrepublik florierenden neuen kulturpolitischen Programme formulierten unterschiedliche Schwerpunkte, in deren Bündelung die Voraussetzungen einer demokratischen Kultur als realisierbar erschienen.

Erstens ging es um die Erleichterung und Erweiterung des Zugangs zu den bestehenden Einrichtungen und Formen der Kunstpflege. Dabei geht es um nicht weniger, als den mit großem finanziellem Aufwand aus Steuergeldern finanzierten Kulturbetrieb nicht Privileg von einigen wenigen werden bzw. bleiben zu lassen, wie es immer dann geschieht, wenn der Zugang durch finanzielle, soziale, emotionale oder psychologische Schranken beschränkt wird. Dies gilt gleichermaßen für den traditionellen Kunstbetrieb, z. B. der Opernhäuser oder der Museen, die wir nicht, wie manche es denn gern sähen, rechts liegenlassen, um sie ungeschoren ihren bisherigen Nutznießern zu überlassen – nach dem zynischen Motto: Organisiert ruhig alternative Kunst für das Massenvergnügen, aber überlaßt uns gefälligst unsere traditionelle elitäre Kunst!

Um kulturelle Teilhabe dauerhaft zu ermöglichen, muß der Zugang durch pädagogische Hilfen für diejenigen erleichtert werden, die ohne Vermittlung so klug blieben wie zuvor; nur durch motivierende attraktive Darbietungsformen, wie Museumsdidaktik, neue Formen der Ausstellungspraxis oder solche des spielerischen Umgangs mit Künsten, kann ein weitergehendes Interesse geweckt werden. Wer solche Vermittlungsversuche als Pädagogisierung verteufelt, verkennt, daß die traditionellen Eliten in Schule und Familie ja auch diverse Hilfen erhielten, bevor sie zu »Kennern« wurden. Es ist falsch, das unmittelbare, voraussetzungslose Erlebnis mit der Kunst, das es ohnehin nur in sehr engen Grenzen gibt, zum alleinigen Maßstab hochzustilisieren.

Eine weitere Bedingung ist die Wiederentdeckung und als Konsequenz daraus die Neuinterpretation auch der historischen Kunst und Kultur.

Wir sehen sie in unseren Museen oder in den Inszenierungen unserer Bühnen nicht mehr nur unter der Perspektive der zu ihrer Zeit Herrschenden; wir sehen in ihr auch die Geschichte, die Wünsche, Hoffnungen und Gefühle der Unterdrückten, also auch unsere eigene Geschichte. Wir erleben in ihnen die Widersprüche der Epochen sowie den langwierigen Prozeß des Fortschritts – was gerade nicht bedeuten kann, die Kunst der Vergangenheit auf die Funktion der historischen Quelle zu reduzieren. Mit ihrem »unaufgearbeiteten Gehalt« (Bloch) und der Fähigkeit, Erleben möglich – und das heißt: nachvollziehbar – zu machen, werden die Künste konstitutiver Teil der Entwicklung unserer Gegenwart.

Zweitens erkannte die neue Kulturpolitik ihre Aufgabe auch darin, den Kanon der geförderten Künste durch neue bisher vernachlässigte Bereiche zu ergänzen und zu optimieren. Unter dem Etikett »alternative Kultur« wurde alles, was außerhalb der Stammhäuser der Kultur (Oper, Theater, Museum, Konzertsaal) als Ferment wirken kann, wie Film, Zirkus, Kleinkunst, Jazz, Folk-Musik, Pop oder andere bisher vernachlässigte Formen, in die öffentliche Förderung einbezogen.

Gleichzeitig entstanden unorthodoxe Gegenmodelle zum traditionellen Kunstbetrieb. Kunstangebote verschiedenster Art wurden z. B. in öffentliche Parks und belebte Fußgängerzonen integriert; das Spektrum der Kulturarbeit erweiterte sich beträchtlich. In solche Bereiche ästhetischer Produktion lassen sich leichter und spontaner große Teile der Bevölkerung einbeziehen als in die der traditionellen, oft bewußt abgeschirmten Künste. Indem sie diese Bereiche ernst nimmt, schafft Kulturpolitik die Voraussetzungen dafür, daß auch sie selbst von mehr Menschen überhaupt wahrgenommen wird, und zwar als ein kontinuierlicher Beitrag zur Entwicklung von Urbanität.

Drittens aber ging es bei der neuen Kulturpolitik, über das Programm der Demokratisierung der Kulturpflege hinaus, entscheidend auch darum, die Menschen zu eigener kultureller Tätigkeit anzuregen. Erste Förderungshilfen erhielten: die Mitmach-Kunst, alternative kulturelle Initiativen, selbstgestaltete Straßenfeste mit Ausländern, Vereine mit dem Ziel zur Fortentwicklung und Qualifizierung ihrer Arbeit, vor allem bezogen auf ihre soziale Güte.

4. Die angemessene Interpretation unserer Welt Voraussetzung für demokratische Kultur

Da dieser Bereich der dynamischste ist und im Sinne des Themas »Bedingungen für eine demokratische Kultur« wohl auch der wichtigste, möchte ich dazu etwas ausführlicher Stellung nehmen.

Zunächst gilt es darauf hinzuweisen, daß in diesem Bereich der kulturellen Animation die größere Chance besteht, die Wirklichkeit der großen Mehrheit unserer Bevölkerung ungeschmälert einzubringen. Voraussetzung für die Entwicklung solcher Formen der animativen Kulturarbeit ist ein hierfür fachlich spezialisiertes und menschlich prädestiniertes Personal. Deshalb gerät Animation schon als Begriff in die Schußlinie derjenigen, die in der Ausweitung öffentlicher Dienstleistungen das Grundübel unseres Staates glauben erkennen zu sollen.

Sie fürchten aber wohl tatsächlich, »Mehr Staat« auch im Kulturbereich sei eine Methode vor allem derjenigen, die sich gutbezahlte Arbeitsplätze verschaffen möchten. So meint Johannes Gross in seinem Buch »Unsere letzten Jahre«, es handele sich um eine dem Wunsche der Überwindung von Arbeitslosigkeit zuzuschreibenden »Produktion akademischer Überflußberufe meist fürsorgerischen Charakters, die leicht eine Klientel finden. Da halten dann beruflose Arbeitslose arbeitslose Berufene beschäftigt und bilden eine ökonomische Subkultur, die in opulenten Friedenszeiten leicht zu ertragen ist.«[8]

Tatsächlich geht es ja um etwas ganz anderes: Aus unserer Existenz wurde immer mehr an wirklichem Leben herausgepreßt, um die entstehenden Leerräume mit Produktivität und Rationalität, mit Leistung und Profitchancen zu erfüllen, um Effektivität und Marktgängigkeit zu optimieren. Die den Strömungen des Marktes und den Stromlinien des Profits angepaßte Gestalt unserer Städte, aber auch unserer Arbeitsformen und unserer gesellschaftlichen, sozialen Beziehungen müssen an anderer Stelle künstlich wieder ausgeglichen werden. Die »natürliche« Kommunikation etwa der Tante-Emma-Läden muß substituiert werden durch die neue des »Kulturladens« oder des soziokulturellen Zentrums; sie muß ersetzt werden auch durch Animationsarbeit. Was an der einen Stelle an Arbeitskraft gespart wird, kostet an anderer Stelle Sozialarbeit, Kulturarbeit und Animation.

Die Schlußfolgerung liegt auf der Hand: Im Rahmen einer volkswirtschaftlichen Gesamtrechnung kann es kaum sinnvoll sein, alle diese Restbestände des wirklichen Lebens oder alle Formen der indirekten Erholung und Kommunikation aus dem sozialen und öffentlichen Leben herauszudestillieren. Dies ist übrigens eine für die Arbeitswissenschaft längst selbstverständliche, wenn auch nicht immer berücksichtigte Gewißheit, die sich niederschlägt in der stillschweigenden oder tariflich festgelegten Gewährung von Erholzeiten oder »persönlicher Verteilzeit«.

5. Dialog als Voraussetzung demokratischer Kulturpolitik

Sicher geht es nicht um die Schaffung eines kulturellen Paradieses für alle; das gibt es nicht. Wohl aber handelt es sich hierbei um einen Prozeß der Kulturentwicklung, der die professionellen Künste davor bewahrt, ihre Freiheit künftig aus Desinteresse verkommen zu lassen. Dieser kulturelle Prozeß darf sie auch nicht dazu zwingen, die Gunst eines immer kleiner werdenden zahlenden Publikums oder das Wohlwollen der Galeristen, Kritiker und Sammler auf jene Art zu erschleichen, wie dies in der Bildenden Kunst zum Teil schon geschieht – der Kölner Bilderstreit 1989 war da ein lehrreiches Beispiel!

Vielmehr vermag allein der Dialog zwischen Künstler und Publikum die ernsthafte Auseinandersetzung des eben nicht als unstrukturierte Masse gering geschätzten Publikums mit den Kunstwerken zu ermöglichen; ebenso kann auf Dauer nur die vorurteilsfreie Auseinandersetzung des Künstlers mit den Ansprüchen, Bedürfnissen und Lebensrealitäten des Rezipienten die Bedeutung der Kunst innerhalb der Gesellschaft erhalten. Das heißt nicht Popularisierung um jeden Preis – Aufgabe eigener Positionen und Ansprüche wäre ja gerade das Ende jeder schöpferischen Perspektive.

Ein Dialog muß von beiden Seiten mit Selbstbewußtsein geführt werden. Aber eine Alternative gibt es nicht: Denn wie alle historischen und aktuellen Formen der Blüte der Künste zeigen – von der Zeit des Perikles über die Französische Revolution bis zu Dada und Expressionismus –, ist dieser Prozeß eine essentielle Voraussetzung für die Lebendigkeit der Künste. Insofern ist die Demokratisierung der Kultur zugleich die Voraussetzung für deren Transformation und somit für ihre Zukunft.

6. Gegengewichte zum Markt als Voraussetzung demokratischer Kultur

Als unaufhebbare Bedingung für die Entwicklung eines demokratischen Kulturlebens ist es des »Schweißes der Edlen« wert, gegen die Vorherrschaft des kommerziellen Kulturbetriebs und der Freizeitindustrie mit all ihren negativen Folgen Gegengewichte zu setzen, die Erfolg versprechen; die kulturpolitische Programmatik der UNESCO, des Europarates und vieler Staaten hat diese Forderung bewußt aufgegriffen.

Schließlich sind 120 subventionierte Kommunale Kinos in der Bundesrepublik nicht nur ein existentieller Faktor für Erhalt und Entwicklung der Kinokultur; sie haben auch die Existenz von Verleih und mit Hilfe der gesetzlichen Filmförderung möglicherweise auch die Produktion so beeinflußt, daß über ein qualifiziertes Filmangebot ein qualitätsbewußtes Publikum herangebildet werden konnte. Was etwa wäre Bayern ohne seine Fundamentalkritiker wie Gerhard Polt, Sigi Zimmerschied, Bruno Jonas oder die Biermösl-Blos'n – die in Bayern als Künstler kaum überlebt hätten, hätten es nicht immer wieder mutige Veranstalter gegen den Widerstand örtlicher Bürgermeister, Pfarrer und Heimatvereinsvorsitzender gewagt, diese unbequemen Geister auftreten zu lassen. Deren Beispiel macht nicht nur deutlich, wie groß die Verluste sein können, wenn staatliche, kommunale oder auch Medien-Institutionen (wie in diesem Fall etwa zahlreiche Programmverantwortliche beim Bayerischen Rundfunk) versteckt oder offen Zensur ausüben. Gleichzeitig sind die genannten Kabarettisten, Musiker und Poeten Beleg dafür, daß auch kritische Kunst ein Millionenpublikum erreichen kann. Ein Staat oder eine Kommune, die dafür keinen Freiraum in der eigenen Kulturarbeit gewähren, versäumt Chancen.

Es kann dabei auch gar nicht darum gehen, um jeden Preis unattraktive Angebote oder kulturelle Ladenhüter gegen jede Marktlogik *en vogue* zu halten; es geht vielmehr um die Befriedigung jener latent existierenden Bedürfnisse, die der Markt wegen der nur als gering kalkulierten Gewinnchancen nicht befriedigt. Der Markt seinerseits modelliert und konditioniert ja auch die Bedürfnisse ganz in seinem Sinne; demgegenüber muß die Öffentliche Hand die sonst vernachlässigten Bereiche und Funktionen im Interesse aller fördern, z. B. auch Minderheiten gegenüber, wie sie dies schon lange bezüglich der traditionellen Kunstformen leistet: Nach dem rein rechnerischen Kosten-Nutzen-Prinzip gäbe es vermutlich keine Oper mehr.

Mehr breitgefächerte Impulse dieser Art sind eine Voraussetzung kultureller Demokratie, denn der Markt der Kulturindustrie kümmert sich nur um die gewinnträchtigen Bereiche, wobei Qualität bewußt herabgesetzt wird, weil dies, erstens, viel zu teuer und weil, zweitens, ein Geschäft damit nicht zu machen sei. Projekte wie »Kunst im öffentlichen Raum« vermögen Formen und Gattungen der Kunst zu entwickeln, für die zuvor kaum eine Chance gesehen wurde. Ja, sie vermögen ästhetische Ausdrucksmittel zum Bestandteil des Alltags just unter jenen Menschen zu machen, bei denen sie früher selten heimisch waren.

Mit anderen Worten: Es kann nicht Aufgabe der Kulturpolitik sein, den vielen desinteressierten Unverbesserlichen, denen für Künste jeder Sinn fehlt, mit aller Gewalt Kunst zu oktroyieren, und sie mit Kunst zu strafen. Es geht ganz im Gegenteil allein darum, die gesellschaftliche Potenz der Künste und der Kultur endlich zu realisieren, zum einen als Anspruch auf Teilhabe am genußvollen Konsum des von allen erzeugten gesellschaftlichen Reichtums, zum anderen als Mittel der besseren Organisation unseres gesellschaftlichen Lebensprozesses. Denn Kunst ist Reichtum *und* unverzichtbares humanes Instrument zugleich.

7. Freiheit der Künste als Grundbedingung

Zentrale Bedingung demokratischer Kultur ist die demokratische Gesellschaft! Umgekehrt ist demokratische Kultur eine der wichtigsten Voraussetzungen dafür, daß Demokratie sich überhaupt entfalten kann. Beide bedingen einander. Wir haben es im Prinzip hier mit der im Grundgesetz verankerten sozialen Demokratie zu tun, die den Bürger nicht nur mit liberalen Grundrechten ausstattet, sondern ihm der Gesellschaft gegenüber auch seine materiellen Ansprüche garantiert, etwa den Anspruch auf soziale Sicherheit.

Ohne Artikel 5 GG ausführlicher erläutern zu müssen, brauche ich in diesem Zusammenhang auf die Freiheit der Kunst nur mit dem Hinweis einzugehen, daß nur eine freie Kunst, die auch nicht der indirekten Zensur unterworfen sein darf, jene Leistungen erbringen kann, die wir zu Recht von ihr erwarten. Ein unerschrockener Dominikaner-Pater hat in einer Veranstaltung, in der es um den Ministerpräsidenten-Erlaß zur Regelung der Verfassungsmäßigkeit von Bewerbern für den öffentlichen Dienst ging, also um den sogenannten Berufsverbote-Erlaß, folgende alttestamentarische Parallele gezogen: Die Propheten, die ja weniger Futurologen als vielmehr radikale Kritiker der Gegenwart waren, wurden vom Volk Israel toleriert, weil die Juden wußten, daß diese konsequente, nichts und niemanden verschonende Kritik nötig war. Immer dann, wenn Israel seine Propheten verjagte oder kreuzigte, ging es seinem Volke schlecht. Ähnlich steht es um die Freiheit der Künstler zu Provokation und Kritik heute: Sie erhöht die Lebensfähigkeit der Gesellschaft, statt sie zu schädigen, wie konservative Kritiker uns weismachen möchten.

8. Der ökonomische Zwang als Hindernis der kulturellen Demokratie

Noch etwas anderes scheint mir für die aktuelle Diskussion wichtig. In den letzten Jahren häufen sich Debatten über Privatisierungen im öffentlichen Dienstleistungsbereich. Unter anderem wurden sogar Museen und Kommunale Kinos als potentielle Privatisierungsobjekte genannt. Die Folgen der Privatisierung im kulturellen Sektor wären gravierend. Was kostendeckende Preise bei der Verwaltung der öffentlichen Kulturgüter bedeuten, z. B. der Zwang zu immer höheren Einspielergebnissen bei den Bühnen, können wir uns leicht ausmalen. Ich möchte das Problem jedoch nicht nur als eines der Erweiterung der kommerziellen Kulturindustrie und ihrer Dynamik diskutieren. Mir kommt es vielmehr darauf an zu zeigen, wie sehr auf einer grundsätzlicheren Ebene unsere gesamte politische und soziale Kultur von solchen Vorstellungen berührt wird. Denn bei diesen neuen Tendenzen der öffentlichen Haushaltspolitik geht es nicht nur um die Veränderung von uns liebgewordenen öffentlichen Kultureinrichtungen wie den Theatern, Opernhäusern, Kommunalen Kinos oder Museen. Es geht im Kontext der neuen Ökonomie und der Sparpolitik, die uns diese Privatisierung als Wiederherstellung der Mechanismen der Marktwirtschaft verkaufen will, um grundlegende Fragen unserer gesamten Kultur, unseres Lebens und der Natur unserer menschlichen Beziehungen. Welche Auswirkungen eine solche Gesellschaftsphilosophie auf den privaten Lebensstil hat, läßt sich schon bei Marx nachlesen, der voraussagte, mit welchen Folgen die bare Zahlung zum alleinigen Bindemittel der Gesellschaft wird.

Die Vorstellungen von den Selbstheilungskräften der freien Marktwirtschaft, die jetzt aus der Versenkung geholt und attraktiv aufgeputzt werden, sind inzwischen oft genug in ihren inhumanen Konsequenzen enthüllt worden. Solche Privatisierung soll die individuelle Leistungsbereitschaft belohnen, indem sie über den finanziellen Anreiz Leistungsmotive fördert. Sobald sie aber das Bildungssystem oder die Weiterbildung, das Gesundheitswesen oder die soziale Sicherheit erfaßt, belohnt sie nicht mehr die Leistung; sie bedroht brutal vielmehr all jene, die nicht in der Lage sind, die hochgehängte Meßlatte dieser Leistung zu überspringen, und setzt sie praktisch dem Elend aus.

Wird das noch so rudimentäre System der sozialen Sicherung erst einmal aufgehoben, erscheint jede Perspektive für alternative Lebensformen illusorisch. Weil die Geißel des Hungers, der Krankheit, des Elends und der Ausgrenzung vom »normalen« Leben als permanenter Ansporn zur Leistung eingesetzt wird und zu immer mehr Leistung zwingt, wird immer mehr Rücksichtslosigkeit bei der Verfolgung des eigenen Vorteils erzeugt. Es scheint, als würden auch deswegen solche Formen der Dynamik eingesetzt, weil die Leistung selbst sich in ihrem gesellschaftlichen Produkt nicht mehr legitimiert: Seit Wachstum zum Selbstzweck geworden ist, löst es keine Probleme mehr, sondern schafft nur immer neue: Umweltverschmutzung, gigantomanische, lebensbedrohende Großtechnologie, zynisch »Freisetzung« genannte Produktion von Arbeitslosen, Unterjochung der Dritten Welt. Als »Entwicklung ohne Fortschritt« hat Pier Paolo Pasolini all das kritisiert.

Wem die Chance der alternativen Lebensformen wichtig wurde, weil er den Wettlauf um immer mehr und immer teurere positionelle Prestigegüter, die immer geringeren Nutzen bringen, als sinnlos und ohne Perspektive erkennt, der wird solchen Privatisierungsplänen höchst skeptisch gegenüberstehen. Die ihnen zugrunde liegende Wirtschaftspolitik zerstört die Grundlagen der demokratischen Kultur im weiteren Sinn und hintertreibt ihre soziale Komponente. Denn das Bild des Menschen, wie es uns aus solchen Zielvorstellungen entgegenscheint, zeigt abgrundtiefe Inhumanität und ist ganz und gar kulturfeindlich. Diese Form der privaten Initiative, die uns angepaßt zu werden droht, reduziert den Menschen auf das Niveau des materiellen Egoismus; die durch die Neomonetaristen in Gang gesetzten anonymen Strukturen von Markt, Konkurrenz und Einkommen würden uns diese Art von »Lebensphilosophie« schnell einbläuen. Wichtigste Gegenmittel der demokratischen Kultur sind Ermutigung und Weckung nichtkommerzieller Privatinitiative, der gemeinschaftlichen bürgerschaftlichen Initiative im soziokulturellen Raum – frei von Bevormundung und mit offensiver Ermutigung.

9. Kulturfeindliche konservative Haltungen

Jürgen Habermas hat in seiner Dankesrede zur Verleihung des Frankfurter Adorno-Preises 1980 auf einige Implikationen des modernen Konservatismus hingewiesen, die sich für die demokratische Kultur nicht eben als günstig auswirken dürften. Einer der Vertreter dieses Werte-Konservatismus, der Amerikaner Daniel Bell, gibt vor, die »funktionalen Imperative von Wirtschaft und Verwaltung« gegen die scheinbare hedonistische Radikalität der Moderne in Künsten und Wissenschaften schützen zu wollen. In Wirklichkeit aber zielt er damit auf das Recht und den Anspruch der Menschen ab, mehr zu sein als nur ein funktionierendes Rädchen einer zum Selbstzweck gewordenen Produktionsmaschinerie:
Wer der »Libertinage« Grenzen zieht, um Disziplin und Arbeitsethik wiederherzustellen, ohne gleichzeitig die Selbstzerstörungstendenz der kapitalistischen Gesellschaft aufzuheben, verstößt gegen das elementare Menschenrecht auf Leben. Das eigentliche Problem für die Künste aber beginnt dort, wo der moderne Konservatismus Künstler und Intellektuelle verantwortlich machen möchte für den überall beobachtbaren Wertwandel, für die geschwundene Leistungsmotivation, für die Legitimationskrise des politischen Systems. Als ob die Künste den Menschen die Frage nach dem Wozu eines pervertierten Wachstums erst vorformulieren müßten, als ob die Sinnfrage nicht von den inneren und äußeren Widersprüchen unserer Gesellschaft tagtäglich neu gestellt würde. Habermas urteilt: »Gerade von diesen gesellschaftlichen Prozessen ziehen die neukonservativen Lehren die Aufmerksamkeit ab; sie projizieren die Ursa-

chen, die sie nicht ans Licht bringen, auf die Ebene einer eigensinnig subversiven Kultur.«[9]

Wir beginnen zu ahnen, daß Intellektuellenschelte auch aus würdigem konservativem Munde keine zufällige Entgleisung ist, sondern der Versuch einer Entkräftung von begründeten Einwänden gegen Aspekte gesellschaftlicher Entwicklungsprozesse. Es ist der elegante Versuch, das kritische Potential der Künste programmatisch zu neutralisieren. Damit soll der Versuch einer inneren Zerstörung der Voraussetzungen demokratischer Kultur unternommen werden.

Ähnliches geschieht bei denjenigen, die in scheinbarer Großzügigkeit vorgeben, die »Freuden des kleinen Mannes« gegen die angeblich lustfeindlichen Eingriffe der linken Reformer in Schutz zu nehmen, wie Johannes Gross. Mit dem Recht auf entspannende Unterhaltung den deformierenden Zugriff der Kulturindustrie zu legitimieren, halte ich für blanke Heuchelei. Dies ist deshalb so heuchlerisch, weil diese Industrie in ganz anderer Weise als die Kulturpolitik bevormundet; sie ist darüber hinaus ständig bestrebt, die Bedürfnisse zu konditionieren, zu modulieren und allein in ihrem Sinne fortzuentwickeln.

Quintessenz beider neokonservativen Strategien ist Reduzierung der Künste auf die Funktionen von Dekoration und Kompensation, auf folgenloses und unverbindliches Freizeitvergnügen. Zum Programm der kulturellen Demokratie aber gehört die tendenzielle Aufhebung der Trennung von Kunst und Leben, gehört die Verbindung von Kunst und Gesellschaft, wie sie in allen großen und guten Zeiten der Kunst dank der so freigesetzten ethischen Impulse sich als Humanum hergestellt hat.

In diesem Sinne ergänzt Habermas das Programm der klassischen Moderne: durch »eine differenzierte Rückkoppelung der modernen Kultur mit einer auf vitale Überlieferungen angewiesenen, durch bloßen Traditionalismus aber verarmten Alltagspraxis«[10].

4. Kultur heute
Chancen und Risiken des Kulturbooms

I. Auch heute wird um Kultur gestritten

1. Ein unvorhergesehener Wandel

Die Branche boomt. Keine Frage, der Blick zurück auf die 80er Jahre bleibt an zahllosen Museumsneubauten hängen, fällt auf Großausstellungen mit immer neuen Besucherrekorden, auf millionenschwere Theaterereignisse oder endlose Schlangen vor den Einschreibstellen der Volkshochschulen. »Kultur« – wohin wir blicken. »Kultur« – das neue, funkelnde Zauberwort für Wirtschaftsbosse, für Wahlkampfstrategen und Freizeitpädagogen? »Kultur als Standortfaktor« ist ein Pfund, mit dem die wirtschaftlich Mächtigen und politisch Verantwortlichen wuchern. Mit »alternativer Kulturarbeit« wußte sich auch der CDU-FDP-Senat in Berlin zu zieren, der sozialdemokratische »Bremer Kulturplan« von 1987 billigt der Kultur gar eine Leitfunktion zu:

»Zunehmend wird deutlich, daß Kulturpolitik nicht mehr nur in den engen Fesseln eines einzigen Fachressorts betrachtet werden darf, sondern – entsprechend der immer engeren Verzahnung von Kultur und Stadtentwicklung – jetzt auch die Überschneidungen mit anderen Politikbereichen thematisiert werden müssen.«[1]

Vor zwanzig Jahren, da Kultur noch als elitär und minoritär galt und für ihre Rezipienten noch die Gefahr beinhaltete, bei einem der Straßenhappenings wahlweise mit Blut, Fäkalien oder Sperma bespritzt, zumindest aber beschimpft zu werden, hoffnungslos verklemmt zu sein und zugleich auch noch den US-Imperialismus in Vietnam zu unterstützen – oder vor fünfzehn Jahren, als engagierte Schriftsteller allenfalls taugten für den Biologieunterricht, Unterrichtseinheit »Ratten und Schmeißfliegen«, und als sie im Sympathisantensumpf des Terrorismus mit einem Bein im Gefängnis standen, damals hätte der heutige Kulturboom vermutlich Assoziationen ans tiefste Mittelalter ausgelöst: Feudalismus, Repräsentationskunst, Kulturimperialismus. Ein größerer Gegensatz in der Kulturauffassung zwischen 1968/69 und 1989 läßt sich kaum denken.

»The times they are a changing«, sang Bob Dylan 1963, und natürlich hatte er recht. Und so besteht heute wohl auch weitgehend Einigkeit darüber, daß es wenig Sinn machte, die (heute schon historisch zu nennenden) Aufgaben und Möglichkeiten, die Kultur 1968 hatte, für die Gegenwart oder gar die Zukunft festzuschreiben. Eine Straßenaktion auf dem Ku'-Damm, bei der nackte Langhaarige die Passanten anpöbeln und bespukken, würde heute vermutlich eher ein müdes Lächeln hervorrufen. Kunst als politische Provokation erscheint heute so bieder und überholt wie Oswalt Kolles kleinbürgerlich-pathetische Aufklärungs-Nackedeis. Inzwischen haben Autorinnen wie Keto von Waberer oder Undine Gruenter die »Komik der Kopulation« entwickelt.

Der Hintergrund von zwanzig Jahren Kulturentwicklung kann unseren Blick für das schärfen, was Kultur heute bedeutet, was sie für die Zukunft vermag und welche Gefahren die derzeitige Entwicklung birgt.

So umfangreich, so teuer und so breit gestreut war Kultur nie seit dem Krieg. So extensiv wie heute setzte sich nach 1945 die Gesellschaft nie mit Kultur auseinander, nie wurde dafür so viel Geld ausgegeben, und nie war sie so offensichtlich ein Teil der ausdifferenzierten Lebenswelten unserer hochkomplexen Gesellschaft.

2. Der Streit um den Stellenwert der Kultur

Die Kontroversen um sie sind dennoch scharf und nicht selten hitzig. Wer hat nun recht, diejenigen, die wie Jürgen Kesting im *»stern«* meinen: »Wir haben fast soviel Kultur, wie wir Geld haben in dieser Überflußgesellschaft, und halten es mit ihr wie mit einer Hure. Sie wird auf den Strich geschickt und von jedem begattet, der sich profilieren, kostümieren, herausstellen und schmücken, der verkaufen, manipulieren oder protestieren will. Wo immer die Scharniere der Gesellschaft quietschen, werden sie geschmiert mit der Kosmetik-Creme Kultur.«[2] Jack Lang, französischer Kulturminister, hält auf der gleichen Ebene dafür: »Kultur und Wirtschaft – derselbe Kampf!«

Oder ist es eher so, wie Hansgünther Heyme sagte (und er meinte das durchaus positiv): Das Theater sei heute so wichtig wie die Müllabfuhr? Oder hat der Philosoph Wolfgang Welsch recht, wenn er von »unserer postmodernen Moderne« spricht, von der Entfaltung der Moderne als einer ungeahnten Offenheit ihrer Verständnisse und Wahrheitsbegriffe, deren diskursive Verflüssigung er diagnostiziert? Hat er mit seiner Zukunftsprognose recht, die gegenwärtige kulturelle »Beliebigkeit« sei die »Chance unserer Freiheit«?[3] Oder sind die Ausführungen des Münchner IFO-Instituts der Weisheit letzter Schluß, in denen es heißt, »Künstlerische Kreativität« könne »das Wirtschaftswachstum und somit das Wohlstandsniveau und die Beschäftigung in einer Volkswirtschaft anheben«?[4]

Wieso läßt sich Kultur heute mit so vielfältigen Konnotationen versehen? Wohlgemerkt: Es geht nicht um einzelne Kunstwerke – über die ist schon immer gestritten worden. Es geht auch gar nicht in erster Linie um den Stand der ästhetischen Innovation in der künstlerischen Avantgarde. Es geht vielmehr um den Stellenwert, den Kultur im weitesten Sinn in der Gesellschaft hat, und da schien doch eigentlich, zumindest in den letzten vierzig Jahren, immer klar, daß Kultur als aufgeklärte und aufklärende autonome Kraft um ihren Einfluß in der Gesellschaft kämpfen muß und als Korrektiv gegenüber einer vorwiegend am Machbaren, am Bruttosozialprodukt, am Sozialverträglichen orientierten Politik zu fungieren hat. Und nun also ist sie plötzlich die hofierte Dame. Sponsoren aus den Chefetagen der Großbanken geben sich bei den Kunstgalerien und Museumsdirektoren die Klinke in die Hand, die Abspänne selbst kleiner und mittlerer Filmproduktionen scheinen vor lauter Danksagungen an Sponsoren nicht enden zu wollen, die Städte können die Intendantengagen kaum noch bezahlen, ein Satz wie »Theater ist auch ein Ort des Widerspruchs« (Walter Wallmann) geht CDU-Politikern wie selbstverständlich von den Lippen.

So wie 1968 »alles politisch« war, ist nun sozusagen »alles Kultur« – Alltag, Werbung, Wirtschaftssystem, Politik: »Kultur ist die wahre Substanz der Politik« (Richard von Weizsäcker).[5] Mit dem Tremolo der Entrüstung in der Stimme verwahrt sich Ministerpräsident Lothar Späth auf Symposien gegen die Unterstellung, Kultur sei eine Trittbrettfahrerin der Wirtschaft; nein, Kreativität sei die Zukunftsressource schlechthin, der Sesamschlüssel zur Erneuerung. Auch der nicht normative Theoretiker des Ästhetischen, Bazon Brock, vertritt in seiner »Arbeitsbiographie eines Generalisten« einen extensiven Kulturbegriff. Brock verweist auf die 25 Milliarden Mark der Oberbekleidungsindustrie und vergleicht sie mit den zugrunde liegenden Design-Leistungen, also eminent kulturellen Hervorbringungen. Verkauft werden nach Brock nämlich nicht Hemden oder Hosen, sondern Stil-Distinktionen.[6] Die Geschichte der Industrialisierung beweise den Primat der Kultur: Intellektuelle hätten die Begriffe dieses Prozesses geprägt, man denke an John Stuart Mill oder an Edmund Burke. Zur Klage über den Boom besteht für den Apologeten der Konsum-Revolution kein Anlaß. Die Forderungen der 68er (»Die Phantasie an die Macht!«) scheinen von der Realität der achtziger Jahre eingeholt zu sein.

3. Vom Boom zur Inflation?

Und jetzt, da sich die Kultur durchgesetzt hat und also die Realität von den 68er Forderungen eingeholt wurde, Kultur als *die* innovative Kraft weitgehend anerkannt ist, noch *vor* Politik und Wirtschaft, jetzt plötzlich soll alles ganz anders sein: Die Allgegenwart der Kultur wende sich in einer Art »Dialektik der Aufklärung« gegen sie selbst, heißt es, die echte, den Moment überdauernde Kunst gehe in der Eigendynamik des Marktes, in seinem beliebigen Jahrmarktsangebot unter: Die Kultur frißt ihre eigenen Kinder. Kultur überantworte sich der Belanglosigkeit.

»Die Kultur ist los, und keiner ruft halt. Aber die Grenzen des Wachstums sind erreicht. Sie zeigen sich nicht nur im Verschleiß der Kunstwerke und der Künstler, nicht nur in der wachsenden Gleichgültigkeit gegen Qualität, im immer sorgloseren Konsum des Nichtkonsumierbaren.«[7] Was Gerhard Amanshauser kürzlich in seinem Buch mit dem bezeichnenden Titel »Moloch Horridus« apokalyptisch auf den Kulturbetrieb losließ, enthält sicher einen wahren Kern: Wie wir schon in der Schule gelernt haben, zieht jeder Boom, jede Konjunktur die Gefahr einer galoppierenden Inflation nach sich. Wenn die Kunst – und sicher gibt es die Gefahr einer solchen Entwicklung – in einem alles verschluckenden »Mainstream« ihre Widerhaken verlöre, wenn allmächtige Sponsoren Künstler – wie in den Vereinigten Staaten bereits geübte Praxis – zu willfährigen Fließbandarbeitern ihrer eigenen kommerziellen Vorstellungen machten, wenn widerborstige Einzelgänger keine Chance mehr hätten, wenn der erleichterte Zugang zur Kunst bedeuten würde, daß es für den einzelnen überflüssig ist, sich die Kunstwerke in ihren vielfältigen Dimensionen in einem oft schmerzlichen, jedenfalls anstrengenden Prozeß zu erarbeiten (wie ihn etwa Peter Weiss in seiner »Ästhetik des Widerstands« beschrieben hat), dann behielten die Apokalyptiker recht.

4. Unsere »Zitadellenkultur«

Ein solcher Apokalyptiker ist der in den USA lehrende Kunstwissenschaftler O. K. Werckmeister, der in einem Essay die gegenwärtige Situation mit dem Etikett »Zitadellenkultur« versieht.[8] Werckmeister verwendet diese Metapher für eine Gesellschaft, »deren künstlerische und intellektuelle Erfolgskultur in vollem Wohlstand von nichts als Krisen handelt«. Ihre Manifestationen igeln sich ein und schirmen sich ab von der ungerührt weiter funktionierenden Wirklichkeit. Je bedrohlicher sich die zeitgeschichtliche Erfahrung darstelle, so Werckmeister, desto mehr emanzipiert sich die Zitadellen-Kultur von unmittelbaren politischen Bezügen. »Diese Kultur ist zugleich historisch und fiktiv, denn sie entschärft die Wirklichkeit nicht, sondern ästhetisiert sie in voller Schärfe.« Ihr Grundton ist, wie Adorno in seiner »Ästhetischen Theorie« (1970) forderte, schwarz. Bruchstücke der Wirklichkeit werden kunstvoll montiert, ästhetische und politische Erfahrung bilden unvermittelte Pole. Die Zitadellen-Kultur setzt sich grandios in Szene und zelebriert genüßlich das unausweichliche Unheil. Ästhetisierung mündet in Künstlichkeit und gerät zur kompensatorischen Entlastung: »Daß sich Probleme nicht lösen lassen, sondern nur ausgedrückt, erörtert und ertragen werden können, ist die ständig wiederholte Botschaft der Zitadellenkultur.« Ihr Signum ist ein »strahlender Pessimismus«.

Ist dem so? Werckmeisters Polemik gibt zu denken. Doch das Erstaunliche an der momentanen Diskussion ist, daß sich da ganz überraschende Koalitionen bilden: Einerseits gibt es Kritiker aus einer emanzipatorischen, »linken« Perspektive, die das Schreckgespenst einer »Selbstzerstörung der Kultur durch massenhaften Erfolg« (Bazon Brock) an die Wand malen, andererseits finden wir konservative Wachstumspolitiker und ihre kulturindustriellen Statthalter, die Kultur wahlweise als »Standortfaktor«, als »Innovationshilfe« oder als »das eigentliche Zukunftspotential unserer Gesellschaft« funktionalisieren wollen. Beide sind sich in ihrer Ausrichtung auf einen elitären Kulturbegriff und in ihrem Verständnis von Kunstförderung seltsam einig in dem Affront gegen eine Kulturpolitik, die versucht, den allgemeinen Zugang zur Kunst zu erleichtern und zu verbreitern, und gleichzeitig den Stellenwert der Kunst in der Gesellschaft steigern, ihren Spielraum und ihre Autonomie erhalten, eine Subordination unter wirtschaftliche und politische Imperative verhindern will.

5. Der Boom als Chance

Tatsache bleibt: Nie wurde in den letzten vierzig Jahren in der Bundesrepublik auf den verschiedensten Ebenen so viel für Kunst und Kultur ausgegeben wie im letzten Jahrzehnt. In allen bundesdeutschen Metropolen und, das ist fast noch wichtiger, auch in vielen mittleren und kleineren Städten entstanden in den achtziger Jahren spektakuläre Museumsbauten; Kommunale Kinos bilden jetzt in jeder größeren Stadt einen wichtigen Ort zur Bewahrung und Verlebendigung der Filmgeschichte; die Volkshochschulen wurden professionalisiert und damit in Stand gesetzt, die vorhandene Nachfrage nach Erwachsenenbildung wenigstens annähernd zu befriedigen usw.

Es ist also – mit einem Wort – in den letzten fünfzehn Jahren eine kulturelle Infrastruktur entstanden, die endlich, wie wir dick unterstreichen müssen, es, wenn überhaupt, ermöglichen kann, den Anforderungen der zukünftigen Freizeitgesellschaft kulturell zu entsprechen. Denn die Probleme, die gesellschaftlich, sozial, ökologisch und ökonomisch auf uns zukommen werden, stellen ja eigentlich kulturelle Fragen: Wie können die Menschen in fünfzig, hundertfünfzig Jahren leben? Welche Welt wollen wir unseren Kindern und Enkeln zumuten? Können wir es verantworten, daß ein Drittel der Gesellschaft von den zentralen sozialen Lebensvollzügen (Arbeit, Kultur, gesellschaftliche Mitbestimmung) getrennt bleibt? Nehmen wir in Kauf, daß die Zahl von jetzt rund drei Millionen funktionalen Analphabeten in der Bundesrepublik noch weiter ansteigt? Schließlich: Welche Vorstellungen machen wir uns, nach den revolutionären Ereignissen in Polen, der Sowjetunion, Ungarn, der DDR und der ČSSR, über ein zukünftiges Europa, das sich plötzlich nicht mehr in einem bürokratischen Wasserkopf der EG-Verwaltung und im Verbot des deutschen Bier-Reinheitsgebotes erschöpft?

In solchen Konstellationen steht heute die Kultur mehr als je zuvor. Die Politik hat alle Hände und Köpfe voll zu tun, um die hausgemachten Krisen zu bewältigen, ja, in die Politik überhaupt ist das Vertrauen so weit geschwunden, daß die nötige visionäre Kraft, sich eine überlebensfähige Welt, die in wesentlichen Punkten völlig verschieden von unserer heutigen sein muß, überhaupt nur vorzustellen, eben nicht der Politik oder der Ökonomie, sondern zuallererst der Kultur zugetraut wird.

Wenn die kulturelle Reflexion und Kommunikation über die Probleme unseres Überlebens und Zusammenlebens auch nur annähernd in der Lage sein will, sich diesen Ansprüchen zu stellen, dann werden wir für einen entsprechenden allgemeinen Zugang zu den kulturellen Ressourcen der Vergangenheit und zu aktuellen kulturellen Entwicklungen und Ansätzen zu sorgen haben, um einerseits aus der Auseinandersetzung mit der Geschichte Perspektiven für die Zukunft zu gewinnen, andererseits Bedingungen gesellschaftlicher Kommunikation zu schaffen und zu erhalten, die Chancen für eine Partizipation vieler an der demokratischen Gestaltung von Zukunft bedeuten.

6. Kulturpolitik ermöglicht

Unter diesem wahrlich existentiellen Aspekt werden wir also die Frage nach dem Zustand von Kultur heute betrachten müssen. Alles andere würde zu kurz greifen. Natürlich kann Kulturpolitik in dem beschriebenen Sinne selbst nicht jene Anregungen und Ideen produzieren, die wir alle von der Kultur für unsere Zukunft erwarten. Eine Kritik an der gegenwärtigen kulturellen Produktion zielt also genau an der Kulturpolitik und dem, was in den letzten Jahren an kultureller Infrastruktur geleistet wurde, vorbei; Kulturpolitik kann »nur«, und das ist, denke ich, schon eine ganze Menge, »ermöglichen«, also Voraussetzungen schaffen, für eine soziale Sicherung von Künstlern sorgen, Medien und Stätten zur Begegnung und Kommunikation zwischen Künstlern und Publikum begründen, kreative Gruppen unterstützen, Freiräume schaffen, über die Autonomie der Künste wachen, instrumentalisierenden Einflußnahmen – ob von politischer Seite oder von scheinbar »wohltätigen« Sponsoren – im Ansatz zu begegnen versuchen usw.

Eines aber ist ganz klar: Die Öffentlichkeit, also Bund, Länder und Gemeinden, darf nicht aus ihrer Verpflichtung entlassen werden, Kultur öffentlich zu finanzieren. Bundespräsident Richard von Weizsäcker hat dies in seiner Grundsatzrede vor dem Deutschen Bühnenverein im Sommer 1987 noch einmal unmißverständlich deutlich gemacht. Dahinter kann niemand mehr zurück, der etwa diese Aufgabe an die Industrie oder den freien Markt delegieren möchte und an Stelle der öffentlichen eine wie auch immer geartete »private Kulturpolitik« (allein das Wort ist schon Widerspruch in sich) setzen möchte. Kultur ist und bleibt Chance und Pflicht für die Öffentlichkeit. Kulturpolitik hat die Voraussetzungen dafür zu schaffen, in der Zukunft mehr denn je. Kulturpolitik ist Politik für eine lebenswerte und menschenwürdige Zukunft. Was Werckmeister als zynische Unentschiedenheit geißelt, läßt sich auch interpretieren als produktive Unsicherheit. Die Zitadellenkultur, so schreibt er, kennzeichne »die tragische Ambivalenz des Leidens unter günstigen Verhältnissen«, und dies wiederum sei »die ästhetische Grundfigur der politischen Unschlüssigkeit, die sie illuminiert«.[9] Das ist schon richtig, denn was sein sollte, ist noch nicht ausgemacht. Bloße Fortschreibungen von Vergangenheit und Gegenwart haben sich als – gelinde gesagt – insuffizient erwiesen.

II. Die neuen Heilslehren: Sponsoring und Unternehmenskultur

1. »Unser Leonardo«

Adorno hat einmal den Begriff des geistvollen Menschen als scheußlich bezeichnet und zugleich hinzugefügt, scheußlicher sei nur ein geistloser Mensch. Aktualisiert bedeutet Adornos Wort heute, mit dem nötigen Schuß Zynismus der 80er Jahre versehen, wenn etwa der Österreich-Chef der Firma Olivetti meint: »Nach dem Lunch mit einem ausgesuchten Geschäftspartner im Kloster Delle Grazie aufs Gerüst zu steigen und ihm *unseren* Leonardo da Vinci aus der Nähe zu zeigen, das gibt ein ganz starkes Gefühl der Beziehung zwischen dem Geschäftspartner und der Kunst und der Firma.«[10]

Der Schein hätte demnach das Wesen nicht bloß verschluckt, die Simulation wäre – getreu den Diagnosen Jean Baudrillards – die Sache selbst, wie weiland schon Marshall McLuhan orakelte: *The medium is the message.* Diese Botschaft verstehen alle PR-Profis und wissen sie zu nutzen. »Sponsoring«, die neue Verheißung, die ihre Zauberkraft auf Künstler und Wirtschaftsbosse gleichermaßen ausstrahlen läßt, das neue Traumpaar der Werbewirtschaft, Kunst und Kommerz, mit scheinbar unbegrenzten Möglichkeiten aus dem Stand, entwickelt zwei- und dreistellige Zuwachsraten, schafft Arbeitsplätze, sogar ganz neue Berufe, den des »Fund Raisers« etwa, läßt neue Abteilungen in den Großfinanzbetrieben entstehen. Banken, Rüstungs- und Feinelektrikkonzerne repräsentieren neuerdings nach außen nicht mehr mit Megachip und Luxuskarosse, sondern mit Beckmann und Warhol. Art Consulting soll deprimierte Geisteswissenschaftler aus ihrer selbstverordneten Lethargie reißen können.

Ein unverbesserlicher Nörgler, wer da ein bißchen näher hinsieht und ins Grübeln gerät, bei soviel Harmonie zwischen Werbestrategen und Kulturmanagern (die meist an den Deals kaum weniger verdienen als die Künstler selbst).

2. Der Stil macht's

Weil Kultur, wie der Name schon sagt, etwas Kultiviertes ist (und für den Kunden repräsentiert), gibt man sich, anders als etwa beim Sport, wo die Gladiatoren, Ski- und Autorennfahrer etwa, manchmal kaum noch hinter den zahlreichen Werbeflächen an ihrem Körper herausschauen, im Bereich des Kultursponsoring eben kultiviert, dezent: Der Dirigent des gesponsorten Sinfonieorchesters trägt nicht den Overall des Automobilkonzerns, der ihn sponsort – dessen Emblem taucht nur auf den Plakaten und in den Programmheften auf. Wenn Mercedes Benz die archäologischen Arbeiten der Universität Tübingen in den nächsten fünf Jahren mit 1,3 Millionen Mark unterstützt, dann wird dies zwar mit schöner Regelmäßigkeit auf allen Pressekonferenzen wiederholt, aber die große Massenwerbung ist das nicht. Hier geht es um gezielte Imagewerbung, um einen ganz bestimmten Kundenkreis, um den Wiederholungseffekt bei der Vermittlung der Botschaft, daß der »gute Stern auf allen Wegen« sogar noch im türkischen Troja das gewisse Etwas verkörpert. Gerade der Assoziationsspielraum des Kulturellen macht es also so attraktiv für subtile Werbestrategien. Die Liebesblicke, die die Waren ihren potentiellen Käufern nach Wolfgang Fritz Haugs »Warenästhetik« zuwerfen, sind kulturell verklärt noch verführerischer geworden.

Aber die Strategien an der Werbefront werden aggressiver: Erscheint es angesichts der Millionen, die innerhalb der vierjährigen Vorbereitungszeit aus der Elektronik in die Museumskasse flossen, noch zurückhaltend, wenn das Kölner Römisch-Germanische Museum den Namen seines Sponsors in den Titel seiner Ausstellung »Glas der Caesaren – präsentiert von Olivetti« aufnimmt, so gehen die aufdringlich unaufdringlichen Zigaretten-Girls in ihren leuchtend weißen Firmen-Overalls den Besuchern des Münchner Filmfestes immer mehr auf die Nerven, obwohl oder vielleicht gerade weil sie ihre Philip Morris-Zigaretten so unverbindlich (und selbstverständlich kostenlos) anbieten. Und wenn ein Vertreter der Firma Jacob Suchard, auch wenn er selbst so gar nicht nach »lila Versuchung« aussieht, ein üppiges Interview zur besten Sendezeit im österreichischen Fernsehen erhält, weil seine Firma die Rossini-Produktion »Die Reise nach Reims« in der Wiener Staatsoper kräftig unterstützte, dann kann man sich darüber streiten, ob das eher geschickt oder – für beide Seiten – eher peinlich ist. Ein vergleichbarer Werbeeffekt durch Spots in der Fernsehwerbung wäre jedenfalls vermutlich um einiges teurer geworden. Sponsoring wirkt sich demnach auch inhaltlich aus.

Vorreiter in Sachen »Ästhetik des Kultur-Sponsoring« ist wieder einmal Peter Zadek. Provokation ist ja heute im Theater nicht mehr so einfach zu erzeugen, und da muß es dann wohl sein, daß ein Zwischenvorhang mit einer Sektmarke und der Gong einer Avantgarde-Rockband mit dem Emblem der gleichnamigen Fernsehzeitschrift geziert wird oder Wedekinds »Lulu« zum Ambiente für ein gleichnamiges Parfum verkommt. Und wenn die grelle Eminenz Zadek dann noch eins draufsetzt und meint, ihm sei es »völlig egal, ob wir Schauspielhaus oder Grundig-Bühne heißen«, dann wird diese Art der Auseinandersetzung mit dem Trend »Kultur-Sponsoring« zwar zum ästhetischen Ereignis, wenn auch längst nicht mehr zum Schock.

Was Zadek hier zum Theater im Theater werden läßt (und selbstredend dann auch vertritt), ist in den USA, die ja ohne nennenswerte öffentliche Kulturförderung auskommen, an der Tagesordnung. Wenn beispielsweise August Everding – selbst nicht gerade zimperlich beim Entgegennehmen von milden Gaben – ein Angebot der MET ablehnt, u. a. weil ihm »eine alte, schwerreiche und sehr nette Dame gleich ein paar Millionen Dollar angedient, allerdings auch hinzugefügt (hat), dieser und jener Sänger dürfe in Zukunft nicht mehr an der MET auftreten«, wenn wir die lächerliche Viertelmilliarde Mark, die im letzten Jahr nach Schätzungen des Institutes der Deutschen Wirtschaft für Kultur-Sponsoring ausgegeben wurde, mit den anderthalb Milliarden Dollar vergleichen, die im gleichen Zeitraum in den USA dafür ausgegeben wurden, dann wissen wir, was auf uns zukommt: das Spektakuläre als ubiquitäres Einerlei.

3. »La Rivoluzione siamo noi«: Banken und Kunst

Wer im 37. Stock des B-Turmes einer die Frankfurter Skyline beherrschenden Banken dem Lift entsteigt, sieht sich mit einer Fotografik des lebensgroßen Joseph Beuys konfrontiert. In selbstbewußt schreitender Haltung der Landarbeiter-Demonstration aus Bertoluccis Film »1900« tritt er dem Besucher entgegen: »Die Revolution, das sind wir«, kommentiert der Künstler eigenhändig auf italienisch. Die meisten Besucher werden einen solchen martialischen Spruch an der Wand einer Weltbank inzwischen weder zynisch noch blasphemisch finden. Denn die großen Veränderer und Umwälzer sind für viele heute schlicht die Banken (von den Wertungen einmal abgesehen). Andere empfinden im Sinne der Akteure: Die Bank dokumentiere, wie viele andere auch, durch ihre Kunstförderung Offenheit, Modernität und Vielfalt auf äußerst wirksame Weise.

Das dürfte ein wesentliches Argument für diese Art der Alimentierung von Kunst sein. Für die über die Geschosse der beiden Banktürme gut verteilte Präsenz von Gegenwartskünstlern aus West-Berlin und der Bundesrepublik, viele davon aus Frankfurt, hat der Vorstand mehr als zwei Millionen Mark ausgegeben, vornehmlich für lebende Künstler, denen (und deren Galeristen) so Arbeit und Brot verschafft wurde.

Die Bank hätte ja auch anders handeln können – mit diesem Argument verhehlen selbst manche Skeptiker nicht ihre Sympathie für solche Kunstförderungsprogramme. In der Tat: Eine ähnlich hohe Summe hätte zum Beispiel einem einzelnen Designerbüro gezahlt werden müssen, wenn es ein abwechslungsreiches, strukturiertes Designkonzept für die Innenflure der Wolkenkratzer hätte entwerfen und ausführen sollen. Ohne irgendeine Illuminierung dieser vom Tageslicht kaum erreichten gleichförmigen Flure wäre der Bürobau unvollendet geblieben; ohne kreative Gestaltung wäre der Kontrast der toten Flure zu den Arbeitszimmern mit abwechslungsreichem Blick auf die pulsierende Stadt zu evident gewesen.

Die Kunstabteilung einer Bank hätte sich gewiß auch ganz anders entscheiden können: Statt mit Hilfe einer qualifizierten Jury die aktuellen Trends der deutschen Kunstszene zu präsentieren, hätte sie sich auf ein geschmäcklerisches Konzept oder auf traditionalistische dekorative Imagepolitur einlassen können, auf kanonisierte Graphik oder goldgerahmte alte Stiche oder historische Plakate.

Auch wenn vielleicht zu hohe Erwartungen bezüglich der Einbeziehung von Arbeitswelt in die breiten Strömungen der Bildenden Kunst gehegt wurden oder die Verbindung von Architektur, Kunst und Menschen nicht so einfach zu leisten war, so erkennen wir doch in einem anschaulichen Beispiel, wie Banken statt zufälliger Bilderkäufe kontinuierlich Kunstförderung betreiben können. Wenn auch in den Filialen dieser Bank außerhalb Frankfurts, selbst im Ausland, die Verbindung mit der projektiven Rolle der Kunst gesucht wird, dürfte sich das Konzept auch als Korrektiv zur offiziellen Kunstpolitik offensiv fortsetzen.

Wir kennen diverse andere Formen der Kunstförderung durch Kreditinstitute. Dazu gehören Stiftungen einzelner Bankhäuser wie die Jürgen-Ponto-Stiftung, die Beteiligung an Stiftungen oder Einzelspenden für spezielle Ankäufe oder Erwerbsaktionen, wie 1986 im Falle der Sammlung für das Watteau-Bild »Ile de Cythère« (1709) für das Frankfurter Kunstinstitut Städel, bei der sich die Stadt mit einem Drittel beteiligt hat. Ebenso gilt es, die eher stille Beteiligung bei Aktivitäten des kollektiven Mäzenatentums zu erwähnen, wie etwa der Lions-Stiftung »Frankfurter Künstler-Hilfe« mit ihrer systematischen Förderung noch unbekannter Talente.

4. Sponsoren sind keine Mäzene

Nun ist grundsätzlich kaum etwas dagegen zu sagen, wenn es Konzernchefs und ihre entsprechenden Fachabteilungen für opportun halten, der Kultur mit einigen Millionen unter die Arme zu greifen. Aber Kunstförderung ist bei diesem Thema nicht alles; sie hat ihre Motive und intendierten Wirkungen.

Nicht mehr zu reden brauchen wir heute von den selbstlosen Mäzenen, die, ohne genannt zu werden, ohne Einfluß auf das geförderte Ereignis zu haben oder auch nur anzustreben, Beträge zwischen – sagen wir – einer Eins ohne Nullen und einer Eins mit sechs Nullen aus purer Liebe zur Kunst, aus reiner Liebe zu ihrer Stadt, aus Mangel an Erben spendieren. Aktuell und problematisch ist etwas anderes, was sich grundsätzlich vom Mäzenatentum unterscheidet, eben das Sponsoring.

Sponsoring ist, um im Jargon zu bleiben, ein Deal, mit dem ein Label versucht, seine Public Relation zu erweitern. Wenn die anderen Felder möglicher Werbeaktivitäten abgegrast sind, müssen die Agenturen nach neuen Ufern streben, und weil es zur Zeit nun einmal schick ist, »in Kultur zu machen«, hat man die Kunst als Medium zum Transport produktspezifischer Images und Messages entdeckt.

Anders als beim Mäzenatentum klassischer Schule geht es beim Sponsoring um die Relation von Leistung und Gegenleistung. Schon deswegen wird das Ganze systematisch geplant werden müssen, und zwar unter Beteiligung beider Seiten. Da »mittel- und langfristig ökonomische Ziele angestrebt werden, muß das Sponsoring auch langfristig einen Beitrag zur Umsatzsteigerung leisten... Aus Erfahrung darf wohl zu Recht vermutet werden, daß mit der Durchsetzung bestimmter psychologischer Ziele letztlich angestrebt wird, vor allem die ökonomischen Endzwecke sicherer zu erreichen, wie Umsatz, Marktanteil, Gewinn usw.«[11]

5. Sponsoring gleich Nötigung?

Es gibt Geister, die sich nicht hemmungslos dem Millionenrausch hingeben: Peter Zadeks Kollege Jürgen Flimm bekam im letzten Jahr

75000 Mark Sponsorengelder angeboten, vom Rüstungsriesen MBB. Flimm lehnte ab. Gegenüber dem »SPIEGEL« begründete er diesen Schritt mit dem Argument:
»Ich habe bei den Gesprächen immer gesagt: Es wird merkwürdig, wenn wir den ›Frieden‹ spielen und lassen uns das von MBB sponsern. Das hielte ich für ein bißchen absurd. Aber dennoch glaube ich nicht, daß man direkten Einfluß auf unser Programm versucht hätte. Die Gefahr liegt ganz woanders. Auf Dauer will ein Sponsor das Geld wiedersehen, was er reinsteckt... Bezeichnenderweise stammt das Geld ja auch zumeist aus den Werbeetats. Und dann wäre es wohl so: Der Sponsor würde nicht direkt sagen: ›Paßt mal auf, wenn ihr weiter hier diese linken Veranstaltungen macht, dann geben wir euch das Geld nicht mehr.‹ Sie würden es einfach nicht mehr geben. Und für das Theater entsteht daraus die Frage, und die muß ich mir selber stellen, ob man das innerlich einfach übersteht oder ob man sich nicht doch sagt: Lassen wir die oder jene Veranstaltung vielleicht doch lieber weg?«[12]

Nun mag es ja sein, wie Ulrich Greiner leichthin behauptet: »Auch Parlamente, Kultursenatoren und Parteien nehmen Einfluß auf die Kultur und bislang haben sich die Künstler und ihre Sachverwalter zu wehren gewußt. Sie müssen es nur lernen, sich auch gegen unzumutbare private Interessen zu wehren.«[13] Was wie die einfache Alternative »Rückgrat – ja oder nein« klingt, wird brisant im Blick auf ganz simple Marktmechanismen: 1989 mußte eine Chagall-Ausstellung gestrichen werden, eine für 1990 geplante Van-Gogh-Gedächtnisausstellung im Münchner Haus der Kunst wird nicht stattfinden können, aus dem simplen Grund, weil die Preise am internationalen Bildermarkt derart ins Unermeßliche gestiegen sind, daß allein die Versicherungssumme für die Van Goghs sechs Millionen Mark verschlungen hätte.
Nicht ganz von der Hand zu weisen ist der Verdacht, daß diese Entwicklung provoziert und forciert ist. Museumsdirektoren zittern regelmäßig, wenn Charles Saatchi von der Welt größter Public Relations Agentur Saatchi & Saatchi zur Jagd in den New Yorker Galeriendschungel »Big Apple« aufbricht. Mithalten können die öffentlichen Museen bei den folgenden Auktionen, wenn die von Saatchi »entdeckten« jungen Künstler innerhalb weniger Wochen auf Höchstpreise geschnellt sind, nur noch dann, wenn sie sich wiederum mit potenten Sponsoren umgeben – vermutlich nicht selten solchen, die von Saatchis Werbeimperium vertreten werden. Die Gebrüder Saatchi machen – entgegen Umberto Ecos Unterscheidung – alle zu Integrierten, nicht zuletzt die Apokalyptiker.
Was aber tun, wenn Kulturinstitutionen sich schrittweise in immer existentiellere Abhängigkeit von ihren privaten Geldgebern begeben? Jür-

gen Flimm sieht diese Gefahr nicht als ferne Zukunftsvision: »Zur Zeit findet eine Art zweites Nachdenken über das Sponsoring statt: Ist das eigentlich richtig, was wir da machen? Entlassen wir damit nicht den Staat aus der Pflicht und begeben uns in eine neue Abhängigkeit? Bei der nächsten Rezession ist das Geld sowieso weg.«

Die Antwort gibt er sich selbst: »Sponsoren könnten schon im Vorfeld eine Art Nötigung auf das Theater ausüben. Das könnte ja zu einem Trick werden, die Theater mittels Sponsorengeld auf ihre Reizschwellen abzutasten.«[14]

Natürlich wäre eine Gleichung »Sponsoring=Nötigung« ungerecht, und auch die Vision, in Zukunft würden die Kunstwerke in einer Ausstellung nicht mehr auszumachen sein, weil sie von lauter Werbeplakaten verdeckt wären oder sich ihnen so angepaßt hätten, daß sie nicht mehr davon zu unterscheiden wären, ist schon allein deswegen nicht realistisch, weil die Wirtschaft nicht mehr mit Kunst werben könnte, sofern sie nicht mehr als solche erkennbar wäre und behandelt würde. Aber gerade um die nicht selten mit durchaus echter Kunstbegeisterung gepaarte industrielle Förderung der Kunst, auch wenn sie Werbezwecken dient (ich weiß aus eigener Erfahrung, daß beides nur selten völlig voneinander getrennt auftritt), vom Ruch der sittenwidrigen Einflußnahme auf die Kunstproduktion zu befreien, ist es nötig, eine Grenzlinie zu ziehen, in welchem Rahmen Sponsoring legitim und erwünscht ist und ab welchem Punkt wir glauben, daß Kunst, die sich dergestalt fördern läßt, käuflich wird.

Der Romancier und Literaturkritiker Dieter Wellershoff hat bereits 1976 von »der Auflösung des Kunstbegriffs« gesprochen, womit jedoch nicht seine Verramschung an kommerzielle Interessenten gemeint war, sondern seine Pluralisierung. Als endgültig passé galt Wellershoff ein ästhetischer Kanon mit dem Anspruch überzeitlicher Geltung. Eine tendenzielle Angleichung von Kunst und Werbung wäre keine Aufhebung beider in einer neuen kulturellen Praxis, vielmehr wäre es die Auslöschung ästhetischer Authentizität. Dann wären, um mit dem Posthistoire-Propheten Arnold Gehlen zu sprechen, für die Intellektuellen »alle Dächer abgedeckt« und »alle Utopien aufgebraucht«.

Ratlosigkeit ist nicht gleich Hilflosigkeit; Unübersichtlichkeit impliziert, so Habermas, auch Offenheit: Utopie ist nämlich seit den Werken Blochs und Karl Mannheims von Utopismus, von dem Hautgoût der Phantasterei zu unterscheiden; sie bezieht sich auf die dem Geschichtsprozeß selbst inhärenten Entwürfe anderer Lebensmöglichkeiten. »Unübersichtlichkeit«, heißt es bei Habermas, »ist indessen auch eine Funktion der Handlungsbereitschaft, die sich eine Gesellschaft zutraut.« Es geht um nichts geringeres als um das »Vertrauen der westlichen Kultur in sich selbst«.

6. Eigentum verpflichtet – zur ideologischen Offensive

Die gesellschaftlichen Dimensionen des Sponsoring reichen noch weiter. Ohne Geist sei mit Geld nicht umzugehen, hat der Generaldirektor der Kölner Museen, Hugo Borger, gemeint.[15] Das signalisiert eine neue Tendenz, die mehr als bloße Marketingstrategie bedeutet: Mit Interesse beobachten nicht nur die Kulturpolitiker, wie intensiv Wirtschaftskreise nicht zuletzt im vorgegebenen sozialen Interesse ihrer Mitarbeiter über Fragen der Kunst und Kultur als indirekter Arbeitsmotivation, als inspirativer Ressource oder als mittelbarer Lebenshilfe nachdenken, und zwar gleich auf mehreren Ebenen.

Da wird auf der grundlegenden anthropologischen kulturwissenschaftlichen Ebene dem Unternehmen eine jeweils spezifische »Kultur« wertneutral zugeschrieben. Bezogen auf grundsätzlichere Ebenen, heißt es aber auch: Die Unternehmenskultur umfaßt das gesamte gewachsene Meinungsbild, das Normgefüge und den Wertekanon, die »das Verhalten der Führungskräfte und Mitarbeiter prägen«. So jedenfalls definierte dies Cuno Pümpin aus St. Gallen.[16]

Dabei geht es aber nicht nur um die Leistungsmotivation der Mitarbeiter, die durch die Teilhabe an der Identität eines kapitalverwertender Unternehmens gestärkt werden soll; es geht auch um das humane Kapital der Sinnorientierung: Viele Unternehmen haben inzwischen nicht nur diesen wachsenden Bedarf an Sinnstiftung als Aufgabe erkannt, sondern auch die in solcher Hinsicht begrenzten Möglichkeiten der »instrumentellen Führungstechniken« richtig eingeschätzt. Sie versuchen daher, sie »durch eine bewußte Pflege der Unternehmenskultur zu vermitteln... Ein kulturbewußtes Management schafft neue Orientierungsmöglichkeiten, indem es sinnliche, nicht rationale Bedürfnisse einbezieht, die in modernen Gesellschaften oft verdrängt, unterbewertet oder verzerrt werden.« Zumindest die erfolgreichen unter den Managern besitzen eine Vision für das, was sie als die »Wunschzukunft« eines Unternehmens definieren, die »zugleich Ästhetik und inspirierende Werte« enthält und so zur Mission werden kann, nämlich »zum Organisationsziel, das der Arbeitskollektivität Sinn verleiht«.[17]

Es dürfte wohl nicht nur einem Kulturproduzenten schwerfallen, sich vorzustellen, wie denn in einer Welt der Produktion von Fast-Food, zerstörter Natur oder langfristigen Kreditobligationen »Sinn« sollte verordnet werden können. Wird nicht heute oft die »Sinnlosigkeit« als der eigentliche »Sinn« empfunden? Nicht von ungefähr werden die jeweiligen Variablen von Sinnkrisen quer durch die Besoldungsetagen diskutiert. Die Orientierung auf Teilinteressen, die zudem noch konfliktreich und widerspruchsvoll mit der ganzen Gesellschaft und deren Zukunftsmöglichkeiten verknüpft sind, ist sicher weniger gut geeignet, Sinngebung zu produzieren als komplexe Bezüge.

7. Unternehmenskultur gegen Legitimationsdefizit

Zunehmend müssen sich Unternehmen heute nicht nur von der kritischen jungen Generation nach der gesamtgesellschaftlichen Komponente ihrer Tätigkeit fragen lassen, ja, auch nach deren möglichen globalen Auswirkungen. Denn »...im Hinblick auf dauerhafte Entwicklung sollten wir (nur) solche Werte fördern, die Verbrauchsstandards innerhalb der Grenzen des ökologisch Möglichen setzen, nach denen sich alle richten könnten«.[18] So jedenfalls lautet die zentrale Maxime des Brundtland-Berichtes der UN-Weltkommission für Umwelt und Entwicklung.

Unter dem Titel »Unsere gemeinsame Zukunft« forschte diese Kommission darüber, wie auf unserer begrenzten Erde gleichwohl eine Zukunft für die Gattung Mensch möglich wäre. Nun, dies vehemente Interesse der Zukunftsforscher gilt präzise der Frage, wie wir unsere begrenzten Ressourcen und die knapper werdenden Kapazitäten der Ökosphäre nutzen, ohne sie zu zerstören.

Eine andere zukunftsbedrohende Problematik sieht die UN-Kommission in den Hungerzonen dieser Welt:

Sie reicht die eilbedürftige Frage an alle Nationen der Welt weiter, wie wir denn dauerhaft vermeiden können, daß aus millionenfacher Armut friedensgefährdende, kulturzerstörende Konflikte entstehen? Die parallele, aber gleichwohl unproportionale Existenz von Reichtum und Hunger wird über kurz oder lang zu unlösbaren Konflikten führen – jedenfalls solange die Armut so vieler Völker als Voraussetzung für den Reichtum der wenigen gelten muß.

François Mitterrand hat dies in unüberbietbarer Klarheit 1981 auf der Konferenz von Cancun in Mexiko so formuliert: »Es gibt keine, und es kann auch keine politische Stabilität ohne soziale Gerechtigkeit geben.«[19]

Dem mittleren Einzelhändler in München oder Köln, dem kleinen Warenproduzenten in Castrop-Rauxel oder Rosenheim sind kostspielige Prinzipien einer globalen ökologischen Moral natürlich »schnuppe«, weil er primär am Umsatz und an der Gewinnmarge interessiert ist. Erst recht werden ethische Prinzipien jedem Manager so lange gleichgültig sein, wie er erfolgreich (d. h. profitabel) das eigene oder fremde Kapital verwaltet (es also »arbeiten« läßt) – egal wie er im Innersten denkt und fühlt. Diesen Aspekt einer industriegesellschaftlichen »Sklavenmoral« analysiert auch Ulrich Beck in seinen einschlägigen Schriften.[20]

8. Sponsoring als Teil der Unternehmenskultur

Unternehmen, die durch eine erfolgreiche Kunstförderungspolitik den Eindruck bestätigen, sie gehören zu den treibenden Kräften der Kulturentwicklung, sind solcher Kritik weniger hart ausgeliefert.

Gewiß, ein Stück Dialektik bleibt: Da ja auch jene in die »Unternehmenskultur« unmittelbar einbezogenen Künste nie ganz ihre Widerborstigkeit verlieren, auch nicht ihre Offenheit, ihre Kreativität, bleiben sie Anregungspotential. Bei geringerem ästhetischem Rang könnten sie leicht im Akademismus erlahmen oder in Belanglosigkeit erstarren, aber dann verlören sie schon bald nicht nur ihre Wirkung, sondern auch an Interesse: Sie wären nicht mehr »Avantgarde«. Solange sie aber dies virtuell bleiben, nehmen sie als vergesellschaftbarer Besitz der Bank teil an dem so erweiterten »Kommunikationsprozeß Kultur«, also auch an der Diskussion um die Frage nach den Prioritäten in unserem individuellen wie gemeinschaftlichen Leben. Ja, auch die geförderten Künste können uns theoretisch helfen, Menschenbilder zu entwickeln und Wertordnungen für unsere Zukunft zu entwerfen – Faktoren, die fürs Überleben wichtiger sind als technologische Innovationen allein.[21] Sie geben sich selber und damit auch uns jene »Alt-Neu-Fragen« mit auf den Weg, wie etwa diejenige nach dem Wert des Menschen und seinem Platz in der Schöpfung, im Kosmos.

Mit der Diskussion um die Risiken moderner Industriegesellschaften treten Ethik, Philosophie, Kultur, Politik in den »Zentren der Modernisierung, in der Wirtschaft, den Naturwissenschaften, den Technikdisziplinen« wieder voll ins kritische Bewußtsein.[22] Mit Hilfe der Künste könnte dann auch ein Teil jenes Teilhabe-Anspruches durch die Hintertür wieder eingeklagt werden, der sonst, wie Ulrich Beck treffend herausgearbeitet hat, als verloren gelten müßte:

»Einerseits werden mit der Industriegesellschaft der Anspruch und die Formen der parlamentarischen Demokratie durchgesetzt. Andererseits wird der Geltungsradius dieser Prinzipien halbiert. Der subpolitische Neuerungsprozeß des ›Fortschritts‹ verbleibt in der Zuständigkeit von Wirtschaft, Wissenschaft und Technologie, für die demokratische Selbstverständlichkeiten gerade außer Kraft gesetzt sind.«[23]

9. Öffentliche Vielfalt gegen private Interessenkoinzidenz

Mit Hilfe von Sponsoring versuchen Waren produzierende und Dienstleistungen offerierende Unternehmen zunehmend, auch das Umfeld ihrer ökonomischen Tätigkeit positiv für sich zu besetzen, um möglicher Kritik vorzubeugen. Die Imperative unserer arbeitsteiligen Industriegesellschaften sind freilich mit denen der kulturellen Moderne nicht einfach deckungsgleich, wie schon Daniel Bell betonte. Deshalb neigen Teile der Wirtschaft dazu, die kulturelle Moderne nicht nur zu usurpieren, sondern auch auf ihre Zwecke hin zu modifizieren.

Nicht besonders gut dürfte in diesem Wettkampf ein Sponsoring abschneiden, das sich offen dazu bekennt, mit Hilfe dieser Methode Werbebeschränkungen ganz einfach zu unterlaufen.[24] Das gilt zumal für jene Art von Sponsoring, das bei den neuen privaten TV-Programmanbietern intensiv einsteigt, weil diese bei uns weniger zimperlich sind als die ARD mit ihren »Grundsätzen zur Trennung von Werbung und Programm« und mit ihrem Product-Placement. Trotz eindeutiger Richtlinien wird genau dies in ARD-Serien wie »Lindenstraße« aber schon längst großzügig gehandhabt.[25]

Die privaten TV-Stationen verwischen schamlos den von ORF, ARD und ZDF im großen Ganzen noch immer respektierten Unterschied zwischen redaktionellem und werblichem Angebot. Für die öffentliche Kulturpolitik müssen diese Unterscheidungen auf jeden Fall strikt gewahrt bleiben. Außerdem kann es der Vielfalt des kulturellen Lebens nur schaden, wenn die Sponsoren sich die Rosinen aus dem Kuchen herauspicken und die Alltagsarbeit der öffentlichen Hand überlassen.

Es ist eine große Illusion, zu glauben, durch entsprechende Zuwachsraten beim Sponsoring könnten Mittel gespart werden, um sie dann anderswo im Kulturbereich zu disponieren. Man könnte dies als klassische »Milchmädchenrechnung« bezeichnen. Die Dynamik der öffentlichen Haushalte, erst recht in Zeiten des knappen Geldes, verführt Politiker zu der Neigung, die Sponsorengelder bei den Etatberatungen gleich mit einzukalkulieren, um die eingesparten Gelder ersatzlos zu streichen. Um so notwendiger bleibt, darauf hinzuweisen, daß jede Sponsoring-Mark zusätzlich Vermarktungs-Mark verlangt. Mit anderen Worten: Das Anwerben von Sponsor-Mitteln bedeutet gleichzeitig Gegenmittel aus öffentlicher Hand für Ausgaben der Vorbereitungen und für die Folgekosten.

Je begehrlicher öffentliche Kulturpolitik nach Sponsoren-Geldern schielt und entsprechende Erfolge damit hat, um so mehr wächst, um regelmäßige Gelder locker zu machen, die Neigung und der daraus folgende Zwang, nur noch Aktivitäten solcher Art zu konzipieren, die nach Inhalt, Tendenz und Form mit ziemlicher Gewißheit auf Sponsoren keine abschreckende Wirkung haben. Ähnliches gilt für die Künste selbst: Verläßt ein Künstler sich auf das Wohlwollen eines Sponsors, offeriert er ihm seine Arbeit zur Verwendung.

Dies gilt hier auch für das altruistische Mäzenatentum, das sonst in seiner bescheideneren, direkte Gegenleistungen nicht verlangenden Haltung weniger problematisch erscheint.

10. Eine Charta des Sponsoring als Minimum

Aus all diesen Gründen hat Dieter Kramer kürzlich auf einer Diskussion des Deutschen Instituts für Urbanistik den Grundsatz vertreten: »Nur eine starke Kulturpolitik, nur sehr souveräne Künstler können sich Sponsoren leisten – eine finanzschwache Kulturpolitik mit Hilfe von Sponsorship retten zu wollen, bedeutet Gefährdung wesentlicher Teile der Kultur. Sponsoren können nicht auf die Berücksichtigung von Art. 5.3 GG verpflichtet werden, und es ist eine Illusion, durch die Vielfalt der Sponsoren ausgleichen zu können, was an einseitigen Einflüssen wirkt.«[26]

Aus den Beispielen läßt sich der Satz ableiten, daß Sponsoring allein ein Privileg des Besitzes ist, meistens von juristischen statt von privaten Personen. Private Stifter wie Peter Ludwig in Köln, Kurt Körber in Hamburg machen allein noch keinen »Frühling«, und noch weniger können sie soziale Pluralität garantieren – dazu sind in der Bundesrepublik die Eliten zu homogen.

Oberstes Gebot für eine »Charta der Kunstförderung« müßte die Bewahrung der Autonomie der Künste sein, jener wertvollsten Errungenschaft der europäischen Aufklärung. Diese notwendige Restriktion betrifft nicht nur direkte Manipulationsversuche, sondern, wie wir gezeigt haben, auch versteckte wie das Ausnützen von Konjunkturentwicklungen und Marktmechanismen. Wenn für das kulturelle Selbstverständnis und für die kulturhistorische Bildung zentrale Ausstellungsprojekte scheitern müssen, weil wir einer Marktentwicklung zu lange tatenlos zugesehen haben, dann ist es an der Zeit, selbstkritisch festzustellen, daß hier etwas schiefgelaufen ist. Kurzfristige Engpässe einzelner Institute können ausgeglichen werden. Aber wenn eine ganze Branche verrückt spielt, dann müssen wir uns strukturell Neues überlegen. Grundsätzlich kann eine Lehre aus den bisherigen, noch sehr glimpflichen Erfahrungen mit Kultur-Sponsoring nur lauten: Wenn wir nicht ganze Bereiche des kulturellen Lebens dem Wellenspiel von populistischem Angebot und kulturhistorischer Nachfrage preisgeben wollen, müssen wir gesetzlich kodifizieren, was Bundespräsident von Weizsäcker forderte, die öffentliche Finanzierung der Kultur als staatliche Pflichtaufgabe.

11. Rahmenbedingungen für Kulturprozesse

Für den Kulturpolitiker kann es verständlicherweise immer nur darum gehen, die ganze Breite dessen zu fördern, was als Kommunikationsprozeß Kunst zur »Milderung der Barbarei« (Hegel) beiträgt, also zur Gewinnung einer menschlichen Dimension unserer Alltagswelt: Mäzenatische Kunstförderung, so wichtig sie heute wieder ist, kann dabei immer nur ein (wichtiger) Aspekt unter anderen sein. Notwendig sind existentielle Rahmenbedingungen für eine Kunstentwicklung, an der wirklich alle sozialen, ethnischen, regionalen Gruppen und sonstigen Schichten der Bevölkerung aktiv oder rezipierend teilhaben können. Nur jene Bemühungen der Kulturpolitiker sind effizient zu nennen, die einen Kunst- und Kulturprozeß nicht nur in Gang setzen, sondern ihn am Leben halten und die Künste unter besonderer Förderung ihrer Avantgardefunktion pflegen. Nur so kann Kunst als Faktor bei der Konstruktion einer neuen Realität wirksam werden: Bewegung, Unruhe, Provokation gehören zum Wesen einer Kunst, die Bewußtsein verändern will, um die Zukunft zu gestalten.

Joseph Beuys, der als engagierter Künstler gern Lebensprobleme in symbolischer Verdichtung gestaltete, hat für die »documenta« die goldene Imitation einer Zarenkrone in einen Hasen umgeschmolzen. Mit dem Erlös aus dessen Verkauf in Serie hat er die strategische Baumpflanzung »Stadtverwaldung« in Kassel finanziert. In einer Diskussion mit Hermann J. Abs im »Städel« hat er damals seine Utopie von einer Gesellschaft entwickelt, die das Gold als Deckungsmittel der Wirtschaftsprozesse endlich durch die Kreativität des Menschen ersetzen werde.

12. Auch private Kunstförderung kann anders aussehen

In günstigen Situationen ist das Spendensammeln auch damit verbunden, Prozesse der Kunstaneignung auf breiter Ebene in Gang zu setzen. 750000 Mark mußten 1972 für Max Beckmanns Bild »Die Synagoge« aufgebracht werden, um es für die Städtische Galerie im Städel anzuschaffen. Das war damals ein Preis, über den es ob seiner Höhe ähnlich heftige Diskussionen gab wie 1987 beim Erwerb von Beuys »Blitzschlag mit Lichtschein auf Hirsch« für das Frankfurter Museum für Moderne Kunst. Damals wie heute wurde über den »geringen Wirkungsgrad der Kunst in der Öffentlichkeit« räsoniert. Bei einer spektakulären Sammelaktion für die »Synagoge«, begleitet von Plakatverkauf, Künstlerauftritten und jahrmarktähnlichen Aktionen mit einem Thespiskarren auf der Frankfurter Hauptwache, wurde versucht, einen Teil des Geldes dafür in 10-Mark-Beträgen zusammenzubringen: Prominenz aus Bundespolitik, Bankenwelt und Kultur hat sich am Plakatverkauf über viele Wochenenden beteiligt und sich in die öffentlich geführte Kunstdebatte eingeschaltet. Damit wurde jedenfalls Aufmerksamkeit für ein Kunstwerk erregt, das den Aufwand wert war. Allein durch diese öffentliche Reflexion über Kunstwerk und Geldwert ging es symbolisch in den Besitz der Frankfurter Bürger über. Auch die Banken gaben ihren Teil dazu: So übergab mir der später ermordete Jürgen Ponto einen Scheck der Dresdner Bank über 100000 Mark für Beckmanns wichtigste Frankurtensie.

Wie dieses Beispiel zeigt, ergänzen sich Kulturpolitik und mäzenatische Kunstförderung in Frankfurt oft auf sinnfällige Weise. Es war kein geringerer als Goethe, der als erster auch diesen Zusammenhang sah: In der Abhandlung über »Kunst und Altertum an Rhein und Main« schlägt er 1814/15 eine Bestandsaufnahme der einschlägigen öffentlichen und privaten Sammlungen vor, beides für die »bürgerliche Öffentlichkeit« durchaus als Einheit betrachtend. Mit entsprechenden Empfehlungen kam der Kunstfreund damals in der Regel ja auch in alle Privatsammlungen, und deshalb schlug Goethe den Frankfurtern vor, sie sollten einen Katalog der in ihren öffentlichen und privaten Sammlungen befindlichen Kunstwerke von einem »jungen Frankfurter« zusammenstellen lassen, nach dem Motto: »Jede methodische Zusammenstellung zerstreuter Elemente bewirkt eine Art von geistiger Geselligkeit, welche denn doch das Höchste ist, wonach wir streben.«

Nicht ohne Ironie ließe sich auch die Schilderung von Frankfurt zum Beginn des Abschnitts bei Goethe auf die heutige Zeit übertragen: »Unter so vieler Jahre Kriegsdruck und Dulden hat sich diese Stadt auf das prächtigste und heiterste hervorgebaut. Ein Fremder, wenn er sie lange nicht besucht hat, erstaunt, und Einheimische bewundern täglich das längst Bekannte. Die Liebe zu den bildenden Künsten im weitesten Sinne, hat sich immerfort bei Privatpersonen lebendig erhalten, und es tritt nunmehr der Zeitpunkt ein, wo eine freie Bürgerschaft auch für öffentliche Annäherung und Zusammenordnung einzelner Schätze durch glücklich zusammentreffende Umstände aufgefordert, gemeinsam Sorge tragen wird.«[27]

Frankfurt mit seiner traditionellen Toleranz und liberalen Weltläufigkeit ist geradezu prädestinierter Platz für neue demokratische Formen des Zusammenwirkens privater und öffentlicher Kunstförderung. Zu hoffen ist, daß vor allem die lebenden Künstler in Zukunft davon profitieren.

III. Von der kulturellen Offensive in die Defensive?

1. Der widerspruchsreiche Weg in die Informationsgesellschaft

Nicht nur in der Bildenden Kunst und den darstellenden Künsten entscheidet sich das Schicksal unserer Kultur – auch in anderen Kultur-Sektoren beobachten wir raschen Wandel. Wir befinden uns heute in einer dichotomischen Situation: Einerseits sehen wir immer deutlicher, wie sehr wir unsere Politik von einer längerfristigen Zielperspektive bestimmen lassen müssen, wenn wir den uns erwartenden Problemen gewachsen sein wollen, andererseits aber stehen wir einem sich immer rasender beschleunigenden Wandel gegenüber, der eben diese grundsätzliche Perspektive verhindert.

Deutlichstes Beispiel dafür ist die Entwicklung der neuen Medien und ihre Auswirkungen auf den Buchmarkt. Den Schritt in die Informationsgesellschaft, ins Computerzeitalter haben wir noch nicht annähernd bewältigt. Augenfällig wird das, wenn wir uns die Vision des Philosophen Vilém Flusser vergegenwärtigen:

»Schreiben im Sinne einer Aneinanderreihung von Buchstaben und anderen Schriftzeichen scheint kaum oder überhaupt keine Zukunft zu haben. Es gibt mittlerweile Codes, die besser als die der Schriftzeichen Informationen übermitteln. Was bisher geschrieben wurde, kann besser auf Tonbänder, Schallplatten, Filme, Videobänder, Bildplatten oder Disketten übertragen werden. Und vieles, das bislang nicht geschrieben werden konnte, ist in diesen neuen Codes notierbar. Die derart codierten Informationen sind bequemer zu erzeugen, zu übertragen, zu empfangen und zu speichern als geschriebene Texte. Künftig wird mit Hilfe der neuen Codes besser korrespondiert, Wissenschaft getrieben, politisiert, gedichtet und philosophiert werden können als im Alphabet oder in arabischen Zahlen. Es sieht ganz so aus, als ob die Schriftcodes, ähnlich den ägyptischen Hieroglyphen oder den indianischen Knoten, abgelegt werden würden. Nur noch Historiker und andere Spezialisten werden in Zukunft schreiben und lesen lernen müssen.«[28]

Es gibt sicherlich gute Argumente dafür, daß die Kulturtechnik Lesen und Schreiben so viele eigene und unersetzbare Qualitäten besitzt, daß sie auch bei extremer Expansion der Computertechnologie in unserem Alltag weiterhin ihre spezifischen Nutzungsbereiche haben wird, aber Flussers Zukunftsprojektion zeigt gerade in ihrer Angreifbarkeit die Relevanz des Problems unserer zukünftigen Kommunikationstechniken. Unbestreitbar ist, daß wir die Herausforderungen dieser Entwicklung nur bewältigen können, wenn wir die Infrastruktur unseres Buchmarktes und unserer Lesekultur strukturell den künftigen Erfordernissen anpassen (und wie schwer das bei einem so hochkonzentrierten Markt wie dem der Medien ist, mag sich der Leser vorstellen).

2. Die Erosion des Buchmarktes

Wie bedroht diese Infrastruktur in der Bundesrepublik ist, zeigt nicht nur die beängstigende Konzentration im Buchhandel – nur jede zweite Buchhandlung schreibt schwarze Zahlen! – und im Verlagswesen: Zwei große Konzerne teilen sich den Buchmarkt, und die Gefahr besteht, daß dieser auf diese Weise »erledigt« wird. Was den Newcomer unter den deutschen Verlegern, Franz Greno, letztlich zum Aufgeben zwang, nämlich seine hemmungslose Expansionspolitik, droht den Buchmarkt als ganzen zu verschlingen. Dies belegen nicht nur die absoluten Zahlen: Während die Buchproduktion 1988 nochmals leicht anstieg, so daß die Bundesrepublik jetzt an zweiter Stelle (nach der Sowjetunion) in der Weltrangliste der Bücherproduzenten steht, verweist der Bücherkonsum beim Verbraucher auf fallende Tendenz. Fast 28 % lesen laut der Studie »Kommunikationsverhalten und Medien – Lesen in der modernen Gesellschaft«, in Auftrag gegeben von der Bertelsmann-Stiftung, überhaupt keine Bücher. Dem steht der Anteil von 84 % gegenüber, die täglich den Fernseher einschalten.

Daneben entwickeln sich zwei weitere Trends: Zum einen eine quantitative Verlagerung der Buchproduktion von der Belletristik zum Sachbuch und – vor allem bei den »Mega-Publishers«, also den Multis unter den Medienkonzernen, wie dem spanischen Salvat, Hachette in Frankreich, dem italienischen Verlagsriesen Mondadori und natürlich Bertelsmann und Holtzbrinck – der sogenannte Synergieeffekt: Ein einmal im Markt eingeführtes Produkt wird auf der ganzen Medienpalette gleichzeitig »gefeaturet« und vermarktet, vom Roman über die Toncassette, den Film, die Videocassette, den Zeitschriften-Aufmacher, das T-Shirt usw.

Bazon Brocks Apologie der TV-Ästhetik mutet ein wenig wie das Pfeifen im dunklen Wald an: »Die Fernsehästhetik, die in erster Linie Rezeptions- und nicht Produktionsästhetik ist, hat zu einer Steigerung der durchschnittlichen Fähigkeit der Bevölkerung geführt, auch in Bildern reflexiv zu denken. Der Primat des Wortes in kommunikativen Beziehungen ist in der Tat aufgehoben; das bedeutet aber keineswegs eine Verringerung der Fähigkeit zu kognitiven Leistungen.«[29] So mag es sein, eingeschränkt wird jedoch die Mannigfaltigkeit kultureller Ausdrucksformen.

Die beiden erwähnten Tendenzen haben eine Erosion der traditionellen Ressourcen des Buchmarktes zur Folge. Denn es mag ja sein, daß generalstabsmäßig angelegte Kampagnen kurzfristig die Konzernbilanzen verschönern – auch der sich differenzierende Sachbuchsektor vom wissenschaftlichen Forschungsbericht über das Aerobic-Taschenbuch mit beiliegender Toncassette bis zum Seelenratgeber wird ebenso wie die Sekundärverwertung künftig mit Hilfe neuer Medien und Technologien aktueller, billiger und verbraucherfreundlicher in Produktion und Vermarktung.

3. Umsatz, Qualität und Relikte offener Kulturprozesse

Aber wenn die Branche gegenwärtig »boomt«, so bedeutet dies noch lange keinen Bonus auf eine längerfristige Zukunft und schon gar keine Förderung oder auch nur Bewahrung der Lesekultur. Dafür ist viel wichtiger die wenig spektakuläre, dafür um so verdienstvollere Arbeit der kleinen, häufig bibliophilen Verlage. Mit zwischen zwanzig bis fünfzig Titeln pro Jahr werden sie im besten Fall ihre Mitarbeiter über Wasser halten. Dennoch, die Tatsache, daß in den letzten zehn bis fünfzehn Jahren eine ganze Reihe solcher Kleinverlage entstanden ist und sich mit einem zum Teil hochspezialisierten Programm erhalten kann und die Szene mittlerweile auch ihre eigene »Mini Pressen Messe« in Mainz ausrichten kann, ist ein deutliches Zeichen dafür, daß es auch anders geht.

Die Kleinverlage setzen auf das, was vermutlich für die Lesekultur und für das Buch auf Dauer »Erfolg«-versprechender ist, wenn sich auch Erfolg hier vielleicht nicht ökonomisch messen läßt – nämlich auf das, was das Buch immer schon von den anderen Medien unterschieden hat und auch noch unterscheiden wird, wenn sonst alle Informationsvermittlung und jede Kommunikation elektronisch organisiert sein werden: Das Buch als einziges Medium ermöglicht uns, eine Welt aus unseren eigenen Bildern, Vorstellungen und Phantasien aufzubauen, uns in diese Welt zu vertiefen. Voraussetzung für eine solche »Erotik« des Lesens ist allerdings, daß der Inhalt faszinierend und die Edition sorgfältig ist. Der Leser muß sich eine je eigene Welt verschaffen können.

Dieses Interesse an der inhaltlichen, editorischen und gestalterischen Qualität des Buches scheint heute in überschaubaren, spezialisierten Verlagen eher eingelöst zu werden als in den Großunternehmen, für die Bücher letztlich als kaum etwas anderes in Erscheinung treten können denn als Bilanzposten.

Interessant ist im übrigen – und auch hier zeigt sich wohl eine ganz eigenständige Qualität der Ware Buch –, daß die ursprünglich Ende der 70er Jahre ähnlich begonnene Entwicklung auf dem Schallplattenmarkt der Pop-Musik einen gänzlich anderen Verlauf genommen hat. Auch hier waren unzählige Klein- und Kleinstfirmen entstanden, weil die großen Konzerne nicht auf Veränderungen in der Musikkultur und -szene reagiert hatten. Heute sind sie alle wieder von der Bildfläche verschwunden: Fast alle Punk-, New Wave-, Neue Deutsche Welle- und Independent-Label sind innerhalb weniger Jahre von den Major Companies geschluckt worden; die wenigen, die überlebten, wie etwa »Rough Trade« in Großbritannien, sind heute selbst prosperierende internationale Unternehmen mit Millionenumsätzen. Die Virgin-Legende des Pop-Milliardärs Richard Branson soll hier nicht noch ausgeschmückt werden: Vom Einzelhändler für Discount-Platten stieg er auf zum Medienzar (einschließlich Fluglinie). Was die unabhängigen Plattenfirmen nicht ansatzweise erreicht haben, nämlich ein Missing-Link auf dem Markt qualitativ eigenständig und hochwertig zu besetzen, das schaffen Verlage wie Anabas, Jonas, Edition Nautilus, Affolderbach und Strohmann und wie sie alle heißen, scheinbar spielend.

Konzentration im Buchmarkt sollte in Zukunft also nicht heißen, immer größere Medienverbundsysteme mit immer höher gesteigerten Umsätzen – und meist immer gleichförmigeren Produkten –, sondern eine Konzentration auf das, was die eigentliche Stärke und die kulturelle Besonderheit des Buches ausmacht. Erfolge wie »Der Name der Rose« oder »Die letzte Welt« geben in dieser Richtung zu Hoffnungen eher Anlaß als Umsatzsteigerungen, die auf Produkten basieren, die auf die Dauer, bei einer noch wesentlich verbreiterten Ausstattung mit Computern, von den neuen Medien als erste aufgesogen werden.

Nur durch eine Differenzierung des Medienmarktes nach je spezifischen Funktionsbedürfnissen – etwa nach dem Motto: schneller Datenaustausch über Datenvernetzung, differenzierte Informationen mit höherer Eigenbeteiligung beim Lesen über das Buch –, durch eine stärkere Zusammenarbeit von Verlagen, Buchhandel und Software-Entwicklern und -Vertreibern läßt sich einer drohenden Implosion des Buchmarktes begegnen, die auch der Elektronikbranche keinen Vorteil brächte. Im Gegenteil: auch von seiten der Rechner-Entwicklung geht der Trend ganz deutlich zu einer Diversifikation der Anwenderfunktionen. War die Entwicklung in den ersten zwanzig Jahren massenhafter industrieller Produktion von Rechnern dadurch geprägt, daß sich der Mensch den neuentwickelten Maschinen anpaßte, um möglichst hohe Rechnerleistungen zu erzielen, so hat sich in den letzten Jahren die Entwicklung genau umgekehrt: Auch unter dem Druck des Marktes beginnen die Programmierer benutzerfreundlich zu arbeiten, um möglichst viele verschiedene Funktionen bedienen zu können. So muß jemand, der seinen Computer nur zum Schreiben oder zum Abrufen von bestimmten Daten gebrauchen will, keine Ahnung von Programmieren haben, und er kann immer mehr darauf zählen, daß ihm die Industrie auch weniger schädliche Bildschirme, weniger langwierige Suchverfahren und größeren Bedienungskomfort anbietet. Diese Entwicklung in Richtung auf eine Anpassung der Rechner-Entwicklung an die Bedürfnisse des einzelnen Anwenders läßt auf eine Entspannung des Medienmarktes hoffen. Zu erinnern ist auch hier daran, daß die Technik den Menschen als *ihr* Produkt, als *ihre* Objektivation *dienen* soll.

4. Eine menschliche Zukunft als Chance

Die zeitliche Organisation des Alltags ebenso wie der Lebenszeit wird in Zukunft unser Land sehr viel stärker bestimmen als bisher. Nahezu unübersehbar und unüberbrückbar ist die Kluft zwischen »Lebenszeit und Weltzeit« (Hans Blumenberg) geworden. Es geht nicht darum, sie zu schließen, sondern ihre Entstehung historisch zu begreifen und die verpaßten Möglichkeiten nach vorn zu projizieren. Wer diese Überlebensfrage der Kultur nicht der Industrie überlassen möchte, wird Konzepte, Anregungen und Ideen zu entwickeln haben, wie wir künftig mit der Zeit umgehen und was wir in der erweiterten Freizeit machen. Voraussetzung ist die Unabhängigkeit kultureller Produktions- und Äußerungsformen.

Es gibt noch einen weiteren Aspekt des oben ausführlich diskutierten Kultur-Sponsorings: Auf dem Hintergrund der Frage, wie sehr Industrie und Ökonomie zukünftig unsere Arbeitszeit und unser Freizeitbudget bestimmen werden und inwieweit es der Kultur gelingen wird, auf den Faktor Zeit und damit auf die Lebensgestaltung Einfluß zu nehmen, erscheinen die Gefahren, die in einer möglichen Heteronomie der Kultur durch Industrie (also durch Sponsoring) liegen, noch einmal exponiert. Gerade im Hinblick auf die individuelle Lebensplanung erscheint eine klare »Charta des Kultur-Sponsoring« dringend notwendig. Andernfalls erscheint die Vielfalt der kulturellen Ausdrucksformen und damit der Möglichkeiten einer Selbstdefinition im kulturellen Kontext bedroht.

Für den Systemtheoretiker Niklas Luhmann ist dergleichen »alteuropäischer Humanismus«: Seine kybernetische Gesellschaftstheorie geht von ausdifferenzierten Teilsystemen wie Kultur, Wirtschaft, Politik, Recht usw. aus. Nach der Leitdifferenz System/Umwelt bilden die autopoietischen Systeme füreinander Umwelten und reproduzieren sich aus ihren eigenen Ressourcen. Das Subjekt hat abgedankt, es ist eben ein psychisches System neben anderen.

»Kultur heute« – zwischen Boom und drohender Heteronomie, zwischen »anything goes« und galoppierender Inflation, freier Lebensgestaltung und flacher Beliebigkeit. Die Chancen der gegenwärtigen Hochschätzung von Kultur in der Gesellschaft sind nicht geringer als die Risiken, die eine solche Entwicklung produziert. Aber die Risiken sind solche der Gesellschaft als ganzer, die Gefahr eines Machtzugriffs rein gewinnorientierter Kräfte auf zentrale Abläufe der Informationsgesellschaft. Die Quantifizierung von Kultur in unserer Gesellschaft, also die Summen, die für die verschiedensten Formen von Kultur ausgegeben werden, die Inflation von Kulturpreisen, -förderungen, -stiftungen usw. oder von spektakulären Museumsneubauten, Kulturzentren, Literaturhäusern u. ä. darf uns nicht über die eigentliche Problemstellung der Zukunft hinwegtäuschen.

Die scheinbare Hausse der Kultur entpuppt sich also zunächst vor allem als die Schaffung einer materiellen und personalen kulturellen Infrastruktur, die in der Lage sein kann, die Herausforderungen, die sich der Kultur in Zukunft stellen werden, effizient zu bewältigen. Diese Infrastruktur muß zum Teil noch mit Inhalten und neuen Formen ausgestattet werden, was wiederum Folgekosten nach sich ziehen wird, denen sich öffentliche Kulturförderung nicht entziehen darf. Dies wird die primäre Aufgabe für die verbleibenden Jahre unseres Jahrtausends sein. Den Grundstock für eine Gesellschaft, in der Kultur mehr ist als nur schmückendes Beiwerk, haben wir in den siebziger und achtziger Jahren gelegt.

5. Das Ende des Kultur-Booms: Kulturpolitik in der Defensive?

Wie die Erfahrung und die Ökonomie lehren, folgt auf jede Hausse eine Baisse. Nach einem über Jahre währenden Boom der Kultur, der auch neue Topoi wie Kulturlandschaft, Standortfaktor Kultur, kulturelle Umwegrentabilität oder Lebensstil hervorgebracht hat, ist der Alltagsverstand gehalten, sich Gedanken darüber zu machen, was denn wohl nach dem Boom kommen könnte.

Vorstellen ließen sich interne Akzentverschiebungen: Weg von den großen Investitionen in die repräsentative materielle Infrastruktur der Kultur und hin zur personellen Optimierung kultureller Prozesse, vor allem solcher zwischen Menschen und Kunstwerken.

Denkbar sind auch Akzentverschiebungen von der Kultur zu anderen Sektoren: Wenn schon Kulturpolitik in den vergangenen Jahren überall in unserer Republik in der Gemengelage von Image-Politik und Standortpflege einerseits und Lobby der Künste andererseits ihre Konjunktur hatte, so könnte ein anderes Mischungsverhältnis der Interessen ihr den Rang ablaufen: Es wäre angesichts der erkennbaren gesundheitlichen Belastungen in unseren Ballungsgebieten durchaus verständlich, wenn in Zukunft z. B. das Stadtklima und die von ihm abhängige Lebensqualität als positiver Standortfaktor an Bedeutung gewönne. Auch dies könnte neue Prioritäten setzen. Die Stadt München z. B. überlegt, ob sie ein städtebauliches »Filetstück« direkt hinter ihrem Rathaus, unter Brüdern (und Schwestern) gute 300 Millionen Mark allein das Grundstück wert, einer lukrativen Bebauung zuführen soll oder ob sie nicht doch lieber einen Park daraus macht, um das Mikroklima in der Stadt zu verbessern – an heißen Tagen ist es im versiegelten Zentrum von München ganze acht ungemütliche Grade wärmer als im benachbarten Englischen Garten. Stadtklima also als neues Paradigma?

Ein solcher Paradigmenwechsel hätte Stil. Ich würde freilich deswegen die Kultur immer noch sehr offensiv verteidigen, weil das eine nicht denkbar ist ohne das andere – ein lebendiges kulturelles Milieu mit kreativen, genußfähigen und vielseitig entwickelten Menschen in einer überlebenswerten Umwelt. Das verdiente eine würdige Auseinandersetzung.

6. Wird Sparen an der Kultur wieder zur Mode?

Anderes bahnt sich in Frankfurt an: Da wollen einige am Kulturetat einfach *sparen*; möchten ein Schauspielhaus-Umbauprojekt kippen, weil dies ein Repräsentationshaus »bürgerlicher« Kultur sein soll (was es nie gewesen ist), statt danach zu fragen, wie sich der Beitrag einer solchen Institution zur »kulturellen Öffentlichkeit« optimieren ließe. Aber nein, nur die abgelutschten alten Argumente: Soziales statt Kultur! Mehr alternative statt etablierte Kultur. Wohnungsbau hat Vorrang! Als ob kommunale Haushalte nach dem Muster eines Verschiebebahnhofs funktionieren würden!

Ich habe Verständnis dafür, daß alle Dezernenten für ihre Ressorts kämpfen. Aber ich agiere auch für die Kultur. Und in der aktuellen Auseinandersetzung habe ich einige Argumente, die noch nicht abgearbeitet sind – im Gegensatz zu anderen.

Ich beharre auf der fundamentalen Bedeutung von kulturellen Prozessen für unsere Gesellschaft, auf dem Miteinander von Kultur und Sozialem statt dem Gegeneinander und dem »Entweder-Oder«, und auf der zentralen Bedeutung von Kultur für Lebensqualität und Vitalität von Zentren und Stadtteilen.

Lassen sich kulturelle Prozesse haushaltspolitisch verzögern, kappen, verkürzen? Ist die Kultur einem im Bau befindlichen Wolkenkratzer vergleichbar, dem aus Finanzgründen zehn Stockwerke weniger zugestanden werden? Der Soziologe Ulrich Beck hat in seinem Buch »Gegengifte« als Vorbedingung realer Veränderungen die Veränderung der Denkstrukturen und Definitionsverhältnisse angenommen:[30] Etwas anders wollen, müssen wir uns vorstellen, wir müssen es formulieren. Kultur ist kein Rohstoff, sondern ist die Hervorbringung von Beziehungsgeflechten in vielfältigen Lebensformen, ist das Knüpfen von Netzen und das Anregen von Prozessen. Kultur ist eine Produktionsweise und erzeugt veränderte Perspektiven von Produktionsverhältnissen.

7. Kultur und Soziales – neu vermessen

Eine »Landkarte der Bedeutungen« hat der britische Kulturtheoretiker Raymond Williams die Kultur genannt: mit ihrer Hilfe werden Alltagsbedeutungen, Selbst- und Fremdinterpretationen, Wertfindungen und Beurteilungen vorgenommen. Beziehungsgeflechte verändern alte Begriffe und schaffen neue. Der Umgang mit der Realität ist deutend und kreativ. Daß Graffiti nicht mehr umstandslos als Schmiererei abgetan werden, liegt auch daran, daß anders gesehen wird. »Wir sehen auf bestimmte Weise«, schreibt Raymond Williams 1961 in seinem Buch »The Long Revolution«, »wir interpretieren unsere visuellen Eindrücke nach vorgegebenen Regeln im Kontext einer Lebensweise«[31] – und mit ihr ändert sich unser Sehen.

Die Wahrnehmung dessen, was vermeintlich einfach so ist, ist kulturell kodiert. Kodizes jedoch lassen sich mit Willen und Bewußtsein verändern. Kunst ist ein Produktions- und Organisationsmedium, entworfen werden Realitätsbilder. Unsere menschliche Welt wird produziert, so wie der Künstler seine Werke hervorbringt – und das ist wirklich materiell und substantiell zu nehmen: Ohne ein Bild, ohne eine Vorstellung von dem, wie es sein sollte oder sein könnte, bewegen wir keinen Stein, drücken wir keinen Knopf am Computer-Arbeitsplatz.

Zur urbanen Welt zählen Stadtplanung und Wohnungsbau, Gesundheitsvorsorge und Erziehungsinstitutionen: daß der stehende, das Leben immer unerträglicher machende Autoverkehr in seiner *raison d'être* thematisiert wird, ist weniger eine technische als vielmehr eine kulturelle Leistung. Der Kulturpolitik Bescheidenheit abzufordern angesichts wachsender sozialer Probleme und Komplexität ist eine Beschneidung der Organisation sozialer Phantasie.

Die Kardinalfrage, wie wir leben wollen, läßt sich nicht mit einem »funktionalistischen Reduktionismus« (Axel Honneth) durch die Experten der Sozial- und Bauverwaltung beantworten. Dieser Überlebensfrage wird im Architekturmuseum ebenso nachgegangen wie bei den freien Theatergruppen oder in der Städelschule. Arbeit an der Struktur der Gesellschaft ist stets auch Arbeit an der Kultur. Auch Sozialarbeit und Stadtteilkultur ergänzen sich wechselseitig, sie sind dialektisch verschränkt, weil sie an Traditionen und Lebensweisen anknüpfen und weil sie zu ihrer symbolischen Reproduktion und Neuschöpfung beitragen. Kulturarbeit forscht in Lebensstilen verdeckten Konflikten und Hoffnungen nach.

Und wenn es einen Nachholbedarf gibt, dann ist es derjenige in der Zusammenarbeit von Kultur und Sozialem. Seit über zehn Jahren wird über soziale Kulturarbeit und kulturelle Sozialarbeit diskutiert; und überall, wo es in Kommunen zu dezernatsübergreifenden gemeinsamen (auch gemeinsam finanzierten!) Projekten gekommen ist, gab es die schönsten Erfolge: Ein kulturell anregendes Milieu ist auch ein sozial aktives Milieu, und darin lösen sich manche Probleme in Nachbarschaft und Kommunikation viel leichter (und billiger).

Etwas anderes kommt hinzu. Die vielbeschworene Krise der Vernunft ist nach André Gorz keine Krise der Moderne; sie ist vielmehr eine Krise der nunmehr sichtbaren irrationalen Voraussetzungen der bisherigen Form der Rationalisierung, wie es in seiner »Kritik der ökonomischen Vernunft« heißt.[32] Kulturpolitik und Kulturarbeit partizipieren an der notwendigen »Modernisierung der Voraussetzungen«, auf die sich die Moderne gründet. Ihre »Unübersichtlichkeit« mag ein Labyrinth sein, das besonders in urbanen Irrgärten zu immer neuen Auswegen und Aufbrüchen führt. In der Stadt mit ihren konkurrierenden Lebensstilen deutet sich längst der Überdruß an einer konsumistisch beschränkten Freizeitgesellschaft an. Kultur aber produziert Möglichkeiten, deren Rationalität und Ziel nicht ökonomisch sind.

Damit weist André Gorz »Wege ins Paradies«, wobei er sich zugleich dem Vorwurf des Utopismus aussetzt; doch er steht schon nicht mehr allein. Die beiden hartgesottenen Industriesoziologen Kern und Schumann plädieren in ihrer Studie »Das Ende der Arbeitsteilung?« inzwischen für eine integrierte Politik, »die, indem sie das Reich der Notwendigkeit zurückdrängt, aus dem Reich der Freizeit eines der Freiheit machen könnte«.[33]

Arbeit weist über ihre materiellen Funktionen, über ihre Fremdbestimmtheit hinaus auf ihre tendenzielle Verwandlung in eine subjektiv akzeptierte Tätigkeit. Wo könnte dies z. B. anschaulicher werden als in Konzeptionen des Sozialen Wohnungsbaus. Lebensformen sind Kreationen, in denen im Alten das Neue entdeckt wurde. In Goethes »Wilhelm Meister« schwant Leonardo etwas von solchen alltäglichen Utopien, wenn er sagt: »Es schien mir, als sei unter dem Bilde der Wirklichkeit eine Reihe von Ideen, Gedanken, Vorschlägen und Vorsätzen gemeint, die freilich zusammenhängen, aber in dem gewöhnlichen Lauf der Dinge wohl schwerlich zusammentreffen möchten.«

8. Kulturelle Öffentlichkeiten fürs Leben

Kultur vermittelt zwischen Gegensätzen und Widersprüchen, ohne sie zu versöhnen. Kulturpolitik muß dafür die Orte schaffen, sie muß kommunikative Praxis als vielfältig gestaltete »Problematisierung von Geltungsansprüchen« ermöglichen. Kultur ist nicht die Domestizierung oder Nobilitierung des Ungebärdigen, sie ist vielmehr als »a whole way of life« ein Laboratorium von Lebensformen. Dies gilt für das Literaturhaus oder die Akademie der Künste und Wissenschaften ebenso wie für das Schauspiel oder für Manifestationen der Stadtkultur.

Wenn es denn stimmt, daß die moderne Gesellschaft auf dem Prinzip der Entzweiung beruht, muß Kulturpolitik beitragen zur Artikulation der Widersprüche, die das Alltagsleben bestimmen. 1965 wandte sich Theodor W. Adorno vor dem »Deutschen Werkbund« in seinem Vortrag

»Funktionalismus heute« entschieden gegen die technokratische Beschränkung der Städteplanung. Sie hätte sich, so Adorno, nicht an partikularen, sondern an gesamtgesellschaftlichen Zwecken auszurichten, ja sie bedürfe der Kunst, wolle sie nicht der »Subordination unter die Nützlichkeit« anheimfallen. Weiter heißt es bei Adorno: »Das bloß Nützliche dagegen ist verflochten in den Schuldzusammenhang, Mittel der Verödung der Welt, des Trostlosen, ohne daß doch die Menschen von sich aus eines Trostes mächtig wären, der sie nicht täuschte. Läßt schon der Widerspruch nicht sich wegschaffen, so wäre ein winziger Schritt dazu, ihn zu begreifen.«[34]

Adorno insistiert auf der Einsicht, das Nützliche müßte das »den Menschen zugute Kommende sein«. Was dies in allen gesellschaftlichen Bereichen und Teilsystemen unter je spezifischen Bedingungen sein könnte, bleibt immer wieder neu zu erforschen. Ein Ende aller Schwierigkeiten ist ebenfalls nicht absehbar. Aber mit einer »Kompensation von Modernisierungsschäden« (Odo Marquard), mit der Preisgabe theoretischer Arbeit zugunsten einer »Apologie des Zufälligen«, lassen sich allenfalls gesellige Abende in feiner Gesellschaft verbringen. Bazon Brock wendet sich daher entschieden gegen eine »Ästhetik erzwungener Unmittelbarkeit« und betont die Kategorie der Vermittlung. Die gesellschaftlich erzeugten Probleme lassen sich nicht einfach nach neuen Prioritäten abhaken. Kulturarbeit hätte wie die Kunst zu akzeptieren, daß »vermeintliche Problemlösungen nur durch das Schaffen neuer Probleme möglich sind« (Bazon Brock).[35]

Kulturpolitik muß sich gerade heute um eine kommunikative Praxis bemühen, die, ausgehend von der Entzweiung, die Gegensätze in ihrer potentiellen Unversöhnlichkeit ernst nimmt, um sie als von Menschen, letztlich von uns selbst gemachte zu begreifen. Harmoniebedürfnisse ersetzen nicht die Suche nach Lösungen, Lösungen wiederum sind Produktionen, die zu neuen Problemen führen. Kulturpolitik fördert Beziehungsgeflechte, indem sie für ein konsequentes Offenhalten eintritt. Unabhängig von der jeweiligen Konjunktur werden Begriffe wie Boom, Hausse und Baisse der Dynamik und Dialektik kultureller Prozesse nicht gerecht. Kultur bleibt immer wichtig, und je komplexer die gesellschaftlichen Entwicklungen sind, desto mehr brauchen wir kulturelle Öffentlichkeiten.

5. Vom Wohlstandsbürger zum Kulturbürger

1. Träume vom goldenen Zeitalter

Die schöne Metapher von den gebratenen Tauben im Schlaraffenland liefert uns nur *einen* Aspekt von Zukunftshoffnungen. Abgesehen von seiner literarischen Verarbeitung in der grotesken Literatur, findet sich dieses Desiderat als tägliche Erfahrung bei denjenigen, die sich ein Leben lang am schwersten abmühen mußten, ohne dabei ihre Grundbedürfnisse ausreichend befriedigen zu können.

Auf Dauer beantwortet sich die Frage, wie wir denn leben *wollen*, mit diesen Träumen vom mühelosen, angstfreien Leben nicht. Wir wenden uns daher lieber jenen anderen Topoi vom glücklichen Leben zu, die mehr einbeziehen – bis hin zum Traum vom freien Volk auf freiem Land in Goethes Faust: die beschauliche, überschaubare, dabei durchaus komplexe und arbeitsteilige, nicht entfremdete Tätigkeit als dauerhafter Stoffwechsel mit der Natur.

In der Antike war es Hesiod, der das in die Vergangenheit zurückprojizierte Idealbild eines Goldenen Zeitalters ausgemalt hat; es war gleichzeitig ein Lobpreis auf das freie kleine Bauerntum; es galt als ein Zeitalter, wo die »nahrungsspendende Erde immer von selber, unendlich und vielfach... Frucht bescherte«. Die Menschen hatten »alles Gewünschte... in Fülle gesegnet, reich an Herden und Vieh«.[1] Diesem idealisierten Bild gegenüber steht jenes der »Eisernen Zeit«, in welcher der eine des anderen Wohnsitz zerstört und das Recht der Fäuste und die Macht der Waffen herrschen. Vergil schließlich gilt mit seinen der Liebe gewidmeten »Bucolica« und den die ländliche Arbeit preisenden »Georgica« als der Dichter des Friedens. Vor dem Hintergrund der grausamen Kriege und Bürgerkriege seiner Zeit wird die Friedensidee zum thematischen Kern seines Werkes: »Bring Friede den Völkern« (VI, 851), lautet in der »Aeneis« der Auftrag an den trojanischen Helden. Der »Götterauftrag« einer universalen Friedensordnung erscheint als Telos des Geschichtsprozesses. Am Anfang der Irrfahrten des Aeneas winkt »das Land Hesperia, wo durch gebaute, lachende Fluren gelind der lydische Tiber seinen Lauf nimmt« (II, 780).

In seiner »Georgica« stellt Vergil dem Krieg als irdischer und kosmischer Katastrophe die Utopie des Friedens gegenüber – im idyllischen Bild des friedlich seinen Acker pflügenden Landmannes (I, 493): »Einst wird kommen der Tag«, heißt es da, »an dem er den Pflug über die ehemaligen Schlachtfelder führen wird.«

Zwei weitere Topoi helfen uns die Begriffe zu versinnlichen, um deren Erklärung es uns geht: Die Wiederkehr des Goldenen Zeitalters in der Vierten Ekloge der »Bucolica« und die Prophezeiung des biblischen Jesaja zur Rüstungskonversion, in der es heißt: »Da werden sie ihre Schwerter zu Pflugscharen und ihre Spieße zu Sicheln machen« (Jes. II, 3–4) – als Archetypen haben sie ihre visionäre Kraft und Attraktivität bis heute nicht eingebüßt.

Frieden erscheint in all diesen Bildern denkbar als andauernder, fortwährender befriedigender und befriedeter Zustand, und er wurde damals und wird heute immer wieder erneut ähnlich von vielen Schriftstellern und Künstlern entworfen. Picassos Kapelle in Vallauris gehört mit in diese Reihe: Der kommunistische Maler gestaltet in einer christlichen Kapelle die Vision des Friedens.

Die großen Wunschbilder der Menschheit werden auch angesichts der blasierten Langeweile jener Denker nicht zuschanden, die sich Frieden kaum anders als dessen zynische Variante, als Abwesenheit des Krieges, vorzustellen vermögen. Wenn beispielsweise Helmuth von Moltke als General der voratomaren Epoche meinte, der ewige Friede sei ein Traum und obendrein kein allzu schöner, dann repräsentiert er jene Unfähigkeit zu einem erfüllten Frieden, der nicht nur die Abwesenheit von solchen Konflikten bedeutet, wie sie spätestens seit Hiroshima zu einer Bedrohung für die gesamte Menschheit geworden sind.

Es ist sicher kein Zufall, daß kriegerische Tugenden den virilen Einzelhelden auszeichnen, während Arkadien und Goldenes Zeitalter mit Frau und Kindern, mit Ackerbau und Viehzucht als kollektiven Formen des Lebenserwerbs assoziiert werden.

Der Krieg ist eben nicht der Vater aller Dinge, wie Heraklit immer bewußt falsch übersetzt wurde; dies sind bei ihm vielmehr der Widerstreit, die Dialektik in einem allerdings labilen Frieden. Uns dürfte es kein Problem sein, dies mit dem Wunsch zu verbinden, Krieg ein für allemal zu vermeiden. Tätiges Leben garantiert das notwendige Maß an Bewegung von Körper und Geist, aus dem schließlich auch die Lust des Lebens an sich selbst erwächst; tätiges Leben meint auch das Arbeiten an der Realität; es ist Eingriff und Gestaltung, aber keineswegs zwingend Zerstörung. Sogar das »kämpferische Leben«, das Lucien Séve, ein Theoretiker der Psychologie der Persönlichkeit, als Konstitutivum der aktiven, wirklichkeitsmächtigen Gegenwart betrachtet, hat mit »soldatischem« Leben und den entsprechenden hochstilisierten Tugenden mancher Teile der Vergangenheit nicht viel gemein. Für das soldatische Leben gab es nur eine Erfüllung: den Heldentod. »Wenn das Blut durch Hirn und Adern wir-

belte wie vor ersehnter Liebesnacht und noch viel heißer und toller...
Die Feuertaufe! Da war die Luft so von überströmender Männlichkeit
geladen, daß jeder Atemzug berauschte, daß man hätte weinen mögen,
ohne zu wissen warum. O Männerherzen, die das empfinden können!«
Eine Fülle von ähnlichen Beispielen wie dieses Zitat von Ernst Jünger für
ein solches Aufgehen im Tod, in der Explosion der Granate ebenso wie in
den lebenslang durch Drill unterdrückten Gefühlen, also letztlich in einer
psychischen Bindung an den Heldentod, lieferte Klaus Theweleit in seinen beiden Bänden der »Männerphantasien«.[2]
Versäumt der »soldatische Mensch« den Zeitpunkt für den Heldentod, so
verkommt er im Veteranen-Alter zur skurrilen Karikatur. Noch in Les-
sings Charakterisierung des Majors von Tellheim lassen sich Züge dieser
Skurrilität erkennen.
Philemon und Baucis konnten in Würde alt werden nur in bukolischer
Landschaft, umgeben von freien Menschen in einem freien Land. Läßt
sich jenes tätige Leben, von dem Séve spricht, in Arkadien als ein dauer-
haftes herstellen? Entspricht es vielleicht nicht nur den Wunschphanta-
sien jener, denen in den Kriegen des Jahrhunderts die Haut versengt
wurde?
Die Antworten auf diese existentiellen Fragen werden über das Schicksal
der Menschen in der hochzivilisierten Gesellschaft irgendwann tatsächlich entscheiden, denn ohne eine konstruktive Vorstellung zukünftigen
Zusammenlebens werden wir dem atomaren Omnizid auf Dauer nicht
entkommen.
Sigmund Freud hat ähnliche Mechanismen als das »Unbehagen in der
Kultur« beschrieben, als eine zunehmende Neurotisierung des Menschen
in einer sich differenzierenden, arbeitsteiligen Industriegesellschaft.
Einerseits zu einer unkontrollierten, radikalen Entladung in einer werdenden Welt neigend, besitzt er andererseits – auch Freud sieht keine
Alternative zur *kulturellen* Überwindung der neurotischen Tendenzen in
der modernen Gesellschaft – mit der Kultivierung des Zusammenlebens
Möglichkeiten, Regulative zu schaffen, die jedem Individuum den nötigen Freiraum bewahren.
Die überzeugende Antwort auf die Frage, wie wir leben wollen, ist also
eine Frage der moralischen Energie, mit der die gesellschaftlichen Individuen sich für entsprechende Ziele einsetzen. Ohne ein gewaltiges Maß an
energetischer Subjektivität dürften wir zukunftsträchtige Perspektiven
wohl kaum je erhoffen.

2. Friedensfähigkeit

Der »Kulturbürger« – und wir wollen ihn bewußt nicht als isolierte Monade definieren, sondern seine individuellen Eigenschaften in einem gesellschaftlichen Zusammenhang sehen – ist heute nicht anders mehr vorstellbar denn als »friedensfähiger« Bürger. Mit anderen Worten, seine Lebenweise, sein Wertesystem und sein Normenkanon müssen ihn in die Lage versetzen, auch ohne Unterwerfung anderer leben zu können; und das heißt: nicht nur zu *über*leben, sondern sich in entsprechenden gemeinschaftlichen Lebensformen frei und selbstbewußt zu entfalten. Das erfordert Engagement auf mehreren Ebenen, die kulturelle Ebene eingeschlossen.

Auch die Herstellung des »kriegsbereiten« Bürgers der Vergangenheit erforderte gewaltige ideologische, kulturelle und politische Aufwände: vom aggressiven Nationalismus, der Rassenideologie und dem Eurozentrismus als Rechtfertigungsstrategien für Kolonialismus und Expansion bis zur Flottenvereinspropaganda und der Lyrisierung des soldatischen Ethos durch einschlägige Literaten.

Friedensfähigkeit ist ebenfalls mehr als das Bemühen um Abrüstung und um Reduzierung oder Beseitigung der bedrohlichsten Waffen, mehr als der Abbau der weltweit größten Atomwaffendichte in Mitteleuropa (obwohl solche Schritte natürlich kein schlechter Einstieg sind). Es geht dabei nicht nur um die inneren und äußeren, sondern auch um die strukturellen und bewußtseinsmäßigen Wandlungen in einer Zeit, in der ein globaler Atomkrieg das Ende von uns allen bedeuten könnte, ja, selbst konventioneller Krieg unsere Industriezivilisationen tödlich treffen würde.

Wichtig für die Herstellung der Friedensfähigkeit ist nicht nur das Überflüssigmachen von Waffenarsenalen. Nicht minder wichtig wäre auch, daß die Menschen in unserer Gesellschaft und unser gesellschaftliches System als ganzes sich orientieren könnten:

– an einer gerechten Weltwirtschaftsordnung;
– an einer Welt, in der die natürlichen Lebensgrundlagen der Kinder und Enkel nicht zerstört würden;
– in der mit den Ressourcen sparsam gewirtschaftet wird;
– in der soziale Spannungen und gravierende soziale Unterschiede auch wegen des damit verbundenen Konfliktpotentials abgebaut würden;
– in der Völker und Staaten in gegenseitiger Toleranz vor der Kultur und Lebensordnung der anderen bereit sind, in einer wechselseitig gewährleisteten Sicherheitspartnerschaft friedlich miteinander auszukommen.

In der Tat ist die Friedensfähigkeit einer Gesellschaft heute mindestens genauso wichtig wie die Herstellung dessen, was mit dem verharmlosenden Begriff »Verteidigungsfähigkeit« euphemistisch heruntergespielt werden soll.

Wie sehr Kultur im weitesten Sinne für die Lösung der Zukunftsprobleme, zu denen die Friedenssicherung gehört, eine wachsende Rolle als »flankierende Maßnahme« spielt, erhellen nationale und internationale Diskussionen: Die Einigung Europas ist letztlich ein Phänomen kulturellen Bewußtseins der gemeinsamen europäischen Tradition und nur durch ein solches Zusichselbstkommen überhaupt dauerhaft herzustellen; in der Entwicklungshilfe spielen sozio-kulturelle Faktoren eine zunehmende Rolle; für die Friedenssicherung wird Kultur inzwischen auch als »Zukunftsinvestition« zur Überwindung der Arbeitsmarktprobleme hoch veranschlagt.

Friedensfähig zu leben bedeutet auch, ohne weitere Ausplünderung der Natur das Leben erhalten und gestalten zu können: Wenn die ökologische Stabilität einer Region gestört wird, dann ist das nichts anderes als Raubbau an unseren Lebensgrundlagen. Konkret handelt es sich um einen Prozeß, bei dem wie in einem System der kommunizierenden Röhren immer wieder neu darüber entschieden werden muß, was man machen *kann* und was davon man machen *darf* und was nicht. Konflikte, wie wir sie schon jetzt zu gewärtigen haben, werden sich notwendigerweise noch potenzieren; »Bremsspuren« müssen in Kauf genommen werden. Eine überlebensfähige Form des Umgangs mit Natur und Umwelt und damit ein entsprechendes Naturverständnis gehören zur Definition des Kulturbürgers unabdingbar dazu.

3. Zeitmanagement

Machen wir uns auf die Suche nach einem Menschenbild, das fähig ist, die Herausforderungen der globalen Probleme aufzunehmen, und unternehmen den Versuch, Merkmale wie »Friedensfähigkeit« und »ökologische Existenzweise« mit Leben zu erfüllen, ohne einen vorindustriellen Zustand anzustreben, dann müssen wir als wichtigste Eigenschaft des »Kulturbürgers« ins Auge fassen, als gesellschaftliches Wesen sinnvoll mit dem Faktor Zeit umgehen zu können. Der Umgang mit dieser Problematik wird so lange durch Hilflosigkeit gekennzeichnet sein, wie die modernen Industriegesellschaften Strategien vermissen lassen, wie das gesellschaftliche Zeitbudget künftig vernünftiger zu gestalten ist.

Die mit Erwerbstätigkeit identische Lebenszeit nimmt ebenso wie der Prozentsatz der Erwerbstätigen in den Industriegesellschaften rapide ab;

gleichwohl wußten wir mit dieser Chance bisher nicht allzuviel anzufangen. Als gäbe es keine Not der Arbeitslosigkeit und als litten nicht schon viel zu viele unter der »neuen Armut«, läßt die notwendige Neustrukturierung von Arbeit und Freizeit gesellschaftlich auf sich warten. Wenige arbeiten immer mehr, während viele andere zur Untätigkeit verurteilt werden. In Spitzenpositionen wird zwar oft relativ viele Wochenstunden gearbeitet, gleichzeitig sind aber dort auch die qualifiziertesten Hilfsmittel des Zeitmanagements und Fähigkeiten zur Optimierung der freien Zeit konzentriert. Der durchschnittliche Arbeitnehmer leidet mindestens die Woche über unter ausgesprochener Zeitnot, die auf dem mittleren Niveau verschärft wird durch hohe Leistungsanforderungen und permanenten Konkurrenzdruck sowie durch den legitimen Ehrgeiz, sich höher zu qualifizieren: Es ist für den Arbeitgeber betriebswirtschaftlich lukrativer, die vorhandenen qualifizierten Arbeitskräfte intensiver zu beschäftigen, als auf dem Arbeitsmarkt mühsam und risikoreich neue zu rekrutieren und sie spezifisch auszubilden.

Doch diese Tendenz zur Zwei-Drittel-Gesellschaft hat ihren Preis: Die psychischen Folgen von Arbeitslosigkeit schlagen genauso zu Buch wie die Folgen von Überarbeitung, ob es sich um Trunk- oder Arbeitssucht handelt, beides schlägt sich über Umwege als gesellschaftliche Kosten nieder. Dies gilt für das Gesundheitswesen, den Sozialbereich, die Justiz genauso wie für die soziale bzw. politische Stabilität; betriebswirtschaftlich aber bilden solche negativen Folgen keine kalkulationsfähige Größe. Der Kulturdezernent der Stadt Osnabrück konnte 1987 überspitzt feststellen, dank der Arbeitsbeschaffungsmaßnahmen vor allem im Kulturbereich sei seine Stadt »die erfolgreichste Trinkerheilanstalt des Landes«. Der Umkehrschluß lautet: Wem ein Arbeitsplatz die Zeit strukturiert und wer das Gefühl hat, gebraucht zu werden, für den ist die Flasche als Mittel zur Flucht aus der Alltagsmisere nicht mehr so verführerisch.

Andere Gesellschaften pflegten mit ihrem Zeitbudget anders umzugehen: Je besser der Ertrag war, je weniger Zeit für produktive Tätigkeiten aufgewendet wurde, desto mehr Zeit verblieb für Fest, Kultur, Spiel, soziale Rituale (Brautwerbung z. B.), für Gemeindeversammlungen, wohl auch für den Streit, für die Stammesfehde. Die immer wieder gern zitierte hohe Zahl der kirchlichen Feiertage im Mittelalter ist für das Zeitbudget, salopp ausgedrückt, etwas Ähnliches wie der »Potlatch« für die materiellen Ressourcen: Wird bei letzterem in den Stammesgesellschaften rund um den Erdball mit aufgehäuften Vorräten ein riesiges Fest veranstaltet, nach dem der Zustand sozialer Gleichheit einigermaßen wiederhergestellt ist, so vernichten die Feiertage überschüssige gesellschaftliche Arbeitszeit; bezogen auf die Lebensarbeitszeit, war das Gesellenwandern phasenweise etwas Vergleichbares.

Sicher hing diese Art des Umganges mit der Zeit partiell auch damit zusammen, daß in relativ statischen Zuständen der Aufwand von mehr Arbeitskraft wenig sinnvoll war, weil dies keinen zusätzlichen Nutzen abwarf. Ist das Getreide einmal gedroschen, erbringt auch der exzessivste Gebrauch des Dreschflegels keinen Ertrag mehr; wenn ein Acker gut gepflegt ist, dann bedeutet weitere Pflege keine nennenswerte Produktionssteigerung. Aber der Umgang mit der Zeit ist gleichzeitig auch eine gesellschaftspolitische Grundsatzentscheidung. Sie wird nicht immer bewußt gefällt, sondern ist in den Strukturen, in den Wertvorstellungen selbstregelnd angelegt; insofern ist sie nicht nur »Sachzwang« oder bloß Vollzug ökonomisch-sozialer »Gesetzmäßigkeiten«. Wichtig ist jedenfalls: Für den Umgang mit überschüssiger Zeit gibt es in diesen Gesellschaften wirksame Strukturen und feste Gewohnheiten, aber auch »Lebensstile«, die in gewachsene Lebensformen eingebettet sind.

Dennoch sind »stabile Verhaltensweisen« und feste Strukturen für den Umgang mit Zeit nicht alles, zumal in einer sich beschleunigenden Dynamisierung des gesellschaftlichen Wandels. Sie müssen sich zu guter Letzt messen lassen an der »Überlebensfähigkeit« einer Gesellschaft: Tragen sie dazu bei, oder schränken sie diese Überlebensfähigkeit ein?

Solche Prämissen vernachlässigen alle Freizeittheoretiker gern, die ihre Entwürfe zu Freizeitpolitik nach dem Motto gestalten: Beschäftigungstherapie für die unausgefüllte Zeit – auch für die Arbeitslosen, wenn es sein muß – nach dem klassischen römischen Motto »Brot und Spiele«. Das verdrängen auch diejenigen, die in der Freizeit nichts als einen neuen Markt entdecken und in der Freizeitpolitik nur eine Hilfe, um besser in diesen Markt einzudringen. Gewiß, die Kaufkraft, die für Reisen, Hobby, Sport, Kultur (in dieser Reihenfolge) aufgewandt wird, ist beträchtlich. Die »Senioren« z. B. verfügen nicht nur über große Zeit-Disponibilität, sondern auch über eine Mobilität und eine Kaufkraft, die den Marktstrategen das Herz höher schlagen läßt.

Wer jedoch den gesellschaftlichen Umgang mit Zeit nicht nur von der Warte der Marktforschung aus betrachtet, sondern versucht, sich Gedanken über den gesellschaftspolitischen Handlungsbedarf zu machen, dem drängen sich bald andere Aspekte auf. In der Freizeit dürfen wir den Wettlauf um »positionelle Güter« nicht weiter fördern. Oder sollen etwa aufwendige Freizeit-Infrastrukturen begünstigt werden, um Märkte, Investitionen, Leistungsanreize und Wünsche zu erzeugen, während gleichzeitig nationale und weltweite, nicht regenerierbare Ressourcen dem Verbrauch und damit der Zerstörung preisgegeben werden? Das Beispiel des Tourismus zeigt zur Genüge, wie eng bzw. wie weit dabei die Grenzen gezogen sind.

Zu den Merkmalen einer ausgefüllten, soziokulturell abgesicherten Freizeitgesellschaft gehört sicherlich vieles,was in der bisherigen Freizeitpolitik bereits eingeübte vernünftige Praxis ist: Anerkennung des Rechtes auf Muße; Relativierung eines überzogenen Leistungsethos der »Wettbewerbsgesellschaft«; differenzierte Formen von Institutionen der kulturellen Präsentation sowie aktive Partizipation. Dazu gehört sicherlich auch ein gesteigertes Bewußtsein für die Einsicht, daß Moralisieren, daß rhetorische Appelle an Gewissen und Verhalten genausowenig Hilfsmittel gegen die Krise sind wie die Rigidität einer rückwärtsgewandten ökologischen Sentimentalität.

Kernpunkt einer nicht-entfremdeten, nicht-eskapistischen Freizeitgestaltung aber ist die Selbstbestimmtheit individuellen Lebens. Freizeit muß tatsächlich *freie* Zeit sein. Dem Individuum muß es möglich sein, sich – neben der notwendigen Regeneration außerhalb der anstrengenden Arbeitszeit – in eigener Verantwortung mit den persönlichen Problemen *und* denen der Gesellschaft kritisch mitwirkend und verantwortlich auseinanderzusetzen. Solches geschieht, vor allem bei jungen Menschen[3], immer weniger in den traditionell dafür vorgesehenen Organisationen, politischen Parteien, Verbänden, Vereinen. Die geistige und soziale Selbstdefinition junger Menschen vollzieht sich heute bei weitem individueller, als dies noch vor 15 oder 20 Jahren der Fall war.

Soziokultureller Ausdruck dieser Entwicklung ist etwa der sprunghafte Anstieg der Nachfrage im Bereich der Erwachsenenbildung, auch die häufig beklagte Entpolitisierung vor allem der jüngeren Generation. Letztere freilich muß differenziert betrachtet werden: Zum einen bewirkt sicherlich eine zunehmend bürokratisch und technokratisch orientierte politische Verwaltung, daß gerade junge Menschen sich eher von der Politik abwenden, »weil man sowieso nichts ändern kann«. Hinzu kommt der Verlust an Vertrauen den politischen Parteien gegenüber. Topoi wie »Null Bock« verraten mehr als viele empirische Erhebungen.

Der Fall des Rainer Barschel im Oktober 1987 warf ein Schlaglicht auf die rigide, ja pathologische Machtverfallenheit einer technokratischen Politikerkaste, die in der Bevölkerung mehr und mehr an Respekt verliert, ja die als fremde Spezies betrachtet wird.

Gegenbewegung zu dieser Entpolitisierung ist die zunehmende Bereitschaft der Menschen, sich in der Freizeit gezielt zu informieren und in konkret problemorientierten (Bürger-)Initiativen zu engagieren. Dies bedeutet, daß in Zukunft verstärkt Anstrengungen unternommen werden müssen, die politischen Parteien – Ausdruck ihrer Krise ist auch das Erstarken der rechtsradikalen Republikaner – und die großen Verbände wie Gewerkschaften, kirchliche Verbände u. ä. zu Reformen in Richtung einer stärkeren Durchlässigkeit zu bewegen. Es gilt, eine neue demokratische Streitkultur zu entwickeln.

Fazit: Stabile und überlebensfähige Strukturen für die Freizeit der Zukunft entstehen nicht von selbst, sie sind zu schaffen. »Freizeitfähigkeit« setzt zunächst eine breite Palette von mitvollziehbaren Möglichkeiten voraus, ferner auch ein hohes Anregungspotential, um mit den diversen und diversifizierten Optionen vertraut zu machen und schließlich die Menschen auch dafür zu motivieren, sie tatsächlich wahrzunehmen. Dies ist aller Erfahrung von Pädagogik zufolge aber nur mit hohen personalen Vermittlungsleistungen erfolgversprechend – die bloße Existenz einer materiellen Infrastruktur reicht keineswegs aus.

Aber auch Anregungspotentiale und Infrastrukturen sind allein nicht ausreichend. Sie müssen als Teil einer als sinnvoll und befriedigend empfundenen Lebenstätigkeit erlebt werden können. Künstlich erzeugte Paradiese vermögen auf die Dauer genausowenig zu befriedigen, wie Abenteuer-Urlaube die Lebenskrise der Midlife-Generation kompensieren können.

Nur eine Arbeit, die Spaß macht, verhindert, daß Spaß ausschließlich in der Freizeit gesucht wird: »Spaß im Leben, nicht nur in der Freizeit!« könnte ein Slogan lauten, der das Recht auf das ganze, unverkürzte Leben einforderte. Bei reduzierter Arbeitszeit gehört dazu freilich auch das Recht auf Arbeit für alle.

Angesichts einer dramatisch sich verändernden politischen Situation in Europa – die in ihrer Dynamik, ihren Möglichkeiten und ihren Gefahren zum heutigen Zeitpunkt nicht einmal ansatzweise einzuschätzen ist – erscheint die Hoffnung berechtigt, daß die alte Konvergenz-Hypothese, nach der sich die ideologischen Systeme einander annähern *müssen*, weil sie bei der Bewältigung der Überlebensprobleme aufeinander angewiesen sind, letztlich doch in die Realität übertragen wird. Jedenfalls hat Michail Gorbatschows die Welt überraschende und faszinierende Offensive der Vernunft viele Energien und Ideen nicht nur im Osten, dem man das vor wenigen Jahren nicht zugetraut hätte, sondern auch im Westen freigesetzt. Sie hat auch hier Bürger und Politiker davon überzeugt, daß der Westen diese weltpolitisch bedeutendste Chance seit dem Ende des Zweiten Weltkriegs nicht ungenutzt verstreichen lassen darf.

Aus dieser Perspektive – und in Hinblick auf die konkrete Utopie einer nicht-autoritären, demokratisch-sozialistischen Gesellschaft in Polen und Ungarn und auf freie Wahlen in der DDR – erscheint die Entwicklung hin zu einer Gesellschaft möglich, in der die Kontrolle über die zu leistende Arbeit vorwiegend in den Händen der Arbeiter und Angestellten liegt und in der gleichzeitig soviel ausgefeiltes Know-How und optimales Leitmanagement vorhanden sind, daß die Bedürfnisse der Menschen nach einem »anständigen Leben« befriedigt werden können.

Letztlich wird dies eine Gesellschaft sein, in der menschliche Arbeit noch teurer – und kostbarer! – sein wird, als sie es in den hochtechnisierten westlichen Gesellschaften heute schon ist. In dieser Entwicklung liegt die auch von den Gewerkschaften häufig unterschätzte Chance der neuen Technologien, die dem Menschen, sozial angewendet, Arbeit abnehmen können, die Qualität der noch nötigen menschlichen Arbeit erhöhen und damit sowohl seine Freizeit vermehren als auch das Niveau seiner Auseinandersetzung mit der zu leistenden Arbeit wie der freien Zeit zu heben vermögen. Daß wir uns bis zu einem solchen »Schlaraffenland« noch ein wenig anstrengen – zum Teil sicherlich auch intensiv – müssen, liegt auf der Hand. Dennoch sollte auf die neuen Technologien nicht verzichtet werden.

4. Souveräner Umgang mit Reichtum

Obwohl die Bundesrepublik inzwischen zu den reichsten Nationen der Erde zählt, haben die Deutschen nicht eben geringe Probleme mit ihrem Dasein. Trotz des Reichtums gibt es Armut und Entbehrung, die sich in Sozialfällen der sogenannten Zwei-Drittel-Gesellschaft niederschlagen: Erstens nimmt in der »Leistungsgesellschaft« die Zahl derjenigen wieder zu, die an diesem Luxus nicht teilhaben können. Dauerarbeitslose, Niedriglohnempfänger, große Familien, Alte mit minimaler Rente, Nichtseßhafte – sie alle gehören zu den schweigenden Opfern der Leistungsgesellschaft ohne Lobby.

Noch andere Faktoren relativieren den gesellschaftlichen Faktor »Luxus«. Der Marktgesellschaft immanente Mechanismen sorgen für eine andauernde Fragwürdigkeit dieses Luxus: Konkurrenzzwänge, Zwang zu immer mehr Konsum, die für die Auswahl und Nutzung der Güter notwendige »Konsumarbeit«, derentwegen selbst die Hingabe an den Luxus selbst oft genug wieder als belastender Streß empfunden wird, usw.

So bekommt das bereits 1917 von Karl Oldenberg formulierte »Gesetz der abnehmenden Genußempfindung« wieder Geltung.[4] Dieses »Gesetz« stützt sich auf empirische Erfahrung, wonach eine Multiplikation von Genüssen eben *keine* Genußsteigerung bedeutet – vergleiche das berühmte Beispiel des »Grenznutzens« der täglich verspeisten Schnitzel. Dieser sorglose Umgang mit allem, was Luxus impliziert, ist dazu angetan, dessen relativen Wert zum Teil beträchtlich zu mindern. Glücksempfindungen sind, wie empirisch nachgewiesen wurde, nicht von der Höhe des Lebensstandards abhängig, sofern nur die Grundbedürfnisse befriedigt werden.

Schließlich ist für viele von uns der relative Luxus einer moralischen Entwertung ausgesetzt, denn er zehrt vom Erbe unserer Kinder und Enkel.

Nicht nur der ungehemmte Ressourcenverbrauch für die allgemeine Produktion, sondern auch der Konsum für Freizeit, Sport und Tourismus zerstört zunehmend die Substanz unserer Biosphäre. Der relative Luxus beeinträchtigt die intellektuelle Redlichkeit derjenigen, die von ihm existenziellen Gebrauch machen müssen.

Kennzeichen des Kulturbürgers wäre es, Reichtum souverän, und das heißt verantwortungsvoll, zu nutzen. Im Idealfall hätten wir hier ein Exempel für Identität und Lebensgefühl. Souveräne Nutzung erfordert eine Reihe von Voraussetzungen: genügend Zeit, damit sich die gesellschaftlichen und kulturellen Kräfte auf die Neuerungen einstellen können, materielle Ressourcen für gegebenenfalls notwendige kompensatorische Gegensteuerung, die Abwesenheit von offenem oder verdecktem Zwang durch Markteroberungsfeldzüge, usw.[5]

Die Ansprüche auf eine *gesellschaftliche* Nutzung der neuen Medien können nicht hoch genug veranschlagt werden. Auch Kritik und Widerstand gegen die neuen Technologien insgesamt sind Elemente des Versuchs, deren Macht zu humanisieren, d. h. menschengerecht zu formen.

In den angedeuteten Perspektiven einige Eigenschaften des Kulturbürgers zu entdecken, ist Aufgabe nicht nur der Kulturpolitik, sondern auch der politischen Kultur.

5. Soziales Wesen oder Atomisierung

Die Wirklichkeit hat auch andere Akzente als nur die der Langeweile, der Diktatur der Mittelmäßigkeit oder des ungleich verteilten Wohlstandes. Vor einiger Zeit hat auch Ulf Fink[6], ehemals Senator für Gesundheit und Soziales in Berlin, auf das Problem der Verarmung der Kommunikation aufmerksam gemacht. In der Befürwortung von Kommunikationszentren und Kulturläden haben auch Hermann Glaser und ich diesen Umstand vor 15 Jahren ähnlich problematisiert. Der Statistik zufolge gibt es immer mehr Einpersonenhaushalte. 1950: 19,4 %; 1985: 33 % in der Bundesrepublik, 53 % in West-Berlin. Laut Emnid und nach Finks Darstellung sind die Beziehungen zwischen der älteren Generation (bei der diese Tendenz die schlimmsten Auswirkungen hat) und den Jüngeren trotz aller Probleme noch so eng, daß viele Kommunikationsbedürfnisse der Älteren von den Kindern erfüllt werden; aber wenn die Familien mit wenigen oder gar keinen Nachkommen älter werden, dann wird die Isolationsproblematik gravierender.

Fink reduziert das Problem auf die pragmatische Frage: »Wer wird auf welche Weise die Rentner der Zukunft betreuen und versorgen, wenn sie Hilfe brauchen?« Öffentlich bzw. über das Versicherungssystem ist das jedenfalls nicht zu finanzieren; so plädiert Fink zu Recht für eine neue Orientierung des Verhaltens, um die notwendigen Leistungen freiwillig, ehrenamtlich, gegebenenfalls durch einen »Generationenvertrag immaterieller Art« zu sichern. Er schlägt zum Beispiel den wechselseitigen Austausch von Dienstleistungen auch über Generationen hinweg vor. Ein Motto für die Zukunft könnte etwa lauten: »Nachbarschaftsheime statt neuer Schwimmbäder, Börsen für ehrenamtliche Helfer anstelle weiterer Sportanlagen, Selbsthilfetreffs statt Oberstufenzentren«.

Wieder einmal müssen wir erkennen: Auch die heftigsten Kritiker von »Zuviel Staat« kommen nicht umhin, strukturierende Vorleistungen des Staates zu fordern – sowohl materielle als auch normative. Zweifel an einer solchen Offensive erscheinen angebracht; lautstarke Proteste und der erste bundesweite Streik des Pflegepersonals im Jahre 1989 zeugen davon, daß die Sozialberufe die Grenze der Belastbarkeit und materieller Unzumutbarkeit erreicht haben. Eine Gesellschaft, die ihre Sozialhelfer auf der Armutsschwelle leben läßt, wird einen massenhaften Andrang zu ehrenamtlichen Sozialleistungen nicht erwarten können. Mehr Erfolg verspricht der umgekehrte Weg, nämlich zu versuchen, das Mißverhältnis an der Wurzel zu beseitigen und Voraussetzungen für ein »anständiges Leben« auf allen Ebenen für alle zu schaffen.

Nur so ließen sich auch andere soziale Pathologien der Wohlstandsgesellschaften lindern. Der katastrophale Verbrauch von Medikamenten, vor allem von Psychopharmaka auch bei Jugendlichen und Kindern, und die erschreckend hohe Zahl an – offen oder versteckt – suchtkranken Menschen zeigen, wo Ursachen für die Krise des Sozialsystems liegen. Hier Abhilfe zu schaffen ist natürlich nicht einfach, und die Erschwernisse liegen auf der Hand. Wann wäre je ernsthaft versucht worden, den Griff zur Flasche, zur Zigarette oder zur Tablette zu erschweren oder gar gesellschaftlich zu ächten? Geschieht es doch, ist der Vorwurf des Purismus zu erwarten. Es ist auch an der Zeit, danach zu fragen, ob das Menschenbild dieser Gesellschaft weiterhin die Vorstellung vom dynamischen, jederzeit leistungsbereiten, strahlend erfolgreichen Yuppie sein kann: Müssen solche Vorstellungen nicht übergroßen Streß erzeugen, dem manche nicht anders als mit Suchtmitteln begegnen können?

So gesehen ist die Notwendigkeit einer Kultur- und Freizeitpolitik, die keine eskapistische Ablenkung, sondern freie Selbstdefinition des Individuums anstrebt, klar erkennbar. Zur Flucht in Krankheit und Sucht muß es eine sinnvolle Alternative geben.

Was die Probleme betrifft, die sich aus der ungünstigen demographischen Entwicklung ergeben, so muß auch hier das Motto für einen Lösungsansatz lauten: Hilfe zur Selbsthilfe für die Senioren selbst, eben nicht individuell, sondern auf Gegenseitigkeit! Zwar scheinen Rentnerkommunen mit hohem Eigenversorgungsanteil nur noch realistisch für jene absehbare Zeit zu sein, da die Protagonisten der 1968er Jahre ins Rentenalter kommen werden. Worauf es jetzt jedoch ankäme, wäre Stärkung der Kommunikation im Bereich zwischen Familie und Staat, wofür sich zum Beispiel das Modell des »erwachsen« gewordenen Kommunikationszentrums anböte. Ermutigung zur Kommunikation bedeutet, das dem Menschen immanente soziale Potential wiederzuentdecken. Wir dürfen freilich nicht so tun, als entwickelte sich Kommunikation naturwüchsig, quasi von selbst. Wer dieser Idee Vorschub leistet, fördert einen expandierenden Freizeitmarkt. Atomisierte Individuen werden für die Strategen von Markteroberungsfeldzügen zur leichten Beute. Sie lassen sich von der Kultivierung der »feinen Unterschiede« (Pierre Bourdieu) des Prestigekonsums leicht einfangen; sie überlassen sich ohne Not den damit verbundenen grotesken Erscheinungen wie dem Vorzeigen von Markenzeichen und Etiketten, die schon von weitem sichtbar die Konsumklasse des Trägers erkennen lassen.

Solidarität als menschliche Grundtugend wird nicht nur im internationalen Rahmen in »Zärtlichkeit der Völker« übersetzt, wie die aktuellen Solidarbewegungen mit den Völkern der Dritten Welt es nennen. Sie ist auch im sozialkulturellen Bereich ein notwendiges Element, das nicht nur Lebensqualität zu potenzieren vermag, sondern auch Zukunftsperspektiven eröffnet, indem sie gegen Isolation wechselseitige Hilfen aktiviert.

Die Merkmale des Kulturbürgers

Unser Idealbild vom Kulturbürger scheint Gestalt zu gewinnen:
– Er ist *erstens* friedensfähig. Indem er eine Lebensform entwickelt, die dauerhaft ohne Unterdrückung, Ausbeutung und Raubbau praktiziert werden kann, verschafft er sich selbst und seiner Lebensform eine Zukunft.
– Er ist *zweitens* mußefähig und damit in der Lage, souverän mit seiner Zeit umzugehen, und zwar nicht nur allein als Individuum, sondern auf überindividueller *und* gesellschaftlicher Ebene.
– Er hat *drittens* deshalb mehr Zeit, weil die Arbeit gleichmäßiger verteilt ist und weil er in die Lage versetzt wird, bewußt Prioritäten für Dinge zu setzen, die ihm wichtig sind.
– Er kann *viertens* auf eine anregungsreiche Infrastruktur zurückgreifen, die ihm hilft, die Zeit mit Lebensqualität zu erfüllen.
– Er ist schließlich *fünftens* zu einem nicht-entfremdeten Umgang mit dem Reichtum in der Lage. Statt sich von Moden- und Konsumzwängen knechten zu lassen und dabei seine und anderer Zukunft zu ver-

spielen, kann er seinen Reichtum für Zwecke der Lebensqualität und Persönlichkeitsentwicklung nutzen, ohne der Langeweile anheimzufallen.

– Er ist schließlich *sechstens* imstande, als soziales Wesen seine Kommunikation und Kooperation mit anderen lustvoll, erlebnisoffen und ergebnisreich zu koordinieren.

Zukunftsforscher glauben, »daß die wesentlichen Weichenstellungen für eine akzeptable Art des Überlebens der Menschheit im Bereich der Menschenbilder und des Wertewandels« geschehen.[7] Das enttäuscht die Hoffnungen der Technokraten – sie müssen damit fertig werden. Aber es wertet den kulturellen Bereich insgesamt auf, und damit unser Bild vom Kulturbürger.

Ist dies eine überzogene Utopie? Wir haben eingangs erklärt, daß Utopien notwendige Bestandteile der Kultur sind. Gleichwohl läßt uns die Frage nicht los, ob solche Eigenschaften und Fähigkeiten angesichts der gegenwärtigen materiellen Strukturen überhaupt zu realisieren sind. Da genügt die Optimierung der kulturellen Infrastruktur nicht, auch wenn sie personell bestens ausgestattet wäre. Da braucht es Zeit und Geduld. Auch dies scheint mir wichtig: Es handelt sich um einen kulturellen *Prozeß.* Wenn wir sehen, daß eine einzelne Bank in der Bundesrepublik eine Bilanzsumme verwaltet, die in ihrer Größenordnung vergleichbar ist mit dem Haushalt unserer Republik, dann sagt dies auch etwas über die herrschenden Machtverhältnisse.

Wir geben die Hoffnung aber nicht auf. Nicht nur, weil wir ohne Hoffnung nicht leben könnten, sondern vor allem, weil wir im Prozeß des gegenwärtigen Wertewandels erste Zeichen für eine Umkehr zu erkennen glauben. Der Kulturbürger vergrößert mit seinem individuellen Wertesystem, mit seiner Vision von einer Zukunft, in der wir uns gern einrichten möchten, die Chancen für seine eigene und für unser aller Zukunft. Wird er sich wie der Baron von Münchhausen am eigenen Schopf aus dem Sumpf ziehen können? Oder ist mit Brecht »der Vorhang zu und alle Fragen offen«?

II. Kulturpolitik.
Aufgaben und Aussichten

6. Kulturpolitik und Kulturzerstörung

Kultur oder Zivilisation?

Der bis dahin weitgehend unreflektiert gebliebene Begriff der »Kultur« wurde an der Schwelle zum neunzehnten Jahrhundert problematisch, und zwar im Gefolge einer meist restaurativen Reaktion auf die beginnende industrielle »Zivilisation« und die damit entstandene »materialistische Philosophie«. In tiefer Sorge um die Kulturentwicklung hatten sich nicht allein in Deutschland romantische Gemüter darauf kapriziert, Kultur als Kultivierung menschlicher »innerer« Werte deutlich zu unterscheiden von Zivilisation als nur »äußerlicher« wissenschaftlicher, technischer und industrieller Entwicklung. Doch während im Ausland derartige Auffassungen etwa von Samuel Taylor Coleridge, Thomas Carlyle und später von Mathew Arnold ohne Konsequenzen blieben und einschlägige amerikanische und englische Lexika die Begriffe »Culture« und »Civilisation« unter ein und demselben Stichwort abhandeln, wirkte in Deutschland der einmal aufgekommene Gedanke von innerer, also wahrer Kultur und »bloß« äußerer Zivilisation heillos fort. Norbert Elias ist in seiner bahnbrechenden Studie über den »Prozeß der Zivilisation« der Etymologie dieses Begriffspaars mit soziologischer Phantasie nachgegangen. Es sind feinsinnige Differenzierungen, auf die T. S. Eliot (in »Notes towards the definition of culture«)[1] sich nicht einläßt. Er urteilt vielmehr schlicht, »Civilization« bzw. »Culture« meine vor allem ein gutes soziales Verhalten: das Gegenwort heißt bei ihm, der jede Unterscheidung nicht nur für künstlich, sondern auch für überflüssig hält, »Barbarity«.

Die deutschen Denker der Nach-Romantik hingegen wollten auf diese Unterscheidung nicht verzichten, um schließlich kulturkritischen, gar polemischen Gebrauch davon zu machen. So entspricht das Gegeneinander-Ausspielen von Kultur und Zivilisation fragwürdiger deutscher Tradition, die dem Begriff nach zwar schon bei Kant begann, allerdings so, daß Kultur und Zivilisation ohne moralische Fundierung beide keinen Wert haben. Erst Wilhelm von Humboldt formuliert dann expressis verbis die Entgegensetzung von »äußerlicher« und »innerlicher« Kultur. Ihren eigentlichen kulturkämpferischen Elan und kulturpessimistischen Unterton bekommt diese Unterscheidung schließlich bei Oswald Spengler. Für den Autor von »Der Untergang des Abendlandes« (1918–1922) ist Zivilisation nichts als die bedrohliche Endzeit von Kultur, ihr Verfallsstadium:

Zivilisation kennt keine Zukunft der Kultur mehr, sie ist Erstarrung und ihr moribundes Ende.

Etymologisch abgeleitet ist das Wort »Zivilisation« von einem rechtlich-sozialen Zustand, nämlich jenem erstrebenswerten Gut, ein Bürger zu sein, ein Civis – und damit Bürger des römischen Reiches. Kein Civis zu sein, also nicht zivilisiert, das bedeutete, »Barbar« zu sein: Damit war zuerst nur der Nicht-Bürger gemeint, aber bald war »Barbar« die Bezeichnung für einen bedauernswert Verächtlichen, der nicht teilhatte an den Segnungen der römischen Zivilisation – und damit an Kultur überhaupt.

Auch »Kultur« ist ein Lehnwort aus dem Lateinischen (agri cultura), es steht für Ackerbau, für die Pflege des Bodens. Doch schon bei Cicero finden sich metaphorische Wendungen von Kultur wie »cultura animi« (Pflege des Geistes und des Gemüts), womit er die Philosophie bezeichnet. Kultur als eigenständigen Begriff, der unverbunden verwendet werden kann, benutzt allerdings erst der deutsche Naturrechtslehrer Samuel Pufendorf (1632–1694): Er setzt den Status der »cultura« dem »status naturale« entgegen, also dem rohen, unkultivierten Zustand der Gesellschaft.[2] Der Streit zwischen denen, die Kultur allein den schönen Künsten überlassen möchten, und denen, die einem weniger spezialisierten Kulturbegriff anhängen, hat Tradition: Schon Platon bestritt im »Protagoras« den Anspruch der sogenannten schönen Künste und der Literatur auf Vorrang vor allen anderen Bereichen menschlichen Handelns.

Im Anschluß an die Tradition von Humboldt bis Spengler meint Kultur schließlich im öffentlichen Bewußtsein alles, was der Begriff jenseits der materiellen Lebensbedingungen abdeckt: Kunst, Religion, Literatur, Geisteswissenschaft, reine Wissenschaft. Als Zivilisation wird dagegen definiert, was der bloßen Erleichterung des Daseins dient: Technik, Naturwissenschaft, Hygiene, Komfort.

Dieser künstliche Gegensatz wurde in den sogenannten »Ideen von 1914« zugespitzt zur Weltkriegsideologie des deutschen Bildungsbürgertums: Mit Worten wie »deutsche Tiefe« und »deutsche Kultur« wurde gegen die angeblich oberflächliche »Zivilisation« des Westens polemisiert. Thomas Mann hat in seinen »Betrachtungen eines Unpolitischen«[3] 1918 die materialreiche Summe dieser Auffassungen gezogen. Damals optierte er eindeutig für eine elitäre, auf romantisierende Religiosität und aristokratischen Abstand zur Masse sich berufende Kultur; die Schriften seines Bruders Heinrich Mann rechnete er verächtlich jener Kategorie der »Zivilisations«-Literatur zu, die man als guter Deutscher bekämpfen müsse.

Schon kurz nach seinem Verdikt hat Thomas Mann diese einseitige Sicht aufgegeben und Recht und Bedeutung eines umfassenderen Kulturbegriffs erkannt. Hierin integriert er nun sowohl die materiellen Lebensumstände, die sozialen Institutionen der bürgerlichen Freiheit als auch Literatur, Kunst und Wissenschaft. Während die reaktionären Apologeten jener »deutschen Kultur«, die sie gern die »tiefe« nannten, die angeblich morbide westliche Zivilisation als Bedrohung der Eigenart deutscher Kultur verteufelten, war Thomas Mann bewußt geworden, wie heuchlerisch und wie menschenfeindlich jener schmallippige elitäre Kulturbegriff tatsächlich war. Elite – das war die unüberwindbare Schranke zwischen den auserwählt wenigen und der großen Masse; ein heute anachronistischer Begriff, der gleichwohl in Krisenzeiten zur erneuten Verwendung wieder von Spinnweben befreit wird.

Da nur auf der Grundlage von genügend freier Zeit Menschen an Kultur im engeren Sinne überhaupt partizipieren können, sind hierfür die Errungenschaften der Kultur im materiellen Sinne, also der Zivilisation, unentbehrlich. Schon Spinoza betont ausdrücklich, die Nützlichkeit und Notwendigkeit der Gesellschaft liege u. a. darin, daß allein hier der Mensch Kraft finde und Zeit habe für Künste und für Wissenschaften, die zur Vervollkommnung der menschlichen Natur und zur Glückseligkeit unabdingbar sind.[4] Die Produktivitätssteigerung durch die Technik erlaubt eine Verkürzung des Arbeitstages und der Lebensarbeitszeit bei gleichzeitiger Verbesserung des materiellen Wohlstandes. Die Geschichte zeigt allerdings, daß dies tatsächlich nur geschieht, wenn dafür energisch gekämpft wird. Je niedriger der Stand der technischen Entwicklung in einer industriellen Gesellschaft ist, desto geringer sind die Möglichkeiten der Partizipation an Kultur: Je weniger demokratisch und sozial eine Gesellschaft ist, desto ungleicher verteilt sind jene realen Chancen der Teilhabe.

Wer Kultur von Technik und von freiheitlichen demokratischen Institutionen und Rechten isoliert, der macht damit – ob er sich dessen bewußt ist oder nicht – »höhere Kultur« zu einem Privilegierten-Luxus: Er verleugnet zugleich den immanenten Verwirklichungsanspruch humanistischer Kunst und Philosophie, wie er in der klassischen bürgerlichen Kultur als eminenter Wirkungsfaktor einmal enthalten war. Die Hypostasierung der Kultur zum Objekt aber unterwirft sie den jeweiligen Moden.

Es ist hier also Kultur nicht als ihr eigener Überbau gemeint, sondern als die Basis menschlicher Tätigkeit, ein Begriff von Kultur, der den Bannkreis der engen ästhetischen Kategorien der traditionell schönen Künste überschreitet und dessen Ästhetik auch jene ethischen Kategorien umfaßt, wie sie Peter Weiss in seiner »Ästhetik des Widerstands‹ formuliert – als Verbindung von sozialen *und* politischen Einsichten. Philosophisch mehr auf Herder als auf Marx sich berufend, geht Weiss von einem erweiterten Ästhetikbegriff aus, der auch Qualitäten wie »Menschenwürde,

Mut, Ausdauer berücksichtigt, Eigenschaften, die gerade jetzt, da vieles von dem, was wir erstreben, sich im Zerfall befindet, da der Glauben an einen Fortschritt, eine Besserung der Verhältnisse... von Zweifeln durchsetzt wird«, Bedeutung erlangen.[5]

Zerstörung als Voraussetzung des Neuen?

In der Geschichte unserer Kultur hat es immer wieder Phasen gegeben, wo Künstler und Kulturproduzenten selbst noch der Zerstörung von Teilen des kulturellen Lebens Positives abzutrotzen hofften: Aus Zeiten großer Umbrüche wie der Reformationszeit oder in Ansätzen auch nach 1918 – ich denke an die »Kunstlump«-Debatte –, oder aus den Jahren nach 1968 erinnern wir Ereignisse, bei denen heftige Auseinandersetzungen mit dem Überkommenen die Form gewalttätiger Negation annahmen: Letztlich hatten wir es mit Kulturzerstörung als Beseitigung des »Alps toter Geschlechter« zu tun, als Befreiung von dem »Muff von tausend Jahren«.[6]

Heute, und dies scheint mir ein erstaunliches Phänomen, werden wir länger suchen müssen, um in den Ritzen des kulturellen Prozesses Relikte solcher Haltungen zu finden – wiewohl doch jeder weiß, daß, wer Neues schaffen will, das Alte verdrängen, ja, manchmal zerstören muß. Für unser aktuelles Kulturleben sind solche negierenden, kulturrevolutionären Strömungen völlig irrelevant geworden (was sich allerdings auch ändern kann).

Viel häufiger als der Kulturzerstörung selbst begegnen wir heute der *Furcht* vor der Zerstörung der Kultur: Diese Angst findet man nicht nur bei jenen, die um das schöpferisch angeeignete kulturelle Erbe bangen, sondern auch in den politischen Haltungen von Künstlern und Intellektuellen, die heute für das Morgen produzieren. Ich meine jene Schriftsteller, bildenden Künstler und Professoren in unserem Land, die sich nicht davon abbringen lassen, ihr ästhetisches Schaffen in einem Zusammenhang mit dem Bemühen der Menschen zu sehen, den Frieden zu sichern, um den atomaren Holocaust zu verhindern. Auf sie muß es makaber wirken, wenn einerseits mikroverfilmte Kulturwerte tief in atombombensichere Kasematten verbunkert werden, auf der Oberfläche unseres deutschen Landes gleichzeitig aber ein atomares Vernichtungspotential angehäuft wird, wie in solcher Massierung sonst nirgends auf unserem Globus. Kulturzerstörung in der damit heraufdräuenden finalen Form ist sicherlich die radikalste aller vorstellbaren: Die Zerstörung ganzer Kulturen im anthropologischen Sinne, ja, vielleicht die der menschlichen Kultur überhaupt.

Kardinal Höffner sprach anläßlich einer Friedensbotschaft der katholischen Bischöfe von einer Galgenfrist, die uns geblieben sei. Die Kontinuität dessen, was sich an Brutalität und physischer Vernichtung von Menschen und Kulturen durch die Menschheitsgeschichte zieht und was mit Auschwitz durch die maschinelle Extermination den entsetzlichen Sprung ins Industriezeitalter tat, würde mit der Anwendung der neuen Waffen einen neuen qualitativen Sprung vollziehen: vermutlich den allerletzten.

Das Kaputtsparen in der Kultur

Aber es gibt andere, kurzfristigere Aspekte von Kulturzerstörung, die stärker auf Kultur im engeren Sinne bezogen sind – solche, die uns immer wieder im Zusammenhang mit Krisen der öffentlichen Haushalte zu schaffen machen. Der Schweizer Finanzwissenschaftler Guy Kirsch hat kürzlich dazu aufgerufen, die Kommunen aus der kulturellen Verantwortung zu entlassen und – pars pro toto gesprochen – den »Don Giovanni« und »Die lustige Witwe« wieder den Gesetzen des Marktes zu überlassen.[7]
Keine Vermessenheit kann offenbar dümmlich genug daher kommen, um nicht angesichts von Finanzkrisen von manchen »Sparpolitikern« aufgegriffen zu werden: Jedoch waren Mozart oder Lehár, ja, die Künste überhaupt, zu keiner Zeit unserer Kulturgeschichte gänzlich dem Markt überlassen. Von jeher wurden in unserer abendländischen Tradition die Künste auch durch das Mäzenatentum gefördert. Wegen ihrer Sakralmission oder ihrer Kultusfunktion, aber auch als Decorum officiale wurden sie auf eine den entsprechenden vordemokratischen Machtverhältnissen jeweils angemessene Weise öffentlich finanziert: Den höfischen Theatern verdanken unsere Schauspieler ihre Kontinuität. Als Präsident des Deutschen Bühnenvereins hat Walter Wallmann den Privatisierungsfetischisten Kirsch energisch in die Schranken verwiesen, weil sonst »zum Schluß die Kultur dabei auf der Strecke bleiben« wird. Deswegen bleibe er bei seinem Petitum, »die öffentlichen Hände im Obligo zu belassen«.[8] Tatsächlich lassen sich die Künste auch heute, wollen wir ihrer Sozialfunktion teilhaftig werden, nicht auf Gedeih und Verderb dem Markt unterwerfen.
Allerdings hat der Markt gelegentlich von den Vorleistungen der öffentlichen Kulturförderung parasitär profitiert: Ich denke hierbei etwa an einige total verkommerzialisierte Angebote der Kulturindustrie. Der Plattenmarkt liefert dafür ein besonders drastisches Beispiel. Die vollständige Unterwerfung des Kulturellen unter die Gesetze von Angebot und Nachfrage würde sich kaum weniger kulturzerstörend auswirken als ihre Subordination unter jeweilige politische Opportunität, wozu ja An-

sätze bereits zu beklagen sind, oder wie die Reduzierung der Künste auf unverbindliche Unterhaltung oder stumpfsinnige Betriebsamkeit. Auch im Bereich der Populärkultur gilt es, das Widerständige, das Refraktäre zu stärken. Auch die bloße Multiplikation von Unterhaltungen mit Kulturrudimenten durch eine Inflation von Kabelprogrammen hebt die Sozialfunktion von Kultur auf.

Nicht nur durch die gelegentlich als Allheilmittel propagierten radikalen Privatisierungskonzepte droht Zerstörung einer »Kultur für alle«. Auch Kürzungen der Kulturbudgets bedeuten latente Gefahr für die Hervorbringung der Künste wie für die Teilhabe daran. Kultur kaputtzusparen läuft langfristig auf nichts anderes als Kulturzerstörung hinaus. Schnell streicht der allzu forsch aktivierte Rotstift vielfach die Substanz gleich mit, zum Beispiel, wenn, wie gelegentlich vorgeschlagen wurde, die Museen ihre Depots aufräumen sollten, um durch Verkäufe von Magazinbeständen ihre laufende Arbeit zu finanzieren. Wenn den Büchereien Mittel für Neuanschaffungen entzogen werden, kommen langfristig nicht nur weniger Bücher auf den Markt, auch die Lesekultur und die öffentliche Informationspflicht werden behindert.

Es bleibt in diesem Zusammenhang aber noch auf eine andere Problematik hinzuweisen. Viele starren bei den Kulturetats, gebannt wie das Kaninchen auf die Schlange, auf die hohen fixen Kosten, die ein personalintensiver Apparat wie z. B. Bühnen verursachen. Aber Geld dort drastisch einzusparen hieße nicht nur, die Qualitätsspitze abzuschneiden, sondern auch Arbeitsplätze zu vernichten. Wir müssen bereit sein, die Konsequenzen daraus zu ziehen, daß kulturelle Bereiche personalintensiver sind als andere, weil sie sich nicht in gleichem Maße rationalisieren lassen.

Kultur und »Kostenkrankheit«

Wenn auf der einen Seite die Industrie dank neuer Technologien ihre Produktivität pro Arbeitsstunde fortwährend steigert, so können stärker personengebundene Leistungen wie in der Kultur und im Sozial- oder Bildungsbereich oder auf sozialem Sektor damit nicht Schritt halten. Die Kosten pro industrieller bzw. kultureller »Produktionseinheit« laufen diametral auseinander. Während Industrieprodukte und automatisierte Dienstleistungen sich immer billiger herstellen lassen, werden die vom intensiven Einsatz menschlicher Arbeitskraft abhängigen Leistungen teurer.[9]

Die Reaktion auf diese Kostenschere darf aber keinesfalls die kurzsichtige Kürzung in Bereichen sein, die, wie die Kultur, bloß in üppigeren

Zeiten als lebensnotwendig eingestuft werden, sondern kann in einem Kulturstaat nur bedeuten, ihren relativen Anteil am Gesamteinkommen zu steigern. Denn Kultur und Künste sind in Krisenzeiten noch wichtiger, als sie es sonst sind. Es ist unmöglich, der öffentlichen Hand die nichtrationalisierbaren Leistungen zu überlassen und dieser dann hämisch vorzuwerfen, sie produziere zu teuer. Die vollautomatisierte Fabrik, in der die perfekten Greifarme der Roboter Menschenhand ersetzen, muß zwangsläufig eine wesentlich höhere Quote der Steuerlast tragen, da die Menschen auch auf nicht-rationalisierbare Leistungen angewiesen sind. Ralf Dahrendorf hat darauf hingewiesen, daß die sogenannte strukturelle oder technologische Arbeitslosigkeit genau genommen Arbeitslosigkeit aufgrund des Preisvorteils der Technik gegenüber der Arbeit sei.[10] Die Technik wird also billiger, die Arbeit hingegen teurer.

Dies gilt um so mehr, als die relative Verarmung breiter Schichten unserer Bevölkerung durch Arbeitslosigkeit, gepaart mit dem »Angstsparen« jener, die noch auf der Sonnenseite des Wohlstandes leben, die Partizipation an der Kultur aus ökonomischen Gründen zu verringern drohen. Die Tagessorgen der Menschen scheinen vorderhand dringlicher als das Bedürfnis nach Kultur.

Die Krise der Kulturfinanzierung und damit der Teilhabe an Kultur wird daher nur bewältigen können, wer sie als Teil einer Strukturkrise begreift. Wir müssen bewußt machen, daß Kultur eine größere Bedeutung hat, als in ihrer Luxusleistungs- und Entspannungsfunktion definiert ist. Sie ist eindeutig Zukunftsinvestition: Sie trägt, wenn sie sich frei entwickeln kann (aber nur dann), auf unverzichtbare Weise zur Bewältigung von gesellschaftlichen Anpassungsproblemen und Entwicklungsdefiziten bei. Vor allem heißt das nicht, *an* der Kultur zu sparen, sondern *durch* die Kultur, denn was heute für die Optimierung der kulturellen Infrastruktur investiert wird, schafft langfristig Einsparungen im Sozialhaushalt.

Zerstörerische Einvernahme der Kultur

Im Kontext der Relation zwischen Marktmechanismus und Kulturdynamik ist noch auf etwas anderes hinzuweisen: Wir erleben in der gegenwärtigen Kulturdiskussion, daß künstlerische Werte und kulturelle Institutionen wieder stärker in ihrer sozialen Komponente und ihrer gesellschaftlichen Funktion gewürdigt werden. Auch in der politischen Diskussion wird neuerdings auf die stabilisierenden Leistungen hingewiesen, die eine gedeihliche kulturelle Infrastruktur für die Gesellschaft erbringt, soweit sie geprägt ist durch nicht hinterfragte Traditionen und Erfahrungen der Generationen vor uns.[11]

Daran ist sicher manches wahr. Gleichwohl darf dabei nicht vergessen werden, daß die Künste nicht nur diese statische Funktion haben, etwa indem ihnen die Vermittlung von legitimierenden »ewigen Werten« zugeschrieben wird. Die Künste sind Mittel zur Anpassung an die Zukunft; sie haben Entwurf-Charakter, sind Seismographen einer veränderten Realität. Mit anderen Worten: Die Sozialfunktionen der Künste dürfen nicht allein im Statischen gesucht werden, die Künste tragen vielmehr gewichtig zur Orientierung auf eine neue, veränderte Realität bei, auch zu einer neuen Einschätzung der Werte, für die es sich zu leben lohnt, und ebenso zur Sinnorientierung.

Allerdings handelte im Selbstwiderspruch, wer die Tugenden der Tradition bei uns beschwört, gleichzeitig aber Zerstörung tradierter Werte in anderen Teilen der Welt propagiert. Durch die Dynamik des europäischen Marktes und die Macht des freien Welthandels werden an der europäischen Peripherie und in der Dritten Welt um einer Schein-Freiheit willen gigantische Prozesse der Traditionszerstörung in Gang gesetzt, wie sie in der Weltgeschichte als einmalig bezeichnet werden müssen.

Wenn wir Kultur und Tradition für unaufgebbare Werte halten, weil wir nicht ohne unsere durch sie bewahrte Herkunft existieren können, dann gilt dies nicht nur für uns selber, sondern auch für alle anderen Völker. Also dürfen wir nicht gleichzeitig tatenlos zusehen, wie die Kulturen der Dritten Welt durch die Import- und Exportpolitik besonders der beiden Machtblöcke usurpiert werden.

Die Mittel, mit denen sich Menschen der betroffenen Völker den niederen Formen der höheren Gewalt widersetzen, sind zugegebenermaßen nicht selten fragwürdig und keineswegs überall human. Die Furcht, die »Seele der eigenen Kultur« zu verlieren, keine ausreichende Zeit zu haben, um all das zu adaptieren, was man – unter Bewahrung der eigenen Identität – brauchen könnte, führt nicht selten zu Regressionen, wie wir sie seit einigen Jahren etwa im Iran beobachten. Aber wir Europäer, Amerikaner und Japaner müssen uns fragen lassen, ob nicht auch wir indirekt an solchen Rückschrittlichkeiten schuldig wurden: Statt die Interessen und Bedürfnisse der Bevölkerungsmehrheit jener Länder sorgfältig zu studieren, haben wir uns schamlos damit begnügt, eine Minderheit an der Spitze der Gesellschaft zu europäisieren und sie zu Exponenten unserer Kultur und zu Verwesern unseres Wirtschaftssystems zu ernennen. Der Kolonialismus ist nie nur ein materielles, sondern immer auch ein kulturelles Problem der Überlagerung gewesen.

Nicht nur der vom wirtschaftlichen Egoismus bestimmte »Kulturexport«, auch die Verwandlung aller »Kulturgüter« in Waren und aller kulturellen Aktivitäten in die Produktion von Konsumartikeln stellen eine – wenngleich subtilere – Form der Kulturzerstörung dar. Die Kultur, welche die

Europäer, Amerikaner und Japaner heute beim gewaltigen »Rest der Welt« als Trugbilder verbreiten, ist selbst schon fragwürdig geworden. Um so fragwürdiger ist es, wenn wir aufgrund unserer ökonomischen Stärke ältere, unabhängige Kulturen sich selbst bis zur Zerstörung entfremden.

Internationale Medienpolitik und nationale Kultur

Im März 1983 fand in Stuttgart-Hohenheim ein Symposium über »Entwicklung und Kommunikation« statt, das die fatale Rolle thematisierte, welche die moderne Kommunikationstechnologie für die Dritte Welt spielt. Dabei meinte der Medienbeauftragte unseres Ministeriums für auswärtige Beziehungen: »Für die Medienpolitik zwischen den Staaten sind nicht Regierungsverbote, sondern ›Fit-Machen‹ zum Wettbewerb die richtige Strategie.« Doch vor solch hybrider Strategie müssen die Staaten der Dritten Welt mangels eigener Stärke kapitulieren: Bis sie ein konkurrenzfähiges Kommunikationsnetz aufgebaut hätten (falls sie dies überhaupt wollen), wäre ihre eigene Kultur durch Importe anglo-amerikanischer Medien-Konfektion und durch die Werbung für prestigeträchtige, teure Importgüter völlig zerrüttet: Schon »von den alten Antennen kamen die alten Dummheiten«, heißt es bei Brecht, die Weisheiten hingegen »wurden von Mund zu Mund weitergetragen«.

Höchst verwunderlich ist beispielsweise, wie wenig Verständnis wir der Forderung entgegenbringen, die Ausstrahlung von Satellitenprogrammen von der vorherigen Zustimmung der potentiellen Empfängerländer abhängig zu machen. In der vom deutschen Bundestag eingesetzten Enquête-Kommission »Neue Informations- und Kommunikationstechniken« (1981–1983) gab es dazu eine interessante Kontroverse, an der ich als Kommissionsmitglied teilhatte: Während wir uns zunächst einig darüber waren, daß das durch die neuen Kommunikationstechnologien geschaffene Potential der Beeinflussung des politischen, kulturellen, sozialen und religiösen Lebens in anderen Staaten auch Risiken transportiere[12], forderte schließlich die konservative Bank der Kommission, dieses Problem doch bitte »wertorientiert« zu würdigen: Denn die Verbreitung von Informationen in Ländern mit totalitären Strukturen sei unter diesem Gesichtspunkt eben kein Risiko, »sondern könne im Interesse der Menschenrechte bzw. der Menschenrechtsbewegung liegen«[13]. Die Risiken »für die nationale Souveränität, die kulturelle Unabhängigkeit und Eigenart der Empfangsländer, die Erhaltung nationaler Medienstrukturen« würden »in der Regel übertont«, während die Chancen, die in einem kulturellen Austausch lägen, »in der Regel als zu gering bewertet«

würden.[14] Konsequent widmet der folgende Text des Kommissionsberichts kein einziges Wort jener benachteiligenden Situation, wie sie sich als Status quo der Staaten der Dritten Welt darstellt, für die eine oktroyierte Öffnung zugunsten der Medien aus den Industrienationen höchst nachhaltige kulturelle und ökonomische Folgen zeitigen wird, (z. B. durch Werbung für Importprodukte), denn sie sind nur der Theorie nach gleichberechtigte Partner.

Im Kommissionsbericht wird lediglich erläutert, weshalb die neuen Technologien rücksichtslos in die Systemauseinandersetzung zwischen Ost und West einbezogen werden sollen – unbeschadet aller außenpolitischen Folgen, die notwendigerweise dadurch verursacht werden könnten.[15]

Kulturzerstörung durch Medienexplosion

Wir sollten uns aber auch mit den möglichen kulturzerstörerischen Folgen der neuen Medien hierzulande auseinandersetzen. Es geht dabei nicht allein um einen viel zu niedrig gegriffenen Zeitrahmen – als ob Kultur sich nicht auch darauf bezöge, was Menschen für sich und ihre Kinder als lebenswerte Zukunft sich vorstellen. So möchte der zitierte Enquête-Bericht allzu gern als eine Art Tranquilizer wirken, indem er beruhigend darauf hinweist, daß negative Folgen etwa für den Einzelhandel frühestens Anfang der 90er Jahre zu gewärtigen seien.[16] Was aber ist von der Zukunftsperspektive einer Gesellschaft zu halten, und wie lauten die Prognosen für den Kulturzustand dieser Gesellschaft, wenn Politik nur noch in solch gedrängten Zeitdimensionen denkt und plant und handelt, die selbst für ein einzelnes Menschenleben viel zu kurz sind? Die Infrastruktur-Ausstattung veraltet in immer rascheren Zyklen; einschlägige Experten rechnen mit Generationsfristen der neuen Technologien von nur noch zwischen 6 und 9 Jahren.[17]

Auch andere Aspekte der neuen Technologien stellen sich für die allgemeine Kulturentwicklung als höchst problemreich dar. Jene Fortschritts-Euphorie, die alle neuen Technologien und ihre mögliche Realisierung illuminiert, verblaßt in dem Maße, wie der Arbeitslosensockel konstant bleibt und wir Gewißheit gewinnen müssen, daß die neuen Technologien nur für einige wenige Investitionsgüter-Industrien neue Arbeitsplätze schaffen, während sie in anderen Zweigen von Produktion und Dienstleistung massenhaft Arbeitsplätze vernichten. Daß die erzwungene Freizeit von weit über zwei Millionen Arbeitslosen keine echte Chance für Kultur und Bildung bedeutet, hat sich inzwischen auch bei jenen herumgesprochen, die mit Paul Lafargue gern das »Recht auf Faulheit« proklamieren. Aber vielleicht gehören diese Arbeitslosen zu dem einkalkulierten »Bodensatz«, den die Befürworter einer raschen Entwicklung der Medien in menschenverachtendem Zynismus in Kauf zu nehmen offenbar bereit sind.

Sie widersprechen nicht einmal der Befürchtung, daß die neuen Medien zugleich neue Barrieren für den Zugang zu Information und Wissen aufrichten und das Verlangen auf freie Information begrenzen könnten, sondern stellen dies einfach als tolerabel dar: Nach ihrer durchaus fragwürdigen Rubrizierung der Gesellschaft sind ohnehin fünfzehn Prozent der Bevölkerung »ohne Abschluß (bzw. sind funktionelle Analphabeten) und kaum integriert in die Bildungs- und Kulturwelt einer Gesellschaft«. Der konservative Flügel der Enquête-Kommission wähnt diese offenbar als hoffnungslos aufzugebende Gruppe allein »aufgrund ihrer Bildungs- und sonstigen Bedingungen weitgehend außerhalb der soziokulturellen Gemeinschaft. Diese Gruppe wird die neuen Technologien, wenn überhaupt, gewiß nicht in einer bildungswirksamen Weise verwenden. Sie verwendet allerdings überhaupt nichts in einer gesellschaftlich gesehen konstruktiv bewerteten Weise. Diese Gruppe ist in ihren verschiedenen Außenseiterrollen derart verfestigt, daß sie sich in ihrem negativen Status nicht weiter verschlechtern kann... Während sich also für eine kleine gesellschaftliche Schicht, deren Außenseiterposition ohnehin kaum veränderbar erscheint, der ›knowledge gap‹ tatsächlich vergrößern wird, gewinnen andere, große Gruppierungen die Möglichkeit, Informations- und Bildungsdefizite zu verringern«.[18]

Eine solche Einschätzung ist blanker Hohn. Die Ausgrenzung von neun Millionen betroffener Menschen zerstört nicht nur die Kultur einer Gesellschaft, sondern auch ihren kulturellen Frieden mit ihrer Lebensgrundlage. Man kann nicht einfach fast ein Sechstel der Bevölkerung unserer Bundesrepublik aus dem gemeinsamen Daseinszusammenhang gleichsam exkludieren und sich selbst überantworten. In Zeiten der Konjunktur war diese Bevölkerungsgruppe einmal begehrte Arbeitskraftreserve – sogar die Betriebe bemühten sich damals um den Abbau von Bildungsbarrieren. Heute wird diese Gruppe cool abgeschrieben, und wie die Erfahrung lehrt, nimmt mit steigender Arbeitslosigkeit auch die Größe dieser Gruppe zu. Für manche der abgeschriebenen vielen bleiben heute statt des Bildungszugangs und einer Kultur für alle im Notfall Alkohol und Psychopharmaka (»Ohne Psychopharmaka ist unsere Gesellschaft nicht mehr denkbar«, meinte in unfreiwilliger Offenheit kürzlich ein hoher Beamter der Bundesforschungsanstalt für Ernährung in Karlsruhe[19]). Daß es sich hier nicht um konkrete Kulturzerstörung handele, kann wohl nur behaupten, wer Kultur als »höhere Angelegenheiten« einer isolierten Elite vorbehalten möchte.

Neue Medien und öffentlicher Kulturbetrieb

Kritisch zu bewerten bleiben auch die direkten Auswirkungen der neuen Medien auf das kulturelle und geistige Leben. Der Deutsche Städtetag verfolgt die rapide Entwicklung nicht ohne Skepsis: Im Geschäftsbericht 81/82 begrüßt er zwar eine wachsende Informationskultur und die gesteigerten Teilhabechancen, fürchtet aber »gleichzeitig auch mögliche negative Folgen, insbesondere eine Förderung noch stärkeren passiven Fernsehkonsums«.[20] Er erhofft sich in einem »ordnungspolitischen Rahmen für alle Anwendungsformen neuer Kommunikationstechnologien« ein wichtiges Regulativ.[21] Auf folgende weitere Gefahren ist deshalb hinzuweisen: Der einseitige internationale Medienaustausch und der erleichterte Zugang ausländischer Produktionen zum inländischen Markt bedroht die einheimischen Programmanteile (Filmemacher, Autoren, Schauspieler). US-amerikanische Produkte besitzen schon heute einen überproportionalen Marktanteil von 65–70%.[22] In dieser Hochrechnung stören nicht die Filme von Chaplin, Billy Wilder oder Robert Altman, sondern geistig armselige Produkte wie Bonanza, Die Waltons, Dallas oder Denver-Clan etc. Dies Kulturimport zu nennen, wäre dafür eine geradezu euphemistische Vokabel. (Jack Lang wird diese Praxis 1982 in Mexiko als kulturelle Kolonisierung Europas anprangern.)

Auch beim wissenschaftlich-technischen Informationsaustausch fließen Informationsströme eher vom Ausland in die Bundesrepublik als umgekehrt. Ein weitgehend einseitig in die Bundesrepublik gesteuerter Informationsfluß »kann erhebliche Auswirkungen auf die Kultur und Wirtschaft in Deutschland mit Folgen für die Arbeitsplätze haben. Um solche Folgen abzuwehren, haben daher andere Staaten Maßnahmen zum Schutz ihrer kulturellen Identität ergriffen. So hat beispielsweise Kanada zum Schutz vor Überfremdung durch amerikanische Programme ein Quotierungssystem eingeführt, wonach 60% aller kanadischen Fernsehprogramme kanadischen Ursprungs sein müssen«.[23] Einerseits hoffen viele Kunstproduzenten von dem neuen Medien-Kuchen profitieren zu können, andererseits muß eine Überflutung mit weltweit standardisierter »Reproduktion des Niedrigen« (Adorno) etwa nach dem Schnittmuster von »Dallas« befürchtet werden.

Auch die »Software-Krise«, also jener Mangel an verwendbaren Programmen für die Arbeit mit Computern und Datennetzen, besitzt insofern kulturelle Bedeutung, als mit dem Vorsprung amerikanischer und japanischer Produzenten auch deren Kulturverständnis und Erfahrungshorizont nicht nur ihre offerierte Software prägt; es wird damit auch kulturelle Hegemonie betrieben.[24]

Weiter bleibt zu befürchten, daß die neuen Informationsmedien und ihre Multiplizierung die schließliche Verarmung unmittelbarer zwischenmenschlicher Kommunikation bewirken werden, weil sie zu nichts als passivem Kulturkonsum taugen. »Wer nur hört, aber nicht widerspricht und grundsätzlich nicht widersprechen kann«, sagt Günther Anders in »Die Antiquiertheit des Menschen«, »der wird nicht nur ›passiviert‹, sondern eben ›hörig‹ und unfrei gemacht«.[25] Der Rückzug in die Privatheit und in die Isolation vor dem häuslichen Fernseher als mittelbare Folge davon dürfte schon bald eine Reduzierung der öffentlichen und freien Kulturarbeit auslösen. Als Korrektive gegen die bloß konsumierende Teilhabe könnten aktive Mediennutzung und produktive Medienarbeit entsprechende Gegenkräfte mobilisieren und das Individuum vor der informationellen Vergesellschaftung schützen. Mindestens in dem gleichen Maße, in dem die technikgestützte Kommunikation materiell ausgestattet wurde, müßten auch die »lebendigen« Formen personaler Kommunikation mit öffentlichen Hilfen rechnen können.[26]

Schließlich ist vor den fatalen Folgen zu warnen, die dann ganz unvermeidlich sind, wenn die öffentlichen Angebote von Kunst und Kultur durch die quantitative Wucht der neuen Medien ins Abseits oder gar ins Aus gedrängt werden. Die notwendige Rettung dieses Aktivpostens unseres breiten kulturellen Lebens müßte notfalls durch entschiedene Tempodrosselung des Wachstums eben der betreffenden Informationstechniken betrieben werden. Denn die neuen Medien sind nicht nur in der technischen, vor allem schließlich sind sie in ihrer kulturellen Komponente relevant. Beide werden in nebulöser Weise gleichgesetzt, obwohl es sich doch darum handelt, die Verschiedenheit im Ähnlichen aufzuzeigen.

Eine andere, schleichende Art der Kulturzerstörung wurde bisher eher beiläufig als bewußt betrieben: Durch das Aufzäunen materieller Barrieren versiegen die Informationsquellen. Die in vielen Städten und Gemeinden nicht mehr gebührenfreie Nutzung von Datenbanken und öffentlichen Bibliotheken beschneidet stark das Grundrecht des freien Zugangs zur Information für viele minderbemittelte Bürger, wobei ganz unberücksichtigt bleibt, daß Information und Wissen als Produktionsfaktor reiches gesellschaftliches Kapital bedeuten.

Technologisch-ökonomische Sachzwänge?

Manfred Rommel, als Präsident des Städtetags von Amts wegen zur Skepsis gegenüber den neuen Medien verpflichtet[27], hat gleichwohl seinen Frieden mit ihnen gemacht: Denn wegen des »Zwangs des Wettbewerbs mit anderen Industrienationen... sind wir manchmal über das eigentlich wünschenswerte Maß hinaus gezwungen, technischen Fortschritt mitzumachen«.[28] Damit bestätigt Rommel die Befürchtungen von Ivan Illich und anderen Technologiekritikern, wonach die Technik – folgt man ihren ökonomisch abgeleiteten Zwängen – eine sich selbst genügende kulturzerstörerische Megamaschine produziert.[29] Der Fortschritt schreibt sich gleichsam selbst fort.

Die Lobby der Industrie fordert in ihren einschlägigen Stellungnahmen den Staat immer wieder auf, durch großzügige Vorleistungen für die entsprechende Infrastruktur zu sorgen, also durch Vergabe von Forschungsaufträgen und Übernahme der Entwicklungskosten, durch Modellhilfen usf. der Wirtschaft mit Prototypen den Einstieg ins große Geschäft zu ebnen. Dabei geht es immer nur um die »Wohlfahrt der Volkswirtschaft«[30] und selten um die Wohlfahrt der Menschen. Das allermeiste wird mit der Geißel des internationalen Konkurrenzdrucks legitimiert, dem die heimische Wirtschaft ausgeliefert sei. Das heißt im Klartext: Notwendig sind risikoreiche und aufwendige Investitionen. Denn »bei den typischen F & E (Forschungs- und Entwicklungs-)Aufwendungen für *öffentliche* Vermittlungssysteme und *private* Vermittlungssysteme und bei einer Lebensdauer pro Produktgeneration von unter 9 Jahren sind Weltmarktanteile von 3 bis 5 % erforderlich, um die Entwicklungskosten wieder hereinzuspielen«.[31]

In dieser Situation muß der omnipotente Staat einspringen, ob der Bürger dies will oder nicht. »Berücksichtigt man die dominierende Rolle der nationalen Postverwaltungen bzw. Telekommunikations-Trägerorganisationen bei der Marktgestaltung insbesondere für Kommunikationsprodukte, so ergibt sich die hohe direkte öffentliche Verantwortung für die internationale Wettbewerbsfähigkeit und damit für das Überleben der nationalen Informations- und Kommunikationsindustrie... Innovationsbereitschaft muß daher aus Gründen internationaler Wettbewerbsfähigkeit ein wesentliches Element der Strategien der Trägerorganisationen sein, auch wenn diese Innovationsbereitschaft nicht notwendigerweise aus den betriebswirtschaftlichen Gegebenheiten des Netzbetriebs und des Dienstleistungsgeschäfts entspringt.«[32] So sind der heimische Markt und der staatlich garantierte Absatz im internationalen Konkurrenzkampf dienlich. Wir haben uns bisher naiv damit getröstet, die These von der Manipulation der Bedürfnisse durch den Kommerz beziehe sich allein auf den individuellen Konsumenten. In Wahrheit wird so aber auch die gesamte gesellschaftliche Konsumtion massiv manipuliert. Die Drohung mit Arbeitsplatzverlusten bei zu geringen Vorleistungen des Staates gehört zur effektvollen Dramaturgie des schillernden Szenarios.

Die potentielle Kulturzerstörung durch die Beliebigkeit, mit der man das System der neuen Medien eskalieren läßt, hat ähnliche Auswirkungen wie für unsere Vätergeneration damals das »Volk-ohne-Raum«-Syndrom, das imperialistische Begehrlichkeiten produzierte: Wer sich von solchen Sachzwängen leiten läßt, ohne ernsthaft die Alternativen zu prüfen, opfert der Prosperität eines arbeitsplatzvernichtenden Industriezweiges seine Entscheidungsfreiheit. Als nächstes könnten dann die krisengeschüttelten Stahlwerke und die Rüstungsindustrie die Produktion von immer mehr Waffen für den heimischen Markt des unbegrenzten Exportes wegen fordern... »Ist dies schon Tollheit, hat es doch Methode« (Hamlet).

»Haltet den Dieb«: Das Klima für Intellektuellenschelte

Ich möchte abschließend noch auf einen für mich wichtigen Aspekt von Kulturzerstörung zu sprechen kommen. Er ist nicht unabhängig von den übrigen, wirkt aber subjektiv auf mich noch bedrohlicher.

1933 verbrannten auf dem Platz vor dem Frankfurter Römer damalige Größen aus Hochschule und Politik Bücher von Autoren, deren ingeniöser Beitrag zu unserer Kultur vorher und nachher unbestritten war. Bei unserer moralischen Entrüstung sollten wir heute die Alltäglichkeit und schreckliche Bereitwilligkeit in Erinnerung rufen, mit der allzu viele damalige Zeitgenossen begeisterte Zeugen solchen Vandalismus waren. Das geistige Klima, die politische Kultur war schon in der Weimarer Republik durch autoritären Umgang mit den Künsten und mit der kritischen Wissenschaft so vorbereitet, daß größere Teile der Bevölkerung, als wir heute anzunehmen bereit sind, die Bücherverbrennung begrüßten – ganz abgesehen von reputierlichen Professoren, die dazu die Festreden hielten, und ihren hilfswilligen Adepten aus dem NS-Hochschulbund. Die vorbereiteten Pogrome trafen auf ein günstiges Klima.

Bei uns wird das geistige Klima heute vielfach bestimmt von angstvoller Reaktion auf manche »postmoderne« Argumentation. So möchte die fingierte These aus dem Jahre 1982 von der »Unregierbarkeit« unseres Landes suggerieren, die Stabilität und die Prosperität des modernen Industriestaates würden durch die ewig nörgelnden Intellektuellen und defätistischen Künstler zerstört. Nach der verdrießlichen Meinung trivialer Phrasendrescher bewirkten nicht Strukturveränderungen die Krise, sondern jene Intellektuellen, die angeblich Tradition und Bindung, klassische Werte und Tugenden ungefragt in Frage stellen. Darunter befinden sich leider auch so kluge Soziologen wie Daniel Bell, der die Kunst der Moderne für den Werteverfall verantwortlich macht. Daß die Gescholtenen aber nur auf die nicht nur ihnen längst zum Problem gewordenen Strukturveränderungen reagiert haben, entzieht sich der Einsicht eines solchen (mechanistischen) Denkens, wie es die restaurative Kehre eben jetzt in Gang setzt. Danach sind die Unruhestifter die Intellektuellen, die – wörtlich – »eine Kulturrevolution vom Zaune gebrochen« haben. Das klirrende Vokabular für die Intellektuellenschelte entstammt – wie die schrecklich wieder aufgeschminkten Vokabeln »artfremd« und »entartet« – dem »Wörterbuch des Unmenschen«. Diffamierung von Intellektuellen und Künstlern, deren moralischer Rigorismus stört, gepaart mit unreflektierter Traditionsbeschwörung, bereiten das geistwidrige Klima vor, in dem Intellektuellenhetze wieder Nahrung findet. Sind Intelligenz und Kreativität, wo sie nicht affirmativ sein können, nur mehr als destruktive Elemente geringzuschätzen?

Mit der Betonung der kritischen, vielleicht sogar destruktiven Aufgabe von Kunst und Künstlern setze ich mich entschieden gegen jenes konservierte Mißverständnis von Gefahren der Kulturzerstörung ab, das sich aus der geistesgeschichtlichen Wurzel des Kulturpessimismus nährt. Nicht nur Oswald Spengler denunziert diese plurale und tabubrechende, kurz: sozial wirksame Kultur als gefährdend für eine formierte und daher starke Gesellschaft, deren Massenleiden romantisiert und durch eine entpersönlichte kollektive Wohlfahrt verwaltet wird. Dieser Rückfall in Vorurteile vertauscht Ursache und Wirkung. Denn die wirklichen Krisenherde der Gesellschaft sind nach Jürgen Habermas nicht durch »das Gespenst einer subversiv überbordenden Kultur« entstanden, die in der Lebenswelt Motiv- und Identitätsmuster verwandle oder zerstöre: Sie verdanken sich vielmehr ökonomischen und administrativen Imperativen, die immer mehr Lebensbereiche monetarisieren und bürokratisieren.[33]

In der heutigen Krise müssen wir ein erneuertes, erweitertes Verständnis von Kultur gewinnen. Kultur ist ja auch wertbesetzte Orientierung des Menschen in seiner Welt und die perspektivische Gestaltung dieser Welt durch ihn. Hierfür können unfreiwillig positive Wirkungen von jenen Faktoren ausgehen, die der Kultur heute so schwer zu schaffen machen: durch das von der Krise provozierte neue Bewußtsein über die Aufgaben der Kultur. Wer der Hoffnung beraubt wurde, steigender Wohlstand könne soziale Konflikte glätten und tiefere kollektive Sinngebung und private Lebenserfüllung bieten, der ist zunächst in großem Maße desorientiert. Aber damit ist er zugleich empfänglich geworden für notwendige neue Impulse individuellen und öffentlichen Bewußtseins. Wenn Kultur vor dieser Chance versagt, füllen andere servilere Kräfte dieses dann katastrophenträchtige Vakuum. Damit wäre es, mit Worten aus Goethes »Fischer«, »um uns geschehen«.

Angesichts apokalyptischer Gefahren wird Kultur damit zur wichtigen Hoffnungsvision für die »Dauerhaftigkeit menschlicher Existenz auf Erden« (Jonas). Kultur als humanes Kapital ist unverzichtbar im striktesten Sinn des Wortes. Sonst wäre es auch müßig, über die Semantik von Kultur und Zivilisation zu disputieren.

7. Weiterbildung als Kulturpolitik
Wenn der Leistungsgesellschaft die Arbeit ausgeht

1. Kultur ist mehr als Künste

Als unwidersprochen gilt seit Beginn der siebziger Jahre, daß der Begriff Kultur nicht allein die Künste und schon gar nicht nur die sogenannte »hohe Kunst« subsumiert, sondern alle kreativen Äußerungen der menschlichen Natur. Ja, Kultur betrifft nichts weniger als die Orientierung unseres *gesamten* Lebens.

Niederschlag hat dieser Konsens in Formeln gefunden wie: »Kultur ist, wie der ganze Mensch lebt und arbeitet«, oder, gleichsam als Fortentwicklung: »Kultur bezieht sich nicht nur darauf, *wie* wir leben, sondern auch, wie wir leben *wollen*.« Unter analogen Markierungen läßt sich, meine ich, auch die gesamte Aufgabe der modernen Erwachsenenbildung reflektieren – von der politischen Bildung über die Zertifikatskurse bis zum musisch-kulturellen Bereich. Vorausgesetzt ist dabei allerdings, daß mehr darunter verstanden wird als mit Drittmitteln finanzierte Aufträge.

2. Weiterbildung mit nur funktionalen Ansprüchen ist nicht genug

Wir werden in Zukunft unsere Bildungsarbeit stärker unter dem Aspekt reflektieren müssen, wie erwachsenenbezogene öffentliche Kulturarbeit und Bildungspolitik nicht nur ein offenes Angebot für alle ist; wir müssen vielmehr Lebensformen entwickeln, in denen die Menschen als soziale Wesen bedeutende Teile ihrer Lebenszeit freiwillig und gemeinschaftlich souverän organisieren und strukturieren können. Voraussetzung ist die Anerkennung des Subjekts als Organisator seiner Lebenstätigkeit, was auch die bewußte Inanspruchnahme von Hilfen einschließt. Nur so läßt sich vermeiden, daß die öffentliche Kultur- und Bildungsarbeit entweder allein funktionalen Zwecken des Arbeitslebens untergeordnet oder als Beschäftigungstherapie empfunden wird.

In einer von zunehmender Individualisierung und Vereinzelung geprägten Gesellschaftsentwicklung wird »Sinn« häufig nicht mehr in den traditionellen Kollektiven erlebt – seien es nun religiöse oder ideologische oder auch Betriebe oder Vereine. Weit stärker als früher steht die Selbstdefinition jedes einzelnen im Vordergrund. Als sinngebende Institution am meisten gelitten hat in den letzten 20 Jahren wohl – im Zuge der immer stärker bewußt werdenden Krise der Wachstumsgesellschaft – der Bereich der Arbeit.

»Arbeit als ›Ressource Sinn‹ fließt spärlicher«, formuliert mein Nürnberger Kollege Hermann Glaser. Hinzu kommt, daß wir in relativem Luxus leben, rein materielle Ziele also relativ wenig neue Befriedigung verschaffen können. Es ist einfach ein Unterschied, ob sich ein junger Arbeiter oder Angestellter im Jahr 1952 sein erstes Auto kaufte oder heute. Nun, kulturhistorisch sollten wir dabei folgendes bedenken: Es brauchte sehr lange Zeit, bis abhängige Arbeit als Bezugsquelle für Sinnfindung akzeptiert wurde. Noch im 18. Jahrhundert war es keineswegs selbstverständlich. Zweifellos war es auch eine besondere Leistung, die Lebensform der abhängigen Lohnarbeit als ständige, mit Sinn erfüllbare Lebensform zu verankern, die als solche die Reproduktion in sich einschließt: Je stärker ehedem der Anteil von Selbstversorgung und Eigenwirtschaft war, desto weniger wurde Arbeit für andere als sinnvoll empfunden – es sei denn, sie war religiös motiviert.

Umgekehrt gilt: Ein beträchtlicher subjektiver und kollektiver Aufwand ist heute notwendig, um neue konsensfähige Lebensformen zu entwickkeln. Und: Der Anteil der Eigenversorgung und Eigenarbeit wird dann steigen, wenn gesellschaftliche Arbeit keinen Sinn mehr produziert. Mit jenen Lebensbedingungen umzugehen, die von diesem »relativen Luxus« geprägt werden, daran müssen die Menschen sich erst gewöhnen. Ich sage ausdrücklich nicht umzugehen *lernen*, sondern *gewöhnen*, denn der Prozeß ist komplexer und komplizierter.

3. Stabile Lebensformen in Arbeit und Freizeit

Wir können uns die Mechanismen wie auch die notwendigen Aufgaben an einem historischen Exempel anschaulich machen: Die Industrialisierung bedeutete für alle, die bis dahin Handwerker waren oder sich ländlicher Bevölkerung zurechneten, das Eingewöhnen in völlig neue Lebensverhältnisse. Sie waren nun gezwungen, statt in den Kategorien Naturalwirtschaft und Vorratshaushaltung in denen des Geldes zu denken. Ihnen blieb keine andere Wahl, als sich wohl oder übel starren Zeitrhythmen zu unterwerfen. Arbeit und Freizeit wurden so scharf wie nie zuvor voneinander getrennt. Die Menschen mußten diese neuen Existenzbedingungen für sich so organisieren, daß sie gleichwohl eine Familie gründen, Kinder aufziehen und ihre zukünftige Arbeitskraft mit den notwendigen Qualifikationen ausstatten konnten.

In diesem entfremdeten Prozeß »stabile Verhaltensweisen« zu entwikkeln, das dauerte seine Zeit. Die gesellschaftliche Aufgabe bestand darin, nicht nur individuelle und kollektive Reproduktion und Regeneration möglich zu machen, sondern auch Identität zu vermitteln, sowie Sinnorientierungen für Arbeit und Freizeit herzustellen. Ganz wesentlich dazu beigetragen hat in späterer Zeit die gesamte Praxis der Arbeiterbewegung mit ihren sozialen, politischen, bildungsrelevanten und kulturellen Zweigen.

»Lernen« in Kategorien und Lerninstituten war der geringer problematische Teil dieses Prozesses; wichtiger noch waren vielleicht vielfältige Formen der Selbstorganisation sowie soziale und politische Kampferfahrungen, etwa bei Versuchen, die eigenen Lebensbedürfnisse und Zukunftsinteressen auf der Straße zu vertreten und sie gleichzeitig zum Element der allgemeinen Politik zu erheben. Zur Entfaltung humaner Lebensbedingungen sind perspektivische Praxisformen vonnöten, um beides möglich zu machen: Sinnerfüllung *und* Reproduktion. Daß sie dabei gleichzeitig massenhaft nachvollziehbar und ohne Zerstörung ihrer eigenen Grundbedingungen lebbar sind, ist ihre Voraussetzung, sonst folgt aus ihnen keine Stabilität.

Dafür genügt ein Beispiel: Die »Gefahr einer kinderlosen Freizeitkultur« beschwört Horst W. Opaschowski, wenn er schreibt: »In den Vorstellungen vieler Bundesbürger schließen sich Kinderwunsch und freizeitorientierter Lebensstil weitgehend aus. Befürchtet werden deutliche Einschränkungen der persönlichen Freizeitinteressen. Jeder zweite Mann unter 30 empfindet heute Freunde, Hobbies und Urlaubsreise wichtiger als Ehe, Kinder und Familiengründung. 49 Prozent mögen auf ihre persönliche Freiheit und Unabhängigkeit in der Freizeit mit der Begründung nicht mehr verzichten ›Man kann auch so glücklich leben!‹ Auch die überwiegende Mehrheit aller nicht verheirateten Männer möchte ihr Freizeitleben ohne familiäre Verpflichtungen genießen nach dem Grundsatz: ›Meine persönlichen Freizeitinteressen sind mir wichtiger als Heiraten und eine Familie gründen!‹«[1]

Nun bitte ich, nicht als eine Art Apologet einer biologistischen Bevölkerungspolitik mißverstanden zu werden, der den drohenden biologischen Tod des deutschen Volkes beschwört. Objektiv gesehen gehört die Bundesrepublik gerade mit einem so hohen Erwartungsanspruch an das Lebensniveau zweifellos zu den extrem überbevölkerten Regionen; sie würde durch ein rein quantitatives Schrumpfen der Bevölkerung jedenfalls vorerst keinen Schaden nehmen. Einschneidender erscheint da schon die Verschiebung in der Altersstruktur der Bevölkerung, die auf Dauer eine deutliche Überalterung in unserem Land mit allen bekannten negativen Folgen für die Sozialversorgung, Arbeitskräftepotential und

Kommunikation zwischen den Generationen absehen läßt. Sie kann also mitnichten als »stabil« bezeichnet werden, denn wenn Stabilität entstehen soll, müßten sich vorher die Wertorientierungen ändern.

4. Eine »Krise der Lebensweise?«

Noch ein weiterer Aspekt verdient unser Interesse: Die Art und Weise, wie wir willfährig im Freizeittourismus (im Skitourismus z. B.) die Ressourcen Natur und Landschaft plündern, mindert unsere Zukunfts-Chancen beträchtlich. Die Grenzen des Wachstums zeitigen neue Probleme des Alltagslebens. Mit Recht läßt sich daher heute von einer »Krise der Lebensweise« sprechen, einer Lebensweise, die in vielen zentralen Bereichen nur imperialistisch zu nennen ist – im Sinne einer rücksichtslosen und die Folgen ignorierenden Eroberung und Ausbeutung immer weiterer Ressourcen, seien es ökologische oder auch geistige. Insofern sind wir von jenen Verhaltensweisen, die wir uns als eine stabile und perspektivisch lebbare Zukunft ausmalen, noch weit entfernt.

Nicht minder skeptisch müssen wir den subjektiven Umgang mit unserer freien Zeit beurteilen: Ohne das »Lebensideal Beruf«, ohne eine regelmäßige Arbeit, die durch Entlohnung als gesellschaftliche Tätigkeit anerkannt wird, ist ein als sinnvoll empfundenes Leben für die meisten Menschen nicht denkbar. Neben den subjektiven Gründen gibt es dafür auch eine Reihe von objektiven: Der Beitrag zur gesellschaftlichen Reproduktion, der Stoffwechsel mit der Natur sind Voraussetzungen für die soziale Existenz.

Es ist offenbar nicht allen Kulturpolitikern gleich deutlich, wie sehr gerade die Erwachsenenbildung prädestiniert ist, zur Bildung bruchfester Lebensformen beizutragen. Sie leistet dies freilich nicht nur in einem begrenzten Freizeit- und Kulturbereich; sie leistet dies vielmehr, indem sie den gesamten Kanon einer »conditio humana« thematisiert und in jeder Lebensphase mit diversifizierten Themen die Selbstreflexion des Individuums im Kontext menschlicher Grundfragen wie auch gesellschaftlicher Anforderungen unterstützt. Zudem ist sie in der Lage, ein neues soziales Feld für einen Dialog sowohl im Hinblick auf individuelle Probleme wie auch auf den Wandel von Kultur und Lebensbedingungen zu schaffen und somit neue, den Möglichkeiten des einzelnen besser angepaßte Lebensformen anzuregen. Darin ist jene Anbindung an gesellschaftliche Praxis eingeschlossen, die über die Arbeit von Bürgerinitiativen, Selbsthilfegruppen usw. läuft. Soviel zur Schönwetterperspektive. Wenden wir uns jetzt der *Nicht-Schönwetterperspektive* zu.

5. Müssen wir mit unangenehmen Überraschungen rechnen?

Seit Tschernobyl, Waldsterben und dem Chemie-Desaster in Rhein und Nordsee hat auch der letzte begriffen, daß schon mittlere Katastrophen unser Bewußtsein und unsere Lebensverhältnisse radikal beeinflussen und verändern können. Jetzt plötzlich haben sich die Bewohner mancher Alpenregion intensiver mit dem Gedanken vertraut gemacht, daß die Zerstörung des Waldes, der Schutz gegen Lawinen bot, einen Teil ihrer Täler unbewohnbar machen wird; auch die wie wir in der Ebene leben, werden das alpine Waldsterben mit vermehrtem Hochwasser und mit häufigeren Störungen der für Europa lebenswichtigen alpinen Verkehrswege zu spüren bekommen. Einen Zukunftsprospekt der Folgen von Weltwährungskrisen können wir uns schon aus historischen Erfahrungen leicht ausmalen: Beschäftigung, Einkommen, Infrastruktur, Reisen und Zugänglichkeit von Ressourcen würden bedeutend negativ beeinflußt.

Auch in manchen anderen Phasen der Kulturgeschichte griffen apokalyptische Vorstellungen (Hieronymus Bosch, Oswald Spengler usw.) unmittelbar in das Alltagsbewußtsein ein. Heute ist die dominante Reaktion auf die mögliche Katastrophe rein technokratisch: Katastrophenmedizin, langwierige Grenzwertediskussionen. Die High-Tech-Spezialisten sind heute bereits dabei, uns die angemessenen Lebensformen dafür zu entwickeln: Als Folge zunehmender zerstörerischer Umwelteinflüsse entwerfen sie z. B. für die Kunstschätze der Vergangenheit eine vorher nie gekannte Abschirmungsapparatur. Das für Athen konzipierte Nationalmuseum wurde als eine geschlossene Gebäudeanlage gedacht – mit elektronisch kontrolliertem Innenklima, mit luftdichten Schleusen, Wärmerecycling und sogenannter Sauerstoffwäsche. So kann mindestens das Kunsterbe noch eine Zeitlang überdauern – auch ohne die Menschen, ohne die freilich Kultur nicht einmal gedacht werden kann.

Aber es ist ja denkbar, daß auch wir Menschen uns in frühen Phasen des Niederganges eine gewisse Zeit auf ähnliche Weise am Leben erhalten könnten; ja, sogar in autarken unterirdischen Siedlungen, wie sie ein Pfälzer Architekt vor einiger Zeit als Überlebens-Szenario im Kernwaffenkrieg nicht nur empfohlen hat, sondern auch realisieren will. Für seine Art der Architektur verspricht sich der Mann offenbar Zukunftschancen. Freilich wird es diese transitorische Chance keineswegs für *alle* geben.

In solchen Zusammenhängen erkennen wir mit Erschrecken, weshalb die Sozialpolitik in manchen Ländern soviel Wert legt auf die Einstudierung der fragmentierten Gesellschaft als Dauerzustand. Perverses Ziel ist es, jene Ungerechtigkeit tolerieren zu lernen, Teile der Gesellschaft aus dem Bereich menschenwürdigen Lebens einfach auszuklammern; ja, die Betroffenen sollen dies möglichst noch als eigene Schuld empfinden: Denn für alle ist auf den besseren Plätzen dieser Welt nunmal kein Raum – weder im High-Tech-Paradies, wo die Arbeitslosen auf ihre Chance der Sinnfindung und des Wohllebens verzichten müssen, noch in den Höhlen der hochtechnischen Überlebenssociety; dort werden die Kosten für die meisten unerschwinglich hoch sein.

6. Neues Denken in allen Bereichen

Inzwischen fordern das notwendige »neue Denken« nicht nur Spiritualisten ein; auch Staatsmänner wie Michail Gorbatschow oder François Mitterrand beteiligen sich selber offensiv daran. Die Formel vom Neuen Denken ist obszönerweise schon in die Sprache der Werbung eingedrungen, um uns für das exakte Gegenteil zu sensibilisieren, nämlich für noch luxuriöseren Konsum.

Die Interpendenzen der verschiedenen »globalen Probleme« sind mehr und mehr zum Thema der perspektivischen Diskussion geworden. Nicht mehr einzelne Aspekte nur spielen eine Rolle, wie Energie, Ressourcenverknappung, Bevölkerungswachstum, Kriegsdrohung, sondern alle diese Aspekte stehen in ihrem wechselseitigen Zusammenhang gebündelt als Existenzfragen zur Diskussion. Als hochgradige Steuerungskräfte werden hierbei die Werte der Kultur gewichtet – bis hin zu einem ausgeprägten Kulturalismus: Der Mensch hat sich die Natur in einer Weise untertan gemacht, daß schon lange nicht nur das Sein das Bewußtsein bestimmt, sondern immer stärker auch das Bewußtsein das Sein. Es hängt von der Einflußmöglichkeit der Kultur entscheidend mit ab, ob die Menschheit überlebt oder nicht. Wenn die Berge ins Tal stürzen, ist dieses ökologische Desaster auch das Scheitern des Ökonomismus.

In der Kultur, im »neuen Denken«, d. h. in einer neuen Sensibilität und in einer gesteigerten Kreativität bei der Suche nach Problemlösungen, liegt eine unserer rettenden Perspektiven. Gleichwohl muß vor Überschätzungen gewarnt werden; wir dürfen das kulturelle System nicht mit Aufgaben überfrachten, die es in dieser Komplexität zu leisten ungeeignet ist. Andererseits stellen wir immer häufiger fest, daß Kultur und Bildungseinrichtungen in ganz ausgeprägter Weise schon jetzt nachgefragt sind: Sensibilisieren, Phantasie freisetzen, Umdenken stimulieren, neue Formen erfinden und erproben – »Zukunftswerkstätte« der umfassendsten Art zu sein ist Aufgabe der Erwachsenenbildung, die ihre Arbeit erst recht in Krisensituationen unverzichtbar macht, ja, ihre Aufgabe erst dann in ihrer vollen Bedeutung erkennen läßt.

Um an unsere Überlegungen unter dem Stichwort »Schönwetterperspektive« noch einmal anzuknüpfen: Es kann passieren, daß ökologische und andere Krisen uns eines Tages dazu zwingen, wieder viel mehr Arbeitszeit und soziale Kreativität in jenen Bereichen aufzuwenden, die für die gesellschaftliche und individuelle Reproduktion so gut wie nicht rationalisierbar sind und die sich mit seelenlosen Computern eben nicht ins Leben hineinsteuern lassen. Es könnte also passieren, daß wir dadurch kaum viel mehr freie Zeit erzielen, weil die *Probleme* sich vermehren und die gewonnene Zeit für ihre Lösung zerrinnt. Aber gerade dann brauchen wir *Kultur* in ihren verschiedensten Facetten, um darauf phantasievoll zu reagieren.

7. Der »Faktor Mensch«: Ressource Vielfalt

In dieser Perspektive bedeuten Investitionen in die Erwachsenenbildung wie kaum eine andere Verwendung öffentlicher Mittel »Investitionen in den Faktor Mensch«. Hier erweisen sich auf einer möglicherweise sogar kulturpolitisch-programmatischen Ebene die verschiedensten Interessen und Intentionen als kompromißfähig. Der »Faktor Mensch« spielt zwar auch in allen ökonomischen Prozessen eine herausragende Rolle, er ist aber gleichzeitig und vor allem ein übergreifender ethischer Faktor. Dessen Bedeutung ist es zuzuschreiben, daß mittlerweile auch Politiker der Unionsparteien wie Kurt H. Biedenkopf wesentliche Teile des einstmals heftig bekämpften, in der sozialliberalen Reformzeit entwickelten Programms »Kultur für alle« propagieren: »›Kultur für alle‹ bedeutet nicht nur, daß alle an der Kultur teilhaben sollen. Es bedeutet auch, daß alle daran teilhaben *müssen*.« Es sei keine hochentwickelte Gesellschaft denkbar, die sich aufteilen ließe in Bereiche von kulturellem Anspruch und solche von kultureller Anspruchslosigkeit[2].

Es wäre schon viel damit gewonnen, diese Einsicht als Handlungsanleitung möglichst vielen der verantwortlichen Politikern weiterzuvermitteln. Biedenkopf geht freilich hier noch einen Schritt darüber hinaus: »Kultur für alle« bedeutet ihm für die Politik »nicht nur die Anerkennung der Notwendigkeit offener Kreativität, offen im Sinne von Unvorhersehbarkeit dessen, was dabei herauskommt. Sie bedeutet auch die Anerkennung eines Rechtes auf kulturelle Utopie, man kann auch sagen, wie es viele formulieren würden: auf kulturelle und politische ›Spinnerei‹. Viele, die früher als ›Spinner‹ verurteilt wurden, werden heute als Propheten verehrt. Wir können es uns nicht leisten, gerade in diesem Bereich unserer gesellschaftlichen Aktivitäten Sparsamkeit zu üben.« So weit Biedenkopf.

Wir vernehmen aus seiner Partei freilich auch ganz andere Töne – vor allem solche, die schrill ihr Lied auf Kultur als Wirtschaftsfaktor anstimmen. Tatsächlich brauchen wir in keinem anderen gesellschaftlichen Bereich *mehr* nachgeholte Leistung und *mehr* vorauseilende Motivation als bei der Begleichung des kulturell-ästhetischen Defizits und bei der Aufarbeitung der geistig-philosophischen Mängelliste. Um den disproportionalen Entwicklungsvorsprung der Naturwissenschaften, der Technik und der Elektronik gegenüber der Kultur auszugleichen, bedarf es aber mehr als eben nur der Aufstockung entsprechender Etats und einer Erweiterung der entsprechenden Angebote. Es kann uns auch nicht darauf ankommen, vordergründig für den akzeptanzfähigen Menschen zu plädieren mit dem Ziel, »Chancen zur Einübung handlungsermöglichender Werte« bereitzustellen, wie es im baden-württembergischen Späth-Bericht heißt.[3] Das würde im Ergebnis darauf hinauslaufen, kompromißfähige und anpassungsbereite Individuen heranzuzüchten. Biedenkopfs Überlegungen – die mit ihrem statischen, an klassischen Vorbildern orientierenden Kulturbegriff gewiß in vielem auch kritisierbar sind – lassen sich jedenfalls als Aufforderung zur kulturellen Investition in den »Faktor Mensch« interpretieren.

In diesem Sinne habe ich den Begriff immer offensiv verstanden, sooft ich Gelegenheit hatte, der »Zukunftsinvestition Kultur« das Wort zu reden. Investitionen in die kreativen Ressourcen bedeuten ja nichts Geringeres als die Ausstattung des politischen Souveräns in der Demokratie mit den für das Handeln und Leben der Bürger bedeutenden Eigenschaften: Sie haben die Stärkung und Qualifizierung des »subjektiven Faktors« zum Ziel.

8. Persönlichkeitswirksame Aneignung von Kunst

Die Schlußfolgerungen für die Erwachsenenbildung liegen auf der Hand. Die lebenslange Weiterbildung ist heute unbestrittener denn je eine bedeutende Größe für die Persönlichkeitsbildung der gesellschaftlichen Individuen. »Wer in der Freizeit lernt, soll nicht nur an seinen Beruf denken«, formuliert die Stellungnahme des Arbeitskreises deutscher Bildungsstätten vom Herbst 1986.[4] Bei Versuchen, die Weiterbildung für die Zwecke des Arbeitsmarktes zu instrumentalisieren, fiele nicht nur die politische Bildung unter den Tisch, sondern auch die kulturelle Bildung.

Anhand zweier Beispiele möchte ich darlegen, wie persönlichkeitswirksam auch die Aneignung der Künste in der Erwachsenenbildung sein kann. Jüngst habe ich einige Passagen aus Peter Weiss' »Ästhetik des Widerstands« mit meinen Studenten in Marburg diskutiert – vor allem jene Passagen aus dem ersten Band, in denen die Protagonisten des Romans sich darüber unterhalten, wieviel ihnen ihre Kunst-Exkursionen bedeuteten. Befragt werden die Werke der Künstler, die Schätze der Museen nach je verschiedenen Richtungen: Die jungen Leute suchen die Spuren ihrer eigenen sozialen Klasse in ihnen; sie fragen nach ihrem Wert als Mittel der Erkenntnis und als Hilfe für den Überlebenskampf. Bei der Beschreibung des Bildes »Das Floß der Medusa« ist das Schicksal der Protagonisten nicht zu trennen von der Art, wie sie das Gemälde interpretieren; sie tun dies nicht vordergründig, sondern in der fundamentalsten Dimension, in der mit ästhetischen Ausdrucksweisen das Unaussprechliche so formulierbar wird, wie es anders nicht zu bewältigen ist. Da werden die oberflächlichen Diskussionen darüber schal, ob Kunst die Menschen erheben müsse; da wird selbst die Dialektik von »schön« und »gut« in der Kunst obsolet: Kunst ist Artikulationsform des Menschen – *neben* Diskurs und Reflexion.

In der heutigen Ästhetik-Diskussion wird Wert darauf gelegt, den künstlerischen Produkten eine spezifische Beziehung zur Realität zuzuschreiben. Thomas Metscher z. B. geht von dem Prozeß »ästhetischer Kommunikation und Erkenntnisvermittlung« aus, in dem durch den Autor Wirklichkeit »ins Werk vermittelt« ist, diese aber gleichzeitig »durch den Rezipienten auf die Wirklichkeit zurück« wirkt. Es findet statt »ästhetische Aneignung der Wirklichkeit im Werk und Aneignung der ästhetischen Wirklichkeit des Werks durch den Rezipienten... In der Kunst werden historische Erfahrungen gesellschaftlicher Individuen rekonstituiert, die sich der begrifflichen Erkenntnis wenn nicht entziehen, so doch nicht in ihr aufgehen.« Indem sie als »künstlerisches Medium der Weltaneignung« verstanden werden, gehören sie zu dem Komplex ästhetischer Produktivkräfte.[5] So wirken die Künste in ihrem Eigensinn als unentbehrliche Formen der Welterkenntnis und der Entfaltung von kulturell reichen, wirklichkeitsmächtigen Persönlichkeiten.

Eine andere Akzentuierung beobachten wir bei einem modernen Autor wie Tschingis Aitmatow, der traditionelle Mythen seiner kirgisischen Vorfahren in die moderne Literatur einbaut, um sie als »kollektives Gedächtnis des Volkes« aufzuwerten. Aitmatow wählt das Medium des Mythos, damit seine Leser ein Gefühl dafür bekämen, »in welchem Maße sie dafür verantwortlich sind, was auf dieser Erde geschieht... Denn im Angriff des Menschen von heute auf die Natur finden wir den Angriff des Menschen auf sich selbst.«[6]

9. Der Eigensinn der Künste als Ressource

In den Künsten schlummern andere Potenzen als bloß jene äußerlichen der Dekoration und Kulisse: Sie sind kein *Instrument* der Ökonomie; sie fragen vielmehr nach deren *Sinn* – und erfüllen ähnliche Funktionen in der Politik, im sozialen Leben. In diesem Punkt korrespondieren die Spitzenleistungen in Literatur, Theater, Musik und Bildender Kunst wiederum mit den anderen Bereichen des kulturellen Lebens: Kommunikationsorte, Stätten der sozialen Begegnung, Freizeit- und Erholungseinrichtungen, Tourismus, Sport (als »Körperkultur«) und was sonst alles unter Kultur einbezogen werden kann – natürlich auch die Eßkultur. Alles erhält seinen Sinn erst durch den Bezug auf den Menschen und auf die Zwecke und Inhalte, welche die Menschen als soziale Wesen sich selbst in ihrem Handeln setzen.

Nicht was die Menschen in ihrer arbeitsfreien Zeit kulturell treiben, welchen müßiggängerischen Interessen oder tatendrängerischen Bedürfnissen sie sich hingeben, ist uns bei der Würdigung ihres Freizeitverhaltens interessant. Wichtiger ist uns vielmehr die Frage, was mit ihnen dabei geschieht und was sich in ihrem Innersten anstoßen und bewegen ließe. Sind die Menschen nachher noch die gleichen, die sie vorher waren, oder haben sie sich, wenn auch nur geringfügig, verändert? Wer auch nur einen minimalen Zuwachs an innerer Freiheit verspürt, ein gesteigertes Selbstvertrauen in die eigenen und gemeinschaftlichen Fähigkeiten, ein Quentchen mehr Zutrauen zu seiner eigenen Wirklichkeitsmächtigkeit und derjenigen der Gattung, dem hat sich die Perspektive schon verändert.

Freilich, damit die Künste innerhalb des kulturellen Systems die skizzierten Qualitäten als notwendige Leistungen realisieren können, damit sie wirklich »Zukunftsinvestition« werden, bedarf es äußerer (und innerer) Voraussetzungen, und eingestehen mußten wir bereits unseren Kritikern, daß Betriebsamkeit allein nicht entfernt dafür ausreicht. Vor allem brauchen wir die Vermittlungsleistungen und Aneignungsprozesse – über deren Komplexität und Langwierigkeit wir kaum Besseres erfahren können als in Peter Weiss' zitierter »Ästhetik des Widerstands« –, damit Künste auf breiter Basis zum persönlichkeitswirksamen Besitz werden. Nichts ist dazu wichtiger als die persönliche Begegnung – sie ist nicht durch Lernmaschinen zu ersetzen, denn es geht ja nicht um »Lernen« im herkömmlichen Sinne, für sie kann im Museum die Tonbandführung kein Ersatz des Gesprächs über Bilder sein.

Unter solchen Perspektiven können wir uns die Arbeit der Erwachsenenbildung in Zukunft vorstellen: Nicht unterworfen den partiellen Zwecken eines Wachstums, das doch keine Probleme mehr löst, nicht im

Dienst der zum Selbstzweck gewordenen Megamaschine, sondern im Dienst menschlicher Zwecke, lebensfähiger, lebenswürdiger und friedensfähiger Zukunft. Dazu brauchen wir die breite, kulturell geprägte Palette der Erwachsenenbildungsarbeit.

8. Es lebe der kleine Unterschied!
Über die vermeintliche Annäherung
der beiden großen Parteien in der
kulturpolitischen Programmatik

1. Soviel Einigkeit war nie

»All das, was Linke gedacht und gefordert haben, macht nun die CDU; ein bißchen anders zwar, aber ohne die alten Ressentiments. Sie hat ein bißchen geklaut und dann vergessen, sich zu bedanken.« So stand es in der ZEIT. Und tatsächlich: Landauf, landab lassen CDU-Wahlkampfstrategen von Lothar Späth bis Kurt Biedenkopf kaum eine Gelegenheit aus, um den Stellenwert von Kultur wahlweise als »Standortvorteil«, als »Innovationshilfe« oder als »Sinnstiftung« zu preisen. Verzückt verkündete der Pressereferent des Bundesverbandes der freien Berufe anläßlich eines Symposions der FAZ zur Wirtschafts- und Kulturpolitik, dieser Lothar Späth habe was für Kunst übrig, ja, er hätte Anselm Kiefer in seinem Studio aufgesucht. Na bitte!

Eine der großen Zeitungen der Bundesrepublik sah sich nach dem kulturpolitischen Bundestreffen der Kommunalpolitischen Vereinigung der CDU in Frankfurt im Januar 1989 gar bemüßigt, den kulturpolitischen Hegemonialanspruch der Christdemokraten zu verkünden: »Denn die Vorreiterrolle in Sachen Kultur, daran ließ keiner der Redner auf dem Kongreß einen Zweifel, ist längst an die Unionsparteien übergegangen.«[1]

Als ich das las, da habe ich mich zunächst einmal selbstkritisch »hinterfragt«, wieviel denn davon stimme. Ich habe mir die Diskussionsbeiträge noch einmal genau angesehen und mir überlegt, wo denn bei aller Koinzidenz der Interessen die Unterschiede wirklich liegen, zumal Wolfram Brück in seinem grundlegenden Grußwort als damals noch amtierender Frankfurter Oberbürgermeister das Programm »Kultur für alle« voll inhaltlich und streckenweise wörtlich übernommen hat (allerdings ohne aufs Copyright zu verweisen[2] – vermutlich hätte ihm wohl auch niemand das Original zugeschrieben).

Die FAZ stilisiert Frankfurt zum »großen Vorbild« für die CDU-Kulturpolitik. Immerhin, wenn ich mir von der SPD mit gewissem Recht den Vorwurf gefallen lassen muß, der CDU-Politik mit meiner Arbeit zu kulturellem Glanze verholfen zu haben, so könnte mir einer andererseits zugute halten, im Sinne der Kommunalverfassung für die relative Kontinuität in der Kulturpolitik trotz wechselnder Magistratsmehrheiten gesorgt zu haben, konkret also erreicht zu haben, daß auch unter christdemokratischer Magistratsmehrheit die Autonomie der kulturellen Kräfte, die Freiheit der Kunst niemals eingeschränkt wurden, und daß die meisten Impulse von »Kultur für alle« als kulturpolitischer Konsens zum Allgemeingut geworden sind.

Daß es über Kommunales Kino, Alternative Kultur, Museumspädagogik, experimentelles Theater, expandierendes Büchereiwesen usw. kaum mehr Streit gibt, darüber, denke ich, sollten wir eher froh sein, denn schließlich profitiert davon unser gemeinsames kulturelles Leben und jeder einzelne Bürger, sofern er davon Gebrauch machen will.

Es macht auch wenig Sinn, sich zurückzusehnen nach einem finsteren kulturellen Erzkonservatismus als Watschenmann. Diese Zeiten sind passé; fundamentale Veränderungen sind keine ungewöhnliche Sache in einer Zeit, in der selbst auf internationaler Ebene sich traditionelle Frontenbildungen auflösen und alte Feindbilder wanken. Das haben selbst altbackene Linke kapiert, und in diesem Zusammenhang darf ausnahmsweise vielleicht auch einmal die DVZ zitiert werden, die aus Anlaß des CDU-Kulturkongresses unter der Überschrift »Was aber ist konservativ?« geschrieben hat: »Wer auf richtigen Antworten beharrt, zu denen er selbst... die Fragen vergessen hat, verhält sich wie die alternde Avantgarde, die sich nicht traut, um sich zu schauen, weil sie fürchtet, sowohl den Feind wie die Gefolgschaft verloren zu haben.«[3]

2. Differenzierungen unter der Oberfläche

Dem aufmerksamen Beobachter fällt freilich auf, daß innerhalb prominenter CDU-Aussagen zur Rolle der Kultur beträchtliche Unterschiede existieren: Die Kulturpolitiker Späth und Biedenkopf sind eigentlich durch nichts als das gemeinsame Parteibuch verbunden. Für Späth ist Kultur im Sinne der »Versöhnung von High Tech« und »High Culture« ein Instrument, um damit den wachsenden Informationsbedarf der »Produktionsgesellschaft« zu decken.[4] Dieser Gesellschaft dient sie bei ihm als Lieferant von Innovationsfähigkeit und Kreativität. Sie ist Mittel für bestimmte Zwecke. Eine analoge Argumentation verwenden auch Sozialdemokraten schon seit Jahren – freilich mit dem bezeichnenden Unterschied, daß für sie diese Leistungen und Eigenschaften für die *ganze* Gesellschaft wichtig sind, also auch für Politik und Soziales, für Zukunfts- und Friedensfähigkeit, und nicht nur unverzichtbar sind für die ökonomische Prosperität der Konzerne.

Gerade in dieser Hinsicht aber nähert sich Kurt Biedenkopf sozialdemokratischen Positionen. Nicht nur, daß er, wie weiland Erhard Eppler, der Sachzwang-Logik der Machbarkeit abschwört: Nicht alles, was wir können, dürfen wir auch realisieren, ist seine Überzeugung. Kultur entwickelt auch bei Biedenkopf einen »Fundus an Grundüberzeugungen«. Mit etwas anderen Worten thematisieren auch Sozialdemokraten die Rolle der Kultur bei der Diskussion über Wertorientierungen bezüglich der Frage, wie wir leben wollen, um zu überleben. Es ist für Biedenkopf wie bei den Sozialdemokraten der kulturelle Diskurs, der über Sinn und Richtung von Wachstum und Fortschritt mitentscheidet. Kultur problematisiert gesellschaftliche Praxis zunächst bei Minderheiten, weshalb auch die »Spinner« und die Unangepaßten einbezogen sind. Nur so läßt sich die »Autonomie der kulturellen Kräfte« anstelle von populistischen Mehrheitsentscheidungen legitimieren.[5]

Biedenkopf schafft Raum für utopische Potentiale. Er betont mindestens auf individueller Ebene die Verantwortlichkeit, indem er einer »Kultur der Selbstbeschränkung« das Wort redet und nach »Gegenkräften zur industriellen Entfremdung« sucht. Dies »konservativ« zu nennen wäre schlicht unredlich, es sei denn, man erklärte die Bewahrung der Ökosphäre zu konservativen Grundwerten.

Das Moment des Reflektierens, des potentiellen Infragestellens als ein substantielles Element der Kultur ist bei Biedenkopf viel deutlicher entwickelt als bei Späth, sofern es denn bei letzterem überhaupt auftaucht. Ja, selbst das verbale Bekenntnis dazu taugt so lange nicht viel, wie z. B. in der baden-württembergischen Hochschulpolitik mittels der »Wunderwaffen« Drittmittelforschung und Elite-Unis die autonome Kraft Wissenschaft als ausbeutbare Ressource stromlinienförmig den Bedürfnissen des Marktes angepaßt wird.

Damit stellt sich als Gretchen-Frage, ob denn die Kultur eigenständige Kraft sein darf oder nicht: Bei Biedenkopf scheint die Chance dazu gegeben; sie wird freilich dadurch wieder abgeschwächt, daß er bei einer Marktwirtschaft mit einem extrem hohen individuellen Verantwortungsethos kaum bereit scheint, dem gewaltigen Anpassungsdruck der strukturellen Gewalt des Marktes etwas entgegenzusetzen. Je stärker aber diese Marktmacht sich entfalten und austoben kann, desto weniger werden die nichtökonomischen Aspekte der Kultur Einfluß erlangen können: Wer nicht bereit ist, den Primat der Politik gegen den Markt abzusichern, dem gerinnt das Bekenntnis zur Autonomie der kulturellen Potentiale zum Lippenbekenntnis.

Aber den Kurs in der CDU bei der Suche nach einer Verwertbarkeit des Kulturbooms bestimmen andere. Ihnen geht es um die Subordination der Kultur unter ökonomische Interessen, wie viele sie bei Späths Instrumentalisierung der Kreativität kritisieren und wie es auf der erwähnten Veranstaltung der Kulturpolitischen Vereinigung der CDU der Parlamentarische Staatssekretär im Bundesinnenministerium unverfroren als Parole ausgab: »Kultur ist selbst eine Industrie, die Kaufkraft, Steuereinnahmen und Arbeitsplätze schafft, aber auch Touristen anlockt, die ihrerseits wichtige wirtschaftliche Impulse vermitteln können.« Das veranlaßte selbst die »Welt« zu dem süffisanten Kommentar: »Unionspolitiker, darum ist die Kultur so wichtig.«[6]

3. Auch zur gesellschaftlichen Nützlichkeit läßt sich Kultur nicht zwingen

Die »Welt« kritisiert nun freilich, daß »für Biedenkopf die *Verwertbarkeit* der Kultur im Vordergrund« stehe, diesmal allerdings eine »gesellschaftliche« Verwertbarkeit; damit zeige sich aber auch hier, »wie schwer sich selbst im Rufe des Querdenkens stehende Christdemokraten von einer funktionalen Betrachtungsweise der Kunst lösen können«.[7] Das trifft auch sozialdemokratische Positionen, und es ist insofern ernst zu nehmen, als Kunst sich auch von niemandem ein gesellschaftliches Engagement *vorschreiben* lassen darf (sich umgekehrt allerdings auch nicht verbieten lassen darf). Die Kritik trifft jedoch *nicht*, wenn es um die bloße *Beschreibung* einer Beziehung zwischen Kunst und Gesellschaft geht – denn objektiv und empirisch entwickeln die Künste gerade auch in und wegen ihrer Unabhängigkeit wichtige Funktionen in der Gesellschaft: Ihnen diese zu bestreiten würde sie in einen Elfenbeinturm verbannen (wo manche sie vielleicht auch ganz gern sehen würden).
Dieser Hinweis macht deutlich, daß alle diese tendenziell demokratischen kulturpolitischen Positionen, weil sie die Verstricktheit von Künsten in die Gesellschaft nicht leugnen, offene Flanken gegenüber der Kritik ästhetischer Positionen bieten, die ihrerseits leicht ins Antidemokratisch-Elitäre abgleiten können (Positionen, die dann durchaus permissiv sind gegenüber der sie nicht tangierenden Brot-und-Spiele-Kultur).

4. Eine Renaissance des Elitären?

Elite ist etwas Schönes – vor allem für Leute, die dazugehören. Ortega y Gasset hat das einst auf äußerst geschickte Weise in die Lebenspraxis übersetzt und jedem die Möglichkeit gegeben, sich als der Elite zugehörig zu fühlen – einzige Voraussetzung: Er muß sich über die Masse erhaben dünken. Das nun freilich kann jeder leicht – denn Masse, das sind immer die anderen. Und so sollte es bleiben, meinen die einen.
Gewiß: Es gibt die verschiedensten Eliten, und vermutlich kommt keine Gesellschaft ohne Funktionseliten aus – aber darum geht es hier nicht. In

der Kultur-Politik gibt es seit einigen Jahren eine Tendenz zum Rückzug auf einen elitären Kunstbegriff, der kulturpolitisch hochgradig kontraproduktiv ist. Anläßlich einer kritischen Glosse über Perversitäten des heutigen Kulturbetriebes hat Ulrich Greiner[8] ihn wieder aufgegriffen. Er schiebt den Rückzug ins Elitäre dem Konzept »Kultur für alle« in die Schuhe. Ein ehrliches Konzept könne nach Lage der Dinge heute nur ein elitäres, ein auf *wirkliche Kunst* bezogenes sein. Aber schon der Ansatz ist falsch, und erst recht führt uns die nahegelegte Konsequenz nicht weiter. Der Begriff der Elite ist kunstfremd; er paßt zum Leistungssport, auch zur naturwissenschaftlichen Forschung. Kunst ist nach anderen Parametern zu beurteilen.

Zunächst: über gewisse Sonderlichkeiten des aktuellen Kulturbetriebes brauchen wir uns nicht zu streiten. Es ist alles eher noch viel schlimmer, als Ulrich Greiner meint. Kultur muß wirklich für *alles* herhalten. Nicht nur soll sie Reparaturbetrieb für Modernisierungsschäden (Marquard) sein; nicht nur zur Absicherung der Zweidrittelgesellschaft mit üppigem Spiele zum kargen Brot der Armen soll sie beitragen, nein, mit Hilfe von Umwegrentabilität soll sie auch noch wertschöpfend wirken und Kapitalanlage sein: Sie soll sich als Rohstoff und Ressource fürs Geldverdienen bewähren, soll als Standortvorteil und als Imagekomponente wirken, damit Steuern und Kaufkraft in den Kommunen bleiben, und dergleichen mehr.

Nur: Mit »Kultur für alle« hat das wenig zu tun. In meinen Texten findet ein Kritiker wie Ulrich Greiner sich in dieser Beziehung schon längst vorweggenommen. Es sind diese Tendenzen der Instrumentalisierung, es ist dieser neue Drang, die Kultur zu ökonomisieren, dem die Reduktion des Kulturbetriebes auf Konsum und Konsumierbares primär anzulasten ist.

5. Der wahre Sinn von »Kultur für alle«

»Kultur für alle« aber war in den frühen siebziger Jahren etwas ganz anderes: Es war ein Konzept zur Erweiterung der sozialen und inhaltlichen Reichweite der besonderen Leistungen der Künste und des Kulturellen. Es war die Vision, allen Menschen nicht eine beliebige Verfügbarkeit, sondern die persönliche, intensive Auseinandersetzung mit ästhetischen Ausdrucksmitteln und kulturellen Strukturen zu ermöglichen, für Zwecke der Persönlichkeitsentwicklung, der »Emanzipation«, wie wir es damals nannten, und bezogen auf gesellschaftliche Individuen, die aktiv politische und kulturelle Verantwortung für sich und ihre Gesellschaft übernehmen.

Unsere Gegner warfen uns damals schon vor, wir betrieben »kulturelle Zwangsbeglückung«, diskreditierten Kultur zur Pflichtaufgabe. Aber wir wollten und taten etwas ganz anderes. Wir schufen ein lebendiges kulturelles Milieu und ein stimulierendes künstlerisches Klima, in dem die Chance, Neuem, Interessantem und Persönlichkeitswirksamem aus dem Umfeld der Künste zu begegnen, für viele bestehen bzw. entstehen sollte – und dies eben nicht auf der je »gemäßen« Ebene, sondern in einem offenen Prozeß.

Wir beschränkten uns damals nicht darauf, jedem, der dies wünschte, einen ihm gemäßen Zugang zur Kultur zu verschaffen. Wir wollen wirklich *neue* Schichten in den Kulturprozeß einbeziehen, und nicht nur Wünsche des Publikums plebiszitär abfragen, um die »feinen Unterschiede« (Bourdieu) zu bedienen und zu kultivieren. Bourdieu hat die Lebenschancen und Wahrnehmungsmuster determinierende Kraft der Kultur spannend analysiert. Die Bistros kommen ohne entsprechenden Gesprächsstoff nicht aus. Wir verstanden Künste als Anregungspotential, das, statt Kulturhabitués die Langeweile zu vertreiben, neue Menschen in seinen Bann ziehen sollte. Wir wollen nicht um jeden Preis jedem ihm *»gemäße«*, auf vorhandene »kulturelle Kapitale« zugeschnittene Zugänge verschaffen, nein, wir gingen davon aus, daß Publikum und Künste als selbständige Subjekte miteinander kommunizieren: Nicht hier die fix und fertige Kunst, der das Publikum mit pädagogischen Kräften zugeführt wird, sondern offene Prozesse der Interaktion und der Aneignung waren das Ziel, in denen Künstler *und* Publikum sich verändern. Die heutige urbane »Weißwein-Fraktion«, die Matthias Horx im »Pflasterstrand« vorstellte, präsentiert im Gegensatz dazu Erfahrung, ohne sie zu machen.

Wir müssen uns, was die Erlebnisse einer so als demokratisch verstandenen Kunstproduktion betrifft, von den Kulturpäpsten unserer Feuilletons auch nicht den Unterschied erklären lassen zwischen dem, was bei einem Töpferkurs an der Volkshochschule herauskommt, und epochemachenden Werken von »Privatanarchisten, die sich für die Zukunft dieses Gemeinwesens einen Dreck interessieren« und die sich »im Labyrinth ihrer schrecklichen Visionen« vergraben.[9] Nur: Der strukturelle Fehler liegt darin, das eine mit dem anderen aufzurechnen. Es ist ein Denkfehler, der zutiefst von kleinbürgerlichem Bildungsdünkel geprägt ist, sich über die mangelnde Tiefe in den Ausdrucksformen von Hobbykünstlern zu mokieren; es wertet allerdings weder das eigene kulturelle Profil auf noch die professionelle Kunstproduktion. Im Gedächtnis bleiben Erinnerungen an die miserabelsten Filme der fünfziger Jahre.

6. Ressource für »Alternative«

Zur demokratischen Kulturpolitik gehört die Einbeziehung aller Potentiale, die in der klassischen Kunstförderung ungenutzt blieben, also alles dessen, was wir mit »alternativ« umschrieben, ein zugegeben unpräziser, gegen Mißverständnisse kaum gefeiter Begriff wie auch die Formel »Kultur für alle« – aber welcher Slogan ist schon ZEIT-gerecht wasserdicht? Das kann kein Grund dafür sein, »Alternative Kultur« bei jeder unpassenden Gelegenheit als Horrorvision an unsere Museumswände zu malen. Dabei wüßte niemand genau zu sagen, am wenigsten die Kritiker selbst, was sich unter diesem, vom Duden noch nicht kanonisierten Begriff eigentlich alles denken ließe. In der Tat scheint die Begriffsbestimmung eines nicht nur quantitativ wichtigen Teilbereichs unserer kulturellen Entwicklung der notwendigen definitorischen Schärfe entzogen. Auch der synthetisch durch Bindestrich ins kulturpolitische Gebrauchsvokabular aufgestiegene, gleichwohl hilflose Begriff des Sozio-Kulturellen ist ein argloses Beispiel dafür, wie schnell Modewörter in der Hierarchie kulturpolitischer Nomenklatur aufsteigen. Solange alles, was mit ungefähren Bezeichnungen wie »Alternative Kultur« oder »Soziokultur«, was durch Attraktivität des Neuen und durch Entdecken des heute noch Gültigen im Vergessenen ein riesiges Publikum bindet, solange also den Teilnehmern die hedonistische Qualität und mediale Vielfalt der Alternativen Kultur gemeinschaftliches Vergnügen bereitet, sind dem Publikum die Begriffe ziemlich gleichgültig.

Alternative Kultur wurde in den siebziger Jahren vornehmlich als Kampfansage gegen alles Etablierte verstanden, ohne dabei den Begriff als philologisches Glanzstück herauszuputzen. In der ersten euphorischen Phase haben wir unter den Begriff mehr oder weniger undifferenziert alles subsumiert, was sich nicht in den Stammhäusern der Kultur, also in Oper, Schauspiel, Konzertsaal, Museum, Bibliothek, ereignete.

Als euphemistische Übertreibung war Alternative für Künstler und Macher eine bewußte Selbstentgrenzung von allem, was nach tradierten Normen und nach Konventionen roch. Statt normatives Kulturgebaren sollten normensprengende, das Allzu-Museale auflösende Alternativen die durch die formalen Kommunikationsformen der kulturellen Organisation entstandene Entfremdung aufheben. Die »Alternativen« wollten sich nicht länger mit vergangener Kunst umstellen lassen – schließlich entmündigt alle Musealisierung das kulturelle Erbe (Adorno). Sie wollten unter der Glasur des Perfekten nach den Ingredienzen suchen, um herauszufinden, ob diese ihnen vielleicht mehr bedeuten könnten, als ihre Schulweisheit sie träumen ließ und als das, was ihnen beim formalen Abschluß mit auf den Lebensweg verabreicht wurde. Gerade die vielen kleinen Unterschiede und kleinen Alternativen bilden für sie den Unterschied zum Ganzen.

Alternative Kultur will sowohl vergessene Traditionen beleben als auch neue Formen von Kunst entdecken, indem sie in diejenigen Leerstellen von Kultur eindringt, welche die traditionellen oder die formal erstarrten, vormals avantgardistischen Einrichtungen noch nicht einmal mehr zu entdecken vermögen. Dabei steht sie in ihrem assoziativen Anspruch einer breiten Rezeption in der Tradition der Moderne selbst – einer Moderne, die sowohl in ihren zunächst rückwärtsgewandten Reform-Vorläufern wie in ihren Protagonisten der Jahrhundertwende immer auf einen offenen Zugang Wert legte.

William Morris z. B. stellte »jene große Frage, die das Schicksal der Kunst in unserem Jahrhundert bestimmen wird«, hatte Nikolaus Pevsner konstatiert: »Was haben wir überhaupt mit Kunst zu schaffen, wenn nicht alle daran teilnehmen können?« Auch Bruno Taut attackierte schon vor dem Ersten Weltkrieg beißend die vermeintlichen Elitären: »Weg mit den Sauertöpfen, den Trau- und Trauerklößen, den Stirnrunzelnden, den ewig Ernsten, den Säuerlichsüßen, den immer Wichtigen.« 1919 forderten Architekten und Künstler wie Gropius, Heckel, Pechstein, Schmidt-Rottluff und Taut im Arbeitsrat für Kunst: Kunst und Volk müssen eine Einheit bilden. Die Kunst soll nicht mehr Genuß weniger sein, sondern »Glück und Leben der Masse«.

Sicher, daran läßt sich heute nicht mehr so ohne weiteres anknüpfen. Unsere Zeit braucht nach den Erfahrungen, die wir mit scheinradikalen und populistisch-opportunistisch hinterherhastenden Mitläufern gemacht haben, eine andere Sprache und sensiblere und selbstkritischere Haltungen. Aber warum sollen wir uns deswegen gleich dem elitären Konservatismus kulturpolitisch in die Arme werfen?

Überzeugt bin ich nach wie vor von der gesellschaftlichen Fruchtbarkeit einer offenen Kulturkonzeption. Aus der Ermutigung und Einbeziehung des ganzen »alternativen« Spektrums sollte der Kultur neues Potential zuwachsen.

Es waren die alternativen Theaterfestivals, auf denen zuerst Gruppen wie die von Ariane Mnouchkine, Robert Wilson oder Peter Brook auftraten. Dort fanden sie ein Publikum, das sie in den Städtischen Bühnen und Staatstheatern vergeblich gesucht hatten. Joseph Beuys, unbestritten einer der wichtigsten (weil auch umstrittensten) Künstler der siebziger und der frühen achtziger Jahre, lieferte die Theorie zu dem, was »Alternative Kunst« im Positiven für die Avantgarde der Kunst bedeuten kann: »Wenn ich den Dümmsten, der auf dem allerniedrigsten Niveau ist, gefunden habe, dann habe ich sicher den Intelligentesten gefunden, den potentiell am meisten Vermögenden. Und der ist Träger der Kreativität.

Die sogenannte Intelligenz muß zerstört werden. Die Dumpfheit muß beseitigt werden, denn in ihr existieren doch alle anderen Kräfte, wie ein wilder Wille, ein irres Gefühlsleben und vielleicht ein ganz anderes Erkennen. Vielleicht leben die schon im Himmel.«[10] Das Andere der Kunst, das Verwirrende, Gefährliche, Verrückte – bei Beuys ist es nicht nur »Kultur für alle«, sondern auch (meistens mißverstanden) potentiell als »Kultur von allen« radikal zum Programm erhoben.

7. Vielfalt statt Elite im Elfenbeinturm

Es ist diese kulturelle Vielfalt, es sind diese Konfigurationen der unterschiedlichen Medien, auch das Korrelat der Ideen und Phantasien, sowie alles, was von der eigenen Unsagbarkeit lebt, es ist diese Komplexität, die dem Ganzen den Namen Kultur verleiht und die unser Leben ist. Wer, wie Greiner, unter dem Primat des Elitären die Alternative Kunst als *quantité négligeable* abschreibt, übersieht das ungeheure Potential kreativer und innovativer Kräfte, ohne deren Impulse zum Beispiel das Theater noch weiter hinter sich selbst zurückgeblieben wäre. Wer die »wirkliche Kunst« an vier oder fünf Kriterien festzustellen vermeint, darf sich nicht wundern, einer reduzierten Rezeptionsfähigkeit anheimzufallen. Wenn die einstigen und heutigen Hoffnungsträger Peter Stein, Patrice Chéreau, Ruth Berghaus nicht die Elemente der »alternativen«, der Nicht-Etablierten-Kultur zur Avantgarde verarbeitet hätten, wäre unsere Hoffnung auf Theater als ein Medium der unmittelbaren Welterfahrung längst dahingeschwunden.

Die im doppelten Wortsinn kritische Masse, die in der Alternativen Kultur zu finden hofft, was die elitäre ihr weitgehend schuldig blieb, würde durch die nicht selten langweilige Stadttheaterkost gezwungen, wie weiland die Jugend auf der Wiese von Woodstock am White Lake in Phantasiewelten auszuwandern, ein Vorgang, der damals prompt den Stempel einer neuen Kultur aufgedrückt bekam, der Jugendkultur oder counterculture. In Woodstock feierten 500 000 Menschen ein Fest des Friedens, der Hoffnung, der Gleichheit, der Liebe. In den Liedern von Joan Baez, Bob Dylan, Janis Joplin artikulierten sie ihren Protest gegen den Vietnamkrieg, gegen Apartheid und gegen die Gleichgültigkeit der amerikanischen Gesellschaft: Diese alternative Kultur hat nicht nur Leidenschaft und Bewußtsein erzeugt, sondern auch ein anderes Verständnis von Politik, und zwar entschiedener als alle elitären Künste. Sie hat universale Veränderungen bewirkt, die für eine ganze Generation prägender und essentieller waren, als sämtliche nationalen Elitekünste es je vermocht hätten.

Natürlich ist Jugendkultur kein von der übrigen Kultur ausgesondertes Programm, und schon gar kein von oben oktroyiertes. Sie ist auch aus dem Frust gegenüber dem kanonisierten Angebot des Konzerthallensnobismus hervorgegangen: eine eigene selbstbewußte produktive, ungebundene Kunst, die für viele zu einer »hermeneutischen Identität« (Gadamer) geworden ist. Daß hastige Vampire des Kulturbetriebes Woodstock und das, wodurch es Bedeutung für die Jugend gewann, skrupellos vermarktet haben, gehört in den Kontext jener Instrumentalisierungen, von denen wir schon gesprochen haben. Nichts vermag sich dem zu entziehen, nicht einmal in der Phantasie. Ikonoklastische Punkbands wie die »Sex Pistols« haben ihre Platten nicht selbst eingespielt, sie haben sie präsentiert als Imageangebote.

Heute ist längst integraler Teil unserer Kultur, was Ende der sechziger Jahre linke Kritik an ihr war: die Alternative Kultur. In der Nachfolge von Woodstock entstanden hierzulande neben einer Welle europäischer Open-Airs mit »Bonner Sommer« oder Frankfurter »Summertime« erste analoge Programme mit kleinteiliger Struktur. Auch wenn die Künste gleichsam als Konterbande unter ein Publikum geschmuggelt wurden, das gekommen war, um sich kulturell auf kulinarische Weise zu zerstreuen und um das Savoir-vivre zu »vergesellschaften«, bot sich doch eine alle anziehende Gelegenheit, mindestens emotional Teil kultureller Prozesse zu werden.

Diese neuen Chancen wurden Ausdruck kollektiver Mentalitäten, die unterschwellig das Bewußtsein schärften, indem sie oft auch ein aktiver Part im Spiel wurden, also Mitspieler im Vergnügen – ist doch Spielen immer auch Mitspielen: Wer ein Madonnenbild malen möchte, müsse nicht zuvor das Abendmahl nehmen, lesen wir bei Kleist, weil die Sache mit »einer gemeinen Lust am Spiel« viel besser »abgemacht« sei. Es gilt, mit Hilfe von Komplexität und Vielfalt den Horizont Zukunft zu entwerfen, sich darauf zu besinnen, daß die lateinische Weisheit des »multum, non multa« stärker beachtet zu werden verdiente. Der schwerfällige, teils auch verkrustete Apparat unserer öffentlich finanzierten Kultur hält sich nur noch selten für Innovationen und Avantgarden offen, und wo doch, dann mit ungeheuren fiskalischen Anstrengungen, wie bei den Internationalen Theatertreffen, bei den Gründungen von Medienzentren (Karlsruhe, Köln), Akademien der Künste (Frankfurt) usw., und sie verfehlten ihren Zweck, wenn dort das schutzbefohlene Elitäre mit Hilfe des Feuilletons noch besonders gehätschelt werden soll.

In unserer Vision der »Kultur für alle« war all das enthalten, was wir als wechselseitige Befruchtung der Bereiche forderten und was wir für ein lebendiges Klima *innerhalb* des Kunstprozesses durch Öffnung nach außen, für neue Schichten, mit Recht erwarten konnten.

Dagegen, gegen diese wechselseitige Befruchtung und Erschließung von Potentialen, würde sich jedes elitäre Konzept wenden, das die Künste wieder zurückwerfen wollte auf ihre spezifische Hermetik. Kaum Einfluß hätte eine solche Kehrtwende auf die unsägliche Brot-und-Spiele-Kultur, denn in ihr fände jede Elite noch ihre Nische. Für diese »Lebensstil«-Elite die Gemeinkosten zu übernehmen, dazu war Kulturpolitik ohnehin schon lange genug gezwungen. Sollen wir uns jetzt ganz und gar darauf beschränken, für die geradezu unheimlich mobilen Gruppen des modernen Kultur-Jet-Sets die Spielwiesen herzurichten? Das verwechselt zwar mancher mit erfolgreicher Kulturpolitik, weil es imponierende Zahlen abwirft, aber auf Statistik dürfen sich die Ziele der Kulturpolitik nicht reduzieren lassen. Vor allem möchte ich das nicht auch noch ideologisch sanktionieren.

8. Kein Hindernis für Qualität!

Daß Können für Kunst konstitutiv ist, dürfte unbestritten sein. Wir sollten aber auch darin übereinstimmen, daß es keinen einheitlichen Maßstab für Qualitätsvergleiche zwischen Oper und Rock, »Champagner und Schafskäse« (Greiner) gibt, auch wenn wir uns in beiden (und in noch viel mehr anderen) Sparten Qualitätssteigerungen wünschen. Aber Kunst ist nicht planbar wie ein Megachip.
Oder sollen wir auf den Wissenden, den Seher warten, der uns sagt, was *wirkliche* Kunst ist? Aber dann um Gottes Willen nur EINEN, denn sobald es mehrere Propheten sind, rät uns jeder wieder etwas ganz anderes!
Es gäbe statt Visionen in der Kulturpolitik nur noch elitäre Auswege, behauptet Greiner geschmäcklerisch. Nun, wir entwarfen *unsere* Vision einer intensiven Durchdringung *aller* Lebensbereiche in einem vitalen, vielschichtigen und komplexen kulturellen Milieu, in dem die befruchtenden Impulse in *alle* Richtungen wirken. Darin einbezogen zu werden, sollte allen als faire Chance zustehen. Da dies längst nicht eingelöst ist, bleibt als Aufgabe bestehen, auch gegen alle Abschottungen und Instrumentalisierungen Kultur zum offenen Prozeß zu machen. Kultur hat *keine* Wachstumsgrenzen. Ihre Ressourcen an Kreativität und Innovation sind unversiegbar. Gerade in Zeitphasen, in denen wir uns Gedanken über stabile Lebensformen für Zeiten denkbaren wachsenden Wohlstands und größerer Freizeit machen, ist es wichtig, die Teilhabe aller an dem zu ermöglichen, was mit den Steuern aller in die Kultur investiert wurde. Es sollte sich der sozialen und kulturellen Folgen für die Demokratie bewußt sein, wer die so verstandene Offensive der »Kultur für alle« voreilig zum Rückzug auffordert.

9. Hat demokratische Kulturpolitik eine soziale Basis?

Die elitäre Kritik am Kulturbetrieb fand bezeichnenderweise bisher nur wenig Resonanz in der parteipolitischen Kulturpolitik-Diskussion. Zu sehr sind auch Konservative, prinzipiell durchaus gern mit elitären Positionen sympathisierend, mit der Instrumentalisierung der Künste beschäftigt, um sich durch solche Einreden stören zu lassen.

Auch bei dem hessischen Staatssekretär Alexander Gauland (CDU), Jurist mit kulturellem Niveau, steht die Beziehung der Kultur zur politischen Verfaßtheit der Gesellschaft im Vordergrund seiner Überlegungen. Ihm ist zuzustimmen, wenn er mit Daniel Bell den Verlust der Verbindlichkeit kultureller Symbole in der Moderne konstatiert. Gauland vernachlässigt aber jene historische Gewißheit, daß in den von sozialen Gegensätzen geprägten Gesellschaften von ehedem solche Symbole nicht für *alle* gültig waren noch von allen akzeptiert gewesen sein dürften. Andererseits erkennt er es als »Aufgabe der Kunst wie übrigens auch der Politik, Symbole zu finden, die das utopische Potential bewahren und die, über eine intelligente Steuerung hinaus, Ziele zu formulieren, für die zu leben sich lohnt«[11].

Aus demokratischer Perspektive ist Gaulands Vorstellung nur als Resultante des Kräfteparallelogramms eines plural organisierten Gesellschafts- und Kulturprozesses zu definieren. In diesem Modell bekämen Künste als autonome kulturelle Kräfte die Chance, gleichberechtigt mit Politik, Wissenschaft, Ökonomie usw. an der Formulierung eben jener Vorstellungen mitzuwirken, wie wir denn leben wollen. Ohne die Vorstellung von miteinander rivalisierenden Optionen aber wären die Symbole nur als Mittel der Manipulation denkbar.

Aus langjähriger produktiver Zusammenarbeit weiß ich mich mit Alexander Gauland übrigens darin einig, daß zu den wichtigsten Prinzipien demokratischer Kulturpolitik jene offensive Verteidigung des Anspruchs der Künste gehört, als autonome Faktoren neben den anderen zu wirken. Diese Autonomie ist vorauszusetzen auch bei dem Bestreben, den Leitlinien des gesellschaftlichen Entwicklungsprozesses nicht passiv unterworfen zu sein.

Eine gärende CDU-Politik läßt in ihrer Widersprüchlichkeit vieles als ein opportunistisches Szenarium erscheinen, bei dem Traditionen und Ideen hin- und hergeschoben werden wie dekorative Versatzstücke. Niemand sollte sich auch in der Hoffnung wiegen, Rückfälle seien ausgeschlossen. Mit Opportunismus und Intoleranz aber muß bei allen Parteien gerechnet werden; es bleibt die tändelnde Verwischung der Unterschiede, es bleibt der unübersehbare Eindruck, die CDU sei stärker als früher positiv in der Kulturpolitik präsent.

Wo also liegen die Spezifika, mit denen sich eine zugleich demokratische und soziale Kulturpolitik entwickeln läßt, die an »Kultur für alle« anknüpft, die über den auch von der CDU längst akzeptierten Status quo noch hinausweist?
Politik ist nicht kopierbar, jedenfalls nicht, sofern sie sich auf spezifische Sozialgruppen stützen kann. Es brächte also der CDU nichts, vom Programm »Kultur für alle« abzuschreiben, wenn die SPD sich nach wie vor auf eine stabile, umgrenzte Wählerschicht stützen könnte. Umgekehrt gilt aber auch: Wenn die Christdemokraten spezifische Interessen offen bedienten, so könnten sie es sich nicht leisten, einfach alles unverändert nachzubeten. Schon deshalb lösen sich die Unterschiede auf, weil alle Parteien vehement um Wechselwähler der Mitte buhlen. Mit pragmatischen Modifikationen, mal nach rechts oder links, dürfen sie ihre Identität nicht zerreden lassen, nicht ihre (Partei-)Seele »zu Markte tragen«. Dies bedeutet für die SPD, daß sie gegenüber CDU-Konzepten, die den »Sekundärnutzen« von Kultur in den Mittelpunkt rücken, deutlicher als bisher die Grundwerte ihrer Kulturpolitik spezifizieren muß.

10. Zeitgeist-Wendungen

Auch im Kulturbereich zeigen sich »Bremsspuren« auf dem als »Wende« markierten Rückzug aus Willy Brandts Programm »Mehr Demokratie wagen«. Sogenannte Tendenzwende, Vernunftkritik und Aufklärungs-Zweifel haben zusammen mit dem Wettlauf um die Pfründe des Mäzenatentums und mit der Freude darüber, von den Konservativen nicht mehr länger als »Pinscher« tituliert zu werden, auch bei manchem Kulturproduzenten für Desorientierung gesorgt. Das ist aber nur *eine* Seite, nur *ein* Aspekt der »Wende« oder doch gewisser unrühmlicher Begleiterscheinungen. Auch noch anderes wäre zu berücksichtigen: Wachstumskritik, neue Innerlichkeit und neue Bewertungen von Emotionalität resultieren ebenfalls aus Krisen und Widersprüchen unserer Realität. Solche Haltungen können weder von den Konservativen voll vereinnahmt werden, noch dürfen wir sie irrationalen Schwärmern überlassen.
Zweifel an dem Konzept Fortschritt oder Aufklärung sind kein Privileg der anderen, seien es nun Grüne oder Neo-Konservative; salopp gesagt: Weder in blecherne Botanisierbüchsen noch in postmoderne Schubkästchen lassen sich künstlerische Freiheit und die kulturelle Vielfalt einsperren. Zwischen Camping und »Schöner Wohnen« liegen nicht nur Welten, sondern auch das weite Feld einer differenzierten Kultur. Wenn neokonservative Unverbindlichkeit, wenn die blasierte Haltung des »Alles-schon-dagewesen«, des *déja vu*, die Verantwortungslosigkeit eines neuen

Rokoko, wie Hermann Glaser es nennt, mit dem an der Gegenwart leidenden kulturellen Engagement vielfach ein Gemisch bildet, so ist das kein Anlaß für flotte Etikettierung; es ist vielmehr ein Grund für die ernsthafte Auseinandersetzung damit.

In unserer heutigen Situation bleibt die SPD Hoffnungsträger auch für all diejenigen, die sich von Dilettantismus und von partieller sozialer Instinktlosigkeit der Grünen enttäuscht fühlen. Die Sozialdemokraten sind der potentielle Partner auch derjenigen, die mit der äußerlichen Anerkennung der Künste als Dekoration in einer verantwortungslosen »Nach uns die Sintflut«-Mentalität nicht zufrieden sind oder die den tendenziellen Antihumanismus der Zweidrittelgesellschaft abstoßend finden.

11. Gute Politik überzeugt auch Kulturproduzenten

Der Kulturbereich reagiert mit eigener Dynamik und mit seinen spezifischen Formen auf die öffentliche Entwicklung. Hegemonie ebenso wie ihre Vorstufe »Meinungsführerschaft« resultieren auch in diesem Bereich aus der Verkörperung einer materiell tragfähigen und überzeugenden Politik und Dialogfähigkeit. Eines ohne das andere bliebe auf Dauer ohne Erfolg; darin liegt unsere Chance. Nur eine überzeugende, von attraktiven Ideen getragene und ehrlich geführte Sozial- und Gesellschaftspolitik, die auch nach einer gewonnenen Wahl die gleiche ist, als die sie zuvor den Wähler beeindrucken sollte, sowie Sicherheits- und Friedenspolitik als Außenpolitik können das Vertrauen derjenigen Kräfte im Kulturbereich finden, deren Sympathie wir für die Umsetzung in lebenswerte Alltäglichkeit brauchen.

Es genügt nicht, die gesellschaftliche Schlüsselposition der Kultur ständig zu beschwören. Wir müssen in der Lage sein, sie überzeugend auch in der Praxis zu präzisieren. Kultur ist nicht nur schöner Schein. Wir können nicht die Barbarei unmenschlicher Dauerarbeitslosigkeit und würdeloser Arbeit ausgleichen durch schöne Illuminierungen der Freizeitwelt. Verklärungen des Elends durch Almosen der kulturellen Ablenkung zu bieten hieße nur das Handwerk einer verfehlten Wirtschaftspolitik zu betreiben.

Kultur ist aber nicht nur, *wie* wir leben, sondern auch wie wir leben *wollen*. In der Kultur und mit ihrer Hilfe verständigen sich die Menschen über Sinn und Perspektive ihres eigenen und ihres gemeinschaftlichen Lebens. Mit Hilfe der Kultur orientieren sie sich über das, was ihnen wichtig und lebenswert ist und wofür sie ihre Kräfte und ihre Arbeitskraft einsetzen möchten. Damit verkörpert Kultur die ganze Fülle der Möglichkeiten menschlicher Lebensperspektiven und Glücksvorstellungen. Sie ist in den Künsten die elegische Trauer über betrogene Hoffnungen ebenso wie die Tragik als gestalteter Schmerz, wie die flammende Anklage und die hoffnungsvolle Antizipation einer lebenswerten Zukunft. Künste sind die selbstbestätigende und beglückende Feier des Lebens, ja, auch der Schönheit als sich selbst genügendem Zweck. Sie sind die suchende Erkenntnis im Reich der Formen und Strukturen von Material und von Erleben.

Kultur und Künste sind sicher noch vieles anderes mehr – eben auch alles, was von der Unsagbarkeit lebt. Kultur ist in unseren sozialen Beziehungen die bereichernde Gestaltung des sozialen Raumes zwischen Familie und gesellschaftlichen Gruppen, als menschliche Kommunikation und als menschliches Miteinander. Sie ist nicht nur verpflichtende internationale Solidarität, sondern Gemeinsamkeit auch überall dort, wo sie bereichert und beglückt, und sie ist damit eine wesentliche Form der Selbstverwirklichung der Menschen als soziale Wesen. Kultur ist in anderen Bereichen wieder anderes, immer aber bleibt sie auch die Realisierung der Träume von Humanität und einer lebenswerten Zukunft. Sie repräsentiert die angestrebte und lebbare Form einer befriedigenden denkbaren Zukunft in einer vor Krieg und anderen Kräften der Zerstörung zu schützenden »einen Erde«.

Wir sollten uns um die Konzeption einer demokratischen und republikanischen Kultur bemühen. Maßstab darf nicht, wie in Rolf Hochhuths Pamphlet »Banausenrepublik Deutschland«[12], fürstliche Huld den Künsten gegenüber sein, sondern ein freies demokratisches Kulturleben. Nicht das Verhältnis von Herrscher und Mätresse kann als Paradigma für die Kultur taugen, sondern allein die Beziehung einander schätzender gleichberechtigter Partner. Der kulturelle Konsens unabhängiger Kulturproduzenten kann die Kultur dem antidemokratischen Ressentiment entreißen, das bei Hochhuth aufscheint, wenn er überspitzt meint, die Demokratie bringe dem Künstler wenig.

Die Perspektive einer lebendigen Kultur ist an der Kultur der großen Umbruchzeiten zu orientieren, etwa der deutschen Reformationszeit oder der Weimarer Zeit. Sie kann sich anregen lassen von der Volkskunst des demokratischen Chile unter Allende oder des demokratischen Nicaragua. Die Vision eines solchen demokratischen Kulturlebens brauchte Qualitätsverdikte nicht zu scheuen. Das belegen nicht nur die genannten Beispiele; das ergibt sich auch aus der Relativität eben dieser Qualitätsurteile. Kultur ist nicht etwas ein für allemal Vorgegebenes, dem die Menschen einer Sprache oder einer Kulturgemeinschaft passiv ausgeliefert wären: Sie ist Produkt von Geschichte und sozialem Leben. In ihr sind die Erfolge und Niederlagen, die Kämpfe und Wünsche, die Ängste und Hoffnungen der Menschen eines Landes eingeschlossen. Kultur, von den Menschen gestaltet, wirkt zugleich auf sie zurück.

161

Eine Partei wie die SPD muß die eigenständige gesellschaftliche Rolle der Künste und anderer kultureller Bereiche uneingeschränkt akzeptieren und sie als Antriebskraft des gesellschaftlichen Prozesses ernst nehmen. Es genügt nicht, nur anderen Fehler und Versäumnisse vorzuhalten, es gilt, auch selbst besser zu werden. Die Anerkennung der gegenseitigen Autonomie, etwa praktiziert in dem unerhört sensiblen Fassbinder-Streit in Frankfurt, das Akzeptieren der je spezifischen Lebenspraxis und Weltsicht, sind Voraussetzung dafür, den Prozeß der Begegnung in gegenseitige Bereicherung und wechselvolle Ergänzung münden zu lassen. Sein Gegenüber ernst nehmen, Dialog suchen, Partner werden und schließlich erkennen, welcher Gewinn aus diesen Anstrengungen zu ziehen ist, das könnten einige der Stichworte für die Kultur-Diskussion sein. »Kulturelle Öffentlichkeit herstellen«, lautet eine griffige Formel dafür.

12. Infrastruktur für kulturelle Öffentlichkeit

Für Programmatik und Praxis der Kulturpolitik ist die materielle und die personelle Infrastruktur entscheidend. Denn Hauptaufgabe ist die Herstellung eines kulturellen Klimas, das die Chancen zur Begegnung mit lebendiger Kunst und die lebendige, also nicht die technisch präformierte Vermittlung kultureller, persönlichkeitswirksamer Erfahrungen für potentiell alle ermöglicht. Dies bezieht sich notwendig auf das gesamte Kulturleben. Verschiedene Institute oder Gattungen gegeneinander auszuspielen, gilt es unter allen Umständen zu vermeiden. Programmatische Priorität genießen eindeutig die Prozesse der vitalen Begegnung zwischen Personen, und eben nicht nur zwischen Menschen und Apparaten; Computer können die personale Vermittlung nicht ersetzen. Kulturelle Prozesse lassen sich genausowenig automatisieren wie etwa die Prozesse der Psychoanalyse. Die materielle Infrastruktur für Kulturprozesse muß die hohen Subventionen erhalten, die diese Prozesse zu ihrer Effizienzsteigerung brauchen.

Ihre Förderung kann sich freilich auch auf die Erschließung von Massenkaufkraft erstrecken. Wenn in fast allen Bereichen Produktion und Dienstleistungen auf Kosten der lebendigen Arbeit rationalisiert werden, dann müssen die Bereiche, die nicht auf die lebendige Arbeit verzichten können, einen höheren Anteil am Gesamtetat bekommen. Aus der Perspektive anderer Gesellschaften, auch anderer Kulturen, ist es ein Aberwitz, den potentiellen und realen materiellen Überschuß einer Gesellschaft *nicht* für kulturelles Leben zu verwenden, sondern statt dessen zu verschwenden für die selbstgenügsamen Wachstumsindustrien und Rüstungsmaschinerien.

Arbeitsmarktpolitisch wie kulturpolitisch wäre es sinnvoll, die personelle Seite des Kulturbereichs auszuweiten. Kultur kann zwar nur in begrenztem Maße als Ersatz für einen Arbeitsplatz herhalten, sie ist schließlich keine Beschäftigungstherapie. Mit der Verkürzung der Arbeitszeit aber dürfte dennoch die Nachfrage steigen. Der Kulturbereich kann mit relativ geringen Mitteln dazu beitragen, Arbeitskräfte zu absorbieren und den Arbeitsmarkt zu entlasten. Kultur und Freizeit bedeuten auch jetzt schon einen noch steigerungsfähigen und elastischen Nachfragesektor mit starken Folgeeffekten im lokalen Bereich. Kulturarbeitsplätze im freien Sektor sind zum Beispiel mit relativ geringen Kosten zu sichern. Auch wenn dies zwar nur ein Nebennutzen der Kultur ist, so darf ich ihn gleichwohl hier erwähnen – deshalb gilt prinzipiell immer noch: »Arbeitszeitverkürzung ist die einzig mögliche Alternative zur Massenarbeitslosigkeit und zur Spaltung, zur Dualisierung der Gesellschaft...«[13] Nicht das von Arbeit abgekoppelte Grundeinkommen, also die Negativsteuer mit Kultur als Beschäftigungsprogramm, kann die Perspektive sein, denn dadurch würde die soziale Spaltung, die kulturelle Segmentierung der Gesellschaft, nicht aufgehoben, sondern in ihrem Dilemma eher bestätigt.

13. Und die Kulturindustrie?

Kulturpolitik darf die Unterhaltung nicht vom Kommerz usurpieren lassen. Kulturindustrie, der Kulturmarkt und die Unterhaltungsbranche sind populär und quantitativ erhebliche Größen, dürfen aber unsere Ansprüche an populäre und entspannende Künste nicht senken. Auch im Fest und beim Vergnügen wollen wir als ungeteilte Menschen dabei sein, ohne unsere Überzeugung und Haltung vorher an der Garderobe abzugeben. Die Art und Weise, wie in den letzten Jahren die Realität unseres Lebens zum Beispiel wieder in die populäre Musik eingeflossen ist, zeigt, daß wir solche Bereiche nicht einfach abzuschreiben brauchen. Wir können auf Zensur oder auf die Ausklammerung kontroverser und unangenehmer Bereiche der Realität gut verzichten. Statt dessen sollten wir in den Medien und in der Öffentlichkeit all jene Versuche ermutigen, die gesellschaftliches Leben und populäre Kunst wieder zusammenführen, wie dies auch in der traditionellen Volkskultur einmal der Fall war. Wenn die Forderung, Kunst solle weder Ware noch Luxus sein, ernst zu nehmen ist, dann läßt sie sich auch auf solche Bereiche beziehen.

Die suchtähnliche Abhängigkeit vieler von den neuen Medien, vom »Götzen Fernsehen« (Bloch) und von Video sowie der ungehemmte Expansionsdrang der elektronischen Medien lassen sich nur durch gezielte Gegensteuerung bremsen; auch durch die Herstellung eines entsprechenden Rezeptionsklimas, wodurch etwa gewaltverherrlichende und harte Porno-Videos ihre Attraktion verlören. Ziel muß es sein, die gesellschaftlichen und politischen Voraussetzungen für eine souveräne Nutzung der neuen Medien und Technologien durch die Individuen und gesellschaftlichen Kräfte zu ermöglichen.

14. Kultur macht Hoffnung

Kultur erhält nicht erst dann ihre Existenzberechtigung, *nachdem* alle sozialen Probleme bereits gelöst wurden. Eher ist es so, daß Soziales und Kulturelles einander bedingen. Dafür sprechen auch die Erfahrungen der Nachkriegszeit. Kultur darf nicht gegen Soziales ausgespielt werden: Die verkürzte Alternative Kindergarten oder Oper stellt sich für Sozialdemokraten schon lange nicht mehr; auch Minderkunst kann ihre Sache nicht sein. Kultur ist andererseits nicht bloß Zierde oder die Petersilie im Maul des aufgebahrten Karpfens. Sie ist Verständigung über die Gestalt und die Werte unseres Lebens; sie gibt unserem Tagwerk Ziele. Soziales und Kulturelles gehen eines aus dem anderen hervor. Kultur ist zum Beispiel, *wie* wir uns zu Krankheit und Tod verhalten, oder, um ein anderes Beispiel zu wählen: Woher soll der Aufstand gegen die tödliche Logik der Rüstung seine Energie nehmen, wenn nicht aus der Überzeugung über den Wert und die mögliche Qualität des Lebens, des eigenen wie des der anderen. Auch das gehört unveräußerlich zur Kultur. Aktuelle Tagesaufgabe ist daher auch die notwendige Verschränkung der Bereiche Jugend und Alter, Soziales und Kultur, und zwar auf allen Ebenen und nicht nur derjenigen der Verwaltungen, wo nur weitere Wasserköpfe gebildet würden. Das Programm einer »Kultur für alle« ist heute noch wichtiger als schon vor 15 Jahren. Es ist in der aktuellen Situation eine Versicherung gegen die Horrorvision von der Zweidrittelgesellschaft. Slumbildung und das Auseinanderdriften der Gesellschaft sind die Folgen einer Entsolidarisierung: Dieser sozial explosiven Kluft gegenüber gilt es die Lebensinteressen der breiten Mehrheit in den Vordergrund zu stellen und dafür zu sorgen, daß die »Neuen Armen« nicht wehrlos werden. »Kultur für alle« beharrt auf dem Zusammenhang der ganzen Gesellschaft.

Die SPD mit ihrer Tradition als Arbeiterbewegung kann in den heutigen Diskussionen um die Kultur unserer Gesellschaft, um die Ansprüche an unseren Staat als Kulturnation, auch im Sinne der Tradition des Kultursozialismus eines Gustav Radbruch, wie keine andere Partei die Position des konsequenten Humanismus für sich beanspruchen. Sie schließt die Augen nicht vor den Problemen der Vernunftkritik und der Aufklärungskritik. Die Ängste und Zweifel der Gegenwart sind ihr nicht fremd. Aber sie tritt mit ihrer Politik dafür ein, daß es eine humane Perspektive des Lebens in der Gesellschaft, national und international, gibt – eine Perspektive, in der Demokratie, soziale Gerechtigkeit, Würde des menschlichen Lebens und Frieden möglich sind. Dies und nichts anderes sind die zentralen humanen Inhalte von Fortschritt, also das genaue Gegenteil von Wachstum als Selbstzweck, von Unterjochung der Natur, Ausbeutung von Völkern oder der Plünderung von Zukunft. Unser Kulturanspruch ist kein geringerer als der auf ein Leben in menschlicher Würde, auf Zukunft überhaupt.

Ich möchte in diesem Sinne nachdrücklich dafür eintreten, den Diskurs über die Zukunft, die uns als eine humane vorschwebt, zu verbinden mit dem Nachdenken über den Wert der Kultur als Zukunftsinvestition.

Wenn *eine* Frage des wählenden Bürgers heute legitim ist, dann doch *diejenige*: Wie geht es weiter? Wir wollen wissen, von welcher Qualität die Vorstellungen der Politiker von der Zukunft sind, und zwar nicht nur für die nächste Legislaturperiode, sondern für die nächsten Jahrzehnte. Wir müssen den Diskurs über die Zukunft mit der Frage verbinden, welche Bedingungen erforderlich sind, Zukunft, Wohlbefinden und Glück überhaupt als Leitideen festzuhalten. Beide Fragen gilt es anzukoppeln an den unaufhörlichen Diskurs über Frieden und über die Bedingungen des Überlebens unserer Gattung.

Die Politiker müssen sich dazu bequemen, nüchterne und realistische Risiko-Analysen für unsere Gesellschaft herzustellen, also auch für unsere Städte und Regionen. Unsere Zukunftsplanung darf nicht allein auf wenigen unsicheren Komponenten gründen. Wir müssen bei den vielversprechenden Innovationen und Novitäten von heute alle Risiken offenlegen, damit wir nicht abermals in Sackgassen landen wie schon bei Kernenergie oder bei fossilen Energieträgern. Kultur darf sich dabei nicht in ihren Elfenbeinturm zurückziehen. Kultur muß sich einmischen und – wo geboten – stören.

15. Zukunftsfähige Gesellschaften

Es geht darum, eine überlebensfähige Zukunft denkbar und realisierbar zu machen, die den Problemlagen von heute gerecht wird, das heißt also, die bestehenden Gefahren von der Klimakatastrophe bis zur Bedrohung durch atomare oder chemische Vernichtung nicht dadurch bewältigen zu wollen, daß man sie verniedlicht oder ignoriert.

Kulturelle Attraktivität, aber auch Führungsqualität bedeuten für eine Partei, in solchen Diskussionen nicht nur offen und ehrlich sich auch unbequemen Fragen zu stellen, sondern auch das Erreichte stets für Neues offenzuhalten und nicht gleich fix und fertige Antworten aus der Schublade zu ziehen. Schon aufgrund ihrer Traditionen kann die Sozialdemokratie vieles zur gegenwärtigen Problematik eines zukunftsträchtigen kulturellen Selbstverständnisses einbringen.

Die Grundlage ästhetischer und sozialer Programmatik ist ein fundamentaler *Humanismus*, den es wieder offensiver zu artikulieren gilt in Zeiten, in denen Natur schon ohne den Menschen, Wachstum ohne Wohlfahrt thematisiert werden. Dies scheint desto notwendiger angesichts jener schleichenden Versuche, dem humanistisch-christlichen Prinzip der Gleichheit alles dessen, was Menschenantlitz trägt, den Rücken zu kehren, wie es sich in allen möglichen nationalistischen, biologistischen, elitemäßigen, religiös-fundamentalistischen Ideologien als neue Offenbarung ankündigt.

Ohne einen im Alltagsleben manifesten Humanismus liefe die Menschheit leicht Gefahr, in den brutalen Kampf aller gegen alle zurückzufallen und dem gnadenlosen Recht des Stärkeren die Tore zu öffnen. Angesichts der heutigen Vernichtungskapazitäten hieße das über kurz oder lang unser aller Untergang; und im Prinzip gilt das auch dann, wenn wir, wie anscheinend jetzt, aus dem Zeitalter der großen bipolaren globalen Konfrontation überwechseln in die Zeit der kleinen Kriege, der unübersichtlichen Fronten und der nicht erklärten Bürgerkriege der staatenbeherrschenden organisierten Kriminalität. Das ist just der Punkt, an dem auch unsere Auseinandersetzung mit der Neuen Rechten ansetzen müßte – mit den elitären Sozialtheoretikern wie Alain Benoist in Frankreich oder Armin Mohler in Deutschland ebenso wie mit den an dumpfe Instinkte appellierenden sogenannten Republikanern und ihren Konsorten von NPD und DVU.

Eine Stärke sozialdemokratischer Politik war es auch immer, die Grundsätze und Ziele ihres Handelns nicht aktuellen Opportunitäten und wechselnden Moden zu opfern. Anstelle der demonstrativen Affirmation von Lebensstil-Kulturen wäre es wichtiger, den Menschen als soziales Wesen wiederzuentdecken, Solidarität und Gesamt-Verantwortung eingeschlossen.

Schließlich hat sozialdemokratische Kulturpolitik genügend Argumente auch für die Sinn-Diskurse der Gegenwart: Indem sie den okzidentalen Humanismus zur Grundlage ihrer Politik macht, trägt sie zu jenem Selbstverständnis bei, wonach das Leben seinen Sinn in sich selbst findet. Leben rechtfertigt sich allein aus seiner Existenz und ist entsprechend hoch zu werten und zu schützen.

Kulturpolitik, die dem Anspruch sozialdemokratischer Werte gerecht wird, trägt Verantwortung auch für die Hoffnungen der Menschen, zum Beispiel für die Vision einer humanen Zukunft. Diese Option ist aber nur realisierbar in einer Gesellschaft, in der politische Produktion in demokratischen Strukturen jene Priorität wiedererlangte, die auch und gerade gegenüber Sachzwängen der Wirtschaft und des Wachstums als unabdingbar zu gelten hat.

16. Kulturpolitik hat eine soziale Dimension

Die soziale Dimension der Kulturpolitik wurde vielfach durch die öffentlichkeitswirksamen, medienträchtigen Angebote einer konzentrierten modischen Kulturpolitik so gut wie verschüttet, wo sie nicht zur verbalen Deklamation verkam. Um so mehr gilt es jetzt, sie als Teil einer Strategie wiederzugewinnen, die möglichst viele und ganz unterschiedliche Teile der Gesellschaft aktiv als Partner in den Kulturprozeß einbezieht, also als *Subjekte* und nicht nur als *Objekte* eines höheren Zweckes: erstens als Element realer Vielfalt, zweitens als Moment der kulturellen und ästhetischen Innovation und zuletzt ihres »Sekundärnutzens« wegen – dieser wäre aber nicht allein auf die Wirtschaft zu beziehen, sondern auf den gesamten gesellschaftlichen Lebensprozeß. Möglichst viele in allen Schichten unserer Gesellschaft sollten die Chance erhalten und auch wahrnehmen können, kreativ an dem Prozeß mitzuwirken, mit dem die Probleme der Zukunft zu meistern wären.

Wenn »linke« Kulturpolitik diese soziale Dimension besonders betont, dann widerlegt schon die Erfahrung der kulturellen Arbeiterbewegung den resistenten Vorwurf, sie betreibe Nivellierung statt Individualisierung oder gar Massenkonsum statt kultureller Profilierung: Die Dialektik von Individuum und Gesellschaft wird deutlich auch in jenem wechselseitigen Zusammenhang zwischen individuellen Entfaltungsmöglichkeiten und gesellschaftlichen Strukturen. Seit den Diskussionen um (parteiunabhängigen) Liberalismus ist den Sozialdemokraten die *Dialektik* der Freiheit vertraut: Freiheit war für sie immer mehr als bloß ein populistisch propagierter Popanz. Hunderttausende ließ Bismarck zur Zeit der Sozialistengesetze einkerkern, Hunderttausende wurden von den Nationalsozialisten gefoltert und ermordet.

Der Diskurs über die Zukunft kann nur als ein kultureller Produktionsprozeß verstanden werden, der sich bisher in interdependente Zentren zersplittert hatte. In diesem Zusammenhang ist ernst zu nehmen, was Martin Seel in Anknüpfung an Jürgen Habermas und Max Weber die »Entzweiung der Vernunft« nennt. Mit der Ausdifferenzierung von Geltungsansprüchen und Wertsphären für Wahrheit, für moralische Richtigkeit oder für ästhetische Urteile gewinnt Zukunft als Projekt neue Dimensionen. Zukunft wird ohne ein Zentrum und in ihrer Ungleichzeitigkeit gedacht werden müssen. Das Utopische ist in der noch unbegriffenen Vergangenheit neu aufzuspüren. Dabei kommt dem Eigensinn des Ästhetischen ein besonderer Erkenntniswert zu.

Kunst als »unbewußte Geschichtsschreibung«, als »autonom und fait social« (Adorno) entreißt die Geschichte dem Vergessen, vermittelt – wie auch immer negativ – die Potentiale des Gestern mit dem Heute und dem Morgen. Allein im Ästhetischen, seinem Eigensinn, seiner Kompromißlosigkeit, scheint das Unmögliche als Mögliches, als das ganz andere – ein menschenwürdiges Leben für alle angesichts des Bilderverbots für die Zukunft –, als denkbar auf.

Eine Auseinandersetzung mit Peter Weiss' »Ästhetik des Widerstands« schärft den Blick auch für das utopische Potential einer »Ästhetik der Negativität«. Die Helden dieses Romans scheitern geradezu katastrophal mit ihren Projekten: Tod, Elend und die Restauration der bekämpften sozialen Verhältnisse verdunkeln den Zukunftshorizont. Indem Weiss jedoch dem Scheitern zur Sprache verhilft, fördert er die Einsicht, daß es auch hätte ganz anders kommen können. Das gestaltete Negative gebiert ein Ferment der Hoffnung. Soziale und demokratische Kulturpolitik eröffnet also Dimensionen des Möglichen, indem sie den Diskurs über das vermeintlich Unmögliche eröffnet. Eine »Akademie der Künste und Wissenschaften« könnte nicht geringeres als ein Ort »konkreter Utopie« werden.

Wenn es gelingt, diese Diskussion um die erwünschte Zukunft mit allen Implikationen auf breiter Ebene zu entwickeln, dann ließe sich damit leicht eine Dynamik in Gang setzen, die auf die Sphären von Wirtschaft, Politik, Gesellschaft kräftig zurückwirkt: Erst dann wäre manches von dem erreicht, was sozialdemokratischer Kulturpolitik als vorbildlich vorschwebt.

17. Solidarität und Menschenrechte

Dazu gehören auch Überlegungen zur Regeneration knapper Ressourcen der politischen Moral. Marquis de Sade, vor gut zwei Jahrhunderten wegen revolutionsfeindlicher Haltung bei der französischen Revolutionsregierung bald in Ungnade gefallener Querdenker, zerbrach sich den Kopf über die Frage, ob es eigentlich ein vernünftiges Argument gegen den Mord geben könnte. Diese Frage von damals erhält in einer Situation eine neue Brisanz, in der die staatliche Sanktionierung von Gewalt gegen Menschen, aber auch die sträfliche Gleichgültigkeit gegenüber Hunger, Verelendung, Not und Mühsal alltäglich ist. Unsere Zweidrittelgesellschaft floriert ökonomisch, die Zuwachsraten im Absatz sind so beträchtlich wie die wachsende Verarmung. Als honorige Voraussetzung wirtschaftlichen Erfolges gilt gemeinhin Durchsetzungsvermögen auch ohne Rücksicht auf andere, ohne Berücksichtigung möglicher negativer Folgen.

Gleichwohl – wenn wir uns einer Perspektive beugen, die über das Wirtschaftswachstum der nächsten Jahre und den Börsenanstieg hinausgeht, ergibt sich sehr schnell ein intimer Zusammenhang zwischen Vernunft und Mord. Ein Beispiel: Die Vergiftung des Trinkwassers betrifft uns alle; auch den bald tödlichen Sonnenstrahlen wird eines nicht allzu fernen Tages kaum jemand entrinnen können. Ökologische Sensibilität wäre mithin nur vernünftig. Sie ist aber auch moralisch geboten, und Überleben wird nur möglich, wenn Moral als Verpflichtung den Mitlebenden gegenüber ein selbstverständlicher Faktor der Politik wird.

Die »Ressource Sinn«, so schrieb Jürgen Habermas schon vor einem Jahrzehnt, ist knapp geworden. Die feudalen Polster, auf die auch der Spätkapitalismus für seine psychische Reproduktion angewiesen ist, scheinen bald aufgelöst zu sein. Rudolf Burger hat bei den Römerberggesprächen 1989 darauf hingewiesen, die Bestände der zweiten Natur seien bald ebenso verbraucht wie jene der ersten. Unsere Fähigkeit zur vernünftigen Reflexion wie zur moralischen Argumentation als Voraussetzung einer »substantiellen Sittlichkeit« scheint stark eingeschränkt.

Die Ablenkungsmanöver sind mannigfaltig. In seiner »Apologie des Zufälligen« verabschiedet der Philosoph Odo Marquard die Idee eines vernünftigen Ganzen, eines moralisch legitimen Zusammenlebens. Begnügen wir uns also mit den Genüssen *hic et nunc*, mit dem kleinen Glück? Afrika ist weit, China ebenfalls und auch der Iran. In der Ferne ist alles Poesie, sagt Novalis. Das Elend an der nächsten Ecke läßt sich (noch) kaschieren, überblenden. Es wird schließlich keiner gezwungen, Rauschgift zu nehmen.

Angesichts ubiquitärer Zerstreuungsstrategien mag es zunächst naiv anmuten, für die Regeneration der sozialen Ressourcen Solidarität zu fordern. Nur mit solidarischer Energie lassen sich die Menschenrechte auch für die Erniedrigten und Beleidigten einklagen. Für dieses Ziel aber ist die Überzeugungskraft vernünftiger und moralischer Argumentation eine *conditio sine qua non*. Zu viele Hindernisse wirkten bisher entmutigend. »Mediale Sittlichkeit« ist weithin an die Stelle der »substantiellen Sittlichkeit« getreten.

Leicht verwandelt sich Solidarität auf folkloristischen Festivals zur Augenblickskumpanei. Der Schein – so der französische Soziologe Jean Baudrillard – hat das Wesen ersetzt: Der Schein ist die Wahrheit; das Image ist das Gesicht. Das Leben ist Simulation. Gerechtigkeitsfragen, das Engagement für die Realisierung der Menschenrechte sind für Baudrillard nichts als Inszenierungen. Dagegen ließe sich mit einer Frage aus dem Umfeld der Studentenrevolte von 1969 antworten: »Warum sind diejenigen, die es nicht nötig haben, zur roten Fahne übergelaufen? Es ist die sich tätig begreifende Menschlichkeit.«

Modisch-zynisch sich gerierende Intellektuelle lassen gerade die Grundfragen unbeantwortet, also etwa die, wie wir in Zukunft leben wollen. Wollen wir so weiterleben, inmitten von Mord, Gewalt, Armut und Menschenverachtung? Huxleys »schöne neue Welt«, sie ist nach dem »Knakken« des DNS-Codes längst keine Chimäre mehr; auf der Tagesordnung steht nichts Geringeres als die Zukunft der menschlichen Gattung. Der Theologe Wolfgang Huber bekannte, ebenfalls bei den Römerberggesprächen 1989, weit und breit keinen anderen Damm gegen diese Entwicklung zu erkennen als jenen alteuropäischen Gedanken »einer unantastbaren menschlichen Würde«. Sie stehe weder der politischen Gewalt noch der technologischen Innovation zur Disposition.

Als zentrale Aufgabe von Politik, Wissenschaft und Künsten stellt sich die Rückgewinnung von Solidarität mit unseresgleichen und mit der Natur, welcher wir angehören; Menschenrechte gebieten nichts weniger als Solidarität der einzelnen miteinander, denn schließlich setzt Individualität die Sozialität voraus. Gelungene Ich-Identität bedeutet für Habermas jene eigentümliche Fähigkeit sprachmächtiger und handlungsfähiger Subjekte, noch in widersprüchlichen Situationen und nach tiefgreifenden Veränderungen der Persönlichkeitsstruktur mit sich selber identisch zu bleiben. Gelingen kann dies aber nur, wenn das Sich-Unterscheiden von anderen auch anerkannt ist. Es ist dieser Faktor lebendiger Interferenzen, der letzten Endes die Essenz von Solidarität ausmacht, der den Streit als Lebensform diskurs-ethisch begründet. Wenn wir die Respektierung der Menschenrechte, also den Anspruch auf Unversehrtheit der Person einklagen, so läßt sich dies mit der Dialektik von Ich-Identität legitimieren.

Ein gewisses Paradoxon wird darin allerdings nicht aufgehoben: Während das Ich als Person mit allen anderen Personen gleichgesetzt ist, bleibt es als Individuum aber doch von allen anderen Personen verschieden. Mit Hegel gesprochen entsteht daraus eine Art dialektischer Relation: Das Ich ist absolut Allgemeines und ist ebenso absolute Vereinzelung.

Das Interesse an Solidarität war und ist ein allgemeines. Der Anspruch auf allgemeine Geltung verleiht diesem Interesse zugleich moralische Dignität. Bei Habermas finden wir verständigungsorientiertes Handeln in den Strukturen der Sprache angelegt. Indem wir miteinander sprechen, wollen wir uns auch verständigen; kommunikativ sind diese Interaktionen immer dann, wenn wir unsere Handlungspläne halbwegs einvernehmlich abstimmen. Verständigungsorientiertes Handeln unterscheidet sich von strategischem Handeln vorzüglich durch die intersubjektive Anerkennung von Geltungsansprüchen. Dabei geht es nicht um Machtausübung, auch nicht darum, den anderen als Schwächeren »über den Tisch zu ziehen«; vielmehr geht es dabei um Verständigung auch und gerade im Streit. Solidarität bewährt sich mithin im Disput.

Die Ressource Solidarität läßt sich nur vermittels Verständigungsbereitschaft regenerieren. Wenn wir die Anerkennung der Menschenrechte als Norm setzen, dann genügt nicht schon ihre subjektive Anerkennung; wir müssen vielmehr offensiv argumentativ für ihre Anerkennungswürdigkeit streiten. Wer den Streit als produktive Lebensform begreift und kommunikativ für den Zusammenhang von Solidarität und Menschenrechten zu kämpfen bereit ist, der handelt zugleich vernünftig *und* moralisch.

9. Kulturelle Vielfalt als Ressource fürs Überleben

1. Das soziokulturelle Nebeneinander als Normalfall

Wir alle sind in den Denkkategorien der Moderne befangen. Das läßt uns vergessen, wie relativ all das ist, was wir in den letzten knapp zweihundert Jahren für den Normalfall der Geschichte hielten. Das gilt für Prinzip »Wachstum«, das nie zuvor in der Geschichte der Menschheit so dominierend war wie heute; das gilt ferner für den umfassenden Geltungsanspruch von Marktgesetzen, die in allen Gesellschaften vor Adam Smith in viel weniger Bereichen wirksam werden konnten als in den heutigen Gesellschaften. Und es gilt für die parallele Existenz verschiedener Kulturen und Lebensformen: Erst die, historisch gesehen, winzige Zeitspanne, in der das Nationalstaatsprinzip sich durchsetzen wollte, hat das Ethos und die Sprache zum Ordnungsprinzip gemacht, nach dem sich die Menschen auf der Erdoberfläche verteilen sollen. Normalfall ist das geschlossene Siedlungsgebiet einer Sprachgruppe, einer Kulturgruppe fast nie gewesen – eher war die Durchmischung, war die parallele Existenz unterschiedlicher Gruppen das »Normale« in einigermaßen entwickelten Gesellschaften und Staaten auch nur etwas größerer Ausdehnung.

Der Wiener Volkskundler Helmut Fielhauer berichtet über ein Beispiel gelebter Alltags-Multikulturalität aus den Sprachgrenzregionen der alten österreichisch-ungarischen Monarchie: dort gab es bis in unser Jahrhundert hinein den Brauch des Kinder-»Wechsels«.[1] Damit sie die Sprache der jeweils anderen Sprachgruppe lernten, lebten die Kinder im deutsch-böhmischen (aber auch im deutsch-ungarischen) Sprachgrenzgebiet zeitweilig in anderssprachigen Familien, oft auch in solchen unterschiedlichen sozialen Milieus. Beide profitierten voneinander; Hintergrund für diese interkulturellen Hospitationen waren unter anderem die Beziehungen auf den Märkten oder bei der Saisonarbeit.

Solche beliebig vermehrbaren Beispiele für Lebensformen produktiver interkultureller Kommunikation zeigen: Die Menschen können unter günstigen Bedingungen auch bei ethnischen Unterschieden harmonisch miteinander leben.

Sie praktizieren es über lange Zeit hinweg. Auch soziale Unterschiede sind dabei kein Hindernis, solange sie mit stabilen Formen der Arbeitsteilung verbunden sind: Die nomadisierenden Berberstämme der Sahara lassen seit alters her alle Schmiedearbeiten und alle Waffenherstellung von Angehörigen der schwarzafrikanischen Stämme ausführen; die Juden waren für die agrarische Bevölkerung Mitteleuropas über Jahrhunderte hinweg als Mittler des Handels so unentbehrlich wie in anderen Teilen Ost- und Südeuropas die Deutschen oder die Griechen. Und Multikulturalität als Zuhausesein in mehreren Sprachen ist öfter der Normalfall, als es die Ausnahme ist: In afrikanischen Gesellschaften gehört seit eh und je neben der Stammessprache mindestens eine Verkehrssprache (in Ostafrika z. B. Suaheli und heute zusätzlich Englisch) zur Grundausstattung nahezu eines jeden Menschen.

Leicht läßt sich zeigen, welche aberwitzigen Rückfälle in die Barbarei es bedeutete, sollten in unserem Jahrhundert durch Umsiedlung, Vertreibung und Vernichtung »reine« ethnisch-kulturelle Siedlungsgebiete hergestellt werden: Eine nationalistische Blutlinie zieht sich von der Vernichtung der Armenier, der Vertreibung der Griechen an der Schwarzmeerküste, den gigantomanischen Umsiedlungsprojekten Stalins über die Aktionen der »Entsiedlung« von Siedlungsgebieten für die deutschen Herrenmenschen Hitlers (einschließlich des grotesken Bestrebens, die deutschsprachigen Südtiroler nach Osteuropa umzusiedeln) zu Vertreibungen und Vernichtungen durch die Nationalsozialisten. Es hat wahrscheinlich noch lange kein Ende.

2. Vielvölkerstaat Bundesrepublik

Es wäre im Kontrast dazu eine lohnende Aufgabe, ausführlicher Beispiele gelebter Interkulturalität und der fruchtbaren Beziehungen zwischen Ethnien und Kulturgruppen darzustellen – gleichsam als Nachhilfe für unsere Phantasie, damit wir uns an neues Denken bezüglich der Minderheiten gewöhnen.

Auch die Bundesrepublik von heute ist längst eine multikulturelle Gesellschaft. Oder sind Bayern und Ostfriesen, sind Yuppies und Mitglieder ländlicher Feuerwehrvereine nicht Repräsentanten verschiedener Kulturverständnisse? Und die biologische Geschichte der Deutschen ist, wie die fast aller anderen europäischen Völker, die einer einzigartigen Vermischung von den Römern über die Wenden und andere Slawen bis zu den Hugenotten, Polen, Italienern, Spaniern. Solche Fakten zu verneinen, entspräche den Windmühlenkämpfen des seligen Don Quichotte. Zeig mir deinen Stammbaum, und ich zeig dir den Fremden (oft genug reicht ja schon der bloße Name...)!

Aber darum geht es ja heute gar nicht. Das interessiert den deutschsprachigen Jungen nicht, der mit dem aufgenähten Emblem »Ich bin stolz, ein Deutscher zu sein« in einer Frankfurter Pizzeria beim Italiener im vertrauten (und nicht herabwürdigenden) »Du« eine Pizza bestellt. Der Junge hat ganz andere Probleme: Er hat Probleme mit seiner Zukunft, und über die Konsequenzen dessen, wofür er sich politisch einspannen läßt, ist er sich meist überhaupt nicht im klaren. Sein Leben ist von diffusen Ängsten durchzogen.

3. Sehnsucht nach Nestwärme

Was dem Yuppie recht ist, soll dem Feuerwehrmann oder dem Jugendlichen billig sein. Auch die postmoderne »Standort«-Kulturpolitik lebt ja von der Herstellung dessen, was als »Nestwärme« für Bezugsgruppen sentimentalisiert wird: Sehen wollen und gesehen werden, dazu eine angenehme Umgebung, genügend anregungsreich, aber auch mit der Chance, unter sich zu sein, das ist auch dem Top-Manager heilig. Eine neue Studie hat ergeben, daß Spitzenkräfte ähnlich wenig mobil sind wie andere soziale Gruppen. Von Arbeitslosen wird aber heute wie selbstverständlich verlangt, daß sie mobil sind und den Arbeitsplätzen hinterherhasten. Wenn Heimat, Beheimatung, Nestwärme, stabile Bezugsgruppen zum Privileg werden und wenn immer mehr darauf verzichten müssen, ja, sie gar nicht erst finden, dann steigt der Aggressionspegel.

Das aggressive Potential wächst natürlich auch, wenn eine einigermaßen stabile Zuversicht im Hinblick auf die Zukunft der materiellen Lebensvoraussetzungen verlorengeht: bezahlbare Wohnung, auskömmliches Essen und so weiter. Dann fehlt nur noch der scheinbar Schuldige. Den Mechanismus kennen wir zur Genüge: Um auf sie einzudreschen, um sich zu entlasten, ist eine Minderheit schnell gefunden. Deshalb: Wehe, wenn die Nestwärme verlorengeht! Ein Fluch liegt über dem Land und auf den Strukturen, wenn den Menschen die einfache Zuversicht für ein Leben in Würde und Geborgenheit abhanden kommt. Das tatenlos hinzunehmen ist heute in unseren Landen das eigentliche politische Vergehen gegen die Menschlichkeit, weil es dazu beiträgt, daß die humane Substanz unserer Gesellschaft zerfällt.

Das Umfeld, aus dem die rechten Wählerstimmen stammen, als dumpfes Milieu zu denunzieren, ist deshalb müßig und verfehlt, weil die Menschen dort die schlichte, einfache Anerkennung des Rechtes auf eine einigermaßen gesicherte soziale Existenz gefährdet sehen. Dieses Grundrecht schließt die Hoffnung auf eine denkbare Zukunft ein. Wie wir seit Weimar wissen, reagieren die Menschen, denen diese Hoffnung genommen wird, mit Protesten an den Wahlurnen.

4. Verängstigt, anfällig

Lange hielt sich der Eindruck, als erwachse aus der Vernachlässigung der Menschen im unteren Drittel der sozialen Pyramide dem politischen System keine reale Gefährdung. Die Mittelschichten trösteten sich mit der Erwartung: Uns wird's schon nicht treffen! Die Betroffenen, die neuen Armen, fanden angesichts der demonstrativen Mildtätigkeit keine Kraft, sich zu organisieren; sie fanden auch keine Vertretung, keinen Lech Walesa, der ihnen seine Stimme lieh. Folglich funktionierten Thatcherismus und Reaganomics, ähnlich schien es auf dem Kontinent zu funktionieren – bis zum Frühjahr 1989.

Unser auf Wachstum eingestelltes wirtschaftliches System belastet unser sozial-kulturelles System stärker als erträglich und nicht umgekehrt, wie gern behauptet wird. Diese Krankheit der sozialen und politischen Struktur läßt sich mit der »Medizin« der Leistungsgesellschaft und den klassischen Rezepten der Marktwirtschaft nicht kurieren – mit ihr ist sie erst entstanden. Ein Weg des Gegensteuerns scheint mir der offene und ehrliche Diskurs in der politischen Öffentlichkeit zu sein. Dazu gehört, klare Vorstellungen über mögliche Zukunftsentwürfe für diese Welt zu entwickeln: Wer eingesehen hat, daß es nur eine gemeinsame Zukunft *aller* Völker auf dieser *einen* Erde geben kann oder gar keine, der wird sich keiner Politik mehr unterwerfen wollen, die allein die Interessen eines bestimmten Volkes, einer einzigen sozialen Ordnung vertritt. Erst wenn die politischen Parteien überzeugende und begründete Perspektiven für alle entwickeln, können sie auch diejenigen Wähler wieder erreichen, die keinen anderen Ausweg sahen, als rechts zu wählen.

Wäre die jüngste deutsche Geschichte wirklich aufgearbeitet worden, wäre die »Aufarbeitung der Vergangenheit« (Adorno) nicht zum Klischee verkommen, dann müßte eine zentrale Konsequenz doch heißen: Wegen Hitler, wegen dieser traumatischen Erfahrungen, wollen wir einige Dinge nie mehr erlauben. Zum Beispiel wollen wir nicht mehr den fundamentalen humanistischen Konsens in Frage gestellt sehen. Er ist Basis der Grundrechte und des Asylgebots in unserer Verfassung. Humanität heißt das ethische Bollwerk, das allein eine globale Zukunft sichert, auch bezogen auf das Zusammenleben verschiedener Kulturen – die Alternative wäre international wie im Innern der selbstmörderische Kampf aller gegen alle auf der Grundlage des barbarischen Rechtes des Stärkeren.

Zu warnen bleibt vor der Aushöhlung dieser demokratisch-humanistischen Substanz der Gesellschaft, und zwar nicht mehr nur durch die rechten Parteien, sondern auch durch den Versuch anderer Parteien, sich opportunistisch ihrer Argumente zu bedienen. Auch vor dem Zweiten Weltkrieg waren die Gesellschaften und Staaten aufgrund der in ihnen selbst herrschenden sozialen Gegensätze vielfach demoralisiert und dem Faschismus ausgeliefert. Erst im Verlauf des blutigen Krieges entstand das Fundament des Antifaschismus; dieser Konsens war der Systemkonkurrenz und dem Kalten Krieg dann aber nicht gewachsen.

5. Vielfalt als Gewinn

Solange Nestwärme dem Menschen ein Gefühl von Geborgenheit vermittelt, wird er sich über den eigenen Kreis der Familie und der Freunde neugierig herausbewegen, um das für ihn Exotische zu genießen und Vielfalt als Bereicherung zu würdigen. Wir empfinden die Vielfalt der Großstadt als besonderen Reiz, auch die Vielfalt ihrer Menschen als permanente Anregung, als stimulierende Erlebnisvariante. Wer sich aussuchen kann, aus besonderem Anlaß indisch, chinesisch, vietnamesisch, türkisch, griechisch, französisch oder hessisch essen zu gehen, empfindet auch diese Freiheit als selbstverständlichen Teil unseres gemeinsamen Reichtums. Noch viel intensiver können wir die Existenz verschiedener Kulturen in einer Stadt als Reichtum entdecken, als Ressource vielfältiger Genüsse von Kreativität und Innovation.

Natürlich lebt eine erfolgreiche multikulturelle Gesellschaft auch davon, daß ihre Angehörigen die Vielfalt positiv als Gewinn für sich erleben. Aber das ist nur *ein* Aspekt von vielen, und es bringt daher wenig, so zu tun, als wären für die Verfechter des Modells der Multikulturalität die Ausländer nur als »lebende Ressource für exotische Genüsse« wichtig, als »Clowns mit Herz, die uns die Langeweile vertreiben«.[2] Gewiß, viele der jetzt verbreiteten Konzepte der Multikulturalität sind mit Illusionen verbunden, und manche naive Begeisterung zerfällt vor den realen Problemen, wenn die Ausländer nicht den ihnen wohlwollend angedichteten Tugenden gerecht werden. Aber wer sagt denn, daß wir schon am Ende des Weges seien? Und gibt es denn überhaupt andere tragfähige Konzepte?

6. Ein dynamisches Konzept von Identität

Gelebte Multikulturalität gründet in erster Linie auf Toleranz. Vielfalt als Chance zu begreifen, empfiehlt uns die Postmoderne. Sie läßt eine alle verbindende Ideologie, Religion oder Weltanschauung immer unmöglicher werden.

In diesem Sinne wäre es Aufgabe der Kulturpolitik, das Nebeneinander verschiedener Kulturen als Überlebenschance bewußt zu machen. Wer lediglich von der *Bewahrung* einer kulturellen Identität spricht, sei es der Deutschen oder der Ausländer, verkennt den dynamischen Charakter des Kulturprozesses. Es kommt vielmehr darauf an, daß die Ausländer ihre Lebenssituation selber verarbeiten können; dafür brauchen sie ein materielles und personelles Fundament, um ihre eigene Kultur zu entwickeln, die ihnen Zukunft verheißt. Es sollte um jeden Preis verhindert werden, daß die Ausländer durch bürokratische oder andere perfide Maßnahmen von den Wurzeln ihrer Kultur abgeschnitten werden.

In einer schwierigeren Situation als Italiener, Spanier, Jugoslawen leben die Türken bei uns. Sie sind die größte Ausländergruppe, die als einzige auch durch Kleidung und Habitus für jedermann identifizierbar ist. Ihre islamisch geprägte Kultur unterscheidet sich von der mitteleuropäischen stärker als die der anderen Gastarbeiter, ganz abgesehen davon, daß die Politik ihres Heimatlandes für viele von ihnen noch ein besonderes Problem darstellt. Hierzulande weiß kaum jemand, daß sie Angehörige eines Volkes mit einer jahrtausendealten bedeutenden Kultur sind. Die Türkei hat Nobelpreisträger, große Philosophen und bedeutende Literaten wie andere Länder auch; die anatolische Kultur ist mindestens ebenso alt und bedeutsam wie unsere eigene.

Seit ich die Gedichte von Nazim Hikmet in Hans Magnus Enzensbergers »Museum der modernen Poesie« schätzen gelernt habe, ist er für mich ein Teil der europäischen Kultur, und ich bin ihm so wie dem 1984 verstorbenen Filmregisseur Yilmaz Güney nicht nur aus persönlicher Bekanntschaft zugetan. Die inzwischen entstandene deutsch-türkische Literatur und analoge bildende Künste stellen für beide Kulturen eine immense Bereicherung dar.

Bei den Türken beobachten wir die intensivsten Prozesse eines Kulturwandels, wie ihn die Adaption neuer Konsumgüter und Lebensformen mit sich bringt. Die Art und Weise, wie die in unserem »Wohlstandsparadies« lebenden Türken sich moderne Industriegüter und industrielle Arbeitsformen aneignen, entspricht freilich nicht immer den Vorstellungen, die sich bundesdeutsche Apologeten der Integration machen. Ein Beispiel ist die autarke türkische Videokultur, die sich in wenigen Jahren sozusagen unter der Hand herausgebildet hat.

Um so wichtiger scheint mir zu sein, andere, wirkungsvollere Formen kultureller Auseinandersetzungen zu ermöglichen, zumal Ansätze dazu vorhanden sind. Im Rahmen des Programms der »kulturell autonomen Integration«, die einen partiellen Rückzug in gettoartige Lebensformen einschließen kann, entstehen sowohl Formen der Reaktivierung der traditionellen eigenen Kultur als auch neue Formen mit qualitativen Innovationen. Dieses neue Selbstbewußtsein äußert sich etwa bei Yüksel Pazarkaya in den folgenden Worten: »Es hat sich denn auch im Abendland inzwischen herumgesprochen, daß das neuere Abendland seit der Renaissance aus dem Morgenland entstanden ist, auf welches es heute aus Systemverblendung von oben herabschauen will. Bekennen wir Migranten aus der Türkei uns zum Morgenland, so bekennen wir uns daher mit all seinen Konsequenzen gleichsam zum Abendland.«[3]

Die Türken wollen sich nicht einfach nur zur Synthese bekennen, die sich aus der Begegnung des anatolischen Schmelztiegels von Völkern und Kulturen mit dem heutigen Mitteleuropa ergeben hat – sie möchten vielmehr am Gelingen dieser Synthese beteiligt sein.

7. Barbarei als Alternative

Wir sind in der Bundesrepublik täglich Zeugen eines dynamischen Kulturwandels: Nicht so sehr das Nebeneinander verschiedener Kulturen ist das Charakteristikum, sondern die Verarbeitung sich wandelnder Lebensbedingungen mit den Mitteln der Kultur, das heißt die Entwicklung von Formen der Orientierung, der Bewertung und der Gestaltung mittels der eigenen traditionellen und aktuellen Kultur sowie der mannigfachen kulturellen Einflüsse der umgebenden fremden Kulturen.

Eine Gesellschaft gleitet in die Barbarei ab, wenn sie sich keine Rechenschaft darüber ablegt, was sie all denjenigen ihrer Mitglieder abfordert, die am unteren Ende der Privilegienskala für andere arbeiten müssen. Auch diese Bürger wollen *leben*, statt nur zu *funktionieren*, denn die »Überwindung des Reiches der Notwendigkeit durch das Reich der Freiheit«, sagt Svetor Stojanovic, »ist undenkbar ohne Errichtung jenes Reiches des sich selbst zum Zweck gewordenen Menschen« (1984).

Wenn wir nicht nachempfinden können, was es heißt, für wenig Geld in den Schächten der U-Bahn zu malochen, anderer Leute Müll einzusammeln und die Abende in miesen Behausungen zu verbringen, oder wenn niemand mehr darüber klagt, wie schlimm Fließbandarbeit ist, dann können Politiker sich leicht auf »Sachzwänge« der Technik herausreden und sich über die Belastungen ausschweigen, die sie für andere mit sich bringen. Wenn im engeren Kreis niemand mehr davon erzählen kann, wie elend es sich in einem Lager lebt, dann mag einer in den ärmlichen Lagern für Asylanten noch eine hinreichende Lebensqualität entdecken. Aber wirklich »zu Hause sind die Menschen nicht in irgendeinem Land«, heißt es in Joshua Sobols »Ghetto« (1984), »sondern allein in ihrer Kultur. Nur hier finden sie Identität.« Auch zur Entwicklung einer eigenen Identität bei den Gastarbeitern kann Kultur Hilfen und Perspektiven bieten. Ein selbstbestimmtes Leben ist ohne Kultur nicht denkbar.

8. Der Frankfurter Versuch

Es käme also darauf an, den Menschen aus den Kulturen an den Rändern der Mittelmeerländer, die unter uns als Arbeitskräfte leben, die Chance zu geben, die Herausforderungen der für sie neuen Lebenswelt mit den Mustern ihrer eigenen Kultur zu verarbeiten. Es geht dabei nicht um die Alternative: Assimilation oder sture Affirmation der überlieferten Kultur, sondern um die dynamische Entwicklung einer kulturellen Identität in den jetzigen Lebensverhältnissen. Das schließt die Herausbildung einer eigenen »organischen Intelligenz«, einer künstlerischen und kulturellen Verarbeitung der Lebenserfahrungen selbstverständlich mit ein.

In Frankfurt versucht die Kommunalpolitik seit 1989, den einschlägigen Aspekten dieser Konstellation dadurch gerecht zu werden, daß sie ein »Amt für multikulturelle Angelegenheiten« eingerichtet hat. Es soll nicht nur *trouble-shooter* für die diversen Problembereiche des Zusammenlebens unter verschiedenen Nationalitäten sein, etwa für die unbürokratische Vermittlung in Konfliktfällen. Das neue Amt soll mit positiven Aspekten eines »multikulturellen Urbanismus« zugleich die Stadtentwicklung fördern, und zwar im Sinne des Gesamtkonzeptes der »demokratischen, ökologischen und sozialen Erneuerung« kommunaler Politik, die sich die rot-grüne Koalition vorgenommen hat. Diese Aufgabe ist nicht mißzuverstehen als anachronistische Pflege eines herausgehobenen exotischen Milieus und abgeschotteter Gettos oder des Reizes modischer Flanierzonen; sie ist vielmehr als kreative Gemeinsamkeit zu definieren.

Für eine solche Praxis gibt es in der Kultur- und Sozialarbeit bundesdeutscher Kommunen schon eine Fülle von, je nachdem, realisierten oder realisierbaren Anregungen:

– In der sozialen Kulturarbeit finden multikulturelle Theater-, Video-, Musik- und Literaturarbeit große Resonanz.

– Ausländische Kulturvereine finden sich zu Arbeitsgemeinschaften zusammen und treten gemeinsam als Veranstalter oder Verhandlungspartner auf.

– Kulturgeschichtliche Museen erarbeiten Ausstellungen mit Bezug auf die aktuelle Situation in den Herkunftsländern und zum Reichtum der Multikulturalität.

– Es werden Feste veranstaltet, bei denen das multikulturelle Element nicht als kunterbunte Exotik, sondern als gleichberechtigte Komponente einer komplexen Wirklichkeit gilt.

Die »Kulturpolitische Gesellschaft« (Hagen), Pädagogen, Sozialpädagogen, kirchliche Akademien und viele andere verarbeiten und vermitteln seit Jahren entsprechende Erfahrungen. Schon 1984 bündelte das »Handwörterbuch Ausländerarbeit« von Georg Auernheimer entsprechende Bemühungen.[4] Für den Frankfurter Ansatz ist anzunehmen, daß sich die vitalen Elemente nur im Verlaufe der Erarbeitung dessen entwickeln lassen, was als Multikulturalität erst noch ein Bewußtsein bilden muß – nichts ist so sehr geeignet, für Kreativität zu werben, wie das Klima eines Aufbruchs zu neuen Ufern.

9. Ein Feld für Konflikte

Trotz aller Euphorie darf nicht übersehen werden, wie sehr Multikulturalität auch ein weites Feld von Konflikten ist. Nicht auszuschließen ist das Aufeinanderprallen fundamentalistischer Positionen, die sich jedenfalls programmatisch gegenseitig ausschließen. Gerade darin liegt andererseits aber auch die einzigartige Herausforderung und besondere Chance: Auf unserer einen Erde – das sehen wir mit der Zunahme globaler Probleme immer schärfer – sind wir letztlich darauf angewiesen, entweder in Vielfalt gemeinsam zu überleben oder gemeinsam unterzugehen. Multikulturalität in der Kommune kann eine Art Übungsfeld werden, ein Laboratorium für Überlebensformen. Diese Utopie gilt es als Chance zu begreifen.

10. Kultur als Auslegeware für das Haus Europa?

In seiner Studie über die »sozialen Grenzen des Wachstums« (1980) nennt der nordamerikanische Ökonom Fred Hirsch den Buchmarkt als Beispiel für das Dilemma der »Souveränität des Konsumenten«: Wer Bücher immer nur dort einkaufe, wo sie am billigsten sind, der fördere die Konzentration des Buchhandels und damit die Zerstörung des Netzes kleiner Buchläden vor Ort. Der Konsument greife damit zu der augenblicklich vorteilhafteren Lösung, aber langfristig bewirke er das Gegenteil seiner Absichten. Trotzdem könne der Käufer von Büchern niemals wählen, ob er lieber billige Bücher und keine Buchhandlung am Ort oder teure Bücher und eine Buchhandlung haben möchte. Das System und die Dynamik des Marktes nähmen ihm diese Entscheidung ab und entmüdigten ihn damit.

Für den bundesdeutschen Buchkäufer stellt sich das Problem allerdings noch nicht. Wegen der Preisbindung sind die Bücher hier überall gleich teuer, und deshalb haben bei uns auch kleinere Buchläden noch eine Chance.

Über Kultur und Medien läßt sich eben nicht nur nach kurzfristigen wirtschaftlichen oder wettbewerbsrechtlichen Maßstäben entscheiden. Aber selbst wenn die Wirtschaft erkennen würde, daß langfristig die Kulturen Europas »die einzigen potentiell unerschöpflichen Rohstoffe dieses Kontinents« sind, dann könnte sie dem aus ihrer eigenen Dynamik heraus nicht Rechnung tragen, sondern bedürfte politischer Regulative.

In Wirklichkeit aber bedarf Kultur noch stärker der öffentlichen Absicherung, weil sie nicht nur »Rohstoff« für andere Zwecke ist, sondern weil sie die Wertgrundlage öffentlich-staatlichen Handelns bildet und zu dessen Legitimation gehört: Auch Europa muß ein »Kulturstaat« werden, sonst zerfällt seine moralische Basis.

Natürlich geht es bei den kulturellen Aspekten des Binnenmarktes um mehr als um Buchpreise und Buchhandlungen. Immer größere transnationale Konzerne entstehen in Europa, die nach unbegrenzten Entfaltungsmöglichkeiten auf dem Markt streben – mit offenem Ausgang in den verschiedenen Bereichen.

Mit Recht wehren sich zum Beispiel die skandinavischen Autoren gegen die vorgesehenen Zwangslizenzen, die ihnen das Verfügungsrecht über die Verwertung ihrer Werke nehmen. Das würde für die Skandinavier, deren Staaten ein ausgefeiltes System von Schutzregeln und Förderungsmaßnahmen für Autoren und Bücher besitzen, eine »Harmonisierung nach unten« bedeuten.

Immer häufiger wird die Gefahr der »kulturellen Planierung Europas durch Wirtschaftstechnologie und Medienstrategen« beschworen. Bei den Römerberggesprächen 1988 in Frankfurt war man sich jedenfalls darin einig, Kultur dürfe nicht zur Auslegware für das wirtschaftlich beherrschte »Haus Europa« werden; sie soll aber auch nicht der schöne bunte Flickenteppich sein, unter den man alle Probleme kehrt.

Bisher jedenfalls wird auch die kulturelle Dimension des EG-Binnenmarktes vorwiegend in Kategorien von Marktanteilen diskutiert. Das heißt, ein Medienkonzern muß sich schon jetzt überlegen, welche internationalen Rechte er sich sichern soll und wie, wo und in welchen Medien er sie vermarkten kann.

Denn wenn etwa die Werke von Gabriel García Márquez bisher in jedem europäischen Land in einem anderen Verlag erscheinen, so wird es in Zukunft vermutlich nur noch *ein* Unternehmen sein, das die Vertriebs- und Übersetzungsrechte für die gesamte EG besitzt. Ebenso wird der italienische Verlag, der Umberto Eco veröffentlicht, sich kaum die Chance entgehen lassen, die Ausgaben auch in anderen europäischen Sprachen in eigener Regie erscheinen zu lassen.

Jeder größere Verlag, und erst recht jeder Mega-Publisher, wird sich also überlegen, in welchem anderen europäischen Land und damit auf welchem Markt er Fuß fassen will, ob er eigene Niederlassungen gründen, bestehende Unternehmen aufkaufen oder sich einkaufen soll. Die Überlegungen, Planungen und Handelsaktivitäten sind bei den Großverlagen schon heute hektisch – der Wettkampf zwischen den Verlagsmultis wird sich ab 1992 kraß verschärfen; deren Expansion über die nationalen und sprachlichen Grenzen hinaus wird den Abstand zu den mittelgroßen und kleinen Firmen beträchtlich vergrößern, ebenso zwischen den potenten Märkten Frankreichs, Großbritanniens, Spaniens, Italiens und der Bundesrepublik einerseits und den Zwergen im europäischen Haus wie Portugal, Dänemark oder Irland andererseits.

Alles, was der EG-Verwaltung bisher zu diesen Problemen eingefallen ist, war – wie meist in solchen Fällen – die Einsetzung einer Kommission, und zwar einer, die einen »Fragen- und Maßnahmenkatalog zur Erhaltung und reibungslosen Verbreitung der Buch- und Lesekultur« im EG-Binnenmarkt erstellen soll, und immerhin ein Sonderfonds, der für fünf Jahre garantiert, daß je 30 Bücher pro Jahr in die fünf wenig verbreiteten Sprachen Dänisch, Gälisch, Griechisch, Niederländisch und Portugiesisch übersetzt werden.

So werden wir die kulturellen Probleme Europas im Bannkreis der magischen Zahl 1992 wohl kaum lösen können. Denn es existiert noch eine

Fülle anderer Probleme. Die Kulturhoheit der Länder wird durch neue übergeordnete supranationale Einheiten relativiert, das heißt eingeschränkt; die Nachbarn befürchten auch im Kulturellen eine Verengung des Europa-Begriffs auf die Europäische Gemeinschaft (»Festung Europa«). Ein gewisses Gegengewicht könnten da andere supranationale Institutionen mit wichtigen übergreifenden Funktionen bedeuten:

– der Europarat mit seinen 21 Mitgliedsstaaten und zeitweise sehr einflußreichen kulturellen Initiativen;
– der KSZE-Entspannungsprozeß, der wichtige Ost-West-Beziehungen strukturierte;
– Kooperationen wie die Arbeitsgemeinschaft der Alpenländer oder die blockübergreifende Arbeitsgemeinschaft Alpen-Adria;
– die Kreisky-Kommission zur Überwindung der Arbeitslosigkeit.

Sie alle können mit ähnlichem Recht wie die EG eines Teileuropa von sich behaupten, auch den Kulturraum Europa zu repräsentieren. Verhindert werden müßte auch die kulturelle Abschottung Europas von der übrigen Welt; um so mehr wird uns die UNESCO als erdteilübergreifende Institution weiter wichtig bleiben.

Der Sachverstand aus dem nichtstaatlichen Bereich wird bei der Förderung kultureller Freizügigkeit eine immer größere Rolle spielen. Letztendlich hat aber nur eine betont freiwillige Zusammenarbeit aller Partner kreative Zukunftschancen. In einer Resolution des Deutschen Kulturrates heißt es: »Die gegenseitige Anerkennung von Besonderheiten und Leistungen muß an die Stelle des bisher bevorzugten Prinzips schematischer, zentralisierender ›Harmonisierung‹ treten.« Dieser Leitsatz böte auch für die künftige europäische Kulturpolitik einen wünschenswerten Konsens.

Der Erfolg eines Europas der Regionen und verschiedener Traditionen hängt von überzeugenden Antworten auf diese Frage ebenso ab wie von solchen auf Umweltprobleme und zur Zukunfts- und Friedensfähigkeit. Peter Glotz hat eine vernünftige Vision für Europa entwickelt: »Ein Kontinent geschrumpfter Rüstung, um ökologische Vorsorge und humanisierte Arbeit bemüht«. Das wäre endlich etwas, das sich wirklich lohnte – damit gäbe es auch eine Chance, daß zunehmender Wohlstand eines Tages tatsächlich in Wohlbefinden umschlägt.

Je bewußter die Qualifikation und die Bildung aller Mitglieder der Gesellschaft als Voraussetzung für eine sinnvolle Zukunftsplanung angesehen wird, je stärker Vielfalt und Kreativität Zukunftsinvestitionen ersten Ranges darstellen, desto wichtiger wird ein lebendiges kulturelles Milieu. Dazu gehört unbedingt ein reich gegliedertes System von Buchhandlungen, Verlagen und Bibliotheken: Sie sind neben anderen wichtigen Vermittlungsfaktoren noch immer außerordentlich wichtige Stützpunkte der Kultur.

Aber diese kulturelle Vielfalt ist in Gefahr geraten: Sind es in der Bundesrepublik wenigstens noch zwei Medienriesen, die den Markt weitgehend untereinander aufteilen (und nur noch einige wenige Schlupfwinkel offenlassen), beherrschen Monopol-Firmen im übrigen Westeuropa weitgehend allein den Markt: in Spanien der Salvat-Konzern; in Großbritannien die Reed-Gruppe oder in Italien Mondadori.

Unter solchen Vorzeichen müßte die Debatte um die »Harmonisierung« des europäischen Binnenmarktes geführt werden. Der feste Ladenpreis für Bücher ist wegen angeblicher Nichtvereinbarkeit mit dem Grundsatz des »freien Wettbewerbs« im gemeinsamen Markt gefährdet. Die Betroffenen und die Politiker schlagen Alarm. Eine Debatte um politische Legitimität und Legalität ist entfacht. Auf diesem Felde tobt der Kampf zwischen europäischen »Idealisten« und »Technokraten«. Nicht allein der Deutsche Bundestag, auch das Europäische Parlament haben sich gegen die Aufhebung der Preisbindung ausgesprochen.

Eine Resolution des Deutschen Kulturrates über »EG-Kulturpolitik und freizügige kulturelle Zusammenarbeit in Europa« vom 9. Dezember 1988 beschwert sich darüber, daß »Eurokraten« sich befugt glaubten, den »festen Ladenpreis« für Bücher und damit eine der Grundbedingungen für ein vielseitiges Literaturangebot abzuschaffen. Aber die Wettbewerbsregeln des EWG-Vertrages sind der Kultur nicht angemessen: Kulturgüter und Leistungen im Kultur- und Medienbereich lassen sich nicht prinzipiell mit anderen Wirtschaftsgütern gleichsetzen. Wer dies dennoch versuchte, hätte gravierende kulturpolitische Folgen zu gewärtigen, die wiederum Spätfolgen im ökonomischen Bereich nach sich zögen.

III. Praxis der Kulturpolitik

11. Historikerstreit, politische Kultur und Geschichtsbewußtsein im Alltag

1. Deutsche Politik nach Auschwitz

Mit der Veröffentlichung des Aufsatzes »Die Vergangenheit, die nicht vergehen will« von Ernst Nolte in der FAZ am 6. Juni 1986 beginnt der publikumswirksame Historiker-Streit. Zeitweise ist die Kontroverse vordergründig auf die Frage der Einzigartigkeit der NS-Verbrechen verengt. In Wirklichkeit geht es jedoch um die Frage, ob daraus heute (noch) Konsequenzen für die deutsche Politik zu ziehen sind und falls ja, welche. Was uns Deutsche bei der Analyse des Nationalsozialismus am meisten zu schaffen macht, ist die rational nicht nachvollziehbare systematische Zerstörung der fundamentalsten ethischen Prinzipien, die völlige Preisgabe jeder Moral.

Als Gipfel nationalistischer Lebensinteressen-Politik gilt der gnadenlose Kampf gegen das Lebensrecht der anderen Völker: ein Kampf, der damals mit der Zerschlagung des ohnehin nur historisch kurze Zeit existierenden preußisch-deutschen Nationalstaates endete. Würden in der Gegenwart ähnliche Prinzipien der gegenseitig sich ausschließenden Existenz von Nationen, Religionen oder gesellschaftlichen Systemen praktiziert, endete dies unweigerlich in der atomaren Katastrophe der Selbstvernichtung der Menschheit, im atomaren Winter, in der strahlenbedingten genetischen Degeneration.

Die anthropologisch neue Situation des denkbaren raschen Selbstmords der Menschheit verlangt neue Lösungen, auch ein neues Geschichtsbild. Vor allem auch in *diesem* Zusammenhang ist die Aufarbeitung unserer eigenen Geschichte überlebenswichtig. Manche Politiker und Historiker möchten uns nun glauben machen, daß die Zeit gekommen sei, die deutsche Geschichte aus dem Schatten Hitlers heraustreten zu lassen, um Politik wieder unbelastet von Vorwürfen des Genozid machen zu können.

Mit Analogien wie dem zum Stalinschen Völkermord an den Kulaken im Jahre 1929 und dem Massenmord an den aufsässigen Ukrainern durch logistisch betriebenes Aushungern in den Jahren 1932–33 soll Hitlers Holocaust relativiert, ja als kausale Folge bolschewistischer Schreckensherrschaft beschwichtigt werden. Was sind sechs Millionen Juden gegen mindest doppelt so viele Hingemordete unter einer Sowjet-Diktatur, lautet implizit die Frage. Robert Conquests Erkundungen dieser *terra incognita* stalinistischer Menschenvernichtung, publiziert unter dem Titel *The Har-*

vest of sorrow (»Ernte des Leidens«) scheint geeignet, ehrgeizige Umdeutungen von deutscher Schuld und Sühne[1] zu rechtfertigen.

Wie reagieren die Historiker in anderen Staaten auf den Versuch einiger weniger, gleichwohl prominenter deutscher Kollegen, unsere Nazi-Vergangenheit »umzuschulden«? Charles S. Maier von der Harvard University jedenfalls bezeichnet diese Tendenz, nämlich den Holocaust seiner Einzigartigkeit zu berauben, in der Dezember-Ausgabe 1986 von *The New Republic* schlicht als Fortsetzung der Bitburg-Feier mit anderen Mitteln. »Das lückenhafte Geschichtsverständnis«, das die beiden Regierungschefs Kohl und Reagan dabei offenbart hätten, »werde nunmehr mit gelehrten Argumenten untermauert«.[2] Konservative Historiker sähen jetzt die Zeit für gekommen, eine neue Seite in der Geschichtsschreibung aufzublättern. Die Revision unserer problematischen Geschichte bestehe für sie nicht darin, die Verbrechen der Nazis zu leugnen, sondern »to remove their special nimbus of horror«[3].

Die Marginalisierung Hitlers durch deutsche Historiker entspricht offensichtlich einem Verlangen unter uns Deutschen, das breiter ist als bisher befürchtet wurde. Viele möchten ihre traumatischen Empfindungen durch Beschönigung des Scheußlichen tabuisiert wissen. Manche wünschen sich gar einen Schlußpunkt gesetzt hinter eine bloß als schicksalhaft zu würdigende transitorische Phase, als nationalen Unglücksfall, mit dem man sich auch kollektiv nicht zu identifizieren brauche. Aber sich allein mit jenem Teil unserer Historie zu identifizieren, der sich als Glanz, Größe und Gloria beschreibt, also Geschichte zum »Märchenwald des deutschen Gemüts« (Arnulf Baring) verwandelt, wäre eine fatale historische Lehre, aus der eine friedensfähige Zukunft kaum zu gewinnen wäre. Um so mehr müssen wir uns gegen alle wissenschaftlich servierten Verharmlosungstendenzen wehren. Der nächste schreckliche Schritt wäre ein wissenschaftlich begründeter Antrag auf Absolution.

Deshalb meine ich, daß es statt Revision unseres Geschichtsbildes ernstlich darum geht, aus dem dunklen Schatten unserer Vergangenheit zu folgern, daß in der Situation von heute neue Haltungen, »neues Denken«, ja, eine neue Ethik notwendig sind. Insofern hat für mich die Verarbeitung der deutschen Geschichte nicht das mindeste zu tun mit »Schuldbesessenheit«, auch nichts mit »Kollektivschuld« oder ständiger seelischer Zerknirschung. Ich spüre jedenfalls nicht das, wie die Motive für die Diskussion gelegentlich verklärt werden, »dringende Bedürfnis nach Normalität«. Ich teile auch nicht im entferntesten die Ansicht, das deutsche Volk »möchte ein Volk wie jedes andere sein, nicht für immer in Sack und Asche gehen, nicht dauernd für die Schrecken des Holocaust haftbar gemacht werden«[4] (wer tut denn das?). Der »öffentliche Gebrauch der Historie« (Habermas)[5] darf nicht zur Übertragung historischer Schuld auf die Konten anderer Diktaturen mißbraucht werden, um so das eigene moralische Debet auszugleichen. Moralische Schuld läßt sich nicht mit der anderer Diktaturen verrechnen. Es war nicht zuletzt diese Verrechnungsmentalität, die die »Banalität des Bösen« (Hannah Arendt) ausmachte.

Solche wissenschaftlich argumentierenden Tendenzen, uns aus den Konvulsionen unserer eigenen jüngsten Geschichte fortzustehlen, auch das Gerede von so jedenfalls falsch verstandenem existentiellem Interesse an unserer Geschichte setzen mir inzwischen arg zu, denn wir versäumen darüber eine einzigartige Chance: Gerade *weil* wir Deutsche wegen der dunklen Phasen unserer Geschichte eine besondere Sensibilität für die Bedrohung von Humanität und für Friedensfähigkeit aufbringen können, gerade *weil* wir aus leidvoller Erfahrung und schuldvoller Geschichte im Konzert der Völker Probleme anders empfinden und entsprechend artikulieren können, wären wir heute in der Lage, besondere Akzente für die Entwicklung von Friedensgesinnung zu setzen. Wir könnten aus trauriger Erkenntnis der letalen Folgen rassistischer Hybris Zeichen setzen: Das Aufgeben von Humanität, von Menschenwürde und gegenseitiger Anerkennung des Lebensrechtes führt zwangsläufig in die Katastrophe! Nur das Miteinander auf dieser einen Erde macht Überleben möglich! Dies als Mahnung unserer eigenen Geschichte zu verstehen, hat nichts zu tun mit einem neuen deutschen Sendungsbewußtsein – das manche denen unterstellen, die so argumentieren –, wenn es in unserer eigenen Politik gelebt und praktiziert wird.

2. Der Umgang mit Geschichte

Wenn die eigene Geschichte auf solche Weise zum integralen Bestandteil der aktuellen politischen Kultur werden soll, dann setzt dies voraus, daß auf breiter Ebene und in ihrer ganzen Komplexität, ohne opportunistische Verkürzungen und Ausklammerungen, mit ihr umgegangen werden kann.

Der sowjetische Schriftsteller Tschingis Aitmatow (geb. 1926) erzählt in seinem utopischen Roman »Ein Tag länger als ein Leben« die schaurige Legende von dem Vogel Dönebai. Darin figuriert zentral ein »Mankurt«, wie das Steppenvolk der Juan-Juan jene unglücklichen Gefangenen nannte, denen mit schrecklicher Folter das Gedächtnis zerstört worden war: »Ein Mankurt wußte nicht, wer er war, woher er stammte; er kannte seinen Namen nicht, erinnerte sich nicht an seine Kindheit und nicht an Vater und Mutter – kurz, ein Mankurt begriff sich selbst nicht als menschliches Wesen. Um das Bewußtsein seines eigenen Ichs gebracht, besaß der

Mankurt vom wirtschaftlichen Standpunkt aus eine ganze Reihe von Vorzügen. Er war faktisch nichts anderes als eine stumme Kreatur und daher absolut ergeben und ungefährlich.«[6]

Die Auslöschung des Gedächtnisses ist Leitmotiv des Romans. Als in der Rückblende auf das Jahr 1952 einer der wenigen Bewohner der Ausweichstelle Schneesturm-Boranly, der Kirgise Abutalip, von »Geierauge«, einem Kommissar der Stalinschen Geheimpolizei, verhört wird, weil er heimlich Tagebücher zu schreiben wagte, stellt der Kommissar ihn zur Rede: »Im Leben kann so manches vorkommen hinsichtlich geschichtlicher Ereignisse. Was hat es nicht alles gegeben! Wichtig ist, sich so zu erinnern, die Vergangenheit mündlich und erst recht schriftlich so darzustellen, wie es jetzt notwendig ist, wie wir es heute brauchen. Denn was uns nichts nützt, daran müssen wir uns auch nicht erinnern. Wenn du dich daran nicht hältst, handelst du feindlich.«[7]

Abutalip wird in Aitmatows Roman rehabilitiert, freilich erst 1956 und nachdem er im Kerker ums Leben gekommen war; aber so wird mindestens das Recht auf die nicht opportunistisch verkürzte Geschichte als Bestandteil der Identität von Individuum und Gattung symbolisch wiederhergestellt.

3. Die am schnellsten wachsende kulturelle Aktivität

Dieser Anspruch auf Identität und integralen Umgang mit unverkürzter Geschichte wird hierzulande inzwischen von ungezählten Geschichtswerkstätten und Projekten der Spurensicherung eingelöst. Zusammen mit den sogenannten Barfußhistorikern repräsentieren sie derzeit vermutlich den am schnellsten wachsenden Bereich kultureller Tätigkeit. Analoge Initiativen schießen immer noch an zahlreichen Orten aus dem Boden. Eine Sättigung ist nicht so bald zu erwarten, weil schließlich jede Region, jeder Stadtteil, jede soziale Gruppe, jeder traditionsreiche Verein die eigene Geschichte entdecken möchte, wozu auch scheinbar belanglose Kleinergebnisse gehören. Die von Historikern und Kunsthistorikern bisher gern vernachlässigten Alltage der Vergangenheit entstehen jetzt in Ausstellungen, Büchern und Kunstprodukten wieder neu und mit unverbrauchtem Engagement. Von den Folgen der Industrialisierung bis zum bitteren Alltag im Zweiten Weltkrieg reicht die Qualität des bisher unentdeckten Spektrums, die Erfahrungsverluste der hochentwickelten Industriegesellschaft wie der Naziherrschaft sollen aufgehoben werden; neu ins Interessenfeld ist die frühe Nachkriegsphase der Bundesrepublik gerückt.

Neben den traditionellen Formen der Darstellung in Buch und Katalog oder der gängigen Präsentation im Museum sind mit den aufwendigen Projekten des sogenannten Dorf-Theaters beispielsweise in Niederbrechen bei Limburg oder in Mellnau bei Marburg neue Vermittlungs-Formen entstanden, aber auch in Adam Seides romanhafter Darstellung der freudlosen Geschichte der Bergmanns-Siedlung Unna-Königsborn, »Taubenkasper«. Indem sie mit ästhetischen Medien und literarischen Mitteln Geschichte aneignen, sind diese Arbeiten jenen kirgisischen Liedern vergleichbar, die bei Aitmatow eine wesentlich Rolle bei der kulturellen Identifikation spielen.

Die dezentrale Verankerung solcher Geschichtsaneignung verweist leicht nur auf ein Defizit in der akademischen Geschichtsschreibung, ihre Fixierung auf die sogenannten »historischen« Ereignisse und Persönlichkeiten, deren Bedeutung aber auf den Anstrengungen und Beiträgen Tausender Ungenannter beruht. »Alexander eroberte Indien. Er allein?«, fragte schon Brechts »lesender Arbeiter«. Vor allem jedoch dokumentiert sich in diesem Interesse an der je örtlichen und damit an der je anderen Geschichte auch die Bereitschaft und die Fähigkeit, den Status quo zu hinterfragen; das heißt auch die Schattenseiten, die ganz konkreten Mechanismen staatlicher Unterdrückung, den alltäglichen Opportunismus etwa im Faschismus ebenso wie den scheinbar hilflosen Widerstand einzelner nicht zu verdrängen.

Inzwischen hat auch der Deutsche Städtetag eine Empfehlung verabschiedet zu dem, was die Verfasser »geschichtliche Kulturarbeit«[8] nennen; brauchbar sind hier die vielen Hinweise auf die verschiedensten Formen der Geschichtsarbeit vor Ort und vor allem auch für die Zusammenarbeit mit den schon bestehenden kulturellen und wissenschaftlichen kommunalen Einrichtungen. Diese Empfehlungen deduzieren das neue Geschichtsinteresse aus den Widersprüchen unserer jüngsten Geschichte: Tatsächlich erklärt sich die Wiederentdeckung von Geschichte im Übergang von den siebziger zu den achtziger Jahren nicht zuletzt aus der jüngeren Entwicklung unserer Städte, deren Lebenswelt vor allem von Betonbauten, von Kunststoffen und Fertigteilarchitektur sowie von elektronischen Technologien geprägt ist: »Damit rückt die überkommene Kultur des 19. und frühen 20. Jahrhunderts näher an die Vergangenheit; Rationalisierungsprozesse in Wirtschaft und Verwaltung offenbaren ihre Grenzen. Die vorrangig wirtschaftlich bestimmte Stadtentwicklung ruft die Bewegung für Denkmalschutz, Stadterhaltung und Ökologie hervor. Wachstumskrise und nostalgische Einstellungen führen zu einer Umorientierung...«[9]

Wer die Wurzeln des heutigen »Geschichtshungers« entdecken und deuten möchte, wird daran denken müssen, daß die für niemanden mehr unbemerkt gebliebene Fortschrittskrise nach historischer Reflexion verlangt. Sie kann deutlich machen, daß diese letzten Jahrzehnte nahezu ungebrochen exzessiven Wachstums nicht der Normalverlauf der Geschichte sind: dazu sind die weltweiten Auswirkungen zu gigantisch. Die Dimension des »historischen Raumes«[10] verweist auf politische und globale Dimensionen. Aber die verschiedenen Ursachen des vermehrten Interesses an Geschichte und ihren unterschiedlichen Aspekten sind schwer erklärbar: Welchen der vielen vorschnellen Kategorisierungen wäre zu trauen? Läßt sich der »Geschichtshunger« vordergründig als »unbestimmte Sehnsucht nach Identität« interpretieren? Wer von »Identitätsfindung« spricht, setzt voraus, die Menschen besäßen keine Identität, vielmehr müßte, was wir Spurensicherung nennen, ihnen erst dazu verhelfen. Aber eine aktuelle Form von Identität besitzt schließlich jeder. Das eigentliche Problem besteht eher darin, daß Menschen mit den Brüchen in ihrer Identität nicht mehr zurechtkommen, weil die äußeren Voraussetzungen sich gewandelt haben, weil die Rahmenbedingungen andere geworden sind und sie daher eine Identität suchen, die ihre Fähigkeiten, ihre (unsere) Lebenswirklichkeit und ihre Hoffnungen und Wünsche in sich aufnehmen kann. Eine gegenwartsgerechte, eine zukunftsfähige Identität zu entwickeln lautet daher die aktuelle Aufgabe der Politik.

4. Gustav Heinemanns Vermächtnis

Das zitierte Papier des Deutschen Städtetages versucht in abgewogener Weise das Interesse an Geschichte zu qualifizieren: »Die Kulturarbeit eröffnet dem Bürger über die Geschichte Wege zur Identifizierung. Dabei wird es ihr darum gehen, gegenüber einer nostalgischen oder traditionalistischen Idealisierung Ansätze in der Stadtgeschichte zu gewinnen, die in konkret-nüchternen Elementen und demokratischen Traditionen wurzeln.«[11]

Allzugern reduziert mancher die Geschichte auf die Funktion eines Mediums für »soziale Identifizierung« der Bürger. Nicht weit von solcher Einschätzung findet sich jene nostalgisch-liebevolle Versenkung in die Details der Vergangenheit wieder, die wir früher bei Geschichtsvereinen und Heimatverbänden mild belächelten, über die viele aber heute in Jubel ausbrechen, jedenfalls sofern sie sich auf die jüngere Vergangenheit bezieht.

Geschichte ist jedoch nicht gleich Geschichte. Unvermindert aktuell sind die Gedanken Gustav Heinemanns, die er 1970 als Bundespräsident zu den republikanischen Geschichtstraditionen geäußert hat:

»Traditionen sind ... keineswegs das Privileg konservativer Kräfte. Noch weniger gehören sie in die alleinige Erbpacht von Reaktionären, obgleich diese am lautstärksten von ihnen reden. Auch ist es sehr wohl möglich, bestimmte Vorgänge sehr verschieden zu deuten und – was vollends interessant ist – für sehr unterschiedliche Traditionsauffassungen in Anspruch zu nehmen. Es kann – so meine ich – nicht um die Frage gehen: Tradition ja oder nein? Die Alternative besteht vielmehr darin, an welche Tradition angeknüpft werden soll und in welchem Sinne wir eines historischen Vorgangs gedenken ... Einer demokratischen Gesellschaft steht es schlecht zu Gesicht, wenn sie auch heute noch in aufständischen Bauern nichts anderes als meuternde Rotten sieht, die von der Obrigkeit schnell gezähmt und in Schranken verwiesen wurden. So haben die Sieger die Geschichte geschrieben. Es ist Zeit, daß ein freiheitlich demokratisches Deutschland unsere Geschichte bis in die Schulbücher hinein anders schreibt.«[12]

Auch Bundespräsident Richard von Weizsäcker hat beherzigenswerte Worte zum Thema Geschichte und Tradition formuliert, die Israels Botschafter Jitzehak Ben Ari als »fast traumhaftes Wunder« empfand. Einige Passagen seiner Rede zum 8. Mai wurden im Zusammenhang mit der Ehrenmal-Diskussion jüngst aber wieder kontroverser diskutiert. Ich möchte zum Thema noch einen anderen Satz von Richard von Weizsäcker anfügen: »Es geht nicht darum«, sagt er, »Vergangenheit zu bewältigen. Das kann man gar nicht. Sie läßt sich ja nicht nachträglich ändern oder ungeschehen machen. Wer aber vor der Vergangenheit die Augen schließt, wird blind für die Gegenwart. Wer sich der Unmenschlichkeit nicht erinnern will, der wird wieder anfällig für die neuen Ansteckungsgefahren.«[13]

Weizsäcker leitet aus den Konvulsionen der jüngsten deutschen Geschichte unsere besondere Verantwortung ab, wenn er fortfährt: »Wir haben wahrscheinlich keinen Grund zu Überheblichkeit und Selbstgerechtigkeit. Aber wir dürfen uns der Entwicklung dieser vierzig Jahre seit 1945 dankbar erinnern, wenn wir das eigene historische Gedächtnis als Leitlinie für unser Verhalten in der Gegenwart und für die ungelösten Aufgaben nutzen, die auf uns warten.«[14]

5. Erst die Aneignung macht Geschichte fruchtbar

Mit Heinemann und Weizsäcker bliebe zu folgern, daß über die Aneignung von Geschichte die wirklich lebenswichtige demokratisch-republikanische Komponente die Gelegenheit erhält, uns allen unsere Geschichte verständlich zu machen. Das hat nichts zu tun mit einer opportunistischen Verkürzung von Geschichte – im Gegenteil, so wird sie in ihrer ganzen Pluralität überhaupt erst aneignungsfähig und kann unsere politische Kultur maßgeblich zum Positiven beeinflussen.

Es ist die Vielfalt, wie sie Tschingis Aitmatow in seinem zitierten Roman ausbreitet, ein Erbe, ein Schatz des Kulturellen, dessen Hebung uns neue Facetten und neue wertvolle Eigenschaften eröffnet. Geschichte erschließt uns ihr reiches Reservoir auch für die Sinn-Diskurse und Perspektiven-Diskussionen der Gegenwart, denn »im Kreise der Geschichte liegt die ganze moralische Welt« (Schiller).

Daß die Verarbeitung von Geschichte auch ein Beitrag zur immer aktueller werdenden »Friedensfähigkeit« ist, hat Walter Dirks für den Tübinger Kongreß »Kulturwissenschaftler für den Frieden« 1986 folgendermaßen formuliert: »Aus unseren schlimmen Identitätsnöten kommen wir erst heraus, wenn die überlebenden Kriegsteilnehmer – noch sind sie nicht alle Greise – nicht mehr sagen: ›Aber im Krieg haben wir unsere Pflicht getan‹, sondern: ›Wir waren Täter und Opfer in der Lüge und Gewalt des faschistischen Krieges – wir waren zu dumm und zu schwach, das zu durchschauen. Versteht uns und macht es besser.‹«[15]

Dies trifft auch den Kern des Streites um das Mahnmal der deutschen Geschichte.

1985 hat uns die Vergangenheit wieder einmal eingeholt. Der 8. Mai wurde zum politischen Brennpunkt, und über den Gräbern von Bitburg wurde dokumentiert, daß nicht eine dauerhafte Sicherheitspartnerschaft das Ergebnis des Bündnisses gegen Hitler und Mussolini war. Der Rüstungswettlauf der Gegenwart, die Ausstattung der Bundesrepublik und Europas als »militärische Basis, Glacis im zukünftigen Atom-Kreuzzug«[16] (Thomas Mann, 1953) werfen mächtige Schatten auf die Vergangenheit. Denn so ist es doch: Natürlich wirkt Geschichte bis in die Gegenwart, aber aktuelles Gewicht bekommt sie immer nur in dem Maße, in dem diese Wirkung durch aktuelle Problemlagen bewußt wird. Erst durch das Erinnern wird sie als Geschichte für uns präsent wie im Fortschritt die Aufklärung.

Das gilt auch für die Künste: Erst durch die vielbesprochene »Aneignung des Erbes« bereichern sie uns, werden zum Besitz. Dies aber ist ein fortwährender Prozeß, in dem der Aneignende sich verändert und in dem die Kunst sich in je spezifischer Form verlebendigt, beeinflußt von den wechselnden Bewußtseinslagen der Gegenwart. »Aber schließlich zu erben muß man auch verstehen, erben, das ist am Ende Kultur.«[17] Auch die immer bedeutender werdende soziale und politische Geschichte bedarf der lebenspraktischen Aneignung. Auch im Blick auf diese notwendige aktive Komponente der Politik sollte das gegenwärtige außerordentliche Geschichtsinteresse gewürdigt werden.

6. Was kommt danach?

Ist es legitim, auf dem Höhepunkt einer Entwicklung schon Gedanken anzustellen, welche Entwicklung als nächste folgt? Ich meine ja, denn wenn wir Wert darauf legen, die besonderen Qualitäten nicht einem raschen Paradigmenwechsel zu opfern, müssen wir zumindest prophylaktisch denken, wenn uns die Visionen ausbleiben. Auch um das vielerorts beklagte Abgleiten in spannungslose Nostalgie zu vermeiden, sind Zukunftsperspektiven sinnvolle Alternativen. Eine Problematik, die wir neben der Aufarbeitung von Geschichte nicht vernachlässigen dürfen, ist die Komplexität von Umweltaneignung. Die Identität von Individuen und Gruppen resultiert nicht allein aus ihrer Geschichte, denn zu ihr gehört unteilbar auch der revidierte Umgang mit der Natur. Demzufolge wäre es für die Gewinnung und Stabilisierung von Identität wie auch für die Beheimatung der Menschen wichtig, die Studien zu Geographie, Geologie, Biologie, Ökologie unter diesen Aspekten neu zu definieren. Die tätige Aneignung der lebendigen Umwelt hört nicht da auf, wo Geschichte anfängt. Sie ist vielmehr leidvolle Erkenntnis daraus. Als Heimat wird die Wohn-Umgebung, wird die Region am intensivsten in ihrer ganzen Komplexität erlebt. Geschichte ist darin immer präsent.

In ganz anderer Richtung noch ließen sich neue Perspektiven für die »Spurensicherung« denken: In den 30er Jahren erregte in Großbritannien eine Bewegung der »mass observation« öffentliches Interesse.[18] Hervorgegangen aus dokumentarischen Methoden der Fotografie und des Schreibens, regte sie die Menschen dazu an, ihr Alltagsverhalten bewußter zu beobachten. Sie sollten sich fragen, von welchen ungeschriebenen Gesetzen und unsichtbaren Gewalten ihr alltägliches Verhalten abhängig ist und welche Gewohnheiten und Übereinkünfte dafür verantwortlich zu machen waren. Solche Selbstüberprüfungen können ähnlich wie die Alltagsgeschichte (und mit ihrem Hintergrund) zum ungemein lebendigen Ausflug in das eigene private und soziale Wesen werden, vergleichbar etwa der »Feldforschung«, wie sie Anthropologen bei fremden Völkerschaften betreiben. Selbstanalysen dieser Art könnten höchst wirkungsvoll sensibilisieren, beispielsweise für die Chancen der Veränderung, für das Gewinnen von Freiräumen oder für die Eroberung von Chancen, bei sich selbst zu sein. Die Frage »Wer sind wir?« ließe sich dann nicht nur mit Blick auf die Geschichte beantworten, sondern auch mit Bezug auf unsere Aktivitäten der Gegenwart.

»Oral history« wurde mittlerweile zur wissenschaftlichen Quellenforschung. Diese sehr individuelle, auch sehr subjektive Methode, die aber in ihrer Vielzahl letztlich doch ein facettenreiches, dabei sehr konkretes Bild der jüngeren Vergangenheit zeichnet, findet Eingang sowohl in die

Hobbyforschung als auch in die Praxis wissenschaftlicher Studien. Geschichtswerkstätten und Spurensicherung eignen sich als historische Erkenntnisquellen für die Gegenwart, ja sie können sich vielleicht sogar zu »Zukunftswerkstätten«[19] entwickeln. Das »Modell der künftigen Gesellschaft«, sagt Saul Friedländer, »ist nur als eine Reflexion der Vergangenheit« denkbar.

7. Über die Qualität der politischen Kultur

Geschichtswerkstätten und Zukunftswerkstätten sind wertvolle Bestandteile einer lebendigen und fruchtbaren politischen Kultur. Unter »politischer Kultur« mag sich jeder etwas anderes denken. Die Frage nach ihrer Qualität thematisiert, jedenfalls im Verständnis von Politikwissenschaft, auch den historisch-konkreten Zusammenhang von sozialen Interessen und ökonomischen Prozessen, von Politikkonzepten und Demokratiebildung. Zur politischen Kultur gehören somit materielle gesellschaftliche Beziehungen wie Eigentumsverhältnisse oder Machtstrukturen ebenso wie politische Institutionen und soziale und informationelle Kommunikationsformen.[20] Unverzichtbare Konstituenten einer politischen Kultur sind ferner Moral und soziale Werte bei politischem Handeln, ist »Wirklichkeitsmächtigkeit« der Individuen sowie die soziale Verfügbarkeit von Entscheidungshilfen und Orientierungsbeistand, wie sie besonders Wissenschaft und Kunst bereithalten. Dies schließt selbstverständlich die ständige Überprüfung der Kongruenz von Demokratie-Anspruch und Demokratie-Praxis ein.

Aber auch die Frage, was den Menschen einer Gesellschaft alles zugemutet werden darf an dem, was unter dem Stichwort »Rest-Risiko« wahrscheinlich letale Konsequenz bedeutete, ist in diesem Zusammenhang, gerade nach Tschernobyl, besonders aktuell geworden. So müssen wir nach völlig neuen Erfahrungen die schon vernachlässigten Komplexe »Sicherheitsplanung« und »kalkuliertes Gesamtrisiko« wieder ganz neu diskutieren. Wie also könnte zum Beispiel ein »kulturspezifisches Risikoverständnis« für den aussehen, dem auf die Angstfrage »Was darf passieren?« anderes einfällt als die Leerformel von einem »zu akzeptierenden Restrisiko«?[21]

In der rechtzeitigen und zugleich schonungslos offenen Beantwortung aller existentiellen Fragen definiert sich die moralische Relevanz einer politischen Kultur. Sie läßt sich nicht auf Mentalitätsstrukturen begrenzen. Die materielle Kultur und die materiellen gesellschaftlichen Beziehungen lassen sich nicht einfach ausklammern, auch wenn politische Kultur vornehmlich auf die Frage konzentriert ist, wie denn in diesen Konstellationen Entscheidungen gefällt und Diskurse redlich geführt werden. Oft genug ist die Stärke eines Arguments immer noch abhängig von der materiellen Macht, die dem Argument erst seine Geltung verschafft.

Wie viele andere, so hat auch der Ministerpräsident des Landes Baden-Württemberg den technischen Fortschritt an seine Fahnen geheftet. Er warnt zu Recht vor den »schrecklichen Vereinfachern«, indem er betont, was wir schon wußten, daß Politik »ein mühsames Bretterbohren« sei. »Auf der anderen Seite« möchte er aber »ebensowenig leugnen, daß es in der etablierten Politik ein erhebliches Defizit an Anschaulichkeit und phantasievoller, plastischer Darstellung gibt«[22].

Gleichwohl kann es nicht darum gehen, ein bestimmtes, ein für allemal konzipiertes Produkt nur richtig zu verkaufen und »Akzeptanz« dafür herzustellen. Politische Kultur ist in hohem Maße doch erst dadurch an ihrer Entfaltung gehindert worden, daß sie nicht als Faktor »politischer Produktion« betrachtet wurde, sondern nur pragmatisch als Mittel zur Herstellung von Akzeptanz. Während dabei das Ziel schon feststeht, werden bei »politischer Produktion« neue Inhalte und Konzeptionen erst im Verlaufe eines Diskussionsprozesses durch die zivilisierten Formen der politischen Kultur hergestellt.

Wir, die Bürger unseres Landes, können uns nicht einfach fatalistisch Veränderungen anpassen, die mit scheinbar naturgesetzlicher Gewalt auf uns herniederstürzen, obwohl sie doch nichts als von Menschen und Mächten selbst geschaffene »Sachzwänge« sind. Es müßte also vielmehr darum gehen, die Menschen zu befähigen, als handelnde Subjekte gestaltend in diesen Prozeß einzugreifen und nicht bloß als Objekte eines höheren Machtwillens passiver Begleiter zu sein.

Es geht nicht an, diesen Unterschied auf der Ebene von Mißverständnissen einfach zu ignorieren oder so zu tun, als könne allein derjenige auch Subjekt sein, der sich auf ohnehin anstehende Veränderungen entsprechend vorbereitet. Das wäre ja nur eine platte Variante jener verbrauchten Formel von der Freiheit als Einsicht in die Notwendigkeit.

8. Notwendige Diskurse politischer Kultur

Überlegungen wie die vorangegangenen lassen sich auf die verschiedensten Diskurse anwenden, wie sie gegenwärtig unsere politische Kultur beherrschen. Da wäre zunächst der Fortschritts- und Modernitäts-Diskurs, der durch die jüngste Atom-Diskussion ungeahnten Auftrieb erhalten hat und um den sich auch der »Umbau«-Diskurs rankt. Aber auch der besonders hierzulande gern gepflogene Sinn-Diskurs ist noch lange nicht abgeschlossen. Manche Leute warten schon darauf, daß endlich die Midlife-Generation sich intensiver als bisher nach dem tieferen Sinn ihrer Erfolge und ihrer Tätigkeit befragt. Von der Sinn-Diskussion nicht zu trennen ist die neue notwendige Rolle der Kultur, mag sie auch manchem Anhänger der modischen Postmoderne noch zu vordergründig dekorativ wirken; ihr spezifischer Teil, die Urbanitäts-Frage, dürfte zum Beispiel immer wichtiger werden.

Ein Merkmal besonders der politischen Kultur unserer Bundesrepublik war und ist in vielen ihrer fluktuierenden Phasen die »funktionskongruente Inkongruenz zwischen politischer Interessenkonzeption und ideologischer Integrationskonzeption«, wie der politikwissenschaftliche Autor Reinhard Opitz es genannt hat.[23] Nicht einfach die Blochsche »Gleichzeitigkeit des Ungleichzeitigen« dürfte damit gemeint sein, sondern deren auch bewußte oder kaum bewußte Integration in politische Konzepte der Herrschaftssicherung. Während die Kabarettisten sich über bestimmte, von ihnen kaum mehr zu übertreffende Politiker hermachen, wird mit eben diesen Karikaturen eine lineare Modernisierung des Gesellschaftssystems vorangetrieben – eine Modernisierung freilich, in deren Zonen ein fetischisierter Markt und die zum allumfassenden Prinzip erhobene Marktmäßigkeit als Fortschritt oszillieren, kaschiert mit Gütemarken wie Wettbewerbsfähigkeit oder Leistungsgesellschaft, unter Vernachlässigung der Werte von Humanität und Kultur, die doch mindestens verbal immer noch als oberste Staatszwecke firmieren.

Der Staatsrechtler Peter Häberle hat dieses Kulturstaats-Versprechen nachdrücklich eingefordert.[24] Auf diesem Verständnis zu beharren könnte vielleicht ähnlich zentrale Folgen zeitigen wie einst der Versuch, den *Sozial*-Staat mit dem Anspruch auf ein Leben in sozialer Sicherheit und sozialem Frieden zu verwirklichen.

Weitere Akzente zum Thema liegen auf der Hand. Ein neuer Aspekt der »Politischen Kultur« wäre zum Beispiel, wenn heute die Linke, zwanzig Jahre nach der Studentenbewegung, ihr Demokratieverständnis unter Parlamentarismus-Gesichtspunkten neu diskutierte. In diesem Zusammenhang gilt es freilich zu betonen, daß jener Teil dieser 68er, der gemeinhin der orthodoxe genannt wird, seinen Frieden mit dem Parlamentarismus längst geschlossen hat. Zwar ist der ziemlich rigide Anti-Parlamentarismus der Studentenbewegung trotz gelegentlicher Rückfälle »out«, aber die »Realpolitik« ist nicht schon überall »in«: Neben jenen naiven Erwartungen, etwa an der Macht teilzuhaben, und neben dem geschäftigen Durchblick auf gesellschaftliche Mechanismen und auf Systembedingungen der politischen Institutionen, geistert mit entsprechenden Modefloskeln die Angst durch ihre Diskussionen, gleichzeitig Resonanz in der »Szene« einzubüßen.[25] Oskar Negt hat im Zusammenhang solcher Diskussionen auf eine implizite Chance hingewiesen.

Diese sieht er darin, daß »nach anderthalb Jahrzehnten die fixierten Feindpositionen innerhalb der Linken weitgehend verschwunden sind, so daß öffentliche Auseinandersetzungen der Selbstklärung heute nicht mehr unter dem Druck der Bekenntnisse und der moralischen Solidarisierungen stehen«[26] müßten. Jeder, dem unserer Demokratie zuliebe an einer funktionsfähigen Opposition statt an irrationalen Ausbrüchen von Voluntarismus und Sektierertum gelegen ist, könnte sich darüber nur freuen.

9. Angemaßte Definitionsgewalt über Geschichte und Zukunft

Inzwischen stellt die Geschichte die Deutschen wieder vor neue Probleme. Nachdem die Initiativen des Wandels aus der Sowjetunion die Realisierung eines einheitlichen deutschen Staates in greifbare Nähe gerückt haben, werden plötzlich nicht mehr nur »Wiedervereinigung«, sondern überhaupt die deutschen Ostgrenzen zum Thema. Mit welchen Mitteln dabei vorgegangen wird, konnten die staunenden Frankfurter zu Beginn des Jahres 1990 anhand einer Ausstellung des Bundes der Vertriebenen nachvollziehen.

Da wurde 1988 der Stadt eine vorgefertigte Wanderausstellung unter dem Titel »Eingliederung und Aufbauleistung der Vertriebenen und Flüchtlinge und ihre Mitgestaltung in der Bundesrepublik Deutschland« als Teil des Programms »40 Jahre Bundesrepublik« angeboten.

Aber dann kommt 1990 etwas ganz anderes: »40 Jahre Arbeit für Deutschland – die Vertriebenen und Flüchtlinge« heißt jetzt der Titel des Katalogs. Und mit »Arbeit für Deutschland« ist, wie der Beitrag des Präsidenten des BdV, Herbert Czaja, deutlich macht, dann immer jenes verschwommene Gebilde gemeint, bei dem nicht nur die historischen Grenzen von 1937 eine Rolle spielen, sondern auch »das völkerrechtliche Offensein der sudetendeutschen Frage und die völkerrechtliche Ungeklärtheit bezüglich der vier Memelkreise«.[27]

Bestenfalls ein Drittel des Katalogs ist dem Thema »Anteil der Vertriebenen und Flüchtlinge am Aufbau der Bundesrepublik« gewidmet; ein Drittel thematisiert Flucht und Vertreibung, mit höchst fragwürdigen historischen Parallelisierungen wie »Aussiedler – die Vertriebenen von heute«;[28] ein Drittel ist blanke Selbstdarstellung der Organisationen und ihrer Ziele, und dabei wird nirgends dargestellt, wieviel Prozent der Vertriebenen und Flüchtlinge denn wirklich in diesen Organisationen vertreten sind. Folglich bleibt auch ausgeklammert, daß einer als Angehöriger dieser Gruppe auch ganz andere deutschlandpolitische Vorstellungen haben kann als die Berufsfunktionäre – Herbert Wehner oder Hans Dietrich Genscher zählen zum Beispiel zu dieser Gruppe, auch wenn sie in diesem einseitigen Kontext wohl ganz bewußt unerwähnt bleiben.

Katalog und Ausstellung des BdV arbeiten nach folgendem Muster: Einer bemitleidenswerten Gruppe von Menschen wird von einer bösen Welt willkürlich schlimmer Schaden zugefügt, damals wie heute. Die deutschnationale und nationalsozialistische Eroberungspolitik, der nationalsozialistische Terror und Völkermord in Osteuropa als historische Voraussetzung von Flucht, Vertreibung und deutscher Teilung verschwinden hinter der Tendenz, die Vertreibung als »Verbrechen an Deutschland« moralisch zu instrumentieren.

Nach den alle Aufmerksamkeit und Hoffnungen auf sich ziehenden Veränderungen in Osteuropa hat der gleiche Verband, der der Stadt Frankfurt diese Ausstellung angedient hat, im Januar 1990 den Bundespräsidenten als höchsten Repräsentanten unseres Staates in einer schamlosen Kampagne beschuldigt, einen Verfassungsbruch zu begehen, weil er in einer wohlabgewogenen Formulierung gesagt hat, was sehr viele denken. Und letztlich deswegen hat die Stadt Frankfurt im Einvernehmen mit dem betroffenen Museum davon Abstand genommen, die Ausstellung in ihrem Historischen Museum zu zeigen.

Diese Invektiven gegen Richard von Weizsäcker wurden anscheinend formuliert von funktionalen Analphabeten, die Texte wie die Rede des Bundespräsidenten wohl buchstabieren, aber nicht verstehen können: Deshalb vermögen sie darin nichts anderes zu erkennen als eine Diskrepanz zur Verfassung, obwohl in der Rede aber in einer differenzierten Formel die Entscheidungsfreiheit des Volkes als dem einzigen Verfassungssouverän ausdrücklich bestätigt wird: »*Auch wenn* keiner von uns für einen gesamtdeutschen Souverän zu sprechen vermag, so können, müssen und wollen wir doch für uns selbst klar und eindeutig reden: und das heißt, an der heutigen polnischen Westgrenze wird sich *nach dem Willen von uns Deutschen* jetzt und in der Zukunft nichts ändern.«[29]

Ich darf im Kontrast dazu aus Herbert Czajas Beitrag im Katalog zitieren, wo er beschreibt, wie deutschlandpolitische Verbandspolitik hinter dem Rücken der Verfassungsorgane getrieben wurde – man muß ihm dankbar sein für die Offenheit, mit der er dort skandalöse Vorgehensweisen ostpolitischer Lobby enthüllt: »Die deutschen Unterhändler hatten hier eine gute, von den Regierungspolitikern gegenüber dem Parlament verdeckt (!) gehaltene Arbeit geleistet«,[30] heißt es über die sogenannten »Unberührtheitsklauseln« der Deutschlandverträge, und: »Erst langsam merkte man, daß *wichtige Beamte des Auswärtigen Amtes das Schlimmste* bezüglich einer Anerkennung der territorialen Souveränität Polens in den deutschen Ostprovinzen ... verhindert hatten.«

200

Czaja beschreibt, sich selbst lobend, weiter, wie er mit »Interventionen beim Bundeskanzler und seinen Rechtsberatern« der BdV »rechtzeitig« dafür sorgt, daß Helmut Kohl in seinen Regierungserklärungen die richtigen Formeln verwendet. Da dies bei Weizsäcker durchzusetzen offensichtlich nicht gelungen war, soll dieser jetzt dafür büßen, daß er die Sprachregelungen des Verbandes nicht übernommen hat.[31]

Mit dem angemaßten Recht auf die Festlegung solcher Sprachregelungen darf aber eine Gruppe von Berufslobbyisten die bundesdeutsche Politik nicht knebeln. Auch dies ist ein Lehrbeispiel dafür, wie Lobbyisten es schaffen, der Politik ihre Beweglichkeit zu rauben. Kurt H. Biedenkopf hat uns in seinem Buch »Zeitsignale« darauf aufmerksam gemacht, wie Derartiges die Fähigkeit von Staat und Gesellschaft zerstört, sich rechtzeitig auf neue Herausforderungen einzustellen.[32]

10. Neue Horizonte

Die Zukunftsperspektiven liegen nicht in den Formeln und Strukturen von gestern, auch und gerade, wenn es nach dem 9. November 1989 um Identität in der deutschen Kultur und der deutschen Nation geht. Die Hoffnungen für alle in beiden Teilen Deutschlands, auch für die Zuwanderer und für diejenigen, die hier Zuflucht vor politischer, rassischer und religiöser Verfolgung suchen, sind mit einer friedlichen und ökologisch verantwortlichen Entwicklung in Europa verbunden, nicht mit irgendwelchen Grenzpflöcken, wo immer sie auch eingerammt wurden. Frieden ist nicht alles, aber ohne Frieden ist alles nichts!

Die Initiativen von Michail Gorbatschow und die dadurch ermöglichten Veränderungen in Osteuropa bieten uns allen, ja der Menschheit, eine einzigartige Chance: Es ist die vielleicht letzte Chance, den aberwitzigen, schon im Frieden auf Dauer tödlichen Rüstungswettlauf einzuschränken und die Reduzierung des gewaltigen rüstungsspezifischen Verbrauchs an materiellen und menschlichen Ressourcen zu erreichen.

Schon heute ist die Lebenssphäre unseres Planeten ernsthaft gefährdet, und der Rüstungswettlauf kann ohne gewaltige irreparable Schäden nicht mehr weitergeführt werden.

Ein hörbares Aufatmen geht inzwischen durch die Völker Mitteleuropas; die Ost-West-Konfrontation in der alten Form existiert nicht mehr; einige wichtige Politiker in Ost und West haben eingesehen, daß die bisherige Rüstungspolitik eine Sackgasse war, die keine Probleme löst, sondern nur neue schafft. Wir haben damit etwas an Luft und Bewegungsfreiheit gewonnen für den Umgang mit den eigentlichen Problemen des 21. Jahrhunderts. Die Großprojekte von morgen brauchen nicht mehr »Jäger 90«

zu heißen, sondern können den »ökologischen Umbau« betreffen. Die von uns so begrüßten Veränderungen in Osteuropa sind nicht denkbar ohne diese Ansätze eines neuen Denkens.

Und da soll der Streit um von der Geschichte überholte, durch schuldhafte Prozesse veränderte Grenzen wieder neue Konflikte hervorrufen und die in Osteuropa in Gang gekommenen Prozesse durch neue Ängste zurückwerfen und bei den Menschen dort das Gefühl der bedrohlichen offenen Flanken verursachen?[33]

Selbst ein nur als Verhandlungsmasse und völkerrechtliches Drohpotential aufrechterhaltener Anspruch auf die Offenheit der Grenzfrage muß entsprechende politische Wirkungen in Osteuropa haben. Das kann nicht einmal denen recht sein, die in den neuen Strukturen nur die Chancen für neue Geschäfte, neue Konjunktur und neues Wachstum sehen.

12. Die Verteidigung der Freiheit der Künste – konkret

1. Beuys in der Kontroverse

»Als die Stadt Frankfurt den Entschluß faßte, Joseph Beuys' Environment ›Blitzschlag mit Lichtschein auf Hirsch‹ zu kaufen, löste das eine hitzige Diskussion aus. Es war nicht das erste Mal, daß der Name Beuys für polemische Debatten sorgte. Als eigentliche Provokation wurde jedoch vor allem der Kaufpreis von 2,55 Millionen Mark empfunden. Mit diesem Betrag sicherte sich Frankfurt das letzte große Werk des Künstlers für das künftige, ebenfalls umstrittene ›Museum für Moderne Kunst‹.

Der Streit ging um Grundsätzliches: darum, ob in Frankfurt nicht leichtfertig Steuergelder für Pseudo-Kunst vergeudet würden – der städtischen Kunstszene zum Nach- und einem Kunsthändler zum Vorteil. Die scharf geführte Debatte reichte vom Vorwurf der künstlerischen Scharlatanerie bis hin zur vermeintlichen Renommiersucht hiesiger Kulturpolitiker. Erneut in Gang gekommen ist die Diskussion bei der ›documenta‹ in Kassel. Dort ist das Beuys-Ensemble ein Höhepunkt der ansonsten über weite Strecken enttäuschenden Mammutschau. Um die neue alte Debatte zu versachlichen, veröffentlichte die FAZ zwei Beiträge pro und contra Beuys: Der Hamburger Kunstkritiker Hans Platschek, selber auch als Künstler tätig, setzte sich distanzierend mit dem ›Blitzschlag‹ auseinander.«[1] So steht es in der FAZ. Als Kulturdezernent setzte ich gegen Platschek das »Contra«. Notwendigerweise mußte ich anders argumentieren, ist es doch nicht meine Aufgabe, künstlerische Werturteile zu fällen, sondern prinzipiell und kompromißlos die Freiheit der Künste zu verteidigen – auch gegen das »gesunde Volksempfinden«.

2. Die »Volksseele« ist leicht zu entrüsten

Ich will Hans Platschek nicht einfach vorhalten, daß er seine Argumentation nicht abgrenzt gegen die (vorurteils-)gängige »Vox populi« – das wird er sich selbst überlegt haben. In der Tat grenzt es an jene fatalen Vereinfachungen, die schon immer das »gesunde Volksempfinden« auf ihrer Seite hatten, wenn er bei Beuys' Werk von Bügelbrettern, Hutschachteln usw. redet. Da nützt es auch wenig, wenn diese an die gängigen Vorurteile gegenüber nicht-mimetischen Kunstwerken appellierende Nomenklatur durch ironische Verweise auf einen eventuellen Realitätsbezug relativiert wird.

Bedenklicher finde ich es, daß er in seinem Text mit den Etikettierungen »sakrale Inszenierungen« und »Glaubensbedarf« einer »Gemeinde« den Weg für eine angemessene Rezeption des Werks eher verstellt als öffnet. Nicht alle, die sich für Beuys interessieren, handeln aus einem »Glaubensbedarf« heraus, das »soziale Kunstwerk« interessiert auch aus anderen Gründen. Gängige Vorurteile, die letztlich für den Kunstprozeß überhaupt kontraproduktiv wirken, stützt auch, wer die vorgeblich messianische Wirkung der Person des Künstlers, seine Beschäftigung mit dem Stoff des Mythos und die Preiskalkulation des Kunstmarktes in einen scheinbar kausalen Zusammenhang zwingt. Die Kritik am Kunstmarkt und seinen Preisen ist so alt wie dieser selbst, und es soll auch gar nicht beschönigt werden, daß der Kunstmarkt von seiner Struktur her zu spekulativen Wertfestsetzungen neigt.

Aber er ist andererseits das Medium, das den Künstler aus höfischen Zwängen oder solchen der Auftraggeber emanzipiert und ihm wenigstens eine gewisse Autonomie eingeräumt hat. Daß Kunstmarkt und Galerien heute unverzichtbare Zwischenglieder im Kommunikationsprozeß zwischen Künstler, Museen und Publikum sind, wird niemand ernsthaft bestreiten. Obwohl es sicherlich in der von Beuys selbst durchaus intendierten Assoziationsbreite eingeschlossen ist, eine Arbeit, wie das für das Frankfurter Museum für Moderne Kunst angekaufte Werk »Blitzschlag mit Lichtschein auf Hirsch« in sehr persönlichen Bildern kritisch zu würdigen, so sollte man doch redlich bleiben und die perzeptive Sensibilität, ohne die ein Kunstwerk erst recht heute nicht auskommt, auch in seiner verbalen Beschreibung aushalten.

Es kann in meinem Beitrag nicht darum gehen, die Höhe der Ankaufsumme für die Beuyssche Arbeit ein weiteres Mal zu begründen.

Auch weiß Hans Platschek ebensogut wie Brechts Herr Keuner, daß eines der wesentlichen Merkmale der künstlerischen Moderne jener Versuch ist, den flagranten Widerspruch von Kunst und Leben dadurch aufzulösen, daß die Hermetik des ästhetischen Selbstverständnisses aufgebrochen und die Kunst in Leben überführt werden sollte. Gerade dieser Aufbruch war es ja, der Beuys' Tätigkeit ihren unverrückbaren Platz in der internationalen Kunstgeschichte unseres Jahrhunderts sichert.

3. Pointierte Selbstdarstellung

Eine informative, repräsentative und in gewisser Weise auch auf die Zukunft hin ausgerichtete Auswahl jener Arbeiten zusammenzutragen, die von ihrer Bedeutung zentrale Markierungspunkte in der Entwicklungsgeschichte der zeitgenössischen Kunst sind, ist eine wesentliche Aufgabe eines Museums für moderne Kunst. Nun bleibt es jedem unbenommen, die Art und Weise zu kritisieren, in der Beuys seinen Eingriff ins Leben vornahm: Die weit über den Kunstbereich hinaus als Signet begriffene Weste samt Filzhut als Fetische der Selbstdarstellung wirkten auf manche belustigend; seine auch verbal vorgetragene Argumentation für direkte Demokratie oder gegen Umweltschäden wird als außerkünstlerischer Aktionismus denunziert; oder seine Arbeit am und mit dem Material des Mythos wird als parareligiöse Inszenierung qualifiziert. Wichtiger bleibt, daß Beuys wie kaum ein anderer Künstler der zweiten Jahrhunderthälfte sich und seine Arbeit, seine Person und sein Werk als untrennbare Einheit in den Prozeß der öffentlichen Meinungsbildung über die Kunst und über sie hinaus eingebracht hat, und dies, obwohl (oder weil?) er sich nie der Hilfe einer geschlossenen Theorie oder gar der abbildhaften Repräsentation von Wirklichkeit versicherte.

Das Werk als Prozeß, das Produktion und Produkt ebenso einschließt wie Individualität des Künstlers und die gegensätzlichen Reaktionen des Publikums – dies alles gehört nicht erst seit der Happening-Kunst der sechziger Jahre, sondern seit es überhaupt das sozial wahrnehmbare Individuum gibt, zur Kunstgeschichte, die zu bewahren und dokumentieren die vordringlichste Aufgabe von Museen ist.

So ist es auch selbstverständlich, daß wie bei dem hier zur Debatte stehenden Ensemble »Blitzschlag mit Lichtschein auf Hirsch« oft nur die konservierbaren Spuren der größeren, umfassenderen »sozialen Skulptur«, der Beuys' Bemühung galt, ins Museum eingehen. Ebenso ist es selbstverständlich, daß seine Skulpturen, Environments, Objekte usw. auch Auslöser für Widerstreit waren – und sind. Die Auseinandersetzung um die Artefakte gehören zu deren unwiderrufbarer Geschichte, und sie werden (und sollen auch) im Museum für Moderne Kunst nicht aufhören, sondern aus je veränderter historischer Perspektive weitergehen. Denn sie stellen im besten Sinne des Wortes produktive Eingriffe in verfestigte Denkkategorien und Wahrnehmungsstrukturen dar. Daher wäre es absolut nicht in Beuys' Sinne, wenn wir diese letzte Arbeit des Künstlers als reifes Alterswerk oder gar als klassische Summe des gesamten Lebenswerkes zum Paradigma erheben. Nein, »Blitzschlag mit Lichtschein auf Hirsch« ist ein typischer Beuys: einfach und klar in Formen und Materialien, vielschichtig und packend in den sozialen und sensitiven Bezügen.

4. Denkschablonen

Der am »Blitzschlag« wieder aufgeflammte Streit um Beuys ist aber allemal vorteilhaft für jene, die aktuelle Kunst nur aus den Denkschubladen von Schamanentum und Kunstmarkt-Mafiosi zu betrachten gewöhnt sind. Platschek vermeidet leider nicht die Gefahr, daß seine Analyse eines Zustandes zur Polemik gegen die Kunst verwendet wird. Weil Beuys' Werk vielen kryptisch erscheint und nicht eindeutig zu entschlüsseln ist, weil es sich aus Teilen zusammensetzt, die auf den ersten Blick kaum etwas miteinander zu tun zu haben scheinen, ist die Volksseele leicht zu entrüsten. Für sich genommen sind Kunstwerke dieser Art nicht besonders bemerkenswert, denn spätestens seit den »Individuellen Mythologien« der 5. »documenta« vor nunmehr fünfzehn Jahren bekam die persönlich verschlüsselte Botschaft einen festen Platz in den Äußerungsformen der Gegenwartskunst.

Beuys allerdings war immer vielschichtiger, weil er erstens einen gesamtgesellschaftlichen Begriff von Kunst reklamierte (und auch vorlebte) und Kunst als reale Politik verstand, und weil er zweitens in seinen Installationen und Objekten Erfahrungsmuster verschiedener Zeitalter und historischer Entfaltungsstufen allegorisch darzustellen verstand. Werke wie die »Honigpumpe« oder die »Kasseler Schlitten mit VW-Bus« stehen in einer Reihe mit Werken wie zum Beispiel Marcel Duchamps »Großem Glas«. Ebenso wie vor gut einem halben Jahrhundert kleinbürgerliche Ignoranz der dadaistischen Kampfansage »Leben ist Kunst« mit sprachlosem Unverständnis bis zu hemmungslosen Gewalttätigkeiten eher entgegentrat denn begegnete und damit weit deutlicher sich selbst entlarvte als eine vermeintlich dilettantische Nonsens-Kunst, so haben aufgebrachte Stammtischkritiker und konservative Kunstsachverständige Joseph Beuys zu ihrem Lieblingsfeind erwählt. Aber Beuys' Werke halten diese Attacken ebenso aus, wie es jene der Dadaisten taten.

Beuys' »Blitzschlag mit Lichtschein auf Hirsch« entzieht sich ebenso wie die erwähnten anderen Werke einer eindeutigen Interpretation, weil bei den unterschiedlichen Eigenschaften der Betrachter eine Fülle von möglichen Assoziationen, die ebenso subjektiv wie das Werk selbst bleiben müssen, denkbar sind.

Ist nicht zum Beispiel seine riesige Lehmberg-Bronzefolie auch als Landkarte, als Kontinent zu verstehen, Südamerika vielleicht, als Erinnerung also daran, daß in diesem Kontinent einerseits nach wie vor die meisten Militärdiktaturen existieren und mit Folter sich an der Macht halten, und andererseits, bezogen auf die Reichhaltigkeit des Lebens selbst, bezogen also auf Flora und Fauna, hier am schnellsten und nachhaltigsten die Arten aussterben. Ein Kontinent der inneren Erfahrung also: Mahnmal dafür, alle Kreatur, ob Mensch, Tier oder Pflanze, unangetastet zu lassen. Auch der im Titel figurierende Hirsch ist ja vom Aussterben bedroht und gerade noch in so exotischen Gegenden wie den Karpaten in seiner natürlichen Umwelt erlebbar. Die verstreuten Bronzeformen, »die Urtiere«, die nicht nur Hans Platschek an Fäkalien erinnern, wären dann Gewöllüberreste, Spuren einstiger Vielfalt und Lebendigkeit.

5. Politik und Ethik

Die »Gerätschaft auf drei Rolltischrädern«, als »Ziege« betitelt, verweist auf einen ähnlichen Zusammenhang. Bahren und Krankenhausbetten haben Rolltischräder: Hier wird die menschliche Existenz oder, wieder allgemeiner: die Kreatur, das Leben mit Kälte und Präzision instrumentalisiert und isoliert. Opfer werden auf eine Pritsche geschnallt. Wer ein Schlachthaus einmal von innen sah oder Dokumentarfilme über Hitlers Euthanasie, wird sich solchen Assoziationen kaum entziehen können. Am nördlichsten Punkt Amerikas stoßen die Einflußsphären der großen Machtblöcke aneinander: »Boonia Felix«, der Stein, das Mineral, ist als Hinweis auf die Gefahr und Gefährdung solcher Berührungspunkte verstehbar, als Metapher der Labilität der immer wieder in Frage stehenden Interessenausgleiche.

Es sind dies keine »Erklärungen« der Werke mit dem Anspruch auf Objektivität und Vollständigkeit – einen »Kompromiß mit der irdischen Welt« jedoch, den Platschek angesichts dieser Installation gleich für das Beuyssche Gesamtwerk walten sieht, widerlegen sie, meine ich, allemal; es ist dieser angebliche Kompromiß, der sich im Spiegel solcher Annäherungen als Fixierung eines Nicht-Verstehens oder jedenfalls eines Nicht-offen-Seins für Anrührung und Betroffenheit erweist. Schon diese wenigen Hinweise mögen die Reichhaltigkeit solcher Verschlüsselungen andeuten: Biologie und Mythos, Politik und Ethik, Machtgleichgewicht und politische Stellungnahme, Moral und Humanität, Ethnologie und Anthropologie sind mögliche Bezugsfelder, die in ein solches Kunstwerk eingegangen sind.

Die rationale Trennung in Wissenschaften, die, jeweils für sich genommen, als fast voneinander unabhängige Subsysteme Welt erklären wollen und fast zwangsläufig einander widersprechende Sachzwänge produzieren, hat Beuys immer mit Mißtrauen quittiert. Das große Ziel menschlicher Fortentwicklung, die Rationalität mit der Moralität als Ethos zu verbinden, schien ihm dadurch am nachhaltigsten gefährdet zu sein. Seine Aktivitäten für »direkte Demokratie«, wie zum Beispiel seine Kasseler »Stadt-Verwaldung statt Verwaltung« (jene spektakuläre 7000-

Eichen-Aktion), waren immer als soziale Kunstwerke gedacht und entsprechend realistisch. Für Beuys bündelte sich dieses Verhaftetsein im Realen im Begriff der Entropie: nicht allein naturwissenschaftlich verstanden, sondern als sozialer »Wärmeausgleich«, als Hinweis darauf, daß im irdischen und intellektuellen, auch im kosmischen Haushalt der Menschheit »nichts verlorengeht«. Diese letzte Arbeit »Blitzschlag mit Lichtschein auf Hirsch« steht für mich folgerichtig in dieser Reihe sozial kodierter Werke.

Roland Barthes, der große französische Zeichentheoretiker, hat einmal sinngemäß formuliert: Der Mythos ist eine Sprache, in der man über eine andere spricht. Die Leistung von Beuys, der auf seine Weise ein Mahner war für soziale Gerechtigkeit und Menschlichkeit, besteht eben darin: zu zeigen, daß Mythen in der Gegenwartskunst trotz ihrer vorgeblichen Esoterik sozial- und alltagsgeschichtlich verwertbar sind. Roland Barthes ist denn auch immer wieder den »Mythen des Alltags«, etwa in der Mode, nachgegangen.

Beuys' Kritiker wollen nicht wahrhaben, daß da einer sich nicht den traditionellen Kategorien von politisch engagierter, aber künstlerisch minderwertiger Ausdrucksform auf der einen und höchst artifizieller, aber sozial indifferenter *l'art pour l'art* auf der anderen Seite beugt. Beuys' Sprache bewegt sich vielmehr – wie Foucault sagt – »an den Rändern« der definierten Sprache und gibt somit den Blick frei auf jene uns sonst verschlossenen, weil verdrängten Bereiche: Die Ausblutung der Natur ebenso wie der Gefühle, die Unkenntlichmachung der Elemente ebenso wie die Entmenschlichung des Menschen sind hier nicht aufdringlich »politisch« dargestellt, sondern in einer Sensibilität für das Material unseres täglichen Umgangs, die blitzartig einschneidend bei jedem subjektive Empfindungen weckt, weil ja jeder diese irreversiblen Sünden gegen unser aller Lebensgrundlagen zwar kennt, aber sie gleichwohl verdrängt hat. Dies macht auch die Transzendenz der Kunst- und Welterfahrung aus, die Beuys nicht nur vermittelt, sondern selbst lebte, eine Transzendenz allerdings, die so gar nichts von einer »psychischen Infektion« hat – wie Hans Platschek mit einem bedenklich unsensiblen Rückgriff auf biologistisches Vokabular meint unterstellen zu müssen –, dafür aber sehr reale und sehr drängende Gefahren und Ängste in den Lichtschein rückt. Dieser Bezug auf die je individuellen Ängste erklärt die begeisternde Zustimmung zu Beuys' Werk ebenso wie vernichtende Ablehnung. Gleichgültig jedenfalls kann seinen Objekten kaum jemand gegenübertreten.

6. Besorgnisse und Visionen

Es ist als Begründung für die Notwendigkeit, gerade diese Arbeit von Beuys in der Sammlung des Museums für Moderne Kunst in Frankfurt zu haben, nicht so wichtig, ob die Deutung des Werks als »verlassenes Laboratorium des Experimentes Menschheit« angesehen werden kann, wie dies Heiner Bastian im Katalog der 8. »documenta« postuliert, oder ob hier andere Besorgnisse und Visionen formuliert werden. Ihren Wert für ein Museum, und ich meine das auch ganz ökonomisch, realisiert die Arbeit dort, wo sie als immer neu erfahrbares Dokument für die Auseinandersetzung eines Künstlerindividuums mit den Problemen seiner Zeit zum Gegenüber des heutigen und vor allem auch des zukünftigen Besuchers wird.

7. Zwischen Verpflichtung und Imagepflege: Der Staat und der Schonraum Kunst

Politik und Kunst, dieses betagte Begriffspaar der Kulturgeschichte, scheint von seiner Virulenz und Attraktivität bis heute nur wenig verloren zu haben.

Kulturpolitik produziert nicht Kultur; durch die Optimierung einer entsprechenden Infrastruktur hilft sie aber, Kulturproduktion zu ermöglichen. Welche allgemeine Definition von Kultur, welches allgemeine Verständnis von Politik liegen der Kulturpolitik zugrunde?

Ausgesprochen oder unausgesprochen rekurriert das Kulturverständnis unserer Demokratie auf die Vorstellung, daß in den Äußerungen der Kultur, d. h. im Pluralismus kultureller Hervorbringungen, die Liberalität einer Gesellschaft direkt sich ausdrücke. In einer weitgehend nach Angebot und Nachfrage organisierten Gesellschaft existiert die Kultur in einem Schonraum; einem »Freiraum«, wie ihn die öffentliche Kulturpolitik nach der Interpretation von Adorno für die Kunst zu schaffen hat. Auf vielerlei Weise gefördert und subventioniert, ist sie den schroffen Gesetzen eines freien Marktes entrückt. Da andererseits das, was vom Kulturbetrieb produziert, reproduziert und als Kultur definiert wird, nur in seltenen Fällen eine Massenbasis gewinnt und sich deshalb immer dem Verdacht elitärer Absonderung aussetzt, sieht sich eine demokratisch definierte Kulturpolitik einem ständigen Spannungsverhältnis ausgesetzt: Mit dem Geld aller wird etwas finanziert und damit ermöglicht, was nur Teilen der Gesellschaft etwas bedeutet und dessen Qualität und gesellschaftlicher Wert ständig in Frage gestellt wird. Einen Ausweg aus diesem Dilemma suchen viele vor allem in jenen beiden Scheinargumenten zur

Legitimation hoher Kulturausgaben, wie sie durch fast jede kulturpolitische Debatte geistern.

1. Das Argument der »Verpflichtung«: Es wird vor allem von konservativen Politikern gern ins Feld geführt. Wir begegnen ihm, sooft Millionen-Objekte für Museen angeschafft werden, oder bei der Frage, ob Festspiele subventionswürdig sind. Aus der Wertschätzung historischer Kulturgüter wird eine Verpflichtung für die Gegenwart und mehr noch für die Zukunft abgeleitet. Aus der »Verpflichtung« ergeben sich »Erhaltung«, »Pflege« und »Vermittlung«. Die Auswahl dessen, was förderungswürdig ist, wird nach Maßstäben getroffen, die entlehnt werden von »zeitlosen«, »ewigen« Werten. Zeitgenössischer Kulturproduktion, deren wesentliches Kennzeichen ständige Infragestellung und Wandlung ist, wird so ein Maßstab vorgespielt, der an einer falsch verstandenen und zurechtgebogenen Vergangenheit ausgebildet wurde und einfach nach vorn, das heißt in die Gegenwart, verlängert wird. Alles, was aus diesem Raster herausfällt, wird unterdrückt – ein buchstäblich reaktionäres Verfahren.

2. Das Argument der »Imagepflege«: Zeitgenössische Kulturproduktion wird spektakulär zu einzelnen Anlässen herausgestellt mit der Absicht, der Rezipient möge das Neue, Verblüffende, Vitale der Kunstphänomene, das heißt die progressive Dynamik von Kultur, auf die entsprechende Stadt übertragen und mit dieser gleichsetzen. Aufsehenerregende Kunstereignisse sollen signalisieren, daß in der jeweiligen Stadt (dem Land und so weiter) »etwas los sei«, mehr jedenfalls als andernorts, daß sie modern, nach vorn gewandt, eben aufgeschlossen und progressiv sei.

Da wir diese Argumentation fast ausschließlich im Zusammenhang mit aktueller, ja sogar besonders avantgardistischer Kunst zu hören gewohnt sind, könnte es naheliegen, diese Motivation für »moderner« oder jedenfalls der tatsächlichen Situation und den Möglichkeiten von Kultur für angemessener zu halten, als sie es objektiv verdient. Vielleicht ist sie »moderner«: angemessen ist sie jedenfalls nicht: Auf jedes inhaltliche Verstehen von Kunst wird verzichtet, die bloße Frage permanenter Innovation als formaler Reiz wird ausgebeutet, ähnlich wie bei der PR für Konsumgüter. Das Moderne wird auf die rasante Abfolge von Stilen reduziert.

War das erste Argument reaktionär, so erweist sich das zweite als formalistisch und technokratisch. Eine Kulturpolitik, die sich allein auf die genannten Argumentationen verließe, hinge hilflos in der Luft; sie ginge einmal an der wirklichen Funktion, an den Möglichkeiten von Kultur vorbei, zum anderen gelänge es ihr so wohl kaum, vor einer kritischen, politisch aufgeschlossenen Bürgerschaft glaubhaft zu erscheinen.

Diese schwierige Lage der Kulturpolitik wurde nicht allein durch die Politiker verschuldet, sie ist auch gesellschaftlich bedingt. Produzenten, Künstler, Historiker, Kritiker haben jahrelang das Machen von Kunst und den

Nachvollzug von Kunst mit einer Wolke idealistischer Phrasen verschleiert, so daß schließlich die Existenz von Kunst als »gegeben«, als so selbstverständlich wie eine Naturerscheinung gesehen wurde, abgelöst von allen gesellschaftlichen Prämissen.

8. Kulturpolitik fördert die Möglichkeit

Was ist daraus zu folgern? Nüchterne und verantwortliche Kulturpolitik sollte künftig auf zwei Positionen aufbauen: auf einem politischen Begriff von Kultur und auf einer Kenntnis der sozialen und psychologischen Bedingungen kultureller Produktion, Aneignung und kulturellen Austausches. Kultur als politischen Komplex begreifen bedeutet: abzugehen von der idealistischen Vorstellung von Kultur als allgemeiner »Menschheitssprache«, als eine bloße Ansammlung »zeitloser« Werte, als das Höhere.

Politisch gewendet ist jede Kultur Folge, ist Reflexion der Vergangenheit und gleichzeitig Reaktion auf gesellschaftliche Verhältnisse der Gegenwart. Sie spiegelt Zustand und Traum einer Gesellschaft, ja, sie ist selber Aggregatzustand gesellschaftlicher Realität und Vorstellung. Die ständige sogenannte »Progression« von Kultur, ihr ständiges »Vor«-gehen und »In-Frage-Stellen«, ihre ständige Bewegung kann, ja, muß genutzt werden zum Aufbrechen von sich immer wieder neu bildenden ästhetischen und sonstigen Konventionen.

Das Hervorbringen von Kunst ebenso wie die Auseinandersetzung mit Kunst als einer Möglichkeit bieten uns die einmalige Chance, unsere Gefühlswelt und Denkfähigkeit offenzuhalten für das Schwierige, Spontane, Unkonventionelle, noch nicht Dagewesene, das Utopische. Das bedeutet gleichzeitig: Stellung beziehen gegen die Tendenz der Verdinglichung, gegen den Widerstand der Mechanismen des Kunstbetriebs, gegen den Warenaspekt von Kunst. Offenhalten von Wahrnehmung, von Sinnlichkeit und Phantasie, das schließt selbstverständlich ein: Der privateste Traum wiegt soviel wie die radikale gesellschaftliche Alternative.

Wenn Kunst als gesellschaftliches Produkt, geschaffen unter bestimmten Konditionen der Produktion, der Vermarktung und Rezeption einerseits, dem herrschenden gesellschaftlichen Selbstverständnis und der herrschenden Ideologie unterworfen ist und diese auch widerspiegelt, so sucht sie doch andererseits gerade diese Bedingtheit immer wieder auch zu kritisieren und zu durchbrechen. Obwohl diese Angriffe auf verdinglichte Wirklichkeitsvorstellungen und gesellschaftlichen Konformitätsdruck meistens marktförmig integriert und eingeebnet werden, so bleibt doch festzuhalten: Die Aufrechterhaltung des Protestpotentials und der Disfunktionalität von Kunst ist – wenn auch zeitlich begrenzt – deshalb politisch von Bedeutung, weil sie lebenswichtig ist für die Erhaltung von Fühlen und Erkennen als subjektiven Bedingungen der Humanisierung unserer Gesellschaft.

9. Künste fordern mich heraus

Kulturpolitik soll sowohl der Bedürfnisweckung dienen als auch die allgemeinen kulturellen Ansprüche durch entsprechende Angebote befriedigen helfen. Zur Verdeutlichung dessen referiere ich die Einschätzung der Aufgabe, welche die Gewerkschaften den Künsten zumessen. Ihre Mitglieder wollen von einem Kunstwerk sagen können: »Es regt meine Sinne an, ich kann mich darin ausdrücken, ich finde meinen Ausdruck darin, den Ausdruck meiner Wünsche und Lebensinteressen: es bringt mich auf Gedanken, Ideen; es fordert meine Phantasie, meine Kräfte heraus, ohne mich auf Illusionen zurückwerfen zu lassen. Ich möchte damit umgehen, es anfassen, gebrauchen, verändern oder es nur betrachten«. Oder: »Die Kunst kann unendlich viel dazu beitragen, den Menschen beizustehen, daß sie ihr Selbstgefühl stärken oder wiedergewinnen, daß sie von ihrem Anspruch nicht lassen, als Menschen leben und sich bestätigen zu dürfen: die soziale Phantasie des Menschen anzuregen und zu fördern.«[2]
Ansprüche an Kunst wie diese muß die Kulturpolitik ernst nehmen. Erkennt aber der Arbeiter und Angestellte überhaupt in dem, was Museen, Kunstvereine oder Galerien präsentieren, Analogien zu den Lebensproblemen, die ihn und seinesgleichen bewegen? Denn ohne das Erfassen eines Bildes mit den eigenen Sinnen und dem eigenen Kopf entfällt eine wesentliche Dimension der ästhetischen und damit der sozialen Wirkung der Kunst. Dient den Menschen von heute Kunst als historische Erkenntnisquelle?
Da nur wenige in den ausgestellten Kunstwerken ihre eigene Geschichte, ihre Identität wiedererkennen, hat das zur Folge, daß von den meisten heute Kunst kaum mehr als unverzichtbares Lebenselement empfunden wird; Kunst stellt sich ihnen vielmehr oft als entbehrlicher Luxus dar, auf den sich folglich ohne Not verzichten ließe. Das Fatale an der Situation ist, daß jemand, der den Wert der Kunst nicht erkennt, auch ihren Verlust für sich selbst nicht begreift, der ja auch ein Verlust an Möglichkeiten zu seiner eigenen Fortentwicklung gewesen sein könnte. Angesichts der konsumgesteuerten täglichen Ausgaben und der Knappheit des Haushaltsgeldes erscheint Kunst vielen als unnötiger Aufwand, den sich ohnehin nur eine relativ kleine Gruppe leisten kann. Damit darf sie sich auch alle Vorleistungen aneignen, welche die öffentliche Hand in Form von

Ausbildungsstätten und sonstiger Kunstförderung investiert hat. Die große Mehrheit aber kann Kunst nicht in Besitz nehmen, sie definiert sich auch deshalb als kritische Masse, weil sie aus den genannten Gründen letzten Endes auch von der Wirkung von Kunst ausgeschlossen bleibt. Sicherlich stellt sich aus diesem Grund auch heute dringlicher als in Zeiten, als der Kunstmarkt noch überschaubarer war, die Aufgabe, Orientierung und damit einen Zugang zu aktuellen Tendenzen zu vermitteln. Dabei darf jedoch eine Ausstellungsführung nicht zu einem kunsthistorischen Kolleg ausarten; sie muß sich vielmehr an der Lebenswelt der Besucher orientieren. Auch dies ist eine Form künstlerischer Interaktion, denn es rückt das Kunstwerk in einen anderen, einen neuen Zusammenhang.

10. Produziert der Kunstmarkt Exklusivität?

Ein vielleicht noch größeres Problem unserer Gegenwartskunst ist ihre unlösbare Verkettung mit ökonomischen Strukturen: Kunst wird zum Gegenstand des Kunstmarktes, zum Handelsobjekt. Nun ist es eine Binsenweisheit, daß der Künstler vom Verkauf seiner Werke lebt. Gleichwohl stellt sich für diejenigen, die ihre Arbeiten über den Handel an Käufer vermitteln lassen, doch die Frage, wie die beherrschenden Gesetze des Marktes sich auf die Verbreitungsweise auswirken und damit möglicherweise auf Form und Inhalt der Kunst selbst.
Von diesem Markt mit seinem festgefügten System wird auch wiederum die Motivation des Kaufens bestimmt. Vom Kauf, von der Verkaufschance, hänge schließlich die Produktion ab, mit der ein Künstler sich Erfolg verspricht. Die Chance der Verwirklichung künstlerischer Phantasie kann also vom Markt beeinflußt oder gar determiniert werden, nicht weniger auch die an den Markterfolg geknüpfte öffentlich-politische Wirkung.
Der frühere österreichische Bundeskanzler Fred Sinowatz hat aus der Perspektive seines Landes auf Probleme der Kunstpolitik hingewiesen, die den unsrigen so fremd nicht sind, als er sagte: »Unsere gegenwärtige Kunst ist... sehr exklusiv, sehr abweisend gegenüber Außenstehenden, ungeheuer intellektualisiert. Immer mehr Künstler produzieren heute für immer weniger Menschen.« Und weiter: »Hochleistungen, künstlerische Provokation auf der einen Seite und auf der anderen Seite Unverständnis – das ergibt den Hochmut vieler Künstler auf der einen und das Sichverschließen vor der Kunst auf der anderen Seite: den willig aufgenommenen Kitsch.«[3]
Aus so oder ähnlich formulierten kritischen Einwänden werden leider

vorschnell erschreckend falsche Schlüsse gezogen: So hat etwa eine Minderheitsfraktion im Bochumer Stadtparlament dies vor einiger Zeit auf fatale Weise demonstriert, indem sie androhte, nach einem eventuellen Wahlsieg das »Terminal«, die monumentale Eisenplastik Richard Serras, wieder zu verkaufen. Damit wurde die Plünderung von Kunst und Wirklichkeit bereits offen annonciert, verbunden mit einem lüsternen Schielen auf das in Deutschland sattsam bekannte sogenannte gesunde Volksempfinden.

Gewiß ist »Terminal« nicht gerade ein Musterbeispiel eines Kunstwerkes, mit dem sich im Ruhrrevier viele Menschen identifizieren mögen, auch weil ihnen niemand die Bezüge zu ihrer Realität überzeugend vermittelt. Aber die Freiheit der Künste ist unteilbar und muß diejenige zur ästhetischen wie zur politischen Provokation grundsätzlich einschließen. Vor allem auf administrativem Wege können der Kunst keine Vorschriften gemacht werden – nicht nur, weil die Rechtslage dies eindeutig verbietet, sondern vor allem deswegen, weil Kunst sonst jene Leistungen nicht erbringen kann, welche die Gesellschaft von ihr erwartet.

Kritik an der möglichen Distanz der Kunst zum Publikum darf daher kein Vorwand dafür sein, beschwichtigend oder zensierend in den Kunstprozeß oder in die Kunstvermittlung einzugreifen.

Als kaum minder befriedigend beschreibt sich der hier und da nicht zu übersehende Hang zur Hermetisierung der Kunst, das bewußte Ignorieren der begrenzten Verständnisfähigkeit des potentiellen Publikums: Sicherlich haben in der Geschichte zahlreiche wegweisende künstlerische Neuerungen in ihrer Zeit nur ein sehr begrenztes Publikum gefunden oder wurden gänzlich verkannt. Andererseits ist bloße Unverständlichkeit noch lange kein Kriterium für eine innovative Formensprache.

Solche Mißverständnisse aufzulösen, auch darin sieht Kulturpolitik eine ihrer Chancen, ganz allgemein den Dialog zwischen Künstler und Publikum einzuleiten und in Gang zu halten. In diesem Zusammenhang muß die Frage erlaubt sein, ob denn Provokation um ihrer selbst willen und ob eine oft nur durch den Exzeß hergestellte Öffentlichkeit als ein Mittel taugen, Kommunikation mit einem Publikum einzuleiten, das noch keines ist, sondern erst noch für die Kunst gewonnen werden soll. Anders ist die Situation bei einem kunstgewohnten Publikum. Wenn moderne Kunst ein ignorantes Publikum provoziert, dann kann über die so bewirkte Irritation der Kunstandacht bewußt gemacht werden, was mit anderen Mitteln eben nicht gelänge.

11. Prozesse zwischen Künsten und Rezipienten

Bei den Ruhrfestspielen in Recklinghausen fragte mich ein Gewerkschafter, warum denn die Vorzeichen der Herausforderung nicht einmal probeweise vertauscht würden. Das Publikum (und das heißt: diejenigen Teile des Publikums, die sich der Kunst gegenüber bisher verweigern) als Provokation für Künstler, auf die wiederum diese reagieren müßten? Ist diese Frage allein durch die Existenz der kommerzialisierten Kunst, die sich auf die Gunst desjenigen Publikums konzentriert, das mit Kunstwerken umzugehen gewöhnt ist, vielleicht schon obszön geworden? Die Aufforderung an die Künstler, durch größere Verständlichkeit ein größeres Publikum zu erreichen, darf nicht mit einer Einladung zur Anbiederung gleichgesetzt werden. Mit »verständlicher werden« meine ich auch nicht eine Bevorzugung abbildhafter Darstellung von Realität. Ich meine damit die Forderung an den Künstler, daß seine Zeitgenossenschaft, also alles das, was er von Gegenwart erfährt, verarbeitet und in Werke umsetzt, seine Zeitgenossen auch erreichen können sollte.

Bisher galt es, taktisch zwischen zweierlei Kategorien von Rezipienten zu unterscheiden, dem kleinen Kreis der Connaisseure und dem großen Teil der Nichtkenner. Die in die Kunstrezeption nicht Eingeweihten sind dadurch auf die Produkte der Kulturindustrie verwiesen.

Zweierlei Künste sind die Folge. An solcher Dichotomie kann aber weder der Kunst noch dem Publikum und auch nicht der Kulturpolitik gelegen sein, denn dies bedeutet wiederum zwei verschiedene Qualitäten von Kunst und Publikum. Hier handelt es sich um einen Grundwiderspruch kultureller Vermittlungsarbeit in unserer Gesellschaft: die Existenz zweier »Kulturen« – einer Hochkultur und einer Massenkultur.

Ein Ausweg aus dem Dilemma wäre eine populistische Kunst, die publikumssüchtig darauf verzichtet, sofort als Kunst erkannt zu werden, die sich oberhalb des gemeinen Massengeschmacks anbiedert – eine opportunistische Strategie, die von mir nicht geteilt würde. Der andere Ausweg ist mit Brecht der demokratische, nämlich aus dem kleinen Kreis der Kenner einen großen Kreis der Kenner zu machen. Je größer aber dieser Kreis der Wissenden wird, desto mehr splittert er sich in unterschiedliche Gruppen mit verschiedenen Interessen und Vorlieben auf, die allein mit dem Maßstab »Qualität« nicht mehr genügend differenziert werden können. Aber wäre eine solche Vielfalt nicht ein Gewinn für die Pluralität der Werte? Populäre Kunst verlangt den öffentlichen Streit.

Bildende Künstler haben uns gerade in der jüngeren Vergangenheit praktisch vor Augen geführt, daß die herkömmlichen ästhetischen Formen wie Tafelbild, Grafik oder Freiplastik nicht die ausschließlichen Kunstäußerungen geblieben sind. Die mit Land-Art, Aktionskunst, Environment, Conceptual Art usw. gewonnenen Erkenntnisse und Erfahrungen über die offenen Grenzen der künstlerischen Medien machen zugleich auch ganz neue Formen der Annäherung an das Publikum möglich.

Ich meine, Kulturpolitik muß zunehmend auch Kunstprozesse gesellschaftlich anregen. Dies gilt speziell für den mühseligen Prozeß der Kommunikation zwischen Künstler und Publikum, dem in Zukunft gesteigerte Aufmerksamkeit gehört, soll Kunst denn öffentlich wirken. Dabei werden wir einen langen Atem brauchen, weil Kunstentwicklung eine langwierige Sache ist und keine flinken Erfolge verspricht. Kulturpolitik muß das artikulierte Interesse an der bildenden Kunst thematisieren.

Dies läßt sich an einem Beispiel illustrieren: In Bremen wurden zwei sich scheinbar widersprechende Erfahrungen bei der Bemalung alter Bunker gemacht. In Bremen-Oslebshausen sollte im Zusammenhang mit dem Programm »Kunst im öffentlichen Raum« eine Bunkerwand nach der Idee einer vom Senat berufenen Jury mit einem Motiv bemalt werden, in dem das Brieffragment »Liebe Herta! Nie wieder Krieg…« einen zentralen Platz beanspruchte. Die Proteste einiger Bürger verhinderten dieses Projekt.

Anders verlief eine analoge Aktion in Bremen-Gröpelingen: Dort bemalten Künstler und Kunststudenten einen Bunker mit Motiven, die aus ihrer politischen Tendenz sogar noch weniger Hehl machten. Aber hier begannen die Künstler erst, nachdem sie mit den Bewohnern des Stadtteils gemeinsam Inhalte und Darstellungsweise besprochen und erarbeitet hatten, so daß ihr Produkt bei der Bevölkerung nicht nur Verständnis, sondern schließlich großen Anklang finden konnte.

12. »Spurensicherungen«

Nun wissen wir aus Erfahrung zur Genüge, daß solche Art bürgernaher Arbeit für die Künstler selten ohne Schwierigkeiten verläuft, denn Künstler sind keine Sozialarbeiter. Bei entsprechenden Versuchen zeigt sich aber, welche Chance gesellschaftlich aktive Kunst bei intensivem Kontakt mit dem Publikum haben kann. Hierzu ein weiteres Beispiel, diesmal aus dem Bereich des kulturgeschichtlichen Museums.

Im Historischen Museum Frankfurt kam es zu einer weithin beachteten Dokumentation, die aus der gemeinsamen Arbeit einer Gruppe von Veteranen der Arbeiterjugendbewegung und von Museumsleuten entstanden war. Hier zeigte sich, wie die ehedem solidarisch erlebte kulturelle Aktivität von Arbeitern heute anregend auf unsere professionelle Kulturpflege wirkt: Es entstand eine Ausstellung, wie sie in dieser zugleich menschlichen Dimension allein von Museumswissenschaftlern niemals hätte geleistet werden können. Hier gewann »Spurensicherung«, dieser Begriff der Avantgarde, intellektuelle und emotionale Qualität. Wir nehmen diese Ausstellung als *pars pro toto* für das zu stimulierende Interesse vieler, die bisher vom Privileg öffentlich subventionierter Kunst weitgehend ausgeschlossen blieben. Ein Pluralismus, der die Teilhabe aller durch Mobilisierung ihrer eigenen produktiven Reserven anstrebt, braucht das Vorurteil nicht zu fürchten, er wolle mit Quantität nur verschleiern, daß Qualität damit nicht zu vereinbaren ist. Es geht darum, die soziale mit der ästhetischen Dimension in Einklang statt in Gegensatz zu bringen.

13. Fallbeil Qualitätsurteil

Gewisse Einwände sind jedoch nicht von der Hand zu weisen: Jeder in Richtung auf eine neue Praxis agierende Kulturpolitiker findet sich mit dem Argument der künstlerischen Qualität konfrontiert. Die Qualitätsfrage aber sollte immer auch inhaltlich im Zusammenhang mit dem Ereignisrahmen diskutiert werden, als Frage von Absicht, Verwirklichung und Erreichung des Ziels. Die übliche Diskussion um Qualitätsprobleme wird deshalb oft zu elitär geführt, weil sie anachronistisch den bürgerlichen Besitzanspruch auf Kultur autoritär behauptet.

Auch wer den sozialpolitischen Effekt nicht bestreitet, wird einwenden, »echte« Kunst entstehe unter ganz anderen Bedingungen, in schöpferischer Abgeschiedenheit vom Lärm der Welt. Öffentliche Kunstproduktion bedeutet nicht für jeden Künstler unbedingt ein psychologisches Kräftefeld. Für die Mehrzahl der Kritiker ist wahrscheinlich auch der Hinweis auf die verdinglichte Kunst der Malerbrigaden in Allendes Chile, hervorgegangen aus einer jahrelangen Zusammenarbeit zwischen demokratisch-sozialistischer Bewegung und sympathisierenden Künstlern, ein nur wenig überzeugendes Argument. Künstler verlieren aber nicht an Bedeutung, weil sie in ihrem Wirken auch der Problematik, ja der Tragik ihrer Zeit Gestalt gegeben haben. Sie sind nicht zu verwechseln mit jener Spezies von Künstlern, die gern als Künder in Erscheinung träten.

Ein anderer Einwand ist dieser: Die Versuche der Kooperation Künstler/Publikum mögen zwar interessant für die jeweilige lokale Szene sein, aber große nationale Kunstereignisse seien daraus wegen der Zersplitterung wohl kaum zu erwarten. Damit würde jene Bedeutung aufs Spiel gesetzt, die bildende Kunst als Beitrag zur ästhetischen Bewußtseinsbildung für eine ganze Nation oder Gesellschaft leisten kann. Das ist ein Argument, das bei der Diskussion um Henry Moores Plastik vor dem Bundeskanzleramt eine Rolle spielte. Kunst manifestiert sich zwar durch sich selbst, aber braucht dafür ein Publikum, daß jedenfalls nicht nur aus den offiziellen Besuchern des Bundeskanzlers besteht.

Zum Vergleich demonstrierten engagierte Künstler anderswo, wie sich auf der Basis einer breiten internationalen Bewegung durchaus künstlerisch vertretbare Treffen von Bedeutung entwickeln lassen. Die Musik-Werkstatt Hans Werner Henzes von Montepulciano, von den Feuilletons nicht nur wegen des »Vino locale« gern besucht und hoch gelobt, hat nicht nur radikal neuartige Formen des Zusammenspiels von Musik und Bevölkerung entwickelt. In Montepulciano wurde jene Sentenz endgültig widerlegt, wonach alles Professionelle Verschwörung gegen die Laien sei. Auch die breite populäre italienische Musikbewegung u. a. von »Musica realtà« hatte die Wechselwirkung von Künstlern und Amateuren zur Voraussetzung, wobei Musik und Alltag zur Lebensrealität verschmelzen, durchaus nicht spielend, sondern mit intensiver Arbeit für beide verbunden.

In einer Gesellschaft mit derart vielen unterschiedlichen Bildungstraditionen und noch immer zu geringen Bildungschancen, mit derart auseinanderstrebenden Interessen läßt sich kein einheitliches Koordinatensystem des künstlerischen Empfindens erwarten. Ich habe ausführlich auf dem Verhältnis Künstler/Publikum insistiert. Das hat damit zu tun, daß der Kulturpolitiker, der einen demokratischen Anspruch vertritt, seine besondere Verpflichtung darin sieht, die vorhandenen Potenzen der Künste für möglichst viel Menschen verfügbar zu machen, und das heißt, sie auch wirksam werden zu lassen. Es wird die Frage nach der Verhältnismäßigkeit offenbleiben müssen, mit der die stärker publikumsorientierten und interaktiven Formen der Kunst die traditionellen Medien der Kunstausübung ersetzen oder ergänzen können. Es geht nicht um die Grenzen der Förderung, sondern um ihr Maß.

Jedenfalls scheint es angesichts der lässigen Übung, die vorhandenen Mittel ungleich zu verteilen, legitim, diesen Innovationsbereich wenigstens mit einem gerechten Anteil dessen auszustatten, was in die klassischen Kunstpflegebereiche investiert wird. Denn eine Kulturpolitik, die das Grundrecht auf Kultur im Bewußtsein sowohl der sie finanzierenden Politiker als auch der breiten Bevölkerungsschichten durchsetzen will, muß solchen Formen stärkeres Gewicht beimessen. Schließlich sind sie Teil eines Prozesses, dessen Zweck und Ziel die Entwicklung einer kulturellen Demokratie ist.

Wir können uns allein mit der Demokratisierung des traditionellen kulturellen Angebots nicht schon zufriedengeben. Wir müssen die reale kulturelle Demokratie entwickeln helfen; wir müssen auch für die im bisherigen Kulturbetrieb benachteiligten Gruppen nach konkreten Möglichkeiten suchen, um im Dialog mit den professionellen Künstlern und mit

Kunstvermittlern die ihnen gemäßen ästhetischen Ausdrucksformen auf qualitativ allerdings möglichst hohem Niveau zu entwickeln.

Freilich kann dies für die Beteiligten auch ein durchaus schmerzhafter Prozeß sein. Echte Kunst, die an die zentralen sozialen und existentiellen Fragen heranreicht, die Ausdruck für oft nur halb bewußte Regungen verlangt, will mit der ganzen Persönlichkeit durchlitten sein – es geht hier also nicht um Töpferkurse als Beschäftigungstherapie. Gleichgültigkeiten gegen Qualität wäre eine nicht gutzumachende Fehleinschätzung moderner Kulturpolitik! Versuche wie die genannten werden langfristig nicht nur die Künste, sondern auch das Publikum verändern.

Da Kunst selber ein dynamischer Prozeß ist, bedarf es immer wieder auch neuer konzeptioneller Überlegungen und deren breiter Diskussion in der Öffentlichkeit, denn es reicht nicht, den Mangel an Kunst in unserer Gesellschaft zu bewirtschaften, es gilt, ihn abzuschaffen. Nur in gemeinsamer Anstrengung lassen sich Einsichten mobilisieren, daß Kunst nichts Geringeres ist als die Lizenz zum Überleben: Denn vor allem ist sie dafür geeignet, einer zunehmenden Kommunikationslosigkeit in unserer Gesellschaft entgegenzuwirken.

14. Kunstprozesse als Gegenstand des Managements

An den Stellen, wo es um die bewußte Förderung des günstigsten Milieus für die Entwicklung fruchtbarer Kultur- und Kunstprozesse geht, mag einer dann auch reden von »kulturellem Management«. Unter diesem Stichwort wittern viele die stromlinienförmige Konditionierung des Kulturbetriebes auf Publikumserfolg und volle Kassen. Wir sollten uns aber gerade in Phasen zwangsneurotisch anmutender Sparpolitik in allen öffentlichen Sektoren davor hüten, dem daraus ableitbaren Mißverständnis Vorschub zu leisten, Kulturpolitik ließe sich den Mechanismen der Marktwirtschaft angleichen.

Das Wort vom »kulturellen Management« macht indes auf einen richtigen und wichtigen Aspekt aufmerksam, der an das wachsende Verständnis von Kulturpolitik als komplexem zielgerichtetem Handeln erinnert. Zunehmend verstehen auch die Politiker unter Kultur jenen Prozeß, der existentiell die Entfaltung von Lebensqualität betrifft: die Beziehung der Menschen zu ihrem eigenen Wesen, zu ihresgleichen, zur Natur, zur eigenen Gesellschaftlichkeit und damit zur eigenen Geschichte. Immer mehr Kulturpolitiker verstehen sich inzwischen als Anreger und Katalysatoren dieser Entwicklung.

Die gängige kommunale Kulturpolitik ist vom Ressort her im wesentlichen zwar auf Kunstpolitik und auf deren Fortentwicklung in Form der geförderten »alternativen« Kultur eingeschränkt; gleichwohl betrachtet sie aber die Künste nicht isoliert, sondern in ihrer vollen Bedeutung für den so charakterisierten umfassenden Kulturprozeß.

Bei Kulturpolitik geht es damit nicht um die Förderung der Künste nach solchen scheinbar logischen Kriterien, wie sie die interne Entwicklung der Künste vorzuschreiben scheint, denn diese »innere Dynamik« des Kunstlebens entsteht im Wechselspiel von (historisch entwickelter) Künstlerideologie, Kunstmarkt, Konventionen von Kritikern und Sammlern und fluktuierenden Kunstmoden. Die Kulturpolitik ist somit alles andere als frei von gesellschaftlichen Einflußfaktoren. Kulturpolitik reduziert ihre Tätigkeit nicht auf passive Service-Leistungen des finanziellen Förderers in diesem als offen vorausgesetzten Interessenzirkel. Sie bezieht sich vielmehr darauf, den spezifischen Beitrag der Künste zum Prozeß der gesellschaftlichen Kulturentwicklung wirksam werden zu lassen, wobei just über diesen spezifischen Beitrag gravierend unterschiedliche Vorstellungen bestehen.

Was damit gemeint ist, wird jedem sogleich deutlich, der sich verschiedene aktuelle Entwicklungen etwa der Bildenden Kunst aus der Bundesrepublik genauer vor Augen führt.

Eine Sparte des Kunstbetriebes sucht ihr Heil darin, betuchte Individuen zu motivieren, sei es, daß ihnen Steuervorzüge für Kunstkäufe eingeredet werden, sei es, daß Kunst im Kontext von Kunstmarkt und Handel als Geldanlage mit hohen Wertsteigerungsraten schmackhaft gemacht werden, z. T. mit Praktiken, die fatal an Schlager-Hitlisten erinnern. Damit wird das »Urteil über die zu kaufende Kunst vom Käufer zum Verkäufer verlagert«, auf den als Spezialisten die Käufer von Kunstaktien sich gern verlassen[4]; gleichzeitig wird das Interesse vom Inhalt der Kunstwerke auf ihren finanziellen Wert abgelenkt. Schließlich wird das Gefühl erzeugt, der Kauf von Kunst ließe sich nur anhand ihrer Spitzenpreise bewerten, sei aber weniger interessant als Bereicherung des Lebens. Damit wird zugleich unterschlagen, daß Künste Produkt eines sozialen Prozesses sind. Sie werden der Fähigkeit beraubt, im arbeitsteiligen, gesellschaftlichen Prozeß eine gebührende Rolle zu spielen.

15. Management ist mehr als Marketing

Andere, durchaus auch erfolgversprechende Bereiche werden von diesen Trends nicht wahrgenommen. Überall dort, wo demokratische Kulturpolitik versucht, auch bildende Kunst als »Lebenselement«, als für alle gegenwärtigen und bedeutsamen Bestandteil der Umwelt bewußt zu machen, etwa in der künstlerischen Ausgestaltung öffentlicher Räume, war sie meistens auch erfolgreich. In der Tat ist seit einigen Jahren ein neuer Aufschwung der Fassadenmalerei zu beobachten.[5]

Die Entwicklung der Kunst wird nicht im gesellschaftlichen Vakuum Ereignis: Nicht alles ist zu allen Zeiten möglich, zumal besonders die Künste nicht allein aus sich selbst heraus leben, sondern auch von ihrem Gegenüber, letztlich von ihrem gesellschaftlichen Umfeld. Jene Formen gegenständlicher Kunst im öffentlichen Raum, wie sie mit den monumentalen Wandgestaltungen von Diego Rivera oder Alfred Siqueiros in Mexiko geschaffen wurden, lebten in einem ganz anderen gesellschaftlichen Spannungsfeld; sie sind daher für uns auch nicht einfach kopierbar.

Unsere Künstler sind gegenwärtig politisch eher zurückhaltend, sie sind auch unprätentiöser, bescheidener. Sie begnügen sich mit Merkzeichen und Landmarken, sind vielfältigen Deutungen offen und verbinden in ihren Werken oft ihre je persönlichen Mythologien. Ja, nicht selten sind sie schon voller verzweifelter Freude darüber, wenn ihre Arbeiten überhaupt eine Reaktion finden, sei es auch nur die Resonanz des Protestes.

Je offener Kulturpolitik sich versteht, desto intensiver wird sie sich der Förderung der Kommunikation zwischen Künstlern und Publikum annehmen. Es verdankt sich ja historischer Erfahrung und keinem Gesetz, daß Nichtprofessionelle, daß Publikum und Laien aus dem künstlerischen Entwicklungsprozeß mehr und mehr ausgeschaltet wurden und der Künstler gesellschaftlich isoliert wurde, andererseits sich auch selbst in ein Wolkenkuckucksheim zurückzog, wo er sich nur noch auf »Eingeweihte« und auf »kongeniale« Sammler, Kritiker oder Museumsdirektoren zu beziehen brauchte.[6]

Wenn wir also als Ziel von Kulturpolitik, die sich als integrativer Teil der Gesellschaftspolitik begreift, jene identitätsstiftende Auseinandersetzung des Individuums mit sich und seiner Umwelt verstehen, die wir beschrieben haben, dann könnten wir mit einigem Recht von »kulturellem Management« sprechen. Denn heute lassen sich jene Prozesse, die die Selbstverwirklichung jedes einzelnen bestimmen, nur so komplex gestalten, daß wir auf das Know-how und die Erfahrungen, die uns wirtschaftliches und politisches Management anbieten, nicht verzichten können. Dieser zukunftsweisenden Perspektive dient zum Beispiel auch die Errichtung eines entsprechenden Studienganges an der Hochschule für Bildende Künste der Hansestadt Hamburg.

Letztlich beurteilt werden muß die Qualität der Kulturpolitik dann allerdings nicht am Funktionieren des Managements oder am Verkaufserfolg, sondern an der Qualität der Kunstproduktion, den Freiräumen, die sie den Künstlern ermöglicht, und am Stellenwert, den Kunst und Kultur im gesellschaftlichen Entwicklungsprozeß innehaben, letztlich also an der Kreativität des gesellschaftlichen Dialogs.

16. Von der Willkür zum »Sachverständigen-Gremium«

Zumindest mit Blick auf die westlichen Demokratien war das Verhältnis zwischen Kunst und Staat in den vergangenen Jahrzehnten weniger von repressiven Momenten oder gar durch Maßnahmen der Zensur bestimmt als früher, da Zensur noch als Kontinuum der Kulturgeschichte gelten konnte. Was an Relikten aus der Förderungsdiplomatie der Fürsten und des Geldadels weiterwirkt, das beschreibt sich heute als eine zwangsläufig selektierende Förderungspraxis und eine entsprechende Ankaufspolitik von Staat, Kommunen und Mäzenen. Sie nehmen jedoch einen nicht minder großen Einfluß auf die Entwicklung künstlerischer Prozesse.

Die lange Geschichte staatlicher Wettbewerbskommissionen, Ankaufsjurys und Vergabekomitees der vergangenen zweihundert Jahre, die im Zeichen der Aufklärung den absoluten Fürstenwillen zu demokratisieren suchten, ist nach wie vor ungeschrieben. Vieles in dieser Geschichte wäre Legende, denn die Problematik jeglicher öffentlicher Sanktionierung von Kunst durch eine aktive materielle Förderung erweist sich als unvermindert aktuell. Auch hier und heute bewahrheitet sich jener klassische Verdacht erschreckend häufig: »Wes Brot ich eß, des Lied ich sing« – durch affirmative Produktion.

Vor allem drohen jene konstituierenden Charakteristika künstlerischer Äußerungen dabei auf der Strecke zu bleiben, die der Gesellschaft ihre Vorzeigefunktionen gewissermaßen als Spiegel vorhalten, indem sie das noch nicht Gedachte, das noch nicht Realisierte oder auch das neu Kombinierte immer häufiger der Utilität und Zweckrationalität opfern. Keine Rolle spielt dann mehr Picassos Mahnung, daß die Malerei nicht dazu da ist, um Wohnungen auszuschmücken, sondern daß die Kunst eine Waffe ist zum Angriff und zur Verteidigung gegen alle Feinde einer humanen Gesellschaft.

Trotz eines neu erwachten privaten Mäzenatentums und seiner späten Variante, dem Sponsorship, blieb der Staat gleichwohl mit seinen öffentlichen Museen und Kunstsammlungen wie auch im Hochbau-Bereich von Kunst und Bau oder von Kunst im öffentlichen Raum der mit Abstand größte Auftraggeber; damit ist die öffentliche Hand unmittelbar Einflußnehmer auf Kunst, Kunstentwicklung, Kunstverhinderung. Den musealen Bereich einmal beiseitegelassen, bedeuten allein die Aufträge für jene künstlerischen Arbeiten, die der Urbanisierung öffentlichen Stadtraums dienen sollen – Skulpturen, Brunnen und Gedenkstätten – ein eminentes Potential. Auch der Vergabe-Bereich von Kunst *und* Bau (lange Zeit selbstentlarvend als »Kunst am Bau« bezeichnet) umfaßt ein riesiges Finanz-Volumen. Alle diese Fakten öffentlicher Auftragspraxis entscheiden über die materielle Existenz von Künstlern ebenso wie über das, was als professionelle Kunst sich zu entwickeln überhaupt die Möglichkeit bekommt. Denn zweifellos ist die Materialisierung eines künstlerischen Entwurfs auf die Dauer abhängig vom finanziellen Engagement. Dieses jedoch kann nicht von vornherein einem am Auftraggeber orientierten Ergebniskalkül unterzogen werden.

Die Praxis staatlicher oder städtischer Auftragslenkung erzeugt damit sowohl ein prinzipielles Legitimationsproblem des öffentlichen Auslobens als auch das Problem der Objektivierung von Kunst. Da Kunst aber nicht objektivierbar ist, eine demokratische Legitimation jedoch allzu häufig über Mehrheitsentscheidungen herbeigeführt wird, laufen öffentliches Kunst-Engagement und öffentliche Ankaufstätigkeit nicht selten auf jenen Nenner hinaus, der dann zu Recht nur noch als der *kleinste* gemeinsame bezeichnet werden kann und nicht wenig zur Verdünnung der Resultate beiträgt.

Jede öffentliche Kommission, die neben den jeweiligen Kunstexperten auch eine proporzmäßig besetzte Bank von Politikern hält, gerät zwangsläufig in die Niederungen parteipolitischen Haders; weil sich ästhetische Kriterien nicht zum allgemein akzeptablen Kunsturteil pluralisieren lassen, finden auf diese Weise Animositäten ihr Wirkungsfeld, deren kausaler Zusammenhang aber meist gänzlich anderen Ursprungs ist. Als negatives Beispiel mag hier die Zusammensetzung öffentlicher Mediengremien genügen. Die Absetzung von hoch-künstlerischen Sendungen selbst in einigen dritten Programmen der ARD hat meist nur sehr bedingt mit einer Einschätzung der dem Film inhärenten künstlerischen Qualitäten zu tun; auch manche umstrittene Entscheidung von moralisierenden Filmförderungsgremien gegen Filme, die sich den gängigen Mustern widersetzen, sollte und muß wohl auch im Kontext solch außerkünstlerischer Spannungen gewertet werden.

Ein zweites kritisches Moment kommt erschwerend hinzu. Zwanghaftes Proporzdenken zwingt zu ständiger Neubesetzung der Wettbewerbsjurys und Gremien. Damit bekämen wir dann aber nicht nur im Einzelprojekt, sondern auch im Gesamt-Ensemble des öffentlichen Kunstraumes eine kunterbunte Pluralität, die meist über die Phase des »ersten Schrittes« kaum noch hinauskommt. Dies ist einer der Gründe dafür, weshalb unsere Städte nicht selten im Konglomerat von lauter »Anfängern« verkümmern, im Mäander fragmentarischer »Versuche«.

Hier endlich eine stadträumliche Kontinuität herzustellen, die jene Ebene mutig überschreitet, wie sie üblicherweise von Stadtverschönerungsgedanken in Anspruch genommen wird, dürfte auch im Sinne einer urbanen Identitätsfindung für die Kommunen vorrangiges Interesse verbuchen. Erst wenn die öffentlich geförderte Kunst mehr als bisher mutiger Interpret gesellschaftlicher Zustände wird, möglicherweise auch Indikator für Konflikte, kann sie als wohlverstandene »Corporate Identity« das Image der Städte verbessern.

18. Beiräte stabilisieren den Platz zwischen den Stühlen

Für den engeren Bereich von Architektur und Stadtplanung gibt es in Frankfurt z. B. einen Städtebau-Beirat, besetzt mit freiberuflichen ortsansässigen Architekten, der die administrativen Planungsschritte und legislativen Bauentscheidungen der Kommune engagiert und kritisch begleitet. Denn erst recht bei privaten Bauinvestitionen im gewerblichen Bereich, in Frankfurt besonders im Tertiärbereich der Dienstleistungen, bleibt die Möglichkeit kommunaler Einflußnahme eher gering: Neben Nutzungsverordnungen, Festschreibung und Bebauungshöhen oder möglicherweise denkmalpflegerischen Einsprüchen bleibt oft nichts als das inzwischen stumpfe Argument der »Stadtbildpflege«.

Nicht minder problematisch als der öffentliche Kunstauftrag ist auch die öffentliche Rezeption einer staatlich verordneten Kunst. Unter Ausklammerung der finsteren Jahre des nationalsozialistischen Kunstdiktats reicht die »Chronique scandaleuse« in jüngerer Zeit von der Aufstellung von Wilhelm Lehmbrucks »Knieender« in Duisburg 1927, die von der Rechten unter dem Banner des »gesunden Volksempfindens« als Vorwand gegen demokratische Strukturen angefeindet wurde, über den Sturz von Georg Kolbes »Heinrich Heine Denkmal« in Frankfurt am Main einige Jahre später bis zu der Odyssee der Stuttgarter »Liegenden« von Henry Moore zu Beginn der 60er Jahre und Niki de Saint Phalles Hannoveraner »Nanas«. Auf noch viele andere kompromißlose Künstler trifft jenes ironische Diktum von Paul Valéry zu, ihr einzig würdiger Platz sei der zwischen den Stühlen.

Zwischen den Instanzen ist auch die »Nike« der Architektengruppe Haus-Rucker-Co steckengeblieben; sie wurde von dem für den Bereich des Frankfurter Museumsufers zuständigen Ortsbeirat in einer unheiligen Allianz aller Parteien zu Fall gebracht: Die bevorstehende Kommunalwahl hatte ihre Schatten vorausgeworfen. Da aber im vereinigten Provinzialismus hier Parteien auf das »gesunde Volksempfinden« schielten, konnte keine Fraktion aus »Nikes« Fall profitieren.

Durch die Jahrhunderte rieb sich das öffentliche Interesse und der öffentliche Protest am Ungewohnten, Ungewöhnlichen; ein Prozeß, der prinzipiell begrüßenswert ist und der heute als Beitrag zur Diskussion über zeitgenössische Kunst schlicht notwendig erscheint, wie die eingangs referierte Auseinandersetzung um Joseph Beuys zeigt.

»Kunst am Bau«, dieses hochambitionierte Großprojekt der Nachkriegszeit, war gleichzeitig Schmuckersatz für eine immer seelenloser gebaute funktionalistische Architektur, und viel zu oft diente sie als Feigenblatt einer nur noch an der Rentabilität interessierten Auffassung von Baugestaltung, sofern sie nicht statusvermittelnde Funktionen hatte. Architektur ist aber nichts weniger als die kulturelle und soziale Umwelt, in der wir langfristig unser Leben organisieren. Als mißverstandener Sozialfonds für Künstler ist der an sich vernünftige Ansatz letztlich verkümmert. Dabei war das Projekt im wesentlichen schon zu Beginn der siebziger Jahre als gescheitert anzusehen.

Während die meisten Städte in den folgenden Jahren auf entsprechende Aktivitäten völlig verzichteten, setzte Bremen 1973/74 mit Hilfe eines ehrgeizigen »Landesbeirates Kunst« neue Akzente: Alle an Einzelbauten gebundenen Mittel wurden in einem gemeinsamen Fonds gepoolt, aus dem langfristig größere Maßnahmen zu finanzieren waren. Sicher war dieser Bremer Versuch nur ein Anfang, dessen Resultate nicht in allen Bereichen qualitativ überzeugen können; gleichwohl wurden hier meiner Meinung nach Perspektiven zu einer notwendigen Kontinuität eröffnet, verbunden mit der gleichzeitigen Chance, die Zeiten überdauernde Schwerpunkte zu setzen, Schmuck nach außen und innen im Sinne zeitgemäßer Ästhetik.

Frankfurt am Main entwickelt derzeit ein anderes Modell, das auf der Grundlage eines revidierten Architekturbegriffs das Verhältnis von Bildender Kunst und Bau auszuloten sucht. Wichtig ist dabei die fakultative Möglichkeit künstlerischer Beteiligung, d. h., Projekte werden als Planungszusammenhang unterstützt, ohne daß ein Realisierungszwang vorliegt. Ziel ist darüber hinaus die Einbindung von Künstlern bereits in die Frühphase der Bauplanung. Wichtigstes Moment dieses Modells ist ein kontinuierlich arbeitendes Expertengremium, das eben nicht nur eine Beraterfunktion für die Stadt Frankfurt am Main ausübt, sondern durch eine intensive Zusammenarbeit auch den beauftragten Künstler berät. Dabei sollen objektunabhängige Untersuchungen, öffentliche Vortragsreihen und Symposien dazu beitragen, für die jeweilige Aufgabe angemessene komplexe Lösungsansätze zu entwickeln.

Die durch die städtische Satzung obligatorische Kooperation zwischen diesem Expertengremium, das die Mehrheit hat, der Kulturverwaltung und der städtischen Legislative könnte schon aufgrund der Kontinuität dieses Wirkungskreises von einem besonderen Vertrauensverhältnis bestimmt sein. Ein ständiger Informationsfluß zwischen allen Beteiligten, einschließlich der beauftragten Künstler, wird dabei ebenso vorausgesetzt wie die Bereitschaft, auch den subjektivsten Ansätzen Entwicklungschancen offenzuhalten. So könnte ein »Prozeß Kunst« in Gang gesetzt werden, der einerseits den anonymen öffentlichen Auftraggeber durch die Kuratoren des Expertengremiums personalisiert – ein Vorgang, der von immenser Wichtigkeit wäre – und der andererseits außeradministrative Diskussionen befördert.

13. Kunst und Politik der Avantgarde

Es ist wohl kein Zufall, daß der Begriff »Avantgarde« kurz nach der Französischen Revolution im Zusammenhang mit dem Napoleonischen Imperialismus als militärischer Terminus Technicus für die Vorhut der voranstürmenden Armee entstand. Ebenso war die Übernahme dieses militärischen Begriffs in die Ästhetik durch die frühen Surrealisten und Dadaisten volle Absicht.

In mehrfacher Hinsicht ist der Begriff »Avantgarde« mit dem Gedanken des Fortschritts verbunden, ja er treibt ihn auf die Spitze. Entstanden in der Aufklärung, bezeichnet er zunächst ganz konkret das Fortschreiten der Armee an der Front. Sodann steht die politische Verwendung von Avantgarde im Zusammenhang mit dem Imperialismus des 19. Jahrhunderts als einer (Speer-)Spitze der Machtentfaltung und Zivilisierung.

Das pathetische Sich-selbst-bewußt-Werden der Moderne als Avantgarde war nur möglich als ein sich Aufbäumen gegen das Alte, dem niemand eine Träne nachweint – »was fällt, soll man auch noch stürzen« (Nietzsche) –, als moderne Ästhetik des Häßlichen in den Trümmern einer Welt, die der moderne Künstler selbst zerbrochen hat, wie Gottfried Benn in seiner Ophelia-Paraphrase »Schöne Jugend« aus dem »Morgue«-Zyklus von 1912[1] schreibt:

»Der Mund eines Mädchens, das lange im Schilf gelegen hat, / sah so angeknabbert aus. / . . . / Schließlich in einer Laube unter dem Zwerchfell / fand man ein Nest von jungen Ratten. / . . . / Man warf sie allesamt ins Wasser. / Ach, wie die kleinen Schnauzen quietschten. / «

Und noch in der Negation des Begriffs »Avantgarde« als überholter, weil historischer Kennzeichnung einer bestimmten geistesgeschichtlichen Situation[2] wird die Bindung des Begriffs an das »Fortschritts«-Konzept der Moderne deutlich – ein Fortschritt, der in einer Zeit der postmodernen Infragestellung von geschichtlichem Denken (Posthistoire) überhaupt unmöglich erscheint oder dessen Richtung doch unklar und nicht als die einer Speerspitze zu bezeichnen wäre. Wurden nicht unsagbarer Terror, ungeheuerliche Verbrechen im Namen des Fortschritts in aller Welt begangen? Entpuppte sich der Fortschritt nicht allzuoft *post festum* als Rückfall in die Barbarei?

Im »Prinzip Hoffnung« hat Ernst Bloch bezeichnenderweise Wissen als Rekonstruktion begriffen: »Alles Wissen aber«, lesen wir da, »war bisher auf Vergangenes bezogen, in dem nur dieses betrachtbar ist. Das Neue blieb so außer seinem Begriff; die Gegenwart, in der das Werden des Neuen seine Front hat, blieb eine Verlegenheit.« Mit anderen Worten: Was neu war, das wissen wir meist erst hinterher.

Aber wie wir aus Erfahrung auch wissen, lassen sich Begriffe als Waffen ebenso gebrauchen wie mißbrauchen: Im Namen des Sozialismus, im Namen der Arbeiterklasse und nicht zuletzt im Namen des Fortschritts haben Teile der sogenannten Volksbefreiungsarmee 1989 in Peking auf dem »Platz des himmlischen Friedens« Tausende von Menschen hingemetzelt oder mit Panzern niedergewalzt. Die Leichen wurden anschließend mit Schaufelbaggern weggeschafft und anonym verbrannt.

Die »Sieger« von Peking bezeichnen sich dreist als Avantgarde, und ihre Opfer deklassierten sie als »Feinde des Volkes«. Die Mehrzahl derjenigen, die sich als Vorhut einer geistigen Autonomie verstanden, waren Studenten, die künftige Führungsschicht des Volkes. In der marxistisch-leninistischen Theorie rangierte die kommunistische Partei als der »bewußteste Teil der Arbeiterklasse« als Avantgarde, die sich ihrerseits als »Avantgarde der fortschrittlichen Menschheit« begriff; im Verlaufe der Geschichte wurde jedoch immer wieder ihr Avantgarde-Anspruch blutig pervertiert.

Wenn multinationale Konzerne zahllose Arbeitsplätze wegrationalisieren und ganze Regionen als Folge davon verarmen, dann wird auch dies als Preis des Fortschritts kaschiert. Den Begriff einer ökonomischen Avantgarde haben die Neoliberalen besetzt. Wenn der Begriff der Avantgarde heute obsolet geworden ist, so gilt das übrigens für die Kunst ebenso wie für die Politik.

In seiner »Theorie der Avantgarde« hat Peter Bürger die Autonomie der Kunst als Voraussetzung des Dadaismus, des Konstruktivismus oder des Surrealismus definiert. Er hat darunter die Ausdifferenzierung der Kunst als Institution, als gesellschaftliches Teilsystem begriffen. Die genannten Avantgardebewegungen nennt er deshalb historisch, weil ihr Versuch gescheitert ist, Kunst in Lebenspraxis zu überführen. Erhalten blieb nichtsdestoweniger aber der avantgardistische Impuls, der moderne Strömungen anstieß.

Der »nouveau roman« – etwa Alain Robbe-Grillets – hat ernst gemacht mit dem von Benjamin vorhergesagten Verlust der Aura: Er hat versucht, die Dinge als solche für sich sprechen zu lassen. In Konsequenz dessen heißt dies, daß kein Stil, keine Theorie Ausschließlichkeit für sich zu beanspruchen vermag. Der Philosoph Jean-François Lyotard[3] hat dies bekanntlich im »Postmodernen Wissen« beschrieben als Abschied von den »grands recits«, von den großen Meta-Erzählungen, von den Leitideen.

Klassische Kategorien wie Freiheit, Gleichheit, Gerechtigkeit, Fortschritt oder Schönheit haben sich als Begriffe gleichsam diskursiv verflüssigt. Was heute als Avantgarde gewürdigt zu werden verdiente, bleibt mithin offen. Ja, vielleicht befinden wir uns im Zeitalter des »floating signifier«, also des schwebenden, nicht faßbaren Signifikanten.

Zwischen Wort und Sache klaffen schwer überbrückbare Risse, die Wörter entziehen sich den Dingen. Kein »Pattex«, so bemerkt der englische Romancier und Literaturwissenschaftler Malcolm Bradbury[4] ironisch, kann sie kitten. Für Bradbury befinden wir uns in der Gesellschaft der Parodie und des »Pastiche«, der Fragen und des Zitierens, nichts gelte mehr als gewiß. Andererseits bedeutet diese Zustandsbeschreibung aber keineswegs, daß nun alles möglich und gleichzeitig gleich-un-gültig sei – wie das etwa der postmoderne Philosoph Jean Baudrillard als die »rasante Geschwindigkeit der Ereignislosigkeit«[5] behauptet. In diesem Kontext mutet uns Paul Feyerabends »anything goes« gleichsam als alter Hut an. Auch für die Avantgarde in Kunst und Politik bleibt wohl von einem Prozeßcharakter auszugehen, was soviel heißt, daß Anfang und Ende offen sind.

Theodor Adorno verweigert denn auch in seiner »Ästhetischen Theorie«[6] eine genauere Bestimmung des Gegenstands der Kunst, wenn er sibyllinisch formuliert: »Ihr Gegenstand bestimmt sich als unbestimmbar negativ. Deshalb bedarf Kunst der Philosophie, die sie interpretiert, um zu sagen, was sie nicht sagen kann, während es doch nur von Kunst gesagt werden kann, indem sie es nicht sagt.« Adorno formuliert hier ein Paradoxon, ohne es im weiteren Verlauf seiner Schrift aufzulösen. Wenn also nichts mehr als absolut sicher zu erkennen ist, dann erweiterte uns dies den Horizont der Möglichkeiten. Verunsicherung kann schließlich auch ein produktiver Faktor sein, jedenfalls solange uns keiner sagen dürfte, was zukünftig vernünftig sei.

Der Bamberger Philosoph Wolfgang Welsch hat für unsere Zeit den Begriff der »transversalen Vernunft«[7] geprägt: Sie unterscheidet sich von allen hierarchischen oder formalen Vernunftformen. Demnach wäre transversale Ratio zugleich offener und beschränkter, ja sie verweist auf Übergänge; sie knüpft Verbindungen und artikuliert Unterscheidungen; sie betreibt Veränderung, denn Einheitlichkeit ist ihr fremd. Für Wolfgang Welsch bringt sie Pluralität als neue Vernunftsform hervor.

»Avantgarde« ist also mit Karl-Heinz Bohrer[8] nicht rein historisch zu verstehen, denn die Techniken der historischen Avantgarde, Schock und Überraschung, seien zwar erst heute in ihrer utopischen Dimension exegetisch vollständig faßbar, in der damaligen historischen Situation jedoch bereits antizipierbar gewesen. Aus dieser Spannung zwischen aktueller historischer und späterer exegetischer Rezeption ergebe sich eine Dynamisierung von Avantgarde als »Bewußtseinsgeschichte«.

Hinter eine so bestimmte »kognitive Intentionalität« von scheinbar bloßer Provokation dürfte eine sich selbst als Avantgarde verstehende Kunst nicht zurück. Diese eben nicht bloß beliebige Provokation des Alten ist gleichzeitig Kriterium zur Beurteilung eines dann nicht mehr nur linear verstandenen Fortschritts.

Nur ein solcher, als Antizipation der Utopie an diese gebundener »Fortschritts«-Begriff kann sich heute einerseits gegen die postmoderne Beliebigkeit, andererseits gegen den totalitären Mißbrauch des Fortschrittsgedankens behaupten.[9]

14. Das Frankfurter Museumsufer
Zur historischen Topographie einer
Museumslandschaft

I.

Das letzte Jahrzehnt als eine neue »Gründerzeit« für Museen zu bezeichnen erscheint nicht übertrieben. In den vergangenen Jahren sind in den USA und allen westeuropäischen Ländern, vor allem aber auch in der Bundesrepublik Deutschland, so viele und teilweise gigantische Museumsneubauten errichtet worden, daß ein Vergleich mit dem geschichtsträchtigen 19. Jahrhundert naheliegt. Was aber war den großen Museumsbauten des 19. Jahrhunderts, den »ästhetischen Kathedralen« und später den Nationalmuseen, vorausgegangen? Welche Motivationen hatten zu den Gründungen vor allem der Kunstgewerbe- und Technikmuseen geführt?

Umberto Eco hat in seinen Essays »Über Gott und die Welt« das Erstaunen eines Europäers beim Besuch jener US-amerikanischen Museen beschrieben, die mit den Mitteln raffiniertester Simulationstechnik bemüht sind, der vermeintlichen Geschichtslosigkeit der »Neuen Welt« abzuhelfen. Da gibt es die Venus von Milo gleich mehrfach, und jede scheint echter als das Urbild im Louvre; da wird Raffaels Sixtinische Madonna gar aus der zweiten in die dritte Dimension transportiert, und die Schilde trojanischer Krieger »dokumentieren« stolz die Scharten und Beulen, die sie von den scharfen Schwertern eines Achill oder Odysseus empfangen haben wollen. Alles ist ebenso realistisch wie die musealen Kleider von Jackie Kennedy und Ladybird Johnson.

Wer eine derartige Sammlungspraxis und Ausstellungskunst voreilig als den naiven Versuch von ehrgeizigen Parvenüs belächelt, die sich eine künstliche Ahnengalerie konstruieren, den mahnt ein Blick auf die Motivationsgeschichte des Sammelns in Europa zur Vorsicht. Was die Schlichtheit ihres Geschichtsverständnisses anbetrifft, so versuchten selbst so unverdächtige Gelehrte wie die Humanisten der italienischen Frührenaissance, durch das Sammeln und Präsentieren von Antiken ihren Standpunkt in der Geschichte zu bestimmen. Sie erfanden einfach eine fiktive »Ahnengalerie des Geistes« für ihre Zwecke.

Die Institution, die möglicherweise Namenspatron für alle neuzeitlichen Museen geworden ist, jenes »Museum Jovianum«, das der Humanist und Bischof von Nocera, Paolo Giovio, am Comer See auf den angeblichen Ruinen der Villa des älteren Plinius errichtet hatte, sollte mit Hilfe einer Rekonstruktion antiker Bildprogramme die erwünschte ideale Herkunft des Bauherrn von antiken Geistesheroen unter Beweis stellen. Aber schon früher wurde in einem fiktiven Dialog dem fürstlichen Mäzen Lorenzo di Medici der auch befolgte Rat in den Mund gelegt, »... mangels Adelstitel durch eine Sammlung antiker Statuen die fehlenden Ahnenbilder, wie sie die Alten hatten (gemeint sind Griechen und Römer), zu ersetzen«.

Schon die ersten Geschichtsschreiber der Neuzeit benutzten demnach die Sammlung historischer Objekte als Zeugen ihrer sozialen Bedeutung in der Gegenwart. Was den Humanisten recht war, das konnte jenen frühabsolutistischen Fürsten des 16. Jahrhunderts nur billig sein, deren Macht sich nicht nur allein auf feudalen Grundbesitz und militärische Stärke stützte. Zusätzlich bedienten sie sich der repräsentativen Funktion von Bildung und Geschmack. Das Sammeln vor allem von Antiken kam groß in Mode. Die ja nicht unbegrenzt verfügbaren »Ahnenbilder« waren bald so begehrt, daß ganze Generationen von Antikenrestauratoren Brot und Arbeit fanden. Die Verfahren zur wunderbaren Vermehrung der antiken Bildwerke waren dabei ganz ähnlich wie heute bei Möbeln: Einzelne Fragmente wie Finger, Arme, Torsi einer Statue wurden auf verschiedene Nachschöpfungen verteilt, so daß aus einem wiedergefundenen Bildwerk leicht fünf bis sechs neue entstanden.

Neben die Antiken und die zeitgenössischen Kunstwerke traten in den Sammlungen bald auch die sogenannten Naturalien, technische oder natürliche Kuriositäten. Es entstanden die Kunstkabinette und Wunderkammern, wo das Einhorn des Narwals neben einem Bronzeabguß aus der Renaissance glänzte und die glitzernde Druse aus dem Bergstollen der Azteken mit den Heroen-Köpfen eines Praxiteles oder Myron konfrontiert wurde. Nicht mehr nur die Geschichte, sondern auch die geschichtslos-ewige Natur wurde mit ihren Mirabilia in den Zusammenhang der repräsentativen Selbstdarstellung einbezogen.

Zumeist wird etwas voreilig resümiert, das Museum sei ein Produkt der bürgerlichen Gesellschaft oder doch wenigstens ein Kind der Aufklärung und der bürgerlichen Revolution, die jene privaten, privilegierten Sammlungen der Allgemeinheit zugänglich gemacht hätten. Darüber wird oft der Zusammenhang vergessen, in dem auch noch die Museen des 19. Jahrhunderts und teilweise des 20. Jahrhunderts zu sehen sind; die gleichbleibende Selbstdarstellung, aber auch die Selbstfindung durch das historische Objekt.

Wichtiger als das bloße Aufbrechen der Exklusivität adeliger und patrizischer Sammlungen waren die Formen, in denen sie veröffentlicht wurden. Gustav Klemm hat schon in der ersten Hälfte des vorigen Jahrhunderts jenen Prozeß der Auflösung des tradierten Sammelkontextes beschrieben, in dessen Verlauf den Forderungen der wissenschaftlichen Aufklärung dadurch Rechnung getragen wurde, daß die enzyklopädischen Zusammenhänge der Kunst- und Wunderkammern mit ihren oft religiös motivierten symbolistischen Zuordnungsprinzipien aufgelöst wurden. Sie gehorchten nunmehr den Differenzierungen der teilweise gerade erst entstandenen wissenschaftlichen Disziplinen: der Biologie, der Zoologie, der Chemie, der Physik etc.

Im weiteren Verlauf des 19. Jahrhunderts führte diese Spezialisierung zu einer immer stärkeren Isolierung der einzelnen Museen. Sie isolierten sich sowohl voneinander als letztlich auch von einer neuen Gesellschaft, die in ihrer Gesamtheit längst nicht über jene selbstverständliche Kennerschaft verfügte, die für eine Beschäftigung mit den Sammlungsgegenständen notwendig gewesen wäre.

In dieser Konsequenz mehrten sich um die Jahrhundertwende die Forderungen nach einer erneuten Demokratisierung der Museen, unter der nun aber auch die inhaltliche, also nicht bloß die formale Öffnung für breitere Bevölkerungsschichten verstanden wurde. Namen wie Alfred Lichtwark und Wilhelm Valentiner stehen für diese Versuche, die auch schon frühe Formen dessen hervorbrachten, was wir heute unter Museumsdidaktik verstehen.

Auch wenn diese Konzepte nach dem Ersten Weltkrieg politisch eine gewisse Basis gewannen, so konnten sie die Museen zumindest hier in Europa in ihrer Gesamtheit aber noch nicht wesentlich verändern. Es blieb dann der nationalsozialistischen Kulturpolitik vorbehalten, jene Veröffentlichungsversuche zu bloßem Populismus zu pervertieren, nämlich auch die Museen für die Propaganda ihrer rassistischen Vorstellung einer angeblichen Volksgemeinschaft zu vereinnahmen.

Vielleicht liegt in der Popularisierung des musealen Geschichtsbildes zu einem wichtigen Teil die Tatsache begründet, daß nach dem Zweiten Weltkrieg kaum irgendwo die Chance ergriffen wurde, an die Erfahrungen der 20er Jahre anzuknüpfen. Im Gegenteil: In den ersten Jahrzehnten nach 1945 waren die Museen eine Zeitlang mehr noch als Theater oder Konzertsäle der Ort, an dem sich die gebildete »Elite« versammelte, auch wenn jenes Bildungsbürgertum längst nicht mehr existierte, das gegen Ende des 19. Jahrhunderts den Museumsgedanken getragen hatte.

So verwundert es kaum, daß die Museen mehr und mehr ins gesellschaftliche Abseits gerieten. Das hatte schließlich auch eine mangelnde Unterstützung durch die öffentliche Hand zur Folge, die sonst allenthalben das bürgerliche Mäzenatentum zu ersetzen bemüht war. Das Postulat der avantgardistischen Museumsstürmer zu Anfang dieses Jahrhunderts schien sich zu erfüllen: Sie hatten das Museum schlicht für obsolet erklärt und, wie der spätere Bauhausdirektor Hannes Meyer, das Sportstadion an seine Stelle setzen wollen. Das hat sich inzwischen radikal geändert. Im Jahre 1987 besuchten 52 Millionen Menschen die insgesamt 1326 Museen der Bundesrepublik. Auf 1,4 Millionen Quadratmetern Nutzfläche wurden neben ständigen Ausstellungen ca. 3300 Sonderausstellungen präsentiert. Allein die Stadt Frankfurt stellte 1989 für die Ausstellungstätigkeit ihrer acht großen Museen 37,57 Millionen Mark zur Verfügung.

II.

In diesem Zusammenhang spielt die Frankfurter Museumslandschaft eine ebenso einzigartige wie paradigmatische Rolle, und zwar sowohl für die kulturpolitische Museumskonzeption als auch für die städtebaulich-museumsarchitektonische Komponente.

Als ein wesentliches Kennzeichen der Entwicklungsgeschichte der Frankfurter Sammlungen gilt, daß sich keines der zahlreichen Frankfurter Museen den Kunst- und Wunderkammern eines fürstlichen *uomo universale* verdankt. Die freie Reichsstadt war nie Residenz, abgesehen von einer kurzlebigen Episode, ja, sie war nicht einmal bevorzugter Wohnsitz einer Fürstenfamilie. Es waren vielmehr Einzelstücke oder – weitaus seltener – private Sammlungen einiger Persönlichkeiten aus der Patrizierschicht, die der Öffentlichkeit jeweils als Grundstock für ein Museum übergeben wurden, oder es waren Nachlässe bürgerlicher Wissenschaftler oder Künstler, die zum ideellen Eigentum des Volkes erklärt und teilweise bis heute durch private Vereinigungen verwaltet und wissenschaftlich bearbeitet werden.

Seinem 1815 abgefaßten Testament fügte der Frankfurter Bürger Johann Friedrich Städel jenen »Stiftungsbrief des Städelschen Kunst-Instituts« hinzu, mit dem dann zwei Jahre später der Grundstein für das bedeutendste Frankfurter Kunstmuseum gelegt werden konnte.

Mehrfach mußte das Museum seinen Standort wechseln, bevor es 1878 am Main einen eigens errichteten Bau erhielt. Insbesondere das Städel ist beispielhaft für die spezifische Entwicklung der Frankfurter Museumslandschaft: Schon in der Stiftungsurkunde legte Städel fest, daß die Stiftung von fünf Administratoren, fünf »würdigen Personen aus der dahiesigen Bürgerschaft«, verwaltet werden sollte, »ohne irgendeine obrigkeitliche Rücksprache oder Genehmigung einholen zu dürfen«.

Städels Stiftung hatte gleich zu Anfang mit zahlreichen Schwierigkeiten zu kämpfen. Wegen der an kunsthistorischen Raritäten motivierten Ankaufspolitik war die Gegenwartskunst, die an Städels ursprünglicher Sammlung noch einen durchaus ernst zu nehmenden Anteil hatte, immer weniger berücksichtigt worden. Durch das Legat des Ludwig Josef Pfungst aus Worms wurde deshalb 1907 der Grundstock für eine städtische Galerie geschaffen, die dem Städel als kooperierendes Institut angegliedert wurde; sie sollte ihren Schwerpunkt in der Sammlung zeitgenössischer Kunst haben – eine Tradition, die heute durch die Gründung des neuen Museums für Moderne Kunst an der Braubachstraße fortgeführt wird. Gleichzeitig mit der städtischen Galerie wurde die Skulpturen-Sammlung zusammengefaßt und ausgegliedert, und zwar in die 1896 erbaute Villa des Barons Heinrich von Liebieg, die 1909 von Kanold erweitert wurde.

Aber kehren wir noch einmal zum Neubau des Städel zurück. Genauso zukunftsweisend, wie es die Institution des Städelschen Kunstinstituts mit seiner Verbindung von Schule und Sammlung war, spiegelte auch der Bau selbst eine wichtige Etappe der Entwicklung von Museumsarchitektur wider.

Schon seine Typologie ist aufschlußreich: Der Architekt Oscar Sommer orientierte sich deutlich am Typ jenes Museums, das Gottfried Semper in Dresden errichtet hatte. Dies können wir heute als Hinweis darauf werten, daß ganz bewußt die Idee eines Museums-Denkmals propagiert, ja, daß sogar die preußische Hegemonie mit den Berliner Museumsbauten dadurch konterkariert werden sollte.

Die schon bald fällige Erweiterung des Städel nach einem Entwurf von Hermann von Hoven und Franz Heberer verzögerte sich durch kriegsbedingte Ereignisse bis 1926. Erst dann konnten die Ausstellungsmöglichkeiten erweitert und das repräsentative Foyer hinzugefügt werden. Die erste Gründerzeit der Frankfurter Museumslandschaft hat im Städel ihren kongenialen Ausdruck gefunden. Die Dominanz dieser Architektur wird auch durch den 1990 eingeweihten Erweiterungsbau nicht aufgehoben, den Gustav Peichl entworfen hat.

War der »größte« Sohn der Stadt Frankfurt nur mittelbar an der Gründung des Städel beteiligt, indem er in seiner erstmals 1816 veröffentlichten Schrift »Über Kunst und Altertum« anregte, die in den wohlhabenden Bürgerhäuscrn verstreuten Kunstwerke räumlich zusammenzufassen und der Öffentlichkeit zugänglich zu machen, so war Goethe wohl für die Einrichtung des größten deutschen Naturkundemuseums, des Senckenberg, Spiritus rector. Schon 1763 hatte Dr. Johann Christian Senckenberg eine Stiftung ins Leben gerufen, die sich zum Ziel gesetzt hatte, ein Hospital einzurichten sowie ein »Anatomisches Theater«, ein chemisches Laboratorium, einen Botanischen Garten, eine wissenschaftliche Bibliothek und schließlich auch ein sogenanntes Naturalienkabinett. Allein diese Aufzählung dokumentiert, wie außerordentlich spezifiziert die Präsenz der naturwissenschaftlichen Disziplinen in Frankfurt schon damals war.

III.

Um die Vielfalt der Frankfurter Museumslandschaft zu illustrieren, darf ausnahmsweise auf die Statistik verwiesen werden. Bis zum Beginn des Zweiten Weltkriegs zählte Frankfurt die stolze Zahl von 22 Museen bzw.

museumsähnlichen Institutionen, von denen sich allein 17 privater Initiative verdankten. Mit dieser vielfältigen Museumslandschaft besaß die Stadt Frankfurt allerdings auch ein Erbe, das es zu pflegen und zu bereichern galt.

Natürlich standen nach den Zerstörungen des Zweiten Weltkriegs, wie anderswo auch, in Frankfurt erst einmal andere, damals vordringliche Aufgaben auf der Tagesordnung; vor allem die Beseitigung der Wohnungsnot. Mit Ernst May, der durch seinen Siedlungsbau Ende der 20er Jahre weltweites Aufsehen erregt hatte, war auch hier ein Anspruchsniveau vorgegeben, das mit der Dornbusch-Siedlung und der Nordweststadt, den zwei größten zusammenhängenden Siedlungsprojekten der Jahre nach dem Zweiten Weltkrieg, nicht ganz eingelöst werden sollte.

Dazu kamen die Erfordernisse des Verkehrs und der damit zusammenhängenden Infrastruktur: Frankfurt wäre ja beinahe Bundeshauptstadt geworden, und mit der Umwandlung dieser Planungsvorhaben, u. a. gestützt auf die Ansiedlung der Bundesbank und anderer großer Wirtschaftsunternehmen, betrieb der Magistrat – begünstigt durch die zentrale Lage der Stadt – die Entwicklung Frankfurts zur Wirtschaftsmetropole, wo sich die Niederlassungen von inzwischen 380 Banken und großen Versicherungen sowie multinationalen Konzernen etablierten. Das konnte nicht ohne weitreichende Folgen bleiben: Die Stadt, vor dem Kriege das größte Dorf des Deutschen Reiches mit einer in keiner vergleichbaren Großstadt vorhandenen Fülle von Fachwerkbauten und einem im Zentrum fast mittelalterlich gebliebenen Straßennetz, wurde Ende der Sechziger zu jenem »Bankfurt« oder »Mainhattan«, das als negatives Paradebeispiel dienen mußte, sooft es die Auswirkungen einer ausschließlich ökonomisch dominierten Stadtplanung zu beschreiben galt.

Und die Kultur? Während Schauspiel und Oper schon relativ bald – 1964 – ein repräsentatives Gehäuse erhielten und zumindest partiell über die Grenzen der Stadt hinaus wirkten, boten die Museen noch lange nicht den Stand, den sie in der Vorkriegszeit schon erreicht hatten. Das war keine Frankfurter Sonderentwicklung. In der gesamten Bundesrepublik kamen die Museumsneubauten nur zögerlich voran. Die Museen hatten sich im Verhältnis zur Vorkriegszeit kaum wirklich verändert, ja, sie waren teilweise auf einen *Status ante* zurückgeworfen worden, den sie im 19. Jahrhundert schon einmal überwunden hatten. Dies war nicht nur im Hinblick auf die Architektur zu konstatieren, sondern vor allem in bezug auf ihr Selbstverständnis, nämlich jenes Sammeln, Bewahren, Forschen, also jenen traditionellen Bildungsauftrag, der die Museen mehr und mehr dem potentiellen Besucher entfremdete.

Ein erster Versuch, aus der lethargischen Stagnation aufzubrechen, hatte erst einmal zur Voraussetzung, die Konzeption der Museen zu überprüfen. Dabei konnte man unschwer feststellen, welches die Ursachen waren, die den Zugang zu den Museen erschwerten.

Vorreiterfunktion für diese Etappe der Innovation hatte das Historische Museum übernommen. Es ist wohl kein Zufall, daß gerade dieser fast universale Museumstyp mit jener Demokratisierung der Kultur begann, die für die Museen erst einmal eine Öffnung auch für diejenigen Schichten der Gesellschaft bedeutet, die den Museen traditionell eher abweisend gegenüberstanden. Ein regionales, kulturhistorisches Museum war wegen seiner komplexen Sammlungsbestände am ehesten in der Lage, die kulturpolitischen und museologischen Forderungen einzulösen, die Ende der 60er Jahre die Diskussion bestimmten: Aufhebung der Spezialisierung und der isolierten Präsentation der Sammlungsbestände, Öffnung der Museen für die Alltagskultur, eine neu entwickelte Museumsdidaktik, die auf die Vorbildung jener Besucher Rücksicht nehmen sollte und sich nicht in die Kommunikationsrituale geübter Museumsbesucher einfügte. Der aufklärerische Bildungsauftrag der Museen wurde reaktiviert und deutlich zum Ausdruck gebracht: Das »Museum als Lernort« lautete dementsprechend auch das kulturpolitische Programm für die Frankfurter Museen.

Vor allem die letzte Forderung, der im Historischen Museum einerseits vorbildlich, andererseits wohl doch allzu exzessiv Rechnung getragen wurde, zeigte bald ihre eigene Problematik. Museumsdidaktik war damals noch eine fast gänzlich unbekannte Größe, in mehr als einem Sinne ein Fremdwort. Deshalb verwundert es kaum, daß erst einmal eine zu einseitige Bevorzugung vorwiegend verbaler Argumentationen die Präsentation bestimmte. Auf diese Weise wurden gerade diejenigen Bevölkerungsgruppen überfordert, deren Interesse am Museum es doch erst zu wecken galt.

Dazu kam ein weiteres, vielleicht noch gravierenderes Problem. Das Hauptargument für das Aufgeben der isolierten Präsentation eines Kunstwerks oder historischen Fragments war ja stets, daß »wirkliche« historische Zusammenhänge nur noch mit einem kaum noch vorauszusetzenden Vorwissen hergestellt werden könnten. Seit Walter Benjamin erfüllte ein tiefes Mißtrauen vor der »Aura« des Originals die aufklärerischen Museumsdidaktiker; das Sammeln wurde des (Waren-)Fetischismus verdächtigt, und schließlich führte die Dominanz der Vermittlungsaufgabe zu einem tragischen Mißverständnis: Das Museum wurde oft zum Ersatz für Schule und Universität, für Zeitung und Fernsehen; ja, es sollte auf einmal alle jene Versäumnisse aufholen, die in diesen Medien verschuldet worden waren, sowohl was das Geschichtsbewußtsein anbetraf, als auch die Fähigkeit zur visuellen Kommunikation. Vor allem aber: Es wurden Themen aufgegriffen, die mit anderen Medien, einer Buchreihe, einer

237

universitären Projektgruppe, einem Film oder einem Volkshochschulkurs hätten genausogut bearbeitet oder sogar besser vermittelt werden können. Die spezifische Eigenart des Museums, wie sie im Umgang mit dem historischen Gegenstand erst zur Wirkung kommt, wurde zu wenig berücksichtigt. Schließlich ist das Exponat selbst erst einmal Zeugnis der Geschichte und ermöglicht eine Erfahrung, die durch kein anderes Medium ersetzt werden kann – freilich auch nicht automatisch und von selbst freigesetzt wird.

Gerade die großen, publikumswirksamen Ausstellungen der 70er Jahre, ob sie nun die Staufer oder Preußen thematisierten, altägyptische Pharaonen oder Sammler-Potentaten, mußten aber selbst den hartnäckigsten Kritikern derartiger »kulturtouristischer« Massenveranstaltungen eines klar vor Augen geführt haben: Ein ganz offensichtlich neu erwachtes Interesse an Geschichte, so undifferenziert sich dies bei jedem einzelnen auch äußern mag. Es vollzieht sich sehr stark über die unmittelbare Präsenz des Originals, über die Möglichkeit, mit einem – wenn auch bloß gegenständlichen – Zeitzeugen zu kommunizieren.

Im wesentlichen wirken heute drei Motivationen zusammen, welche die neue bundesrepublikanische Museumslandschaft zu einem Anziehungspunkt für Museumsbesucher und für Architekturinteressierte zugleich gemacht haben. Das Interesse des Bauherrn, der Städte und Länder an einer Architektur, mit der sich die Bevölkerung wieder identifizieren soll, mit der sie wenigstens etwas anfangen kann und die zugleich, geben wir das ruhig zu, auch außerhalb der eigenen Stadt deren Image hebt: Frankfurt und Stuttgart, Mönchengladbach und München stehen nicht zuletzt wegen ihrer Museumsbauten auf dem Reiseplan des internationalen Museums- und Architekturtourismus. Es scheint momentan unter den großen und auch den kleineren deutschen Kommunen geradezu ein Wettbewerb um die spektakulärste Museumsarchitektur ausgebrochen zu sein. Das ist so verwunderlich nicht, zeigen doch statistische Vergleiche, daß es vor allem die umstrittensten Museumsbauten sind, die in den letzten Jahren den größten Besucherandrang verzeichneten. Die neuartige, ästhetisch reizvolle Architektur der Museen trägt also einen gehörigen Teil dazu bei, die Motivation potentieller Museumsbesucher zu befördern, gerade wenn es sich dabei oft um eine Architektur handelt, die von den Insidern der Kunst- und Architekturszene nicht unbedingt geschätzt, oft sogar heftig befehdet wird.

Das neu erwachte Interesse auch der sonst eher Desinteressierten an den neuen Museen ist gekennzeichnet durch ein radikal neues Verhältnis zum Museumsbesuch. Dieser ist zumindest bei Vernissagen ein großes gesellschaftliches, darüber hinaus jedoch ein geselliges oder informatives Ereignis. Man kommt mit Freunden oder der ganzen Familie; das Museum wird Treffpunkt und Ausgangspunkt geselliger Unternehmungen, die kaum noch etwas mit dem (einst vielleicht ähnlich empfundenen) Bildungsritual des gelehrten Kunstkenners zu tun haben: Das Museum in seiner Funktion ist nicht mehr als der angemessene Rahmen für exklusive gesellschaftliche Begegnung, wobei die Exklusivität durch die heute wieder in Kauf genommenen Schwellen den museumsfremden Schichten gegenüber gewährleistet wird.

IV.

Mit dem Schaumainkai, dessen neue Bezeichnung »Museumsufer« sich inzwischen schon weitgehend auch für den Untermainkai eingebürgert hat, konnte die Stadt Frankfurt ein Areal erschließen, das in einzigartiger Weise den skizzierten Bedürfnissen entsprach.

Das linksseitige Mainufer zwischen Eisernem Steg und Friedensbrücke und das rechtsseitige, das der Frankfurter Volksmund als das »Nizza« bezeichnet, haben kaum Parallelen in anderen deutschen Städten. Hinzu kommt, daß sich auf dem Sachsenhäuser Ufer eine ganze Reihe von Patriziervillen aus dem vorigen Jahrhundert erhalten hat. Für diese Bauten im Grünen war Frankfurt einst berühmt, ihr denkmalpflegerischer Wert ist heute unumstritten. Schließlich waren diese Villen, vor allem die Villa Metzler, der älteste und berühmteste dieser Wohnbauten, in eine Parklandschaft eingebettet, die zwar klein, aber wegen ihrer stadtnahen Lage einmalig war und ist.

Was die Frankfurter Museumsarchitektur der 80er Jahre bekannt gemacht hat, waren vor allem die Wettbewerbe, die jene neue, noch immer umstrittene Architekturauffassung befördern halfen, die mit dem Begriff »Postmoderne« undifferenziert bezeichnet wurde. Bei allen Unterschieden in Form und Konzeption sollten diese Bauten der Sprach- und Hilflosigkeit der spätmodernen Architektur Anschauung entgegensetzen.

Der erste dieser Wettbewerbe hat zugleich den spektakulärsten Bau hervorgebracht: den Erweiterungsbau des Museums für Kunsthandwerk. Das Museum, das eine der bedeutendsten Spezialsammlungen Deutschlands beherbergt, war bislang mehr als notdürftig in der schon erwähnten Villa Metzler untergebracht, einem Bau des Klassizismus, der als Wohnhaus konzipiert, natürlich nicht annähernd den Ansprüchen einer derartigen Sammlung genügte. Der Gewinner des internationalen Wettbewerbs, der Amerikaner Richard Meier, bündelte in seinem Entwurf die Vielfalt aller aktuellen Lösungsansätze. Die Randbedingungen erstreckten sich nicht nur auf den Erhalt der bislang unversehrten Parklandschaft; in jedem Fall sollte die klassizistische Villa Metzler Angelpunkt aller konzeptionellen Überlegungen sein. Denn das vor allem macht die Konzeption des Museumsufers zu einem Paradigma für Stadtplanung und Denkmalpflege: Jede Museumsneugründung, fast jeder Erweiterungsbau konnte als Kern eine jener Patriziervillen inkorporieren, die sich am Museumsufer entlangziehen und auf diese Weise einer neuen Nutzung zugeführt und nun als Denkmäler erhalten werden sollten.

Meiers Bau, der heute zu den schönsten Museen in der Bundesrepublik zählt, legt sich winkelförmig um den historischen Kern, der nicht nur in seiner Eigenständigkeit belassen wird, sondern als bestimmendes Modul in der Fassaden- und Grundrißstruktur der Erweiterung wieder auftaucht. Vielfältige Überleitungen vom Innenraum zum Außenraum betten das Gebäudeensemble wie selbstverständlich in die Anlage des Museumsparks ein, der mit seinen Wegesystemen, den Formen der Eingangstore und der Brunnenanlage wie eine Erweiterung des Museums in den Stadtraum wirkt.

Der Neubau des Museums für Kunsthandwerk ist freilich nur eine, wenn auch die wohl prächtigste Perle in der Kette des Museumsufers. Schon vorher wurden zwei Institutionen eröffnet, die als Neugründungen die Frankfurter Museumslandschaft auf ganz spezifische Weise bereicherten; das Deutsche Filmmuseum und das Deutsche Architekturmuseum. Beide Institute sind deswegen von so großer kulturpolitischer Bedeutung, weil es hier für die Bundesrepublik Deutschland erstmals gelungen ist, zwei der wichtigsten Medien in einen musealen Kontext einzubinden. Während das eine Medium der Film ist, der, ganz und gar ein Kind des 20. Jahrhunderts, ob seiner vorgeblich fehlenden historischen Distanz für eine museale Aufarbeitung bislang vernachlässigt wurde, ist die Architektur vielleicht die älteste, auf jeden Fall aber die dauerhafteste künstlerische Ausdrucksform des Menschen überhaupt. Andererseits berührt sie auch heute noch jeden auf eine so unmittelbare und oft schmerzhafte Weise, daß hier vielleicht die bisherige Abstinenz begründet liegt, sich ein Architekturmuseum überhaupt zu denken.

Nun ist es sicher nicht ganz einfach, ein Museum aufzubauen, für das es kaum Vorbilder gibt. Vor allem bei der Gründung des Architekturmuseums waren die Kritiker schnell bei der Hand. Einer der wichtigsten Vorwürfe lautete: Eine Architektur, die ja vor allem dreidimensional wirkt – also nur unmittelbar räumlich erfahrbar ist – ließe sich mit den Möglichkeiten eines Museums gar nicht vermitteln. Um diesem Vorwurf schon bei der Planung entgegenzuwirken, wurde auf eine wichtige Hilfe zurückgegriffen: auf die Architektur selbst.

Der mit dem Bau des Museums beauftragte Architekt Oswald Mathias Ungers richtete seine Planungen von Anfang an darauf aus, durch das Gebäude selbst alle jene Raumerfahrungen beispielhaft zu ermöglichen, die einer unbewußt mit seiner architektonischen Alltagsumwelt macht – aber eben unbewußt.

Beim Architekturmuseum wird, wie im übrigen auch beim Filmmuseum, der rote Faden erkennbar, der die Planung des gesamten Museumsufers durchzieht, ja, die Gestaltung aller neuen Frankfurter Museen bestimmt: die Einheit von Geschichte und Gegenwart.

Während Ungers, stärker noch als Richard Meier, das Alte zum Ausgangspunkt seiner Überlegungen macht und mit seinen Neubauten auf den Vorgängerbau reagiert, verfolgt Günther Behnisch mit dem Neubau des Deutschen Postmuseums, das dem Architekturmuseum benachbart ist, eine ganz andere Konzeption: die Konfrontation. Sein Erweiterungsbau folgt ganz anderen architektonischen Prinzipien als die englische Neu-Renaissance der historischen Villa. Alt und Neu stehen bei ihm gleichberechtigt gegenüber.

Mit dem Erweiterungsbau des Völkerkundemuseums, der von seinen Dimensionen her praktisch einem Neubau gleichkommt, wird es gelingen, eine der empfindlichsten Lücken im Panorama der Museumslandschaft zu schließen. Nicht nur, daß damit eine der größten völkerkundlichen Sammlungen der Bundesrepublik für ihre etwa 65000 Objekte endlich ausreichende Präsentationsmöglichkeiten erhält, auch das öffentliche Interesse an der kulturellen Auseinandersetzung mit der Dritten Welt wird damit am internationalen Messeplatz Frankfurt endlich einen gebührenden Rahmen erhalten. Völkerkundemuseen haben sich ja längst aus ihrer alten Rolle als Depots kolonialistischer Beutestücke emanzipiert und sind auch formal über jene, einem voyeuristischen Interesse am Exotischen verpflichteten Raritätenkabinette hinausgewachsen. Der Schrumpfkopf oder der Totempfahl als Gruselerlebnisse einer obsoleten Jugendliteratur können demnächst in die Asservatenkammer kolonialistischer Vorurteile abtreten und ihrer ethnographisch fundierten Veranschaulichung Platz machen.

Gerade heute verlangt das Verhältnis der hochindustrialisierten Länder zu den Kulturvölkern der »Alten« und der »Neuen« Welt eine Neubestimmung, weil eine genaue Kenntnis fremder Kulturen nicht nur für die problembelastete Gegenwart, sondern auch für unsere Zukunft von großer Bedeutung ist.

Der Anbau des Städel, der 1988/89 nach einem Entwurf des Wiener Architekten Gustav Peichl realisiert wurde, wurde notwendig, weil – 50 Jahre nach dem ungeheuren Aderlaß der Beschlagnahme von nahezu 500 Werken der Moderne als »entartete Kunst« – die Sammlung der Städtischen Galerie heute wieder einen angemessenen Stand aufweist.

Auf der Basis eines museologisch ebenso exakten wie avancierten Raumprogramms entsteht längs der Holbeinstraße ein Bau, der nicht nur die Tradition eines Gottfried Semper oder eines Oscar Sommer mit einbezieht, sondern sich auch durch eine zeitgemäße, ja eigenwillige Architektursprache auszeichnet. Dabei präsentiert sich der Anbau vom Äußeren her durchaus zurückhaltend, indem er dem Altbau seine Dominanz beläßt. Fast wie eine bloße Gartenmauer, ästhetisch ganz auf die Materialwirkung des rötlichgelben Sandsteins abgestimmt, nimmt er bei aller Größe einen Maßstab auf, der menschlichen Proportionen angemessen ist.

Somit wird nicht nur der dringend notwendige Raum für eine angemessene Präsentation der Meisterwerke des 20. Jahrhunderts geschaffen, sondern auch ein städtebaulicher Akzent gesetzt, der dem Gesamtkomplex des Städel seine schon in der Grundkonzeption angelegte Geschlossenheit zurückgibt.

Wie sehr die Frankfurter Museumsbauten gerade durch ihr Verhältnis zur Geschichte zu Vorbildern für den gesamten Architekturbereich wurden, nicht nur für die Museumsarchitektur, dafür sind auch die nicht unmittelbar am Museumsufer gelegenen Neubauten der letzten Zeit beredte Zeugen. Auch am gegenüberliegenden Mainufer entstanden 1987 zwei neue Museen. Der Bau für jenes Museum, dessen Gründung für die Frankfurter Bürger ein besonderes Anliegen war, hat auch weltweit spontane Zustimmung gefunden: der Umbau des 1821 von Johann Friedrich Hess errichteten Rothschildpalais zum Jüdischen Museum. Der aus zwei Bauwerken bestehende Komplex am Schaumainkai war noch gut erhalten und auch im Inneren denkmalwürdig ausgestattet, so daß architektonische Eingriffe weitgehend auf behutsame Umnutzungsvorschläge beschränkt bleiben mußten. Gerade eine solche, scheinbar geringfügige architektonische Operation ist aber besonders schwierig: Der mit der Umrüstung beauftragte Architekt Ante Josip von Kostelac hat sich dieser Aufgabe mit besonderer Subtilität entledigt. So garantiert seine neue Innenraumdisposition eine funktionale Museumsdidaktik im vorgegebenen Ambiente.

Während mit der neuen Nutzung des Rothschildpalais ein für das historische Flair des Mainufers wichtiges Gebäudeensemble erhalten wird, bedeutete der Um- und Erweiterungsbau des Karmeliterklosters, das mit den 1979/80 restaurierten Wandmalereien Jörg Ratgebs eines der kostbarsten Frankfurter Kunstdenkmäler enthält, von vornherein ein Stück Stadtreparatur: Hier residiert das bisher im Holzhausenschlößchen und im Souterrain des Kulturdezernats untergebrachte Museum für Vor- und Frühgeschichte. Die Situation rings um die Ruine des Karmeliterklosters war durch Kriegszerstörungen und eine nachfolgende Stadtplanung, die nur am reibungslosen Autoverkehr interessiert schien, sowie durch ungeordnete Baulücken charakterisiert. Der Gewinner des auch hier international besetzten Wettbewerbs, Josef-Paul Kleihues, gab der gesamten Anlage ihre historische Geschlossenheit zurück. Nach innen wie nach außen wurde eine wohltuend ruhige architektonische Sprache gewählt, die sich stilvoll in die Umgebung einfügt, ohne sich unterzuordnen.

Neben diesen Um- und Anbauten, die neue und historische Architektur in eine spannungsvolle Beziehung einbinden, sind in Frankfurt auch vollkommen neue Ausstellungsbauten errichtet worden. Der größte dieser Komplexe ist die Frankfurter Schirn, die eines der städtebaulich bedeutsamsten Areale Frankfurts gestaltet: den Römerberg mitten im Herzen der Stadt. Mit dem Bau dieses Kommunikationsraumes sollte eines der vordringlichsten Desiderate des Frankfurter Ausstellungswesens realisiert werden: eine Ausstellungshalle, flexibel genug, um jene vertiefenden Sonderausstellungen aufnehmen zu können, die heute unabdingbare Ergänzung und Bereicherung der Museumspräsentationen zu sein scheinen. Die Stadt hat sich die Entscheidung über die Gestaltung ihres zentralen Bereichs nicht leicht gemacht. Erst nach mehreren Wettbewerben, zahllosen öffentlichen Diskussionen und kritischem Für und Wider wurde der Entwurf der Architektengruppe Bangert, Jannsen, Scholz und Schultes zur Ausführung bestimmt. Der gegenwärtigen und historischen Bedeutung des Baugrundstücks, das zwischen dem Römer, dem Wahllokal für die Könige des Heiligen Römischen Reiches, und dem Dom liegt, wo seit dem 16. Jahrhundert auch die Krönungen vorgenommen wurden, sollte dadurch Rechnung getragen werden, daß sich das Ensemble bautypologisch aus historisch tradierten Raumformen zusammensetzt. Durch eine langgezogene Arkadenreihe gelangt der Besucher in eine glasgedeckte Rotunde, deren Wandaufriß bekannte Vorbilder von Zentralbauten zitiert und als Verteiler in die einzelnen Abteilungen des Komplexes fungiert. Der eigentliche Ausstellungsbereich ist als langgestreckter Galeriebau gestaltet, während der Vortragssaal mit seiner Tonnenwölbung einen ganz anderen Raumtypus verkörpert.

Im Widerstreit der Meinungen wurde auch das bislang jüngste Frankfurter Museum geboren: das Museum für Moderne Kunst. Wie einst durch die Gründung der städtischen Galerie zu Anfang unseres Jahrhunderts die damals zeitgenössische Kunst dokumentiert werden sollte, so wird heute speziell für die aktuelle oder gerade historisch gewordene Kunst ein Domizil geschaffen. Auch hier gab es einen qualifizierten Wettbewerb, den der Wiener Architekt Hans Hollein für sich entscheiden konnte. Hier soll die Kunst nicht mehr nur beherbergt, sondern auch interpretiert werden. Das innerstädtische Grundstück wird wegen dessen merkwürdiger Dreiecksform im Volksmund schon heute als »Tortenstück« bezeichnet. Aufgrund der begrenzenden verkehrsreichen Straßen wird der Bau ein sehr geschlossenes Äußeres erhalten. Seine Bedeutung als Museum, dessen Bestände sich um die weltberühmte Pop-Art-Sammlung von Ströher gruppieren, wird durch signethafte Plastiken weithin sichtbar der Öffentlichkeit vorgetragen.

Mit dieser Zukunftsvision, die allerdings eine sehr konkrete Utopie ist, schließt sich der Kreis der Frankfurter Museen – vorläufig wenigstens, denn weitere Erweiterungsbauten sind in der Planung oder gar in der Wettbewerbsphase. Einer umfangreichen Ikonensammlung z. B. wird im Deutschordenshaus an der alten Brücke, dem Domizil des Kulturdezernats, eine angemessene Heimstatt eingerichtet, konzipiert von M. O. Ungers, dem Dombaumeister des Deutschen Ordens.

Wer dieses Bild der Frankfurter Museumslandschaft überblickt, dem wird eines klar: Es gibt kein Monumentalgemälde! Anders als in Städten wie Paris mit seinen Großprojekten vom Centre Pompidou bis zum neuen Musée d'Orsay, anders auch als in Köln, das gerade sein gigantisches Doppelmuseum erhalten hat, oder München mit dem Deutschen Museum, setzt Frankfurt nicht auf die große Struktur, die unter einem Dach die Vielfalt der unterschiedlichen Medien versammelt. Die Frankfurter Museen sind individueller, spezifischer, ohne isoliert zu sein, denn sie bilden eine Landschaft. Es ist jedoch keine heroische Ideallandschaft, eher ein Genrebild, mit Szenen des Alltags bestückt, die nicht immer bunt und farbenfroh oder gar harmonisch eingefärbt sind, aber in einer Weise spannungsreich, daß sich eine Auseinandersetzuung mit ihnen allemal lohnt.

Die Heftigkeit der öffentlich geführten Diskussionen um das Museumsufer haben gezeigt, wie sehr Frankfurt ein Ort des Streits um Innovationen und der konzeptionellen Auseinandersetzungen wurde, ein Platz für Versuche, für die permanente Suche nach dem Zukünftigen. Eine heftige Resonanz hat Kulturarbeit hier immer spannend gemacht; gleichzeitig setzt sie sich aber auch Spannungen aus, die in anderen Städten nicht existieren. Ähnliche Prozesse kennen wir aus dem frühen Berlin, der Metropole der Innovation von einst.

Brauchen wir heute noch eine Metropolenkultur? Keineswegs eindeutig ist das Verständnis metropolitaner Kultur unter den Bedingungen des ausgehenden Jahrtausends: Sicher ist nur der Zweifel, sind die Differenzen, ist die Balance von Konsens und Dissens. Oder anders ausgedrückt: Die Vernunft ist ebensowenig zu verkünden wie die Wahrheit; statt dessen ist von einer transversalen Vernunft auszugehen, einer Vernunft der Übergänge, einer »Vernunft der diskursiven Verflüssigung«, wie es der Philosoph Wolfgang Welsch nennt. Die Metropole ist etwas ganz und gar Unabgeschlossenes, sie ist der Ort, in dem Bilder vom richtigen Leben entworfen und verworfen werden.

Gewiß ist allerdings, daß sich eine Kulturmetropole von der fetischhaft anmutenden Wachstumseuphorie vergangener Dekaden zu verabschieden hat. Von stetig wachsendem materiellem Überfluß können Bilder vom richtigen Leben nicht mehr inspiriert sein.

Metropolenkultur markiert in den Worten der kanadischen Kulturtheoretikerin Linda Hutcheon »das Ende der Selbstverständlichkeiten«. Ihr zentrales Charakteristikum ist nach Frau Hutcheon »die De-Naturalisierung des Natürlichen«. Das Vertraute steht zur Disposition, aber so ganz neu ist das ja auch wieder nicht: Die künstlerische Reflexion des »ganz Anderen« hat eine lange Tradition, sie reicht von Aristoteles bis Herbert Marcuse.

Immer wieder stand und steht der praktische Nutzen zur Debatte: 1793 schreibt Friedrich Schiller unter dem Einfluß der Französischen Revolution in seinen Briefen »über die Ästhetische Erziehung des Menschen«: »Der Nutzen ist das große Idol der Zeit, dem alle Kräfte frönen und alle Talente huldigen sollen. Auf dieser groben Waage hat das geistige Verdienst der Kunst kein Gewicht, und, aller Aufmunterung beraubt, verschwindet sie von dem lärmenden Markt des Jahrhunderts.« Heute läuft sie nicht Gefahr zu verschwinden, sondern selbst mit dieser groben Waage gemessen und dem Nutzen untergeordnet zu werden.

Heute gibt es keine Metropole, die nicht das Gewicht der Kunst zu schätzen wüßte. Bezeichnenderweise wurde der Streit um die Metropole vornehmlich in Metropolen ausgetragen. Ich erinnere nur an die zwanziger Jahre. Der Metropolen-Anspruch tauchte damals schon einmal auf, als vom Theater Max Reinhardts, dann von dem Leopold Jessners ganz starke Wirkungen auf die Theater in der Provinz ausgingen. Damals orientierte sich alles – bis hin zur Literatur und zum Kabarett – an Berlin als der Metropole schlechthin. So ist schließlich in der Provinz, nicht zuletzt auch in Frankfurt, der Ruf entstanden: Los von Berlin! Das hieß: Los von der Metropole! Wir müssen uns nicht mit der Frage aufhalten, wohin dieser Versuch schließlich geführt hat, nämlich sich zu trennen von der einzigen Metropolenkultur, die es in Deutschland gab.

Daß die Frage jetzt wieder aktuell wurde, hängt sicher damit zusammen, daß wir nach 1945, also nach der fast gewaltsamen Dezentralisierung und Föderalisierung, nur große Regionalstädte hatten, aber keine Metropolen. Erst die starken ökonomischen Veränderungen der letzten Jahre, die Konzentration der wirtschaftlichen Energien auf den Rhein-Main-Raum, auf die politischen Potentiale der europäischen Entwicklung, lassen hier derzeit wieder so etwas entstehen wie eine Metropole.

Ob wir hier in dieser Stadt schon Ansätze zu einer Metropolenkultur haben – wie die von vielen anderen gesellschaftlichen Sprengkräften der Zeit geprägte Berliner Kultur der zwanziger Jahre –, läßt sich nicht abschließend beantworten. Wir sehen, welche Anziehungskraft, welche Streitenergien inzwischen in Frankfurt virulent sind, und wir werden uns, an der Jahreswende 1989/90, fragen müssen, welche Kraft das neue deutsch-deutsche Berlin in Zukunft wird ausüben können.

Was unter »Metropolenkultur« zu verstehen ist, ist am Beispiel des einstigen Berlin allein nicht auszumachen, obwohl an diesem Beispiel als eine Voraussetzung für eine Metropolenkultur die Aufnahmefähigkeit für die von neuen Medien ausgehende kulturelle Arbeit und Wirkung sichtbar vor Augen steht. Ich meine den damals noch neuen Film. Das Innovatorische im Kulturbetriff der sechziger und siebziger Jahre war die Öffnung für ein Programm einer Kultur für alle; es war aber auch die Sicherung der Substanzen in dem rapiden Beschleunigungsprozeß der kulturellen Zukunftsentwicklung. Fortschritt und Traditionssicherung, Experiment und museale Sammlung: Dafür wurden hier in Frankfurt so viele Möglichkeiten geschaffen, daß sich dadurch die Basis und die intellektuellen Ressourcen der Stadt als Chance für eine Metropolenkultur noch einmal verbreitert haben.

Aber noch etwas Entscheidendes kam hinzu: künstlerische Entfaltungsmöglichkeiten, die ihresgleichen suchen. Die Arbeit der vielen freien Gruppen, das Offensein der »etablierten Kultur« für vielerlei Anregungen von draußen. Denn Metropolenkultur setzt voraus, daß ein großes Sammelbecken in einer Stadt bereit ist, auch alle jene Kräfte aufzunehmen, die sich in ihr entfalten möchten, die an ihren nicht-künstlerischen Kapazitäten teilnehmen wollen und aus dem bewußt-unbewußten Zusammenwirken eine eigene Vorstellung von kultureller Arbeit prägen.

15. Leseförderung in der Bilderflut

Nach mehreren hundert Seiten gestehen der Autor und sein Romanheld mit einem verzweifelten Stoßseufzer, noch nicht einmal bei der Geburt des Ich-Erzählers angelangt zu sein. Der Autor des Romans heißt Laurence Sterne, sein Held hört auf den Namen Tristram Shandy. »Das Leben und die Meinungen Tristram Shandys« ist zuallererst ein Roman über das Schreiben eines Romans. Lückenlos möchte der Autor und Landpfarrer Laurence Sterne das Leben Tristram Shandys darstellen, doch er kommt nicht voran. Die Tücken der Sprache blockieren jegliche lineare Erzählung. Wer *alles* erzählen will, erkennt Shandy bald, tritt allzuoft auf der Stelle, und darüber läßt er sich in seitenlangen Exkursen aus.

Mit dem englischen Philosophen John Locke räsoniert der Protagonist über die unüberbrückbare Kluft zwischen der Wirklichkeit und ihrer sprachlichen Abbildung. Die chronologische Erzählung gerät zur aberwitzigen *tour de force* literarischer Assoziationen. »Allmählich geht es mit meiner Arbeit voran«, heißt es endlich nach 450 Seiten, »und bei einer angemessenen Diät werde ich zweifellos mit der Geschichte meines Onkels Toby und mit meiner eigenen ziemlich gradlinig fortfahren können.« Ein müßiges Vorhaben, wie Leser des Buches wissen.

Nun scheint Sternes Roman ein denkbar ungünstig gewähltes Beispiel im Kontext der Leseförderung zu sein. Ein 600-Seiten-Wälzer aus dem 18. Jahrhundert, sogar von Anglistik-Studenten als schwierig gefürchtet, verrät gleichwohl einiges über das Lesen als einzigartiger, unersetzlicher Erfahrung. Sternes Roman ist unverfilmbar, seine Bilder sind Derivationen jeder einzelnen Leserin und jedes einzelnen Lesers. Um sich dem Potential des »Tristram Shandy« anzunähern, bedarf es der Bereitschaft und der Fähigkeit, sich auf Unbekanntes und Undurchschaubares einzulassen.

Aber letztlich liegt darin gerade seine Qualität: In der Potenz einer durch nichts Vergleichbares zu ermöglichenden Erfahrung seiner selbst und der Welt – über das faszinierende Vexierspiel der eingearbeiteten Reflexionen, Zitate, Spielereien von und mit Realität. Und wenn hier im folgenden also von Lesen und Leseförderung die Rede sein soll, dann immer in dieser reflektorischen Potenz. Unbeschadet der Frage, ob manche der Möglichkeiten des Buches vielleicht effektiver durch andere Medien zu realisieren wären, wollen wir uns hier also auf die vermutlich historisch wichtigste und Fernsehen, Video, Labtops, Datenbanken und Computerspiele überdauernde Fähigkeit des Buches beschränken: auf die seltsame monologisch-dialogische Situation des Lesens, die uns zwingt, im eigenen Kopf eine zugleich fremde wie eigene (weil die eigene Vorstellungskraft in jeder Hinsicht aktivierende) Welt in einem magischen Prozeß lebendig werden zu lassen.

Wenn wir von Leseförderung sprechen, bedeutet dies eben auch, Vertrauen in die eigene Phantasie zu wecken: Weil das Lesen als eigenständige Kulturtechnik durch nichts anderes ersetzt werden kann, muß Leseförderung die unverwechselbaren Erfahrungsweisen und Erlebnisqualitäten des Lesens zu ihrer Grundlage machen.

Die »Vollversorgung« durch audiovisuelle Medien verdeckt zunehmend sogar das, was durch sie – anscheinend – entbehrlich wurde. Drei Millionen Analphabeten in unserem Lande, 30 Millionen in den USA bleiben genuiner menschlicher Kapazitäten beraubt. Informationen rasen über den Monitor nicht bloß zusammenhanglos an unseren Augen vorbei, sie münden gleichsam zwangsläufig in Desinformation. Lesen gilt dem notorischen Vielseher als obsolet.

Voraussetzung der Beurteilung von Informationen ist die Möglichkeit ihrer Bewertung. Wem in seinen Kindertagen vorgelesen wurde, wer regelmäßig an Lesegruppen, Theaterinszenierungen oder Zeitungs-Clubs der Stadtbücherei teilgenommen hat, kennt den Spaß am Nachfragen, am Verwerfen und Differenzieren. Leseförderung betreibt Identitätsbildung unter identitätsverweigernden Verhältnissen und muß daher besonders hohen Aufwand zur Überwindung der ungünstigen Rahmenbedingungen treiben. Urteilsbildung macht Mühe und muß geübt werden. Heteronomie als Verweigerung der Individuation steht dagegen – kontraproduktiv bis ins letzte für Demokratie, Zukunft, Glückfähigkeit und alles, was uns wichtig ist.

Das Bild vom bösen Wolf und der Großmutter im Film wird nie der individuellen Ausprägung im Kopfe des lesenden Kindes entsprechen. Der unablässige Wechsel der bewegten Bilder fördert nicht nur eine »Immunität gegen Beredsamkeit«, die Bilder machen auch Kommentare überflüssig. Nicht der Kulturpessimismus ist das eigentliche Problem, sondern das Verschwinden des subjektiven und sozialen Gedächtnisses.

Der viktorianische Roman bildet das Selbstverständigungsmedium des aufstrebenden Bürgertums. Charles Dickens »Oliver Twist« sentimentalisierte die Wahrheit wie Harriet Beecher-Stowes »Onkel Toms Hütte«; beide förderten die Kritik der Verhältnisse und der Literatur. Danach wurden Zeitungen anders gelesen, Politik schärfer beurteilt. Heutzutage ist es möglich, Henry Kissinger, Bürgermeister Koch von New York City oder Ex-Präsident Ford in Nebenrollen des »Denver-Clan« zu bestaunen: Politik als Spektakel lenkt von sich ab, zerstreut die Aufmerksamkeit.

Lektüre erfordert Konzentration, fördert das Sich-Einlassen auf die eigenen Gedanken, während das Fernsehen die nächste Bildsequenz schon präsentiert, ehe die vorhergehende überhaupt verarbeitet werden konnte. Walter Benjamins Hoffnung, der Modus der Zerstreuung enthalte eine emanzipatorische Perspektive, hat sich als verfehlt erwiesen. Was der allabendlichen Bilderflut folgt, ist meist Leere im Kopf. Selbstverständlich rede ich keiner – abwegigen – Restitution der verlorenen Aura des Kunstwerks und der kontemplativen Versenkung das Wort. Indem ich aber für Leseförderung auf allen gesellschaftlichen Ebenen eintrete, plädiere ich für die Autonomie des Individuums, für sein Recht auf unverwechselbare Wahrnehmungen und ästhetische Erfahrungen. Es sollte über Politik gestritten werden, statt über Images von Politikern.

Magazine und Zeitungen lesen heißt, einen Artikel mehrmals lesen zu können. Wer sich über eine Kolumne, eine Glosse erregt, fragt zugleich: »Ist das meine Welt?« Im Fernsehen dagegen verheißt die Ansagerin: »Und jetzt zum nächsten Beitrag.« Das Apriori der Unterhaltung wehrt Komplexität und Vielfalt ab. Auch für literarische Fernsehgespräche werden Autorinnen und Autoren nicht zuletzt nach ihrem Wirkungsgrad, weniger nach ihrem Werk ausgewählt. Das erklärt auch das starke Interesse an Biographien und den »Büchern zum Film«. Nach einer Anekdote Neil Postmans sollen Lappen vor einigen Jahren ihre alljährliche lebenswichtige Wanderung nach Norden um einige Tage verschoben haben, um die Aufklärung darüber nicht zu versäumen, wer denn auf J. R. Ewing geschossen hat. Prioritäten werden so auch anderen Kulturen vorgegeben.

Das Beispiel verweist auf eine bedenkliche Irrealisierung der Wirklichkeit. Ernst zu nehmende Untersuchungen belegen, wie sehr habituelles Lesen auch eine kritische Fernseh-Rezeption begünstigt, denn Kritik am Fernsehen und souveräner Umgang mit der raumzeitlichen Dimension von Bildern und Worten setzt Lesefähigkeit voraus. Leseförderung hätte also die Aufgabe, diese Auseinandersetzung zu provozieren. An Unmut über das Fernsehen herrscht schließlich kein Mangel, doch außer den Mainzer Fernsehtagen, den Tagen der Fernsehkritik in Marl und dem in Frankfurt avisierten Fernsehfestival fehlen öffentliche Foren, um das Unbehagen zu artikulieren; sie gilt es zu schaffen. Wie sehr Lesen als individuelle *und* kollektive Erfahrung zu verstehen ist, davon gibt es gelegentlich noch etwas in Familien zu finden.

Leseförderung kann auch an das Bedürfnis nach Gemeinsamkeit und nach Diskursivität anknüpfen. Als kürzlich in Frankfurt am Main ein Symposion zum Thema »Avantgarde in Kunst und Politik« veranstaltet wurde, drängten sich Jung und Alt in die viel zu kleinen Räume des

Mouson-Turms. Nach den Vorträgen wurde heftig miteinander gestritten, auch dergleichen ist ein diskursiver Beitrag zur Leseförderung.

Der »sekundäre Analphabet« vermag zwar Schlagzeilen zu entziffern, Texte lesen kann er schon nicht mehr. Zusammenhänge seines Lebens, der Geschichte, bleiben ihm fremd. Er wähnt sich informiert, aber er weiß mit den Informationen nicht allzuviel anzufangen; er übernimmt Präsentation, Zubereitungen. Diese »soziale Amnesie« mag für den Augenblick das Durchkommen erleichtern, das »survival of the fittest«, weil es kein Gedanke stört. Heteronomie ist zur Selbstverständlichkeit geworden.

Lesen hingegen enthält stets ein »Als ob«. Es könnte also auch anders sein, es hätte auch ganz anders kommen können. Was Adorno in seiner »Theorie der Halbbildung« zur Idee der Bildung schreibt, läßt sich *mutatis mutandis* auf Leseförderung übertragen: »Fraglos ist in der Idee der Bildung notwendig die eines Zustands der Menschheit ohne Status und Übervorteilung postuliert, und sobald sie davon etwas sich abmarkten läßt und sich in die Praxis der als gesellschaftlich nützliche Arbeit honorierten partikularen Zwecke verstrickt, frevelt sie an sich selbst. Aber sie wird nicht minder schuldig durch die Reinheit; diese zur Ideologie.« Leseförderung hält an der Idee gleicher kultureller Rechte für alle Menschen fest.

Wenn die amerikanische Publizistin Susan Sontag in ihrem furiosen Essay »Against Interpretation« der Hermeneutik zugunsten einer »Erotik der Kunst« entsagt, dann deuten sich damit unausgeschöpfte Potenzen des Lesens an. Lesen sozialisiert nicht bloß durch die Abstraktion von Bedeutungen, auch das Spiel, der Klang der Sprache können betören, ja, Lesen kann die Wirklichkeit zum verführerischen Spiel werden lassen. Lesende projizieren eigene Erfahrungen je nachdem auf Freunde oder Fremde und verändern sich. Lesen und Schreiben sind Erfinden und Nacherfinden in einem. Der *homo ludens* und der *homo sapiens* begegnen einander und befruchten die Gedanken. Spannend dabei ist, daß offenbleibt, wo das Spiel endet und wo der Ernst beginnt. Das Verlockende am Lesen ist, das Wirkliche negieren zu können. Erinnern wir uns an Homers Odysseus, dessen Geschichte einer Heimkehr er im *Konjunktiv* erzählt: Es hätte eben auch anders erlebt werden können.

Durch Lesen erschließen sich Optionen und Alternativen. In seiner Studie »Die feinen Unterschiede« führt Pierre Bourdieu den Begriff des »kulturellen Kapitals« ein, welches er dem ökonomischen gleichsetzt. Auch kulturelles Kapital bringt schließlich Zinsen. Wer darüber verfügt, hat Vorteile, die er vorzüglich intellektuell zu nutzen versteht. Bourdieu verdichtet dies am Beispiel des »Habitus«, eines Komplexes von Herkunft, Selbstdarstellung, Wissen und Stil. Lesen bildet eine Voraussetzung dafür, den Habitus als Charaktermaske zu durchschauen.

Vergnügen am Lesen geht mit Lust an der Erkenntnis einher, die letztlich ihre Möglichkeit bedingt. Lesen verlangt Konzentration und erlaubt jederzeitiges Innehalten, lädt ein zur Selbstreflexion vermittels vielfältiger Wunschprojektionen. Denn Kultur erschließt ihre wahre Potenz, sie wird für die Menschen wirklich wichtig erst dann, wenn sie nicht mehr esoterisch ist, sondern etwas Alltägliches wurde. Töne und laufende Bilder als Kategorien in der Zeitdimension zerreißen durch ihren raschen Wechsel das Band zwischen Perzeption und Reflexion. So erscheint für viele das Alltägliche als unproblematisch und bleibt der begreifenden Veränderung entzogen.

Wir orientieren uns in unserem Alltagsleben mit Hilfe einer »Landkarte der Bedeutungen«; diese Karte läßt sich umzeichnen. Bedeutungen unterliegen einer oft kaum erkennbaren Dynamik. In den gesellschaftlichen Institutionen sedimentiert sich »kulturelles Kapital« ebenso wie in der Gestik, Mimik, Diktion und den sozialspezifischen Vorlieben. Kultur ist also nichts Neutrales, Lesen kein Selbstzweck.

Die Verführung zum Lesen weckt die Neugier am eigenen Leben als einer *terra incognita*. Bildung ist schließlich nichts anderes als die Fähigkeit, das Bestehende, das ein für allemal als gültig Erklärte aufzubrechen und zu kritisieren, was heilig ist, die Welt als eine veränderbare zu begreifen. Diese Neugier wirkt auf manche subversiv allein durch die Infragestellung von Stereotypen und Vorurteilen.

In seinem letzten Buch »Der Fleck, die Jacke, die Zimmer, der Schmerz« steigert Wilhelm Genazino das Übliche, das Gewohnte ins Absonderliche. Ein Asiate, Inhaber eine Bratwurstbude, ist ermordet worden; schon zwei Tage später hat er einen Nachfolger. »Jetzt steht wieder ein junger Mann hinter der Theke. Er zeigt dasselbe Ungeschick wie einst sein Vorgänger. Zum Glück ist er wenigstens nicht dankbar. Er sieht aus wic die, die er bedient. Vermutlich kommt er mit dem Leben davon.« Keine weitere Erklärung, offenes Ende, der Leser hat das Wort.

Leseförderung animiert die Evokation des Vorstellungsvermögens. Barbara Tuchman drückt das so aus: »Ohne Bücher bleibt die Geschichte stumm, die Literatur sprachlos, die Wissenschaft verkrüppelt, kommt das Denken zum Stillstand. Bücher sind Motoren des Wandels, Fenster zur Welt... Banken des Geistes, sind Bücher gedruckte Humanität.«

Eine solche Schatzkammer müßte wohl legitimerweise freien Eintritt für alle gewähren.

16. Öffentliche Bibliotheken im Zeitalter der neuen Medien

1. Lesen im Widerstreit mit den neuen Medien

Büchereien spielen im Kontext einer demokratischen Kulturpolitik mehr denn je eine herausragende Rolle, jedenfalls sofern sie materiell und personell in die Lage versetzt werden, mehr zu sein als bloß funktionale Station für die mechanische Buchausleihe. Im Idealfall können sie das kulturelle und gesellschaftliche Zentrum einer Stadt sein, nicht zuletzt, weil Lesen als Kultur-Technik die Basis für den Zugang zu allen übrigen Kulturmedien ist und bleibt.

Die Bibliothek als eine der ganz außerordentlich wichtigen Einrichtungen für die Zukunftsplanung muß das Geld bekommen, das sie braucht, um entsprechend effizient zu sein. Die Bibliothek ist nur dann in der Lage, den souveränen Umgang mit den Medien Buch und Zeitschrift zu vermitteln, sofern sie strukturell entsprechend ausgestattet ist, und das heißt: Sie muß zur Buchberatung ohne Hektik und mit Profession gegnügend Fachkräfte zur Verfügung haben, die möglichst auch noch mit der notwendigen Motivation begabt sein sollten. Nur ein atmosphärisch gut gestalteter Bibliotheksort wird die angemessene Aura fürs Schmökern und Lesen herstellen. Eine Bibliothek, die zum sensibilisierenden Raum wurde, wird auch den Umgang mit anderen öffentlichen Medien der Information zu vermitteln wissen.

Trotz rasanter Innovationen der Informationstechnologien und der Kommunikationstechniken bleibt das Lesen ein unverzichtbares sinnliches Mittel der Wissensvermittlung und der Erkenntnisförderung. Diese Gewißheit ändert allerdings nichts daran, daß wir uns auf mancherlei Strukturveränderungen in der Informationsversorgung gefaßt machen müssen. Die Kommunen werden deshalb sehr schnell ihre Bibliotheken in den Stand versetzen müssen, auf diese Neuerungen offensiv zu reagieren. Andernfalls riskieren sie die Aushöhlung unseres Grundrechts auf Informationsfreiheit, die sehr rasch und noch viel stärker als bereits jetzt zum Privileg von wenigen wird.

Würden wir uns mit dieser Entwicklung tatenlos abfinden, wird die »Informationsgesellschaft« der Zukunft in eine Zwei-Klassen-Gesellschaft zerfallen. Einer »Wissenselite«, die sich aller Medien – der gedruckten wie der elektronischen – souverän zu bedienen weiß, wird ein wachsendes »Wissensproletariat« gegenüber stehen. Gemeint sind damit diejenigen, die unfähig oder lustlos sind zu lesen. Ich nenne hier nur die den Fachleuten geläufigen Stichworte »funktionaler Analphabetismus« und »wachsende Wissenskluft«. Zwei weitere Problempunkte für die Aufgaben, um die es dabei geht, möchte ich erläutern.

Erstens: Datennetze und Datenbanken zentralisieren Information. Daten werden damit in der Informationsgesellschaft zum Spekulationsobjekt, letztlich zum Herrschaftswissen. Das impliziert die Frage nach der politischen Verantwortung: Wer übernimmt die Kosten für auch nur bescheidenste Formen der Aktualisierung solcher Systeme, ohne die ein ungehinderter Zugang zur Information vielleicht bald nicht mehr möglich sein wird?

Zweitens: Obwohl neue Abspiel-Formen wie Video oder Bildplatte die aktuellen Kommunikationsspeicher Buch und Zeitschrift auf inzwischen unentbehrliche Weise ergänzen, konnten noch die wenigsten Bibliotheken auf diese Entwicklung angemessen reagieren. Warum? Solange eine leerlaufende bürokratische Apparatur die Kosten-Nutzen-Rechnung nur materiell, als Abschreibungsgröße, versteht und nicht als Zukunftsinvestition, stecken die Bibliotheken in einer Sackgasse. Die entsprechenden Strukturerweiterungen werden uns zwar von wirtschaftlichen Interessen aufgedrängt, aber für die gesellschaftspolitischen Folgekosten stehen zu wenig Mittel zur Verfügung. Je arbeitsteiliger eine Gesellschaft entwickelt ist, ein desto vielfältigeres System von Kommunikationsmitteln braucht und nutzt sie, und insofern wäre es völlig anachronistisch, das eine Medium gegen das andere kulturpolitisch auszuspielen.

Niemand unter den Bibliothekaren oder Kulturpolitikern wird so naiv sein und sich in einer heiligen »Monokultur des Lesens« wähnen, in der allein dem gedruckten Wort die Leitfunktion in den wesentlichen gesellschaftlichen Bereichen zukäme. Wahrscheinlich hat es eine solche Kultur auch nie gegeben. Elektronische Massenmedien und der Computer haben längst Funktionen mit übernommen, die früher von den Lesemedien allein bestritten wurden. Nostalgische Kulturkritiker wie Neil Postman (in seinen vielbeachteten Büchern »Das Verschwinden der Kindheit« und »Wir amüsieren uns zu Tode«) haben mit hohen Auflagen voreilig das Ende des Gutenberg-Zeitalters beschworen. Aber apokalyptische Visionen dieser Art haben nicht nur den Nachteil, daß sie die Motivationen zum Handeln lähmen, sie blockieren auch den Blick für notwendige Differenzierungen. Reizüberflutungen z. B. gab es für die Menschen schon immer; und seit der Mensch als Augenwesen existiert, hat er noch immer gelernt, mit den auf ihn einströmenden Reizen selektiv umzugehen, jedenfalls sofern er bereits ein Leser war. Worauf es daher zentral ankommt, ist, zu diesem souveränen und selektiven Umgang auch mit den neuen Medien zu befähigen.

Diese neuen Medien mit ihrer hohen Informationsdichte müssen in unsere individuelle Lebenstätigkeit so integriert werden, daß sie helfende Komponenten sein können, statt sich zu Herren in einem synergetischen Koordinationssystem aufzuspielen, das sich als unsere audiovisuelle Alltagswelt definiert, in der wir schließlich überleben wollen. Diese neue anthropologische Situation besteht darin, daß für neue, technikgestützte Gattungen von Information und Kommunikation eben solche angemessenen Formen des souveränen Gebrauchs erst noch entwickelt werden müssen. Diese Entwicklung zu einer humanen Medien-Apparatur setzt nicht nur eine genügend lange Phase des Anlaufs voraus, sondern auch entsprechende Bildung und solide Sozialisationsstrukturen. Neue Medien bedrohen nicht schon prinzipiell die Buchkultur, und unterschiedliche Medien erzeugen nicht naturnotwendig einen Verdrängungswettbewerb. Unbeschadet aller sekundären Probleme, die mit neuen Medien verbunden sind, können sie einander zu einem komplexen Gesamtangebot ergänzen.

Wenn wir uns darauf verständigen können, daß Medienkompetenz eine alle Menschen umfassende Kompetenz sein muß, dann verdient sie unser kulturpolitisches Engagement. Der Effizienzgrad ist indessen abhängig vom gesellschaftlichen Kontext, in dem sie wirken, also weniger von den Medien selbst. Kulturkritik des Fernsehens, so lustvoll sie gerade angesichts der neuen kommerziellen Formen auch für diejenigen ist, die sich dünken, darüber zu stehen, bringt uns kaum viel weiter.

Ein anderer Aspekt, die Gleichbehandlung, benennt freilich ein gravierendes Problem: Wenn die neuen Medien mit gigantischen Vernetzungen und sonstigen Vorleistungen des Staates indirekt oder direkt subventioniert werden, dann haben erst recht auch die traditionellen Buch-Medien in ihrem öffentlichen Wirken einen Anspruch auf Subventionen, so wie andere Sparten der lebendigen Kultur dies traditionell für sich einfordern. In diesem Zusammenhang gilt es auf die sehr unterschiedlich entwickelte Bibliotheksförderung in unserer Republik hinzuweisen (Nord-Süd-Gefälle), die unsere Bevölkerung in Bevorrechtigte und Benachteiligte aufteilt.

In hochkomplexen Gesellschaften gehört Lesen zur Grundausstattung fürs Leben und ist Voraussetzung für die individuellen Chancen aller Bürger, in Beruf, Gesellschaft und Privatleben Erfolg zu haben. Auch wenn Lesen dabei immer noch ein relativ preiswertes, leicht verfügbares und höchst differenziertes Informationsmittel ist, so schlägt sich dies in den Etats für Büchereien und Buchanschaffungen nicht überall nieder. Vielleicht sollten wir wegen der relativen Preiswertigkeit der Bücher und Zeitschriften einmal darüber nachdenken, ob es, bezogen auf die Totalität der Gesellschaft, sinnvoll ist, daß wir uns von einer profithungrigen

Elektronik-Industrie widerspruchslos immer neue technikgestützte Informationssysteme aufschwatzen lassen. Deren Netze verschlingen nicht nur gewaltige Vorausleistungen der öffentlichen Hand; sie verursachen auch noch beträchtliche Betriebskosten, ohne dabei den Zugang zur Information immer auch zu demokratisieren. Statt dessen lassen sie den Kosten zuliebe Information zum Privileg werden, und das heißt, die für die Übereignung von Wissen und Daten geforderten Qualifikationen können nur bei immer weniger Menschen vorausgesetzt werden, mit anderen Worten: maximaler Aufwand für minimalen Erfolg in der Breite.

Auch wer sich dieser Einschätzung als einer auf verlorenem Posten argumentierenden Technikkritik lieber verschließen möchte, muß sich gleichwohl warnen lassen: Es wäre fatal, uns durch die Attraktivität der neuen Techniken und Technologien dazu verführen zu lassen, unsere klassische Infrastruktur an Bibliotheken und Büchereien zu vernachlässigen. Die Menschen werden auch in aller Zukunft für noch sehr viele Zwecke Bücher und Bibliotheken brauchen wie die Luft zum Atmen. Lebendige, kreative Gesellschaften, die zukunftsfähig bleiben wollen, brauchen die Vielfalt entsprechender Medien. Dabei treten die neuen Medien zusätzlich zu den alten und nicht an ihre Stelle. Die Kombination der diversen Elemente optimiert die Bibliothek zu einem Informationszentrum. Wenn Realitätstüchtigkeit und Handlungsfähigkeit in unserer Gesellschaft deren Zukunft sichern sollen, dann brauchen wir das ganze differenzierte Spektrum von Informationsvermittlung und Wissenstransfer.

2. Die kulturellen Leistungen des Lesens

Kulturpolitiker, die vom Reichtum des Mediums Lesen selbst nicht fasziniert und von der Vielfalt der Nutzungsmöglichkeiten des Lesens nicht überzeugt sind, sind nicht nur für die Bibliotheken untaugliche Sachwalter; sie sind schlechte Zeugen auch für die Beschwörung aller übrigen kulturellen Bereiche. Denn Lesen ist und bleibt die Basis-Technik für die Aneignung von Informationen auch aller anderen Kulturmedien. Die Arbeit der Leseförderung definierte sich daher nicht als Missionarismus oder als Akt menschenfreundlicher Betulichkeit; sie definiert sich aus der Erkenntnis, daß Lust am Lesen und Freude am Gespräch darüber als kultureller Prozeß, als kulturelle Tätigkeit zu würdigen sind. Als ein solches Abenteuer zum Positiven hin hat Peter Weiss das Lesen beschrieben, wenn er sagt: »Kultur ist: zu wagen. Lesen zu wagen, zu wagen an eine eigene Ansicht zu glauben, sich zu äußern wagen.«

Die Verbreitung der aktiven Lesefähigkeit als einer Befähigung, gelesene Information auch zu verarbeiten, das zwischen zwei Buchdeckeln gespeicherte Wissen sich »anzueignen« und seine so erworbenen Kenntnisse weiterzugeben, ist das solideste Fundament wirklicher Demokratie – ohne freilich ein Garant dafür zu sein. Was viele übersehen: Lesen ist unverzichtbar auch als allgemeine Form des Informationsaustausches; auch der Computer setzt schließlich Lesefähigkeit voraus. Nicht nur die allgemeine lebenspraktische Grundqualifikation der gesellschaftlichen Individuen ist letztlich im Lesen fundiert, auch der Grad von Qualifizierung des einzelnen bestimmt in nahezu allen Bereichen seine immer differenziertere Lesefähigkeit. Sie entscheidet wesentlich darüber mit, welche beruflichen Chancen, welchen gesellschaftlichen Rang einer einmal haben wird. Insofern ist Leseförderung auch zu werten als für die wirtschaftliche Prosperität wichtige Maßnahme. Mit anderen Worten: Lesen ist unverzichtbar als Voraussetzung von

– Informationskultur und

– Lesekultur.

Lassen Sie mich diese beiden Begriffe bitte kurz erläutern:

a) *Informationskultur.* Objektiv notwendig für die Zukunft unserer ökonomischen Entwicklung und unseres gesellschaftlichen Lebens ist eine hohe Informationskultur bei möglichst allen Angehörigen unserer Gesellschaft und bei den Institutionen unseres Staates. Informationskultur heißt jene Fähigkeit, die vorhandenen Hilfsmittel zum Gewinnen von je aktuell wichtigen Informationen erschließen bzw. anwenden zu können. Nichts soll im Leben jedes einzelnen allein an den fehlenden Informationen scheitern müssen. Fehler sollen nicht durch mangelnde Information entstehen, und niemandem soll eine für ihn wichtige, öffentlich zugängliche Information vorenthalten werden dürfen.

Die Bibliothek muß den Wert von gelesenen Informationen vermitteln: Denn die Quellen der Information sind für moderne Industriegesellschaften so wichtig geworden wie Bodenschätze, Energievorräte und andere natürliche Ressourcen. Schon spricht man von der Informationsgesellschaft. Für den einzelnen ist Informiertsein heute eine notwendige Voraussetzung für die Teilnahme am gesellschaftlichen Leben. Die Wissensexplosion bewältigen heißt: das Wesentliche vom Unwichtigen unterscheiden können und wissen, wo eine gesuchte Information zu finden ist. Nur ein qualifizierter Leser kennt den richtigen Weg zur richtigen Informationsquelle. Als Informationsspeicher dient vorrangig das Sachbuch; Hilfe zu seiner Erschließung leisten die bibliographischen Hilfsmittel sowie die professionelle Beratungstätigkeit von Bibliothekaren und Buchhändlern. Dieser Bereich ist gleichzeitig – aus der Sicht des Buchmarktes – der gefährdetste. Denn gerade aktuelle und noch stärker ständig zu aktualisierende Informationsquellen kann in vielen Fällen der Computerbenutzer leichter aufbereiten. Dort, wo dies sinnvoll erscheint, sollen also auch Bibliotheken (die vielleicht in nicht mehr allzu ferner Zukunft »Mediotheken« heißen müssen) von dieser Form der Informationsvermittlung Gebrauch machen.

In der Praxis scheitert dies freilich häufig an Personen mit dem nötigen Know-how. Denn für kreative EDV-Spezialisten sind hochdotierte Jobs in der Industrie meist attraktiver als die im Ruf der Schwerfälligkeit stehende Bibliotheks-Infrastruktur. Umgekehrt können elektronisch verarbeitete Informationen das Buchangebot sowohl qualitativ wie auch in der quantitativen Verarbeitung an Daten entscheidend verbessern.

b) Lesekultur. Im Unterschied zur übergreifenden Informationskultur ist Lesekultur jene Fähigkeit, Lesen nicht nur begrenzter Ziele wegen zu betreiben (wie bei der Informationskultur). Das Lesen belletristischer Werke ermöglicht zugleich, Kommunikation zu pflegen mit lebenden und toten Autoren, mit Kulturen und Menschen, um teilzuhaben am gesellschaftlichen Diskurs und am humanen Entwicklungsprozeß. Jenseits der Information finden wir also nicht bloß kulinarische Unterhaltung, die das Buch eben mit trägt, weil Autoren und Leser dies so möchten; in der durch Lektüre erzeugten Vergnügung im Sinne Brechts liegt vielmehr die Chance, teilzuhaben an den großen Entwicklungslinien der Denkwelten und des Werte-Index einer Gesellschaft, aber auch die Chance, sein Gefühlsleben zu strukturieren.

Für das Individuum und besonders für die heranwachsenden Menschen liefern Bücher die Chance, in der Auseinandersetzung mit vorgängigen Gestaltungen im zwischenmenschlichen Beziehungsreichtum und in anspruchsvollen Denkkategorien sich zu entfalten und sich zu seinesgleichen und zur umgebenden Welt hin zu entwickeln. Wer liest, profitiert von der Erfahrung anderer. Insofern ist die Mühe des Lesens auch ein Beitrag zur Individuation: Selektives Lesen bekommt eine bedeutende Funktion bei der Ich-Werdung (Dilthey), in der Steigerung der Persönlichkeit, bei der Entfaltung menschlicher Wesenskräfte.

3. Lesen als soziale Tätigkeit

An diesem Punkt unserer Überlegungen möchte ich folgenden Leitsatz festhalten: Entgegen allem Anschein ist Lesen eine soziale Tätigkeit. Lesefähigkeit und Leseverhalten entwickeln sich in sozialen Kontexten. Leseförderung hat dies zu berücksichtigen und ihre Arbeit daran anzusetzen.

Lesekultur als konstitutiver Teil eines lebendigen kulturellen Milieus ist Zukunftsinvestition wie jede Kultur, und hier wie dort heißt das Hauptwort des Kulturpolitikers: ermöglichen. Dieses »Ermöglichen« ist uns nicht nur vordergründiger Nützlichkeit wegen wichtig in einer Wachstumsgesellschaft, die mit einer unglaublichen Akzeleration des Wissensbestandes und der Informationsflut fertig werden muß. Unter den vielen uralten Weisheiten werden jene ja nicht schon dadurch entwertet, daß wir sie uns am besten durch Lesen aneignen können, wie etwa jene, wonach eine Vermehrung des Besitzes an materiellen Gütern uns nicht unbedingt reicher und glücklicher macht, sondern eher abhängiger. Zwar gibt es schichtspezifische Einflüsse, was das Lesen anbetrifft; aber einen Milieu-Determinismus gibt es nun mal nicht.

Lesekulturen entstehen mühsam; das heißt, sie sind kein Naturprodukt und keine automatische Folge von sozialer Lage; sie werden auch nicht automatisch verhindert und auch nicht im Selbstlauf von anderen Kultur-Techniken zerstört. Denken wir an jene Lesekultur, die sich im Milieu der Facharbeiter und der Arbeiterbewegung in der Weimarer Republik gebildet hatte. In diesem Milieu lebten die Büchergilde Gutenberg, der Bücherkreis, der Volksverband der Bücherfreunde, Urania und dergleichen. Sie existierten nicht nur, sie florierten zeitweise sogar üppig. Geringe Lesekultur (nicht nur bezogen auf die Lesehäufigkeit, sondern auch auf die Vielfältigkeit und Reichweite der Rolle, die Bücher in differenzierter Weise in der Lebenspraxis spielen) ist also auch keine naturnotwendige Erscheinung bei bestimmten Sozialschichten und Bildungsgruppen. Dieser Feststellung widersprechen nicht die Daten der zur Buchmesse veröffentlichten Studie »Lesen und Familie« von Renate Köcher. In ihrer Erhebung geht sie von der bekannten empirischen Erfahrung aus, daß die Lesekarriere eines Kindes bereits im Elternhaus beginnt. Laut Statistik werden danach nur 13 % der Kinder durch die Eltern zum Lesen motiviert. Kinder ohne entsprechende häusliche Sozialisation lesen im Grundschulalter ebenfalls nur zu 13 % regelmäßig. Interessant ist die Milieu-Abhängigkeit beim Kultur-Konsum des Hauptkonkurrenten des Buches, beim Fernsehen. 45 % der Kinder und Schüler, die Arbeiterfamilien entstammen, und 20 % aus Angestelltenfamilien sehen regelmäßig fern. Kinder und Schüler aus sogenannten gehobenen Schichten (Beamte, Selbständige) hocken dagegen nur zu 8 % regelmäßig vor dem Monitor.

Das wiederum besagt: Lesekultur kann beeinflußt und entwickelt werden. Motivation dazu wird freilich nur entstehen im Zusammenhang mit den je eigenen Lebensinteressen, oder sie wird – mit einiger Wahrscheinlichkeit und von glücklichen Zufällen abgesehen – überhaupt nicht entstehen.

Ein einziges Beispiel für die Chancen der Leseförderung mag genügen: Wenn ich höre, daß Menschen, die wir etwas lieblos als »buchferne« Zeitgenossen zu beschreiben gewohnt sind, in Projekten der »Spurensicherung« oder in Geschichtswerkstätten über die Auseinandersetzung mit der Geschichte ihres Dorfes oder Stadtteils erstmals die Notwendigkeit eines Bibliotheksbesuches erfahren, dann lernen sie in eben diesem Zusammenhang Bücher als brauchbare Gegenstände zu entdecken. »Lockerungsübungen« hat eine Mitarbeiterin diese Bibliotheksbesuche einmal genannt: »Der Respekt vorm Buch ist gesunken, das heißt auch, man weiß, was man will, und lernt, es zu verlangen« – eben auch für die sinnvolle Freizeitgestaltung.

Mit wachsender Freizeit werden Hobbys durch Lesen zu schöpferischen Tätigkeiten, die mehr sind als bloß Fortsetzungen der Alltagsroutine mit anderen Mitteln. Fragen Sie einen Amateurfunker oder einen Hobbygärtner oder einen Freizeitkoch oder einen Lokalhistoriker oder einen Computerfreak nach seinem Handwerkszeug: Ohne Bücher, Zeitungen und Zeitschriften kommt keiner aus. In einer Bibliothek – das ist allerdings Voraussetzung –, in der die Bücher (und die Bibliothekare) zugänglich sind, können dabei auch andere Nutzungsmöglichkeiten entdeckt werden. Wer über »Zielgruppenarbeit« nachdenkt, der sollte vor allem auch die Rolle von engagierten Mitarbeitern in solchen und ähnlichen Projekten nicht geringschätzen. Sie können wichtige Bündnispartner der Leseförderung sein, weil sie eine Arbeit leisten, die von den Bibliothekaren so spezifisch gar nicht zu leisten ist; eine Arbeit, die von ihnen aber hilfreich unterstützt werden kann.

Weil wir wohl alle an der Idee einer Gesellschaft mündiger Staatsbürger festhalten, müssen wir entschiedener als bisher das Lesen fördern. Hierzu bedarf es vor allem einer viel stärkeren Zusammenarbeit aller »Leseförderer«, ob Eltern, Erzieher, Lehrer, Bibliothekare, Buchhändler oder private Initiativen – und natürlich der Stiftung Lesen. Ich teile ganz und gar nicht die Ansicht jener Kritiker der Arbeit dieser Stiftung, die vermuten, unsere These von der Erosion der Lesekultur im Zeitalter des »Leitmediums Fernsehen« sei bloß modischer Ausdruck für teutonischen Kulturpessimismus. Wenn wir davon überzeugt sind, daß die Sprach- und Schriftkultur als Basis einer vielfältigen Medienkultur der Zukunft erhalten werden muß, dann wäre es doch an der Zeit, in der Leseförderung, aber auch bei der Erforschung ihrer Grundlagen intensiv zusammenzuarbeiten.

Wie wichtig solche scheinbar peripheren Aufgaben sein können, das wird im Zusammenhang mit den Ein-Personen-Haushalten deutlich, deren Zahl in der Bundesrepublik stark gewachsen ist: Gerade in der steigenden Zahl älterer Menschen leiden viele unter Kommunikationsarmut, die mit Hilfe von Bücherberatungen, Leseclubs etc. gelindert werden kann. Dies ist um so wichtiger, als manche der zur Vereinsamung führenden Prozesse nicht nur irreversibel sind; sie haben auch bereits eine Generation geprägt, bei deren neuen Interessen und neuartigen Bedürfnissen der Wunsch nach erweiterter Kommunikation nicht der unwesentlichste ist. Denn nach Johann Gottlieb Fichte ist der Mensch dazu bestimmt, »in der Gesellschaft zu leben. Er ist kein ganz vollkommener Mensch und widerspricht sich selbst, wenn er isoliert lebt.« Diese kommunikativen Bedürfnisse kann die Bibliothek allein nicht abdecken, ohne daß die Betroffenen sich selbst aktiv dabei einbringen.

Aber wir sind unabdingbar verpflichtet, Leseförderung nicht nur unter dem Aspekt Freizeit und Zeitvertreib zu würdigen, sondern auch im Kontext der Geißel der Arbeitslosigkeit. Auch wenn Kulturangebote, damit auch Bibliotheksofferten, kein Ersatz für eine als sinnvoll empfundene, sozial anerkannte Tätigkeit sein können, so bilden sie doch alle zusammengenommen eine unverzichtbare Infrastruktur. Nicht »Brot und Spiele« sind gemeint, sondern Hilfen für eine bewußte, wirklichkeitsgerechte, befriedigende Lebenstätigkeit. Die Menschen sollen dabei als soziale Wesen bei sich sein können, sie sollen zu sich selbst finden – aber das ist ein anderes Thema, das wir beireits behandelt haben.

4. Bibliothek als Kulturzentrum

Prinzipiell sind Bibliotheken als das Gedächtnis der Menschheit zu würdigen. Aber wie im Gedächtnis lebender Menschen gibt es eine Fülle ungenutzter Speicher auch in den Bibliotheken. Sie können ihre Effektivität nur dann zur Effizienz steigern, wenn sie nicht nur Bücher speichern und unter die Leute bringen, sondern sich zum Kulturzentrum einer Stadt erweitern und das Medium Buch auf vielfältige Weise als geistiges Ferment in den Kulturprozeß integrieren. Dazu dienen können: Lesungen, Ausstellungen, Filme, Diskussionen, alternative Projekte, Literaturbüros, Stadtschreiber, Werkstätten usw. Viele Büchereien haben auf diesem Felde schon manche Innovationen auf den Weg gebracht. Solche Aufgabenerweiterung übersteigt allerdings oft genug sowohl die personelle Kapazität der Bibliotheken als auch ihre räumliche Infrastruktur samt Etat. Aber die Zusammenarbeit mit anderen Interessenten und Institutionen oder die Mitarbeit von älteren Menschen, die ja nicht selten hochmotiviert sind und oft hohe Multiplikatorfunktionen haben, ermöglichten es oft, eine entsprechende Struktur aufzubauen.

Mit anderen Worten: Die Bibliothek muß sich nicht minder dynamisch verhalten wie andere Kulturinstitute, denn Lesen ist keine statische Tätigkeit, sondern unabgeschlossener, unabschließbarer lebendiger und lebenslanger Prozeß. Umberto Eco hat in diesem Zusammenhang dazu aufgefordert, das Kunstwerk, auch das literarische, als »offenes Kunstwerk«, als offene Erfahrung zu begreifen, deren Form und Inhalt nicht von einem quasi-offiziösen Interpreten diktiert werden könne. Er sagt:

»Die poetische Botschaft ist eine ständige Quelle von nicht festlegbaren Signifikanten, die zu ständiger Dekodierung auffordert, gleichzeitig die möglichen Dekodierungen organisiert und die Treue der Interpretationen auf die Probe stellt, indem sie diese jeweils auf die Struktur der Botschaft zurückspiegelt... Das Kunstwerk stellt sich uns dar als eine Botschaft, deren Dekodierung einem Abenteuer gleichkommt – es wartet mit einer Organisationsweise von Zeichen auf, die der übliche Kode nicht vorsah.«

Ecos Worte eingedenk, sollten wir Leseförderung jenseits aller notwendigen Hilfestellungen und Anregungen als Weckung der Lust am Lesen begreifen. Aus dieser Lust am Lesen kann sich die Lust der Entfaltung, am Werdenden, am Entdecken der Persönlichkeit und der Welt entzünden; sie kann Freude wecken an der Aneignung geistiger Güter, an der Anstiftung zur eigenen Phantasie oder dem Zugewinn von Reichtum an Kenntnissen, Erfahrungen und Beziehungen. Ja, Lesen könnte im Idealfall Teil der Lust am Leben sein. Im Kontext der globalen Perspektiven einer gemeinsamen Zukunft der Menschheit sollten wir folgendes nicht vergessen: Nur ein Leben, das Lust zu sich selbst hat, ist auch bereit, für das Leben zu streiten.

Wenn Thomas Mann davon spricht, daß in und mit der Kunst unserem Leben Lust zu sich selbst erwächst, dann sei dies all denen ins Stammbuch geschrieben, die einem Kulturbegriff frönen, der statt starker Rückbindung an die gesellschaftliche Realität seine allzugroße Ernsthaftigkeit und Lustfeindlickeit propagiert. Jener Lustbegriff aber, der mehr als Abschalten der Probleme oder Flucht aus dem Alltag meint, bedeutet eine viel fundamentalere Aufwertung auch der Elemente der Unterhaltung und der Vergnügung. Wer nur eben abschaltet, der ist auch nicht ganz bei sich selber; die postmoderne Unverbindlichkeit eines »plaisierbetonten neuen Rokoko« deckt beileibe nicht all das ab, was mit Kultur als Zukunftsinvestition gemeint ist.

Anstatt vor den großen Problemen der Gegenwart zu fliehen, sollte die Gesellschaft sich ihnen bewußt stellen und mit Hilfe der Kultur Wege in die Zukunft suchen.

5. Ein Bibliotheksgesetz ist überfällig

Die hier für öffentliche Büchereien skizzierten Aufgaben sind, wie wir aus Erfahrung wissen, höchst personalintensiv. Durch den beklagenswerten Engpaß der Kultur-Etats werden Initiativen zum Besseren gelähmt. Angesichts einer unvermindert hohen Arbeitslosigkeit bekommt die

Frage nach einer Optimierung der Bibliotheksarbeit aber eine zusätzliche brisante Aktualität. Hier haben wir ein anschauliches Beispiel für die scheinbar unlösbare Aufgabe der Quadratur des Kreises.

Solange die Kommunen zuallererst bei ihren Büchereien sparen, weil Ebbe herrscht in der Stadtkasse, solange kann nur ein Bibliotheksgesetz ein permanentes politisches Bewußtsein für die Unverzichtbarkeit von Büchereien schaffen. Ich bin der festen Überzeugung, daß Kultur nicht bis in alle Ewigkeit als eine bloß freiwillige Aufgabe gering geschätzt werden darf, und das heißt: geringer als das Soziale, als die Schule oder als die Feuerwehr und Müllabfuhr. Im »Endspurt« in das nächste Jahrtausend muß Kultur endlich Pflichtaufgabe werden. Bis genauso selbstverständlich wie die Volkshochschulen auch die Büchereien ihr Finanzierungsgesetz bekommen, können aber nicht nur größere Städte mit kommunalen Bücherei-Entwicklungsplänen mit ihrer moralischen und materiellen Selbstverpflichtung den Anfang machen. Ein solcher Bücherei-Entwicklungsplan mit dem Status einer finanziellen Selbstbindung, also eines quasi-städtischen Gesetzes, muß eine kontinuierliche Verpflichtung der Kommune zur Optimierung ihres Bibliothekssystems enthalten. Schrittweise kann so die Versorgung aller Stadtteile ab einer bestimmten Größe mit Bibliotheken erreicht werden. Nur mit Hilfe eines solchen Stadtverordneten-Beschlusses war es in Frankfurt am Main möglich, bis heute 24 Stadtteilbibliotheken in Betrieb zu nehmen. Während im Bundesdurchschnitt nur 10 % aller Grund- und Hauptschulen eine Schulbücherei besitzen, verdankt die Stadt Frankfurt der Dynamik ihres Bücherei-Entwicklungsplans die 100-Prozent-Marge.

Wer die »Kulturgesellschaft« wirklich will, der darf Kultur – und das heißt immer auch: Bibliotheken und alle Wege zur Vermehrung von qualifiziertem Lesen – nicht länger als erfreuliches Zubehör betrachten, auf das unsere Kommunalpolitiker je nach Belieben und Vorlieben glauben auch genausogut wieder verzichten zu können. Zum Bürgerrecht auf Bildung gehört das Bürgerrecht auf Kultur – und beides ist fundiert im Bürgerrecht auf Lesen und Lesen können.

6. Lesen gibt Hoffnung: Persönlichkeitsentwicklung und kulturelle Bildung

Mir ist das Lesen deshalb besonders wichtig, weil die Auseinandersetzung mit gedruckten Texten auch eine Chance zur Persönlichkeitsentwicklung enthält. Weder als »kulturelle Zwangsbeglückung« noch als karitative Mission fürs »Gute Buch«, sondern als intellektuelle und kulturelle Bereicherung möchte ich Leseförderung verstehen. Persönlichkeiten mit eigener Meinung, die das Zeug zum Widerspruch erworben haben, befähigt zu konstruktiven Alternativen, brauchen wir mehr und mehr in unserer den Geist nivellierenden Epoche. Was wir brauchen, ist ein neues Denken und keine anthropologische Veränderung des Menschen. Das Ziel der Kultur ist die Persönlichkeit. Wir haben nur eine Hoffnung mit dem alt-neuen, ewig gleichen Menschen, oder wir haben keine. Aber dieser Mensch als einzelne Person, als Persönlichkeit, ist wieder unerhört wichtig geworden. Er wurde wichtig als einer, der bereit und in der Lage ist, standhaft, menschlich und integer zu sein. Wissen ist heute vielleicht keine Macht mehr, es macht Menschen aber wirklichkeitsmächtig.

Lassen Sie mich mit den Worten des von mir hochgeschätzten russischen Filmregisseurs Michail Romm umschreiben, was ich damit meine. Er hat 1965 in einem Interview mit Fritz Hitzer, in dem er nach dem Qualitätsrezept und Erfolgsgeheimnis seiner Filme befragt wurde, einen seiner Lehrer zitiert, der gesagt hatte: »Wir machen zuviel, was nicht von Herzen kommt.« Dann hat er von sich selbst gesagt: »Ich schwor mir, daß ich in meinen Filmen nur davon sprechen werde, was mir interessant erscheint und was ich persönlich denke, ganz ohne Rücksicht darauf, ob das in diesem Augenblick eine allgemeine Überzeugung darstellt.«

Wenn es keinen Mut zum Widerspruch gibt, erhalten die Mächtigen freien Lauf. Aber in schwieriger Lage können schon wenige Persönlichkeiten mit ihrer Integrität und ihren Denkanstößen bedeutenden Einfluß auf die Entwürfe für unsere Zukunft ausüben. Erstrangiges Erfordernis für eine lebensfähige Zukunft sind heute Persönlichkeiten mit Blochs aufrechtem Gang, handelnd aus den Vorstellungen eines Menschenbildes, das im fundamentalen Humanismus und einer Ethik der globalen Verantwortung fundiert ist.

»Wer sich anpaßt, altert rasch«, hat Michail Romm in dem genannten Interview gesagt. Wir erleben mit Erstaunen die unerhörte Neugewichtung dessen, was ein mündiger Mensch ist, was Subjekt auch ist, was ein furchtloser Mensch bedeutet, der nicht Objekt eines wie immer gearteten »höheren« Kulturwillens sein will. Wir vergessen darüber nicht den kühlen Charme der materiellen Verhältnisse und der strukturellen Gewalt; aber wir fühlen uns ihnen nicht mehr so hoffnungslos ausgeliefert, wenn wir die gewaltigen Ressourcen dagegen aktivieren können: »Zum Generalangriff auf alle diese bedrängenden Probleme« können auch und gerade die Bibliotheken beitragen.

Es ist, hoffe ich, klar geworden, wie existentiell notwendig gute öffentliche Bibliotheken, insbesondere Stadtteilbibliotheken und Schulbüchereien für unser kulturelles Leben sind und wie bedeutend ein lebendiges kulturelles Leben als Zukunftsinvestition ist. In der zeitgenössischen Literatur finden wir diverse Entwürfe von schönen Utopien, die aber mangels Masse zumeist in die Ewigkeit verlagert wurden. Aber die Utopie liegt nicht in einer weiten Zukunft, nicht an einem fernen Ort. Die Zeit der Utopie ist jetzt – und ihr Ort ist hier.

Nachwort

Wer wollte es noch wagen, Hilmar Hoffmann zu ehren, nach all den Ehrungen, aufrichtig gemeinten und rituellen, die in diesem Jahr auf ihn gehäuft worden sind, wohl auch zu seiner Last –: im Mai, als er sich aus dem Amt des Frankfurter Kulturdezernenten zurückzog, und im August, zu seinem 65. Geburtstag, den er keineswegs gewillt ist, als jene Grenze zu akzeptieren, die das Arbeits- und Berufsleben vom sogenannten Ruhestand trennt. Das »Altenteil« wird auf Hilmar Hoffmann noch eine Weile warten müssen.

Wer könnte sich Hilmar Hoffmann auch als einen jener Alterstouristen vorstellen, wie sie seit einigen Jahren zu Hunderttausenden den Erdball umreisen, auf der Flucht vor dem Zurückliegenden und ständig auf der Suche nach Zerstreuungen und massenhaften Vergnügungen! Sicherlich wird auch Hilmar Hoffmann, der Würde, aber auch der Bürde der Administration ledig, Reisen unternehmen, möglicherweise sogar viele, doch nicht zu seiner Entspannung, von der im übrigen, laut einer Volksweisheit, immer nur redet, wer nicht weiß, was Anspannung ist. Hilmar Hoffmann, wenn er reist, wird Erfahrungen sammeln und verwerten, wird lernen und lehren, wird Gespräche führen und Sozialkultur bewegen.

»Sozialkultur« – das Wort ist mit Bedacht gewählt. Hilmar Hoffmann möchte der Kultur keinen welt- und wirklichkeitsabgewandten Platz einräumen. Elitär sich gebärdende Kultur mag er nicht gelten lassen, wie ihm überhaupt Hierarchien, die sich nur auf Gewohnheit und materielle Güter gründen, ziemlich suspekt sind. Kultur ist für ihn ein gesellschaftliches »Ferment«, das den »Stoffwechsel« von Menschengruppen fördert, mehr noch: Kultur ist für ihn »Lebensmittel«, ohne das der Mensch nicht auskommt, will er denn Mensch sein.

Dabei besitzt Hilmar Hoffmann alles, was geeignet wäre, ihn zu einem exponierten Vertreter einer Elite-Kultur zu machen: Wissen, Bildung, Redegewandtheit, Autorität, Durchsetzungswillen... Doch wo sich menschliches Wissen, aufgehäuft in Jahrhunderten, in den letzten Jahrzehnten zu einer Flut angeschwollen, immer mehr in Expertenwissen verflüchtigt, hält Hilmar Hoffmann, ob er es weiß oder nicht, das Ideal des universell gebildeten Gelehrten hoch, des auf allen Wissensgebieten kundigen, dabei durch und durch demokratisch geprägten Menschen, der seinen Blick nicht durch die Scheuklappen des Fachwissens einengen läßt. Trotz dieser Grundhaltung verfügt Hilmar Hoffmann auf etlichen Feldern über ein Spezialwissen, etwa auf dem Gebiet des Films, an das selbst- oder fremdernannte Experten so schnell nicht heranreichen. Wenn er dieses sein reich gespeichertes Wissen ausspielt, können seine Zuhörer oder Leser nur staunen, zumal wenn sie, etwa bei offiziellen Anlässen, zwar wohlgesetzte, aber inhaltlich eher oberflächliche Äußerungen erwarten.

So wenig Hilmar Hoffmann der Kultur insgesamt einen gesellschaftlichen Sonderraum zubilligen mag, so wenig möchte er sich mit einer Hierarchie der Künste oder Wissensgebiete anfreunden. Ihm ist beispielsweise die im Ruhrgebiet gepflegte Kultur der Taubenhaltung und -zucht ebenso wichtig – und eines Buches wert – wie das Musiktheater oder der cineastisch relevante Kurzfilm. Er weiß über alle Aspekte der Kultur, die für ihn allemal Volkskultur ist und sonst gar nichts, gleichermaßen ernst und sachkundig zu reden und zu berichten.

Kultur in allen ihren Facetten – neben der immer bedrohten menschlichen Vernunft gilt sie ihm als der einzige Hoffnungsschimmer inmitten einer immer irrwitziger sich gerierenden Selbstzerstörung und Verdüsterung menschlicher Zukunft. Ohne Kultur würde alles in Chaos versinken. Kultur als Rettungsanker in realen und künftigen Katastrophen, die die menschliche Gattung hinwegzuspülen drohen – das könnte ein Bild sein, das Hilmar Hoffmann vor sich sieht, wenn er in aufrüttelnden bis pathetischen Appellen für eine oder besser die »Kultur für alle« wirbt.

»Kultur für alle«, diese von ihm geprägte und in zahllosen Reden und Schriften propagierte Formel hat etwas Sprichwörtliches bekommen, dem alle Anfeindungen und blasierten Kritiken der um ihre Privilegien fürchtenden »Kulturträger« nichts mehr anhaben können. »Kultur für alle«, das griffige Kurzprogramm beschreibt besser als andere Formulierungen Hilmar Hoffmanns Anspruch und kulturpolitischen Impetus. Keine Sprachformel vermag das lebenslang verfolgte Programm dieses Kulturpolitikers par excellence besser zu charakterisieren. Der Slogan, seit Jahren in vieler Munde, ist zugleich ein politisches Manifest, ein zutiefst demokratisches. Denn bei allem, was er tut, schreibt und fordert, ist Hilmar Hoffmann ein durch und durch politischer Mensch, der aus seiner inneren Verfassung auch keinen Hehl macht. Wie ihm in der Kultur alles elitäre Getue, aller Größen- und Hierarchiewahn zuwider ist, so lehnt er auch in der Politik alles »Feudale«, wie es sich in modernen und postmodernen Varianten breitmacht, gründlich ab. Er ist im echten Sinne des Wortes ein sozialer Demokrat.

Willi Köhler

Anmerkungen

1. Die Aktualität der Kultur

1 Fred Sinowatz, Das Programm – Einheit von Idee und Praxis. In: Firnberg/
   Sinowatz/Blecha, Kultur, die wir meinen. Wien 1978 (Zeitdokumente, Dr.
   Karl Renner-Institut, 16), S. 14–28. Vgl. Fred Sinowatz, Das Alltägliche ist
   die Heimat. In: Andreas Johannes Wiesand, Kunst ohne Grenzen? Kulturelle Identität und Freizügigkeit in Europa. Köln 1987, S. 308
2 R. v. Weizsäcker, Die politische Kraft der Kultur. Reinbek 1987, S. 8 u. 22
3 Vgl. Städte in Zahlen. Ein Strukturbericht zum Thema Kultur und Bildung,
   Nürnberg 1987 (Städte in Zahlen, H 4)
4 Theodor W. Adorno, Kultur und Verwaltung. In: Merkur 14/1960,
   S. 101–121. – Die folgenden Ausführungen beruhen auf Hilmar Hoffmann,
   Dieter Kramer, Grenzen aufklärerischer Kulturpolitik. In: Kritische Theorie
   und Kultur. Frankfurt/M. 1989, S. 201–214
5 Adorno (s. Anm. 4), S. 101 f.
6 A. a. O., S. 103 f.
7 Vgl. Ulrich Beck, Risikogesellschaft. Frankfurt/M. 1986
8 Adorno (s. Anm. 4), S. 109
9 A. a. O., S. 111
10 A. a. O., S. 113
11 A. a. O., S. 118
12 Dieter Sauerzweig, Die wichtigste Chance überhaupt. In: Die Deutsche
   Bühne 9/1988, S. 40–45
13 Marlies Hummel, Manfred Berger, Die volkswirtschaftliche Bedeutung von
   Kunst und Kultur. Gutachten im Auftrag des Bundesministers des Innern.
   IFO-Institut für Wirtschaftsforschung, München 1988
14 Klaus Conrad, Kunstindustrie; Aspekte eines besonderen Marktsegments.
   In: Spektrum der Wissenschaft, August 1988, S. 33–38
15 A. a. O.
16 Theodor W. Adorno, Max Horkheimer, Dialektik der Aufklärung. In: Max
   Horkheimer, Gesammelte Schriften, Bd. 5, Frankfurt/M. 1987, S. 1–288,
   S. 184–194
17 A. a. O., S. 110
18 Günter Grass, Die Meinungsfreiheit der Künstler in unserer Gesellschaft.
   Eine Rede während des Europarats-Symposiums in Florenz. In: Frankfurter
   Rundschau v. 30. Juni 1973
19 Klaus Daweke, Michael Schneider, Die Mission des Mäzens. Zur öffentlichen
   und privaten Förderung der Künste. Opladen 1986
20 Manfred Bruhn, Sponsoring; Unternehmen als Mäzene und Sponsoren.

Frankfurt/M./Wiesbaden 1987; mehr zu diesem Thema im 4. Beitrag des vorliegenden Buches

21 Oskar Lafontaine, Die Gesellschaft der Zukunft. Reformpolitik in einer veränderten Welt. Hamburg 1988, S. 249
22 Zit. bei Lafontaine, S. 177
23 Lafontaine, S. 163 f.
24 Vgl. Kurt H. Biedenkopf, Zeitsignale. München 1989
25 Thomas A. Becker, Zukunft der Arbeit? – Zukunft des Wissens! Ein Szenario der »Argumentativen Gesellschaft« (Manuskript eines Vortrages an der Universität Zürich, 13. 2. 1987), S. 3; vgl. Beck (s. Anm. 7)
26 Thomas A. Becker, Arbeitszeit – Soziale Zeit – »Zeitwohlstand«. Menschliche Orientierungssysteme im Wandel (GDI Dialog 27. 11. 1987, Manuskript), S. 5
27 Lafontaine (s. Anm. 21), S. 250
28 Becker, Zukunft... (s. Anm. 25), S. 5
29 A. a. O., S. 18
30 A. a. O.
31 Lafontaine (s. Anm. 21), S. 236
32 Christiane Müller-Wichmann, Freizeitgesellschaft? Zur Demontage einer Legende. In: Freizeitpädagogik 8. Jg. 1986, S. 62–68 u. S. 177–184
33 A. a. O.
34 Vgl. Kultur-Macht-Politik. Wie mit Kultur Stadt/Staat zu machen ist. Köln 1988 sowie Hilmar Hoffmann: Kommunale Kulturpolitik in der Beschäftigungskrise. In: Lokale Beschäftigungspolitik (hrsg. v. Maier/Wollmann), Basel 1986, S. 418–438.
35 Thomas Metscher, Kultur als menschliche Bildung. Reproduktion, Selbstproduktion und kultureller Prozeß. In: Kultur und Gesellschaft 7–8/1988, S. 3–6
36 Becker, Zukunft... (s. Anm. 25), S. 13
37 A. a. O., S. 9
38 Max Horkheimer, The Social Function of Philosophy. In: Zeitschrift für Sozialforschung 8 (1939/40), S. 322–337.

2. Das kulturelle Leben in der Bundesrepublik

1 Karla Fohrbeck/Andreas J. Wiesand, Von der Industriegesellschaft zur Kulturgesellschaft. München 1989; vgl. als Darstellungen auch: W. Benz (Hg.), Die Bundesrepublik Deutschland, Bd. 3: Kultur. Frankfurt/M. 1983, und H. Glaser, Kulturgeschichte der Bundesrepublik Deutschland, Bd. 1 (1945–1948), München/Wien 1985, Bd. 2 (1949–1967), München/Wien 1986, Bd. 3 (1968–1989) München/Wien 1989, sowie Jost Hermand, Kultur im Wiederaufbau, München 1968, und ders., Die Kultur der Bundesrepublik Deutschland, 1965–1985, München 1989, und die ECON-Epochenbücher (Hg. H. Hoffmann, H. Klotz), »Die Sechziger«, Düsseldorf 1987, und »Die Siebziger und Achtziger«, Düsseldorf 1990
2 Thomas Mann, Doktor Faustus, Frankfurt/M. 1967, S. 470

3 Thomas Mann, Briefe II, 1937–1947, S. 446 (an Walter von Molo, 7.9.1945)

4 Vgl. J. v. Uslar (Hg.) Kulturpolitik des Deutschen Städtetages, Köln 1979

5 Wolfgang Horn, Kulturpolitik in Düsseldorf; Situation und Neubeginn nach 1945, Opladen 1981, S. 138f.

6 Hans Steinbrenner, in: Vierzig Jahre Frankfurter Kunstkabinett Hanna Bekker vom Rath, Dokumentation 1947–1987, Frankfurt/M. 1987, S. 14f.

7 Ernst Schumacher, Theater der Zeit – Zeit des Theaters. Thalia in den Fünfzigern, München 1960, S. 183

8 A.a.O., S. 184

9 Peter Weiss, Notizbücher 1960–1971, 2. Bd., Frankfurt/M. 1982, S. 709

10 A.a.O., S. 698

11 Ulrich Dibelius, Musik: In: Benz (s. Anm. 1), S. 110–139, S. 117

12 A.a.O., S. 117f.

13 Hilmar Hoffmann, Der kulturpolitische Aufbruch der 70er Jahre und seine Folgen. In: Econ-Epochenbücher Kultur des 20. Jahrhunderts, Bd. VI, Düsseldorf 1990

14 Vgl. Bildung und Kultur. Vorbericht. In: Wege zur menschlichen Stadt..., Deutscher Städtetag 1973, Köln/Stuttgart 1973, S. 97–114

15 Der Marsch durch die Institutionen hat auch die CDU erreicht..., Jürgen Habermas im Gespräch mit Rainer Erd. In: Frankfurter Rundschau vom 11. März 1988

16 Horst-Eberhard Richter, Leben statt Machen; Einwände gegen das Verzagen. Aufsätze, Reden, Notizen zum »neuen Denken«, Hamburg 1987, S. 277

17 A.a.O., S. 247f.

18 A.a.O., S. 278

19 Michel Foucault, Vorrede zur Überschreitung. In: Von der Subversion des Wissens, Frankfurt/M. 1978, S. 36ff.

20 Hilmar Hoffmann, Kultur für alle, Frankfurt/M. 1981, S. 333

3. »Kultur für alle«

1 Dieter Langewiesche, Arbeiterkultur in Österreich. Aspekte, Tendenzen und Thesen, in: Gerhard A. Ritter (Hg.), Arbeiterkultur. Königstein/Ts. 1979, S. 40–57

2 Karl Volkert, Ein Mahnruf (Sonderdruck des Touristenvereins »Die Naturfreunde Wien« um 1926)

3 Th. Hartwig, Die Bedeutung der Naturfreundebewegung im seelischen Befreiungskampfe des Proletariats. Der Naturfreund 3–4/1926, S. 69–74

4 Wilhelm Weitling, zit. n. Helmut Barth, Zum Kulturprogramm des deutschen Proletariats im 19. Jahrhundert, Dresden 1978, S. 44f.

5 Vgl. Hartmut Stirner, Die Agitation und Rhetorik Ferdinand Lassalles, Marburg 1978, S. 122

6 Karl Marx, Grundrisse der Kritik der Politischen Ökonomie, zit. n. Barth (s. Anm. 4) S. 118

7 Fred Sinowatz, in: Firnberg/Sinowatz/Blecha: Kultur, die wir meinen. Zeitdokumente. Dr. Karl Renner-Institut, Wien 1978, S. 18

8 Johannes Gross, Unsere letzten Jahre, Stuttgart 1980, S. 114

9 Jürgen Habermas, Die unvollendete Moderne. In: DIE ZEIT vom 19. September 1980

10 A.a.O.

4. Kultur heute

1 Vgl. Wolfgang Taubmann, Fredo Behrens, Wirtschaftliche Auswirkungen von Kulturangeboten in Bremen. Bremen 1986

2 »stern«, 30. März 1989

3 Vgl. Süddeutsche Zeitung v. 16.12.1988; s.a. Wolfgang Welsch, Unsere postmoderne Moderne. 2. Aufl., Weinheim 1988

4 Marlies Hummel, Manfred Berger, Franz Müller, Die volkswirtschaftliche Bedeutung von Kunst und Kultur. München 1988 (IFO-Institut für Wirtschaftsforschung)

5 Richard von Weizsäcker, Die politische Kraft der Kultur. Reinbek 1987 (rororo aktuell Essay), S. 8 u. 22

6 Bazon Brock, Ästhetik der Vermittlung. Arbeitsbiographie eines Generalisten. Hg. v. Karla Fohrbeck, Köln 1977, S. 799

7 Gerhard Amanshauser, Moloch Horridus, Salzburg 1989

8 O.K. Werckmeister, Zitadellenkultur: Die schöne Kunst des Untergangs in der Kultur der achtziger Jahre. München 1989

9 ebd., S. 17

10 Zit. n. »DER SPIEGEL«, Nr. 33 v. 15. Aug. 1988, S. 150

11 Manfred Bruhn, Sponsoring, Frankfurt/M., Wiesbaden 1987, S. 87

12 »DER SPIEGEL«, Nr. 38 v. 19. Sept. 1988

13 Ulrich Greiner, DIE ZEIT Nr. 27 vom 1. Juli 1988; vgl. Christoph Behnke, Vom Mäzen zum Sponsor, Hamburg 1988

14 »DER SPIEGEL«, Nr. 28 (s. Anm. 12)

15 FAZ-Beitrag »Geist und Geld«, 12. Mai 1987

16 Cuno Pümpin, Unternehmenskultur, Unternehmensstrategie und Unternehmererfolg. gdi impuls 2/84, S. 19–30

17 A.a.O.

18 Unsere gemeinsame Zukunft. Brundtland-Bericht der Weltkommission für Umwelt und Entwicklung, Greven 1987, S. 47

19 Jean Ziegler, Genossen an der Macht. Von sozialistischen Idealen zur Staatsräson. Frankfurt/M. 1988, S. 32

20 Vgl. Ulrich Beck, Risikogesellschaft. Auf dem Weg in eine andere Moderne. Frankfurt/M. 1986

21 Rüdiger Lutz, Die sieben Zukünfte. Szenarien für die sanfte Wende. In: gdi impuls (Gottlieb Duttweiler Institut, Rüschlikon) 2/1984, S. 3–18

22 Beck (s. Anm. 20)

23 A.a.O.

24 Bruhn (s. Anm. 11), S. 88, 93, 262

25 A.a.O., S. 71

26 Vgl. Dieter Kramer, Kultur als Standortfaktor. In: Blätter für deutsche und internationale Politik 5/1989, S. 569–582

27 Johann Wolfgang Goethe, Aus einer Reise an Rhein, Main und Neckar in den Jahren 1814 und 1815; Kunst und Altertum; Frankfurt/M. In: Goethe, dtv-Studienausgabe 29, S. 61 f.

28 Vilém Flusser, Die Schrift. Göttingen 1987, S. 7

29 Brock (s. Anm. 6)

30 Ulrich Beck, Gegengifte. Die organisierte Unverantwortlichkeit. Frankfurt am Main 1988

31 Raymond Williams, The Long Revolution, Harmondsworth 1970, S. 33 ff.

32 André Gorz, Kritik der ökonomischen Vernunft; Sinnfragen am Ende der Arbeitsgesellschaft, Berlin 1989

33 Horst Kern, Michael Schumann, Das Ende der Arbeitsteilung? Rationalisierung in der industriellen Produktion, München 1984, S. 328

34 Theodor W. Adorno, Funktionalismus heute, in: ders., Ohne Leitbild; Parva Aesthetica, Frankfurt/M. 1969, S. 129

35 Brock (s. Anm. 6)

5. Vom Wohlstandsbürger zum Kulturbürger

1 Vgl. Thomas Metscher, Der Friedensgedanke in der europäischen Literatur. Fischerhude 1984 (Kunst, Kultur, Humanität, Bd. II), S. 10; vgl. auch Karl Ermert u. Detlef Hoffmann, Bilder des Friedens. Paradiese – Utopien – Glückszustände. Rehburg–Loccum 1988 (Loccumer Protokolle 57/1987)

2 Klaus Theweleit, Männerphantasien. Basel u. Frankfurt/M. 1986

3 Jugend '81: Lebensentwürfe, Alltagskulturen, Zukunftsbilder. Opladen 1982.

4 Karl Oldenberg, Die Konsumtion. In: Grundriß der Sozialökonomik, II. Abt., 1. Teil, 2. Aufl. 1923, S. 188–263

5 Vgl. Fred Hirsch, Die sozialen Grenzen des Wachstums. Reinbek bei Hamburg 1980

6 Ulf Fink, Der neue Generationenvertrag. In: DIE ZEIT v. 3. April 1987

7 Rüdiger Lutz, Die sieben Zukünfte. Szenarien für die sanfte Wende. In: gdi impuls (Gottlieb Duttweiler Institut Rüschlikon) 2/1984, S. 3–18

6. Kulturpolitik und Kulturzerstörung

1 T. S. Eliot, Notes towards the definition of culture. London 1949

2 Zit. nach: Joachim Ritter, Karlfried Gründer (Hg.), Historisches Wörterbuch der Philosophie. Bd. 4. Darmstadt 1976

3 Thomas Mann, Betrachtungen eines Unpolitischen. Gesammelte Werke Bd. 13. Frankfurt/M. 1960/74

4 Spinoza, Theologisch-politischer Traktat. 5. Kapitel (Ed. pr. 59). Hamburg 1976

5 Peter Weiss, Notizbücher 1971–1980, 2. Bd. Frankfurt/M. 1981, S. 782

6 Karl Riha (Hg.), Dada Berlin/Stuttgart 1977, S. 38 ff.

7 Hans Schwab-Felisch, Kultur und knappes Geld. Eine Diskussion in Bonn. Frankfurter Allgemeine Zeitung v. 13. 12. 1982

8 Walter Wallmann, in: Kultur für die Stadt – Chancen und Grenzen bei knappen Kassen. Bonn 1983

9 Zur »Kosten-Krankheit« personengebundener Dienstleistungen vgl. Egon Matzner, Der Wohlfahrtsstaat von morgen. Wien 1982, S. 170f.

10 Ralf Dahrendorf, Im Entschwinden der Arbeitsgesellschaft. Merkur 8/1980, S. 749–760

11 Vgl. Jürgen Habermas, Die Kulturkritik der Neokonservativen in den USA und in der Bundesrepublik. Merkur 11/1982, S. 1047–1061

12 Zwischenbericht der Enquête-Kommission »Neue Informations- und Kommunikationstechniken«. Deutscher Bundestag. Drucksache 9/2442. 28. 3. 1983, S. 83

13 A. a. O., Fußnote

14 A. a. O., S. 84, Fußnote

15 A. a. O., S. 50

16 Tom Sommerlatte, Stellungnahme zum Fragenkatalog der Enquête-Kommission. 1982

17 Zwischenbericht (s. Anm. 12), S. 120

18 A. a. O.

19 Psychopharmaka ein Segen. In: Frankfurter Rundschau v. 28. 6. 1983

20 Deutscher Städtetag, Geschäftsbericht 81/82. Köln 1983, S. 57

21 Rohentwurf einer Entschließung. 11. 5. 1983, S. 2

22 Zwischenbericht (s. Anm. 12), S. 124

23 A. a. O.

24 A. a. O.

25 Günther Anders, Die Antiquiertheit des Menschen, 2. Bd., München 1981, S. 253

26 Vgl. Zwischenbericht (s. Anm. 12), S. 125

27 Vgl. Manfred Rommel, Abschied vom Schlaraffenland. Stuttgart 1981

28 Manfred Rommel, Medien wuchern. Musikschulen schrumpfen. Neue Musikzeitung April/Mai 1983

29 Ivan Illich, Selbstbegrenzung. Eine politische Kritik der Technik. Reinbek b. Hamburg 1980, S. 134

30 Zwischenbericht (s. Anm. 12), S. 93

31 Sommerlatte (s. Anm. 16)

32 A. a. O., S. 33 f.

33 Vgl. Jürgen Habermas (s. Anm. 11)

7. Weiterbildung als Kulturpolitik

1 Horst W. Opaschowski, Zukunftsfaktor Freizeit. Dokumentation zur Lage und Entwicklung der Freizeit, Hamburg 1986
2 Kurt H. Biedenkopf, »...mit Kultur die Dinge ordnen.« Über »Kultur für alle«. In: Kulturpolitische Mitteilungen 34 (III/1986), S. 7–11 (Rede vom 11./ 12.4.1986)
3 Bericht der Kommission »Zukunftsperspektiven gesellschaftlicher Entwicklungen«, erstellt im Auftrag der Landesregierung von Baden-Württemberg, Stuttgart 1983, S. 42
4 Vgl. Frankfurter Rundschau (D-Ausg.) v. 17. Nov. 1986
5 Vgl. Thomas Metscher, Kunst, Kultur, Humanität. Bd. 1, Studien zur Kulturtheorie, Ideologietheorie und Ästhetik. Fischerhude 1982, S. 133 f.
6 Tschingis Aitmatow, Märchen für Mutige. Interview mit Ludwig Janssen. In: rote blätter 12/1985, S. 48–52, S. 50

8. Es lebe der kleine Unterschied!

1 Vgl. Johann Michael Möller, Die neue Kulturpartei? In: Frankfurter Allgemeine Zeitung v. 24. Jan. 1989. Vgl. auch Hajo Cornel, Aufbruch in die Wende? Kulturpolitische Mitteilungen 44 (I/1989), S. 35 f.
2 Vgl. Dokumentation: Kultur-Kongreß der Bundes-KPV. In: Kommunalpolitische Blätter (Düsseldorf), Sonderausgabe Juni 1989
3 Deutsche Volkszeitung/Die Tat v. 3.2.1989, S. 9
4 Vgl. Lothar Späth, Wende in die Zukunft. Die Bundesrepublik auf dem Weg in die Informationsgesellschaft. Reinbek b. Hamburg 1985
5 Kurt H. Biedenkopf, »...mit Kultur die Dinge ordnen.« In: Kulturpolitische Mitteilungen 34 (III/1986), S. 7–11 (Rede vom 11./12. April 1984)
6 Die Welt v. 23.1.1989
7 A.a.O.
8 Ulrich Greiner, Champagner und Schafskäse. In: DIE ZEIT v. 26.1.1989
9 DIE ZEIT vom 26.1.1989
10 Ein Gespräch. Una discussione. Joseph Beuys, Janus Konnellis, Anselm Kiefer, Enzo Cucchi. Zürich 1989
11 Alexander Gauland, Kultur, Politik und postindustrielle Gesellschaft. Referat beim Kongreß der Kulturpolitischen Gesellschaft, 17. Nov. 1988 in Oldenburg
12 DIE ZEIT vom 25.10.1985
13 André Gorz, Kritik der ökonomischen Vernunft: Sinnfragen am Ende der Arbeitsgesellschaft. Berlin 1989

9. Kulturelle Vielfalt als Ressource fürs Leben

1 Helmut P. Fielhauer, Kinder-»Wechsel« und Böhmisch-Lernen. In: Österreichische Zeitschrift für Volkskunde, NS XXXII/1978, S. 115–148. Auch in: Helmut P. Fielhauer, Volkskunde als demokratische Kulturgeschichtsschreibung. Ausgewählte Aufsätze aus zwei Jahrzehnten. Wien 1987 (Beiträge zur Volkskunde und Kulturanalyse Bd. 1, i. A. des Helmut-P.-Fielhauer-Freundeskreises, hg. v. Olaf Bockhorn, Reinhard Johler, Gertraud Liesenfeld), S. 132–165

2 Ursula Kreft, Ein Herz für Clowns. In: Konkret 7/1989, S. 59ff.

3 Yüksel Pazarkaya in: Christian Schaffernicht (Hg.), Zu Hause in der Fremde. Fischerhude 1981, S. 100

4 Georg Auernheimer, Handwörterbuch Ausländerarbeit. Basel, Weinheim 1984. Vgl. z. B. auch: Kulturelles Wirken in einem anderen Land. Hagen 1987 (Kulturpolitische Gesellschaft, Dokumentation 31), und Dorothea Fohrbeck, Türkische Kulturarbeit in der Bundesrepublik Deutschland. Eine Dokumentation von Erfahrungen und Modellversuchen. Hagen 1983 (Kulturpolitische Gesellschaft, Dokumentation 17)

11. Historikerstreit

1 Vgl. die Rezension von Sabina Lietzmann in: Frankfurter Allgemeine Zeitung v. 7. Januar 1987

2 Zit. nach J. v. Uthmann, Frankfurter Allgemeine Zeitung v. 3. Januar 1987

3 A. a. O.

4 Vgl. K. H. Janßen, Als ein Volk ohne Schatten? DIE ZEIT, Nr. 48, 21. November 1986

5 Jürgen Habermas, Eine Schadensabwicklung. Die apologetischen Tendenzen in der deutschen Zeitgeschichtsschreibung. DIE ZEIT v. 11. Juli 1986

6 Tschingis Aitmatow, Ein Tag länger als ein Leben. Frankfurt/M. 1983, S. 125

7 A. a. O., S. 185f.

8 Geschichte in der Kulturarbeit der Städte. Hinweise des Deutschen Städtetages. Köln 1982

9 A. a. O., S. 9

10 A. Abdel-Malek, Prometheus in Fesseln. Perspektiven der »Krise«. Das Argument 130 (1980), S. 812–822

11 A. a. O. (s. Anm. 8), S. 10

12 G. W. Heinemann, Die Geschichtsschreibung im freiheitlich demokratischen Deutschland. Bulletin der Bundesregierung 21/1970 v. 21. Februar, S. 203 f.

13 Richard von Weizsäcker, Ansprache am 8. Mai 1985. In: Erinnerung und Versöhnung. Ansprachen und Erklärungen zum vierzigsten Jahrestag des Kriegsendes. Bonn 1985, S. 69

14 A. a. O., S. 77f.

15 Walter Dirks, Die beiden Kriege und die deutsche Identität. Plenumsvortrag

zum Tübinger Kongreß Krieg – Kultur – Wissenschaft, April 1986, Tübingen 1986

16 Thomas Mann, Comprende, in: Th. Mann, Werke Bd. XII, Frankfurt/M. 1974, S. 976

17 Thomas an Klaus Mann, 22. 7. 1935, in Th. Mann: Briefe, hrsg. von E. Mann, Frankfurt/M. 1979

18 Vgl. J. Enkemann/H. G. Klaus, »Let the people speak for themselves«, Gulliver 6, Berlin 1979 (Argument Sonderband 39), 145–172, S. 158

19 Vgl. D. Kramer, Wir wollen in unserem Land leben. Demokratische Erziehung 12/1985, S. 26–29, und ders., Vergangenheit im Spiel verarbeiten, in: Vorwärts v. 3. 8. 1985

20 Vgl. Reinhard Opitz, Politische Ideologiekonzeptionen im Vorfeld der Gründung der Bundesrepublik. In: Beiträge zu einer Geschichte der Bundesrepublik Deutschland, Köln 1979, S. 13–39, S. 13

21 Vgl. entsprechende allgemeine Überlegungen in: Hans Kienholz, Naturgefahren, Eine zunehmende Bedrohung? In: Umbruch im Berggebiet. Bern/Stuttgart 1984, S. 564–587, bes. S. 568 f.

22 Lothar Späth, Wende in die Zukunft. Teilabdruck in: Frankfurter Rundschau v. 6. 12. 1985

23 Vgl. Anm. 20, S. 16

24 Vgl. Peter Häberle (Hg.), Kulturstaatlichkeit und Kulturverfassungsrecht (Wege der Forschung, Band CXXXVIII), Darmstadt 1982

25 Vgl. die Diskussion »Linke und Demokratie«, in: links, Mai 1986, Nr. 196, S. 19–28

26 Oskar Negt, Sozialismus und Demokratie, a. a. O., S. 20

27 Vierzig Jahre Arbeit für Deutschland – die Vertriebenen und Flüchtlinge. Katalog der Ausstellung des Bundes der Vertriebenen. Bonn 1989, S. 292

28 A. a. O., S. 44

29 Neujahrsansprache des Bundespräsidenten Richard von Weizsäcker

30 Vierzig Jahre . . . (s. Anm. 27), S. 292

31 A. a. O. (Hervorhebung H. H.)

32 Kurt H. Biedenkopf, Zeitsignale. München 1989

33 Vgl. Jürgen Habermas' Diskussionsbeitrag in: Gegen den Versuch, Vergangenheit zu verbiegen (hrsg. v. Hilmar Hoffmann, Frankfurt/M. 1987, S. 140 bis 144

12. Die Verteidigung der Freiheit der Künste

1 In der Frankfurter Allgemeinen Zeitung v. 21. 8. 1987. Meine Antwort erschien am 22. 8. 1987 unter dem Titel »Die Volksseele ist leicht zu entrüsten«. – Platschek hatte u. a. geschrieben: ». . . je länger man über Beuys und sein Wirken nachdenkt, um so deutlicher zeigt es sich, daß ein Kunstbegriff, und sei es sein eigener erweiterter, ihm in keiner Weise gerecht wird. Man gerät unweigerlich auf Holzwege, wenn man sich in Diskussionen darüber verwickeln läßt, ob und inwiefern ein Kunstcharakter, erweitert oder nicht, die Beuysschen Objekte und die Beuysschen Schaustellungen legitimiert. Für

sich genommen, wirken solche Objekte und Schaustellungen in der Regel dürftig... Allein, derartige Beschreibungen, ja selbst der Augenschein, kranken darin, daß *sie für die Sache selbst nehmen, was nur eine Vergegenständlichung, vielleicht sogar nur der Kompromiß mit der irdischen Welt bleibt.* Von Belang hingegen ist Beuys als Figur, nicht als stumme, auf Fotos gebannte, sondern vor allem als sprechende, wenn nicht als predigende... Immerhin war Beuys klug genug, die Dinge nicht auf die Spitze zu treiben und sich womöglich als Erlöser zu präsentieren. Dergleichen war auch gar nicht nötig: die *sakralen Inszenierungen,* die *rituelle Selbstdarstellung,* die *Zitate aus abend- und morgenländischen Religionen* und nicht zuletzt der *unergründliche Wortschwall* reichten aus, um jene Gemüter in Bewegung zu versetzen, die noch heute eine wahre Beuys-Gemeinde bilden. Nicht in ihren Ansichten, sicher aber was ihre schlechthinnige Abhängigkeit angeht.«

4 Jürgen Weber, Entmündigung der Künstler. München 1979, S. 233

5 Vgl. Volker Barthelmeh, Kunst an der Wand. Wandmalerei in der Bundesrepublik Deutschland, Frankfurt/M. 1980, sowie Jürgen Waller (Hochschule für Gestaltung, Bremen), Gröpelingen 1878–1978. Wandbild über die Geschichte eines Stadtteils. Katalog der Wanderausstellung 1978.

6 Vgl. Jürgen Warnke, Kritische Berichte 8/1980, S. 47

13. Kunst und Politik der Avantgarde

1 Gottfried Benn, Das Hauptwerk, Bd. I, Hrsg. v. Marguerite Schlüter, Wiesbaden/München, 1980

2 Vgl. Peter Bürger, Theorie der Avantgarde, Frankfurt/M. 1974; Dieter Wellershoff, Die Auflösung des Kunstbegriffs, Frankfurt/M. 1976

3 Jean-François Lyotard, Postmodernes Wissen, Bremen 1979

4 Malcolm Bradbury, Mensonge: Structuralism's Hidden Hero, London 1987, S. 5

5 Jean Baudrillard, Die fatalen Strategien, München 1985

6 Theodor W. Adorno, Ästhetische Theorie, Frankfurt/M. 1970, S. 113

7 Wolfgang Welsch, Unsere postmoderne Moderne, Weinheim 1988

8 Karl-Heinz Bohrer, in: Akzente, Nr. 25/1978, S. 104–120

9 Hilmar Hoffmann, Kunst und Politik der Avantgarde, in: Ausdruck 1, hrsg. vom syndicat anonym, Frankfurt/M. 1989, S. 9 ff.

Quellennachweise

1. Die Aufsätze dieses Bandes stützen sich in den meisten Fällen auf Vorträge und Diskussionsbeiträge, die für den Druck überarbeitet, mit Anmerkungen versehen und in vielen Fällen neu gegliedert worden sind. Einige waren bereits veröffentlicht, wurden aber überarbeitet.
2. Überarbeitete Fassung von: Das kulturelle Leben in der Bundesrepublik Deutschland 1949–1989. In: Wolfgang Benz, Detlev Moos (Hg.), Das Grundgesetz und die Bundesrepublik Deutschland. Gräfelfing, München 1988, S. 201–212.
3. Teilweise nach: Demokratie als Teilhabe. Chancen der Mitwirkung am demokratischen Prozeß in Staat und Gesellschaft. Köln 1981, S. 351–366.
4. Originalbeitrag
5. Originalbeitrag
6. Überarbeitete Fassung von: Kultur-Zerstörung? 10. Römerberggespräche in Frankfurt am Main, 1983, S. 7–27.
7. Originalbeitrag
8. Originalbeitrag
9. Überarbeitete Fassung von: Im Laboratorium fürs Überleben. Die Utopie von der multikulturellen Gesellschaft. *Süddeutsche Zeitung* vom 3./4. Juni 1989. Auch: Kulturelle Vielfalt als Ressource fürs Überleben. *Das Forum. Zeitschrift der Volkshochschule in Bayern* 4/1989, S. 2–8.
10. Essay in *DIE WELT* v. 13. Mai 1989 (Sonntagsbeilage »Kaleidoskop«).
11. Zusammengestellt aus: Politische Kultur – heute? In: Gegen den Versuch, Vergangenheit zu verbiegen. Eine Diskussion um politische Kultur in der Bundesrepublik aus Anlaß der Frankfurter Römerberggespräche 1986. Frankfurt am Main 1987, S. 29–36; und: Was kommt nach der »Spurensicherung«? In: Geschichte – Nutzen oder Nachteil für das Leben? Düsseldorf 1986, S. 86–90, sowie Rede vor der Stadtverordnetenversammlung Frankfurt am Main im Januar 1990.
12. Veränderte Fassung aus Heinrich Klotz (Hg.), Kunst und Gesellschaft. Forum Philippinum des Marburger Universitätsbundes 1980, Frankfurt am Main 1981, S. 167–175, und: Die Volksseele ist leicht zu entrüsten. In: *Frankfurter Rundschau* v. 22. August 1987, S. 40.
13. Originalbeitrag
14. Gekürzte und veränderte Fassung von: Das Frankfurter Museumsufer. In: Frankfurter Museumsführer. Frankfurt am Main 1988, 7–19.
15. Originalbeitrag
16. Originalbeitrag

Namen- und Sachregister

HILMAR HOFFMANN

Kultur für alle
Perspektiven und Modelle
Band 3036

Kultur war lange ein Privileg für wenige, die über eine entsprechende Vorbildung, über genügend Muße und Geld verfügten, um ihren Geschmack mit Kunst zu verfeinern. Sie konnten somit auch die künstlerischen Hervorbringungen in Besitz nehmen. Die große Mehrheit stand über Jahrhunderte abseits, war viel zu sehr im Kampf ums tägliche Fortkommen beschäftigt, als daß sie noch Zeit hätte erübrigen können, um rezeptiv oder produktiv an Kultur teilzuhaben. Vielmehr mußten viele schon von ihrer Herkunft her Kultur als etwas nicht Erreichbares empfinden, als schönen Zeitvertreib für Bevorrechtigte. An dieser Ungerechtigkeit der Chancen gegenüber der Kultur und was sie vermittelt, hatte sich bis vor wenigen Jahren kaum viel geändert. Gegen den unerträglichen und in einer Demokratie unverantwortlichen Zustand hat der Frankfurter Kulturdezernent Hilmar Hoffmann in den siebziger Jahren eine alternative Kulturpolitik entwickelt, die Kulturpolitik für alle.

Kultur für morgen
Ein Beitrag zur Lösung der Zukunftsprobleme
Band 3082

Hilmar Hoffmann beschreibt und analysiert in diesem Buch sowohl den aktuellen Stand wie vor allem die zukünftigen Bedürfnisse und Aufgaben eines demokratischen kulturpolitischen Konzeptes, einer Kulturpolitik, die »vom Rand, wo sie bisher die Rolle des Feuilletons spielte, nahe ans Zentrum heranrückt.«

»Es dürfte keinen Kulturverwalter geben, der sich nicht von Hoffmanns meist krampflosen, kampfesfrohen Impulsen hat bewegen lassen ... Jeder ›Kulturarbeiter‹ braucht seine Utopien. Hilmar Hoffmann hat einige von seinen, das zeigt nicht nur die bemerkenswerte Bilanz seines voller Ideen steckenden Grundbuches in Kulturpolitik, längst konkret werden lassen.«   *Der Spiegel*

FISCHER TASCHENBUCH VERLAG
fi 847/2

Hilmar Hoffmann

»Und die Fahne führt uns in die Ewigkeit ...«

Propaganda im NS-Film

Der Autor untersucht die verschiedenen Elemente, bildliche
und sprachliche, der zentral
gelenkten Nazi-Propaganda am
Filmschaffen des Dritten Reichs
in seinen vielen Ausprägungsfor-
men, an Wochenschauen, Kultur-
und Dokumentarfilmen und an
Spielfilmen. Den eingehenden
Analysen des Autors zufolge ziehen sich durch das gesamte Film-
material des Nazi-Regimes
immer wiederkehrende Bildsym-
bole, vor allem die Fahne, aber
auch bestimmte Aussagegehalte,
mit denen die NS-Ideologie, son-
derlich gegen Ende des Krieges,
in teils verdeckter, teils offener
Form transportiert wurde. In
Hoffmanns Darstellung gewinnt
eine bedrohliche Propaganda-
Maschinerie Gestalt, die sich
zum erstenmal in der menschlichen Geschichte eines geballten
Instrumentariums an psychologischen und suggestiven Einflußfaktoren bedient und damit zum
Vorbild für Propagandafeldzüge
totalitärer Regime jeglicher politischer Provenienz wurde. Von
daher gesehen ist das vorliegende

Hilmar Hoffmann
»Und die Fahne führt
uns in die Ewigkeit«

Propaganda im
NS-Film
Fischer

Band 4404

Buch mehr als eine zeit- und kulturgeschichtliche Analyse: Es hat
auch viele aktuelle Bezüge, denn
mögen die Inhalte der NS-Propa-
ganda auch der Vergangenheit
angehören, die Methoden liegen
weiterhin griffbereit und werden
auch benutzt, von totalitären
Systemen des Ostens wie des
Westens.

Fischer Taschenbuch Verlag

Victor Segalen
Der chinesische Kaiser oder Sohn des Himmels
Chronik der Tage des Herrschers

Der »Sohn des Himmels«, Kuang-Siu, ist ein junger chinesischer Kaiser, der 1889 in China die Macht übernahm und sich in die Tradition seiner Väter und Vorväter einfügte. Victor Segalen erzählt das Schicksal, die Geschichte des Kaisers in Form dramatischer Annalen. Die Herrschaft des Kaisers dauerte neunzehn Jahre, war aber in Wahrheit eine Scheinherrschaft, denn seine Tante, die schreckliche Kaiserin Ts'eu-hi, übte die Macht im Verborgenen aus. Nur zum Schein zog sie sich 1898, während der sogenannten »Hundert Tage der Reform«, aus dem inneren Kreis der Macht zurück. Der Roman spielt auf drei Ebenen: auf der Ebene der Erzählung des Chronisten, der vom Kaiser verfaßten Gedichte (seiner erlebten und literarisch gestalteten Wirklichkeit) und auf der Ebene der Erlasse, welche die Etappen des Machtkampfs markieren. Lust an Silbe und Wort – so definierte Sega-

Band 3611

len selbst seinen Roman, der darüber hinaus einen großen historisch-literarischen Entwurf über das Leben des vorletzten Kaisers von China darstellt. Das von 1910 bis 1912 geschriebene Buch ist Segalens Hauptwerk aus der Zeit seines China-Aufenthalts.

Fischer Taschenbuch Verlag

Michel Leiris

Die Lust am Zusehen
Texte über Künstler
des 20. Jahrhunderts
Band 3609

Der französische Schriftsteller
und Ethnologe Michel Leiris,
»ein Dichter-Linguist, ein Wissenschaftler-Poet«, beschäftigt
sich in diesem Band mit Künstler-Persönlichkeiten dieses Jahrhunderts, mit Dichtern, Schriftstellern, Malern, mit Baudelaire
und Mallarmé, mit Eluard und
Satre, mit Arp und Giacometti.
Seine Texte sind Zeugnisse einer
trotz aller inneren und äußeren
Wandlungen beständigen, biographisch geprägten Spracharbeit.

Bacon, Picasso, Masson
Band 3610

Bacon, Picasso und Masson stehen für Gegenbewegungen der
Kunst, sie sind Verkörperungen
des Prinzips der Unruhe. Die
Sujets, denen sich Michel Leiris
in über fünf Jahrzehnten zugewandt hat, haben sich gewandelt,
wie der Autor selbst, und doch
sehen wir eine große Konstanz
in seiner Neugierde und seinen
Leidenschaften.

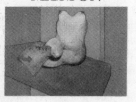

Fischer Taschenbuch Verlag